The World in 2050

How to Think About the Future

Hamish McRae

2050年の世界

見えない未来の考え方

ヘイミシュ・マクレイ

遠藤真美 訳

日本経済新聞出版

孫のマグナス、セバスティアン、グレイス、レナード、フランキー、
そしてわたしの記憶のなかの小さなジェームズへ

日本語版への序文

本書は世界経済の未来に関する本である。しかし、日本の読者のみなさんにわたしから伝えたいメッセージも、この本に込めている。日本は過去半世紀以上にわたり、世界経済でとても大きな役割を果たしてきた。つぎの30年以降も、みなさんの国が世界経済を形づくる非常に重要な役割を担いつづけてほしいと心から願っている。本書で説くように、穏やかで秩序ある社会をつくり、安全でだれもが憧れる生活様式を国民が送れるようにするなど、日本が世界に教えられることはほんとうにたくさんある。しかも、世界第3位の経済大国であり、２０５０年にも大差の4位を維持する可能性がとても高い。民主主義の下ですべての国民が快適な生活を送っている非常に重要な成功例でもある。

この本での日本に関する大きなテーマは二つある。第一に、先進諸国に対し、すべての人の役に立つ高齢化社会をつくるにはどうすればいいかを示す。そして第二に、価値観が固まっていない国々に対し、官民が協力する日本型の混合経済モデルがうまくいくことを示す。日本は経済力があるだけでなく、アメリカの政治科学者であるジョセフ・ナイのいう「ソフトパワー」もある。

わたしは記者として１９７０年代はじめから日本を何度も訪れ、日本の友人と長く親交をあたためてきた。わたしの日本観はそのなかで形づくられたものだ。１９９０年代はじめまでの驚異的な成長も、その後の停滞も、この目で見てきている。そしてもちろん、中国の台頭がもたらした東アジア時間帯における経済のパワーシフトを肌で感じている。

　本書に埋め込まれている重要な考え方の一つとして、つぎの10～20年は、世界にとってさまざまな点で厳しく不安定な時期になるということがある。中国とアメリカのあいだの緊張が高まるのは避けられない。その動きはすでにある。台湾の地位をめぐる緊張や中国の西側への投資をめぐる緊張がそうだし、中国の領土拡張政策全般がそうである。そこにロシアによるウクライナ侵攻という悩ましい要素が加わっている。これがどう収束するのかは、いまの時点ではわからない。ロシアの侵攻は、本書の英語版が印刷所に送られる数日前にはじまった。本書の最終章にわたしが不安に思っている10の項目を示しているが、その三つ目に、くしくもロシアがなんらかの暴走を起こして自国と周辺国にダメージを与える可能性をあげている。もうそうなっているかもしれないとも指摘した。それを予見できたからといって、なんの慰めにもならないが。

　それ以外にも数多くの緊張が生まれるだろう。アメリカと西側全体にとっては、非同盟主義の国、とくにインドに対して、独裁国家の側につかずに民主主義の国と協力することが自国の利益になると説き伏せるのが最優先の課題になる。日本にとっては、この不透明な時期にどのような役割を果たすかが課題の一つになってくる。本書で述べるように、２０３０年代末には、中国の前進は止まる。人口が高齢化して減少に転じるため、いまよりも付き合いやすい隣人になる。ロシアについては、人口が収縮して広大な国土を管理できなくなり、状況はどんどん厳しくなっていく。だが、日本はその一方で、どうすれば適切で十分に機能する民主的な混合型市場経済へと世界をうまく導いていけるかという問題と向き合わなければいけない。これは難題であり、答えは日本人自身が見つけなければならない。外を向いて、西側同盟のなかで軍事的な役割を拡大するなど、より積極的に関与するべきか。それとも自国を優先して国民を第一に考えることが日本の国益になるのか。どちらの側にも言い分はある。本書では、日本は後者の道をいく可能性のほうが高いと考えている。しかし、外国人が国の政策に口を出すべきではないだろうが、わたし個人の願いを言わせてもらうなら、日本はアジアのなかで積極的にリーダーシップをとってほしい。それは国内と世界の両方に目を向けるということだ。わたしがそう言うのは、日本は英知と判断力をもってそのパワーと影響力を発揮すると信じているからである。

その先に目を向けて、２０５０年の世界に視野を広げてみよう。日本はそこでどのような位置にあるのだろう。中国のあり方は変わると考えられ、日本にとっては非常に大きな機会が生まれる。中国では、おそらく２０３０年代に政治体制になんらかの変化が起きて、いまの強権的な中央集権体制は、国民の要求や欲望を第一に考える体制にとってかわられると、わたしは考えている。このシフトが現在の政治体制のなかで起こるかどうか、体制の転換があるかどうかは判断がつかない。それが整然と進むか、無秩序に陥るかもわからない。それでも、中国は人口が減少している中間層の国になるのはまちがいない。２０５０年には、経済と政治の後退が鮮明になっており、その流れは21世紀後半もつづくだろう。

これをグローバルな視点から見ると、２０４０年代以降、後退する中国と、世界を支配しつづけるアメリカとの関係は、いまの２０２０年代の状況よりもはるかによくなる。アジアという地域の視点で見るなら、日本にとって扉が開ける。東アジアの時間帯にある国々は、日本に経済のリーダーシップを求めるようになるのはまちがいなく、そしておそらく、政治のリーダーシップも求めるようになる。ただし、前に述べたように、後者については日本の国民が決めることである。

この機会を最大限に活かすために日本の社会が考えたほうがいいと思われることがいくつかある。順不同で五つあげよう。

第一に、日本の偉大な企業の技術力を足がかりにする。日本企業は製品をよりよいものにする方法だけでなく、それをさまざまな社会に売り込む方法も世界に伝えてきた。日本の企業は政治家よりも世界を深く理解しており、教えることがたくさんある。

第二に、この後で明らかにしていくように、日本はこれからも高齢化社会と向き合っていくことになり、その姿は世界にとって教訓となる。教育の水準が高く、適応力があり、健康な高齢者は資源であって、重荷ではない。従来の雇用形態にかぎらず、広く社会で高齢者のもつスキルを最大限に活かすにはどうすればいいか、わたしたち全員が学ばなければならない。これは世界が人類の歴史ではじめて直面する状況である。ある意味では怖い。若い世界、とくにアフリカで人口が増えるなかで、老いる社会がはたしてリーダーシップを発揮しつづけられるのか。それでもそうしなければいけない。

第三に、世界の中間層は21世紀を通じて秩序と規律を強く求めるようになっていく。ここでも日本が教えられることはたくさんある。秩序が失われれば富は破壊される。2022年に世界はそれを目の当たりにした。ロシアがウクライナに侵攻し、世界のエネルギーと食料の供給が混乱に陥り、町や都市のインフラが物理的に破壊された。戦争では経済的被害より人的被害の回避を最優先にするべきだが、経済への打撃も非常に大きい。にもかかわらず、外国との紛争が起きているだけでなく、国内が無秩序状態に陥っている国があまりにも多い。数多くのラテンアメリカ社会が抱える、暗く悲しい側面の一つは、殺人率が恐ろしく高いことである。日本の治安のよさは、進むべき道を明るく照らす道しるべになる。東京は地球上で最も安全な大都市である。ほかの国はぜひ東京から学んでほしいし、どうすればより秩序ある社会をつくれるか、日本も積極的に伝えてほしい。

第四に、海外に渡る（理想としては留学をする）若者が増えて、その国で友ができ、人脈が広がるといい。海外からの観光客を増やす取り組みを国が進めるのもとてもいい。ヨーロッパと北アメリカの若者は日本のことをよく知らないし、日本の若者もヨーロッパと北アメリカのことをよく知らない。わたしはそれが気になっている。外国に行ってなにを得るかは、その人次第である。しかし、外国に行かなかったら、学ぶことはもちろん、教えることもできない。

そして第五に、もっと広い意味で、わたしは日本人が自信を取り戻してほしいと願っている。日本は世界が直面している課題に対処している。日本人は、巨額の公的債務、円安ドル高、１９９０年代はじめのバブル崩壊以降の「失われた」年月などを心配しているが、そこから少し離れたほうがいい。悲観ばかりしていると思考が麻痺して、可能性をつぶしてしまうと、わたしは心の底から感じている。日本人が自分たちのなしとげたことを称えられるようになればなるほど、よりよい世界を築く力でありつづけるようになる。

あと二つほど、伝えておきたいことがある。まず、この本では一世代後の世界についておおむね前向きな展望を示しているが、最近の出来事、とくにウクライナ侵攻と台湾情勢の緊張を受けて、それを見直すべきなのだろうか。わたしの答えは「ノー」だ。前に述べたように、ロシアの侵攻がはじまったのは最終校正が終わる一週間足らず前であり、原稿を少し書き換えて、考察に反映させることができた。その段階では、ロシアの行動がどのような結果をもたらすかはわからなかった。それどころか、この原稿を書いている6ヵ月後の時点でも先は見えていない。中国と台湾の関係も見通せなかったし、いまも不透明なままだ。しかし、良識ある人ならだれでもそうであるように、いま目の前で起きている現実に愕然としているが、このようなことを予見できていて、少しほっとしてもいる。それはこの本を読んでいるすべての人へのメッセージだ。未来の詳細を知ることは望めないが、どういう方向に進みそうかという輪郭はわかる。その大きな方向性をたたき台にして、新しいエビデンスが出てきたら、それを書き換えていけばいい。

　まったく予測できないことももちろんあるし、未来への旅を再開して、先を行けば行くほど、よい意味でも、悪い意味でも、予想外のことが起こる可能性は高くなる。だが、不完全な（そのうえまちがっていたりする）地図であっても、ないよりはずっといい。

　だからわたしは、自分をツアーガイドだと思っている。未来という見知らぬ地へと向かう旅をしている人たちを導く案内人だ。それがみなさんに最後に伝えたいことである。日本でこの本を読んでいるあなたも、そのツアーに加わっている。それはわたしたち全員がしなければならない旅である。時計を止めることはできない。わたしは30年前に同じような旅をしているという強みがあるので、そこでどんな風景に出会うか、だいたいわかる。しかしもちろん、未来の世界は、過去に訪れた世界とはちがう。そこではだれも行ったことがない場所を訪れ、だれもしたことがない経験をする。それに、ツアーに参加しているだれもが、わたしには知りえないことについて専門的な知識をもっているにちがいないし、みんなで同じ経験をしても受け止め方はそれぞれちがうはずである。

テクノロジーでも、医療の進歩でも、環境に関する懸念でも、読者のみなさんのほうがわたしよりも深い専門知識をもっている側面はかならずある。日本についてもそうだ。わたしはみなさんの国のことをよく知っているし、日本にはたくさん友人もいるが、この日本語版を読んでいるみなさんのほうが日本のことはよくわかっているに決まっている。それでも、友人として外から日本を見つめた視点はきっと役に立つだろう。そう、これはわたしたちがともにつくりあげる旅だ。そこにみなさんを導けるのは、わたしにとってこのうえない喜びであり、特権である。

２０２２年９月　ロンドンにて

ヘイミシュ・マクレイ

目次

世界の現在地

序章　２０２０年からの旅

未来について考える

　これまでにさまざまな未来予測が示されてきたが、ただまちがっていただけでなく、とんでもなくまちがっていたものがあまりにも多い。それなのになぜ、未来はこうなるという予測に真剣に取り組むのか。その疑問は、本書が直面する核となる課題である。それは挑む価値のある課題だと、わたしは考えている。その理由は三つある。

　第一に、一世代後、つまり25〜30年後に目を向けると、そのときに経済全体を支配することになる潮流の多くは、すでに明らかになっている。そこから先はＳＦの領域だ。したがって、２０５０年には人口がどれくらいになっているかはもうだいたいわかるし、人びとがどこで暮らしているかも、ある程度わかる。世界の国・地域のうち、どこが急成長しそうか、どこが失速しそうかも判断がつく。これから経済を発展させていく原動力になるテクノロジーの輪郭も見える。ただし、そうしたテクノロジーが具体的にどのようなものになるのか、どれくらいのペースで普及していくかは、どちらも予測がしにくい。そして、政治と社会がどうなっていくかはおおよそのところは判断できるが、転換点をとらえるのは得てしてむずかしいものだ。いずれにしても、一世代先の姿は計算が立つのでイメージしやすい。つぎの30年を大きく左右する意思決定をする人たちはもう生まれている。まだ学校や大学で学んでいるかもしれないし、自分が選んだキャリアをスタートさせたところかもしれない。彼らのアイデアがこれからの世界を形づくっていくことになる。

第二に、わたしたちはみな、世界はこの先こうなっていくだろうという考えをもっている。暗に想定しているのはまちがいないし、それが行動に表れる場面も多い。たとえば、わたしたちが仕事を決めるときには、未来に対する考え方もある程度影響する。ロボットにとってかわられそうな仕事はだれも選ばない。それに、働いているあいだには何度か学び直しをしなければいけないだろうと、ほとんどの人が感じている。このように、未来図を描くことは、人びとが自分自身の考えや予想を明確にするのを手助けすることである。ここで示された未来予測に同意できないときももちろんあるだろう。たとえそうだとしても、少なくとも自分の考えを別の考え方と比べられるようになる。わたしはこの四半世紀のあいだに、身が引き締まる経験を何度かしている。その一つは、１９９４年に英語版が出版されたわたしの著書『２０２０年　地球規模経済の時代』を読んだ人たちから、人生が変わったと言われたことだ。その人たちはわたしの本を読まなかったらしなかったであろう選択をしたのである。わたしにわざわざこう言いにきてくれたのだから、それはきっとよい決断だったのだろう。そうであってほしい。この本を読んで、みなさんが自分の考えをなんらかの形にまとめられるようになるなら、この本もなにかの役に立つというものだ。

それは三つ目の理由につながる。わたしはすでにそうしている。２０２０年をすぎたいま、四半世紀前に素描したその世界の姿を現実と照らし合わせることができる。予測がいくつか的中すると、それで満足してしまいがちだが、わたしは予測が当たった理由を考え、そこから学ぼうと努めてきた。しかしそれ以上に多くのことを、予測の失敗から学んできた。

その本でスケッチした世界は、１９９０年代はじめよりも、それどころか有史時代のどの時期よりも繁栄し、健康で、教育や知識の水準が高く、平和な世界である。その未来図はおおむね合っている。核戦争など、あらゆる予測が意味を失ってしまうような耐えがたい惨事は一つも起きていない。新型コロナウイルス感染症のパンデミックは、甚大な経済的・人的損失をもたらしたが、それですらようやく収束に向かいつつあるようだ。その本では実際にパンデミックを警告していたのだが、１９９０年代はじめにまだ猛威を振るっていたエイズ（後天性免疫不全症候群）の文脈でだった。

一方で、先進国が市民の生活水準を上げつづけるのはむずかしく、その結果として西側の自由民主主義に圧力がかかるだろうとも警告した。それも的中している。ただし、経済学者の生活水準の測り方が悪くて、通信革命の恩恵が計算に入っていないのではないかと、わたしは疑っている。新興世界の進歩については、むしろ過小評価していた。中国経済が急成長することに疑いの余地はなかったとはいえ、わたしが考えていた以上に発展している。インド経済の台頭は中国ほど注目されていなかったが、不均等ではあるものの大きく成長した。インド経済がここまで飛躍し、２０２０

年には中国さえ上回るペースで成長するとは思ってもいなかった。

経済は政治に強い影響を与える。この本の主要なテーマの一つは、中国がアメリカを抜いて世界最大の経済国になること、そしてその経済力のシフトが原因で、両大国間の政治的な緊張が激しくなることである。だが、政治を変化させる力は経済力だけではない。アイデンティティもあれば、宗教、ナショナリズムもある。歴史はあらゆるところに長い影を落としており、政治家はその文脈で市民の対立する望みや願いに対処していかなければいけない。

したがって、１９９０年代はじめの時点で、イギリスがヨーロッパとの関係に居心地の悪さを感じるようになっていくであろうこと、そして、欧州連合（ＥＵ）を離脱して、各国と個別に自由貿易協定を結ぼうとするかもしれないことは、予想がついた。その道のりはとても険しいだろうと、わたしははっきり述べている。それでも長くつづいている緊張状態が最後になって反転するときがある。２０２０年にスコットランドが独立している可能性は五分五分だと、わたしは感じていた。結果として、有権者はその道を進まないこと、少なくとも提示された青写真にはしたがわないことを選んでいる。わたしの見るところ、スコットランド独立の可能性はいまも五分五分かそれよりも少し低い。

ＥＵについては、いまのところはわたしが予想していたよりも結束している。マルチスピード化がもっと強まると想像していたからだ。創設国を中心とした中核国とその周縁の国とが異なる速さと深さで統合を進めると考えていた。しかし、ヨーロッパが最終形態にいたることは決してなく、つぎの30年には、統合の拡大に反対する圧力が優位になるかもしれない。政治の構造は各世代の願いを映して進化していかなければならず、そしてその願いは変化する。

これはアメリカにも当てはまる。１９９０年代はじめの段階で、ポピュリストがなんらかの形で既得権益集団に挑戦するであろうことはすでに明らかになっていて、わたしは「医学界・法曹界、全米ライフル協会、ハリウッドの実力者、さらにはリベラル派のメディア」などがその標的になると書いた。これはタイミングがよかった。というのも、２０１０年代にそうなるだろうと予想はしたが、この政治的態度のラディカルな変化がどのような形で起こるかはまったくわからないと認めていたからだ。言い方を変えると、ドナルド・トランプが大統領になるとは予測できなかったが、トランプ大統領を誕生させた力をとらえるのはむずかしくはなかった。

変化を推し進めたほかの力についてはどうだろう。真っ先にあげられるのが、環境への圧力だ。２０２０年には環境に関する懸念は１９９０年よりも大きくなっているであろうことは、簡単に予想がついた。人口圧力の高まり、新興世界の爆発的な成長を考えれば、当然そうなる。また、先進世界の局地汚染への対策はある程度の成果をあげるが、気候変動への懸念が高まることも予想できた。いまある大きな疑問の一つは、地球温暖化の脅威がどこまで重大になっているかであり、これについては本書で一定の考えを示したい。これからの気候の見通しが四半世紀前よりも深刻になっているようだとしたら、石油やガスの不足といったほかの不安は後退しているように見える。世界経済はいまも主に化石燃料で動いているが、再生可能エネルギー施設がつぎつぎにつくられている。それでも、１９９０年に懸念されていたことは、概して２０２０年になっても懸念されている。むしろ気候変動に対する世界の人びとの恐怖や不安は当時よりも増しており、わたしの考えとしては、それは正しい。

予測がいちばんむずかしかった分野がテクノロジーであり、とくにテクノロジーの変化が社会にどのような影響を与えるかという点である。それがわたしの最大の「ミス」だった。コンピューター同士がつながって世界が大きく変わることは想像がついた。ジャーナリストたちはすでにコンピューターを介してニュースを収集し発信していた。しかし、それがどのようなメカニズムで起こるのかは想像がつかなかった。言い訳をさせてもらうと、１９９０年代の頭には、インターネットは学術研究や軍事防衛用のツールとして存在していたが、まだ広く一般に使われてはいなかった。状況を大きく変える鍵となるイノベーションは、１９９０年代を通じて少しずつ開発されていった。ワールドワイドウェブ（ＷＷＷ）を一般の人が使えるようになったのは１９９１年になってからだ。最初に人気を博したブラウザであるモザイクは１９９３年に登場し、黎明期の使いやすい検索エンジンであるウェブクローラー、ライコス、アルタヴィスタ、ヤフー！が１９９４〜95年に生まれた。世界を支配することになる検索エンジンのグーグルがサービスを開始したのは１９９８年である。[1]

　この現象は新しいものではない。経済学者のアルフレッド・マーシャルは１９２０年につぎのように指摘している。「画期的なアイデアの重要性が、それが生まれた世代に十分に認識されることはあまりない。新しい発見があっても、いくつもの小さな改良と付随する発見がそのまわりに集まって積み重ならないかぎり、実際にはほとんど役に立たない」

　自動車がそうである。自動車が実際に使われるようになるには、フロントガラスのワイパー、セルモーターといった数々の小さな改良と、道路の整備といったいくつかの大きな改良が必要だった。スーパーマーケットもそうだ。スーパーマーケットが広まったのは、オクラホマでスーパーマーケット・チェーンを経営するシルヴァン・ゴールドマンが１９３６年にショッピングカートを発明したからである。ｉＰｈｏｎｅを「小さな改良」と呼んでいいのかはわからないが、携帯電話とインターネットを一つにしたことで、いまでは当たり前になっている多種多様なサービスを提供できるようになった。１９９０年代なかばの時点で、いまｉＰｈｏｎｅがしていることをする優れた携帯電話は思い描けたが、そのビジョンを現実のものにできたのは、スティーブ・ジョブズがその方法を見つけだしたからだ。

それでは、２０５０年にはどんなテクノロジーが実現しているか予測するという課題に移ろう。漸進的な進歩を予測するのはたやすい。いま大西洋を飛行機で渡っている人は、１９９０年代はじめにつくられた航空機に乗っているのではないか。最新世代の航空機は効率が上がっており、次世代機はさらに上がるだろう。だが、２０５０年になってもいまと同じ航空機で空を飛んでいるだろうし、物理法則は変わらない。２０５０年には世界の自動車市場では自動運転の電気自動車が標準になっているだろう。しかし、自動車が走るスピードが２０２０年よりも格段に上がることはない。電気自動車のコストが下がり、手に入れやすくなれば、社会に影響がおよぶだろうが、それがどのようなものになりそうかはだいたいわかる。

テクノロジーがつぎにどのような飛躍的進歩をとげるかを予測するのは、それよりもずっとむずかしい。いま技術進歩の最先端にあるテクノロジーのうち、なにが世界を根底から変えて、なにが壁にぶつかってしまうのかは、だれにもわからない。あることができるからといって、それが実際に役に立つとはかぎらない。価格が高すぎて広まらないものだってあるかもしれない。それでも、社会的・経済的な課題をテクノロジーで解決することが強く求められている分野はたくさんある。とてもシンプルな例をあげよう。空港でのセキュリティスキャンだ。テクノロジーを活用すれば、それをシームレスに実行できるようになるはずである。所持品を身につけたままボディスキャナーを通れるようにするべきだし、歯磨き粉をジッパー付きの透明なプラスチック製の袋に入れなくてすむようにするべきだ。さらに、持ち物をチェックするだけでなく、乗客を認識するようにもできる。しかし、ここは予想がむずかしいところなのだが、すべての人を特定し追跡するテクノロジーは社会的に、あるいは政治的に受け入れられないのではないか。移民一人ひとりの行動が1日24時間追跡されたり、地球上のすべての人間がＤＮＡデータベースに登録されていたりする世界を想像してみてほしい。

　これを踏まえて、労働契約から、家族構造、格差、さらには国民国家そのものの未来にいたるまで、社会はどうなっていくのか考えてみたい。１９９０年代はじめには、個人事業主が増えることは予想がついたし、実際に多くの先進経済国でそうなっている。それに対し、家庭生活の最も基本的な要素である婚姻契約がどうなっていくかは、予想がむずかしかった。結果として、アメリカや先進世界の大部分では離婚率は頭打ちになっているが、わたしが予想したほどには下がっていない。先進世界で格差が広がるかどうかも判断がむずかしく、いずれにしてもこの問題に関するデータは不確かである。それでも、新興世界の生活水準が先進国の生活水準に追いついて、格差が世界的に小さくなることは容易に予想された。国民国家についてだが、これは衰退するどころか、むしろ復活している。中国とインドはどちらもナショナリズムが強い国であり、その二つの国の重要性が高まっているため、国民国家の復活はつづくと考えていいだろう。実際、この本の主なテーマの一つは、アジアの二大国の社会・政治思想がヨーロッパと北アメリカに強く影響するようになる、というものだ。経済の成功がすべてではないが、社会に対する考え方を左右する非常に重要な要因である。

経済予測の核

１９９０年代よりもいまのほうが世界経済の未来を予測しやすい。その重要な理由は二つある。一つは、逆説的ではあるが、過去についてより多くのことがわかったからだ。もう一つは、将来の成長をモデル化しようと数多くの研究が行われてきたからであり、いくつかの条件はつくものの、それがかなり正確であることが証明されている。

過去について多くがわかっているのは、故アンガス・マディソンの研究があるからだ。マディソンはイギリスの経済史学者で、研究の大部分はパリの経済協力開発機構（ＯＥＣＤ）とオランダのフローニンゲン大学で行われている。[2] マディソンは過去２０００年以上にわたる世界のさまざまな国・地域の国内総生産（ＧＤＰ）を推計し、１人当たりＧＤＰを算出した。キリスト生誕年の世界のスナップショットからはじまり、紀元１０００年以降は、そのときになにが起きていたかを示すデータが徐々に詳細になっていく。核となる研究結果はＯＥＣＤの冊子として刊行されており、その筆頭にあげられるのが２００１年の『経済統計で見る世界経済２０００年史』である。マディソンは２０１０年に亡くなったが、彼の研究は研究者仲間と信奉者のグループに引き継がれている。

この長期推計には、多くの人が非常に驚くだろう。28ページのグラフはマディソンの推計をもとに作成したものだ。紀元元年の時点では、ローマ帝国の経済規模は世界3位にすぎなかった。インドと中国のほうがはるかに大きく、中国はローマ帝国のほぼ2倍、インドはそれ以上だった。１０００年、１５００年になってもインドと中国は群を抜いており、ヨーロッパ諸国は影が薄かったが、

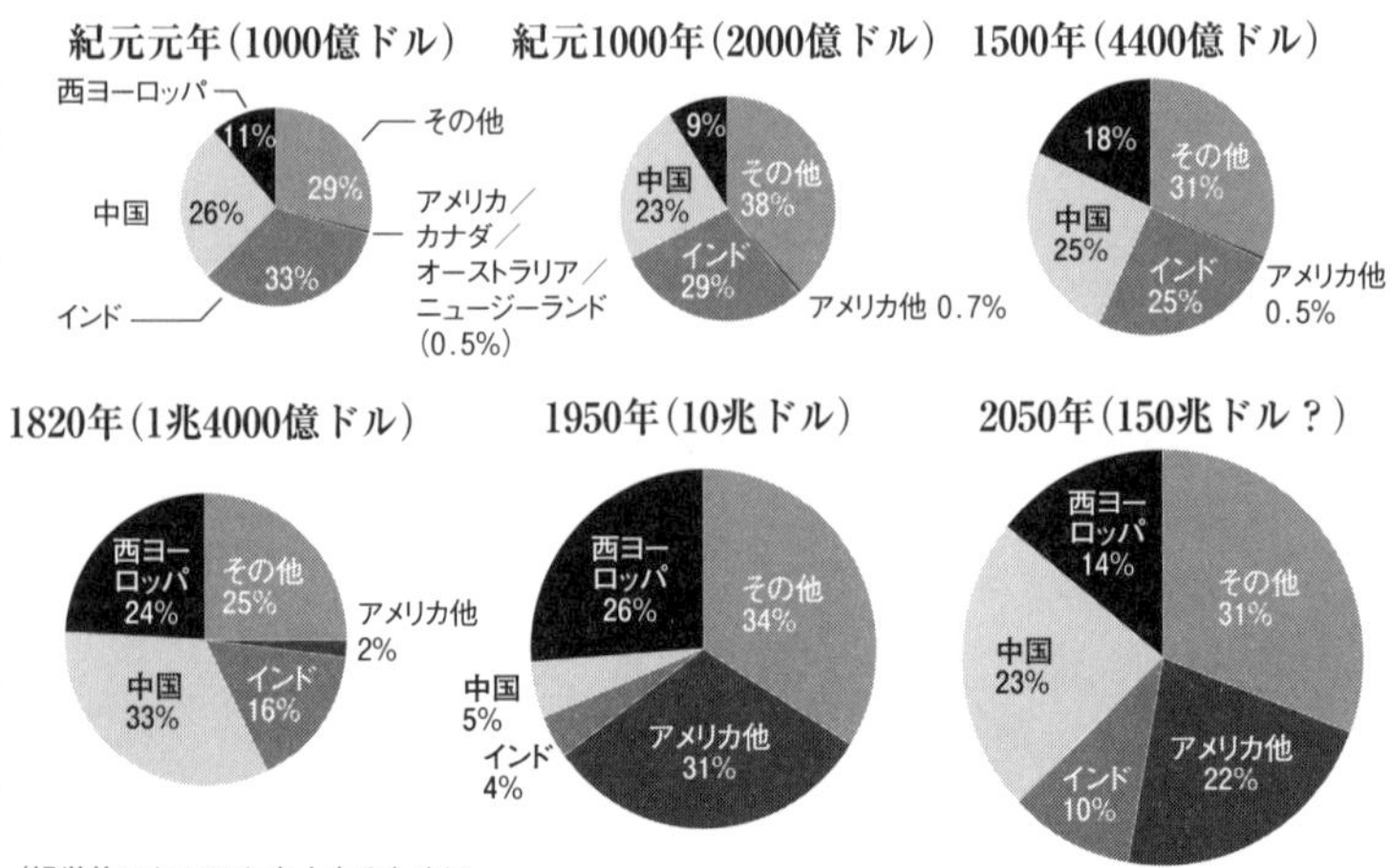

年代別の経済大国

世界総生産に占める割合（2020年ドル、推計値）

（視覚的にわかりやすくするために円の大きさを調整している。非比例尺）

出所：Angus Maddison, OECD; HSBC World in 2050

その後、産業革命がはじまり、１８２０年を境にヨーロッパが逆転しはじめた。19世紀を通じてヨーロッパが急成長する一方、アメリカが台頭しはじめて、世界のスターダムに躍り出た（それでも、アメリカが中国を追い越して世界最大の経済国になるのは１８８０年代になってからだった）。１９５０年には、アンガス・マディソンのいう「ウェスタン・オフシュート」諸国（アメリカ、カナダ、オーストラリア、ニュージーランド）が世界経済の３分の１を占めるようになり、中国とインドは大きく後退していた。

今度は未来に目を向けて、２０５０年の世界を予測してみよう。２０３０年前後のどこかで、中国が１位の座に返り咲き、インドが飛躍する。アメリカはポールポジションをわずか１５０年で明け渡すことになる。この予測の背景にある経済モデリングについては、このすぐ後で述べる。それを見れば、中国が世界のなかで本来あるべき場所に戻っているだけだと、多数の中国人が感じている理由がわかる。

インドの経済規模は、１８９０年代まではイギリスよりも大きく、その時点で中国、アメリカにつぐ3位だった。２０２０年代はじめにはイギリスを抜くかもしれず、２０５０年に世界3位に返り咲いていたら、多くのインド人が本来あるべきだと感じている場所に、戻っていることになる。

こうした歴史の引力には、非常に興味深くもあり、悩ましくもある例がもう一つある。ロシアの位置の変化だ。第一次世界大戦前夜、そしてロシア革命直前には、ロシアの経済規模はヨーロッパ諸国のなかでドイツにつぐ2位だった。イギリスやフランス、イタリアよりも大きかった。その位置を１９６０年代まで維持し、ソビエト連邦崩壊前夜の１９９０年の時点で、すぐにロシア連邦となるものの経済規模はヨーロッパのどの国よりも大きかった。その後、経済は崩壊し、社会も大混乱に陥った。ロシアの中央指令経済は持続不可能だった、ソ連が解体されたときに起きたことがそれを実証していると反論することはできる。しかし、経済崩壊の規模の大きさについては、反論の余地はない。２０２０年にはロシアの経済規模はドイツやイギリス、フランス、イタリアを下回っていただけではない。ヨーロッパの近隣諸国と比較した相対的規模も、過去２０００年間のどの時点よりも小さくなった。そう考えれば、ロシア人が自国の凋落に憤るのもわかる。

アンガス・マディソンの研究は、わたしたちの現在地を考える視点を与えてくれる。世界はこの先どうなっていくのかを考えるときには、ロバート・ソローの研究が最適な出発点になる。[3] ソローはアメリカの経済学者で、経済はどのように成長するかを説明するモデルを構築した功績により、１９８７年にノーベル経済学賞を受賞した。ソローは成長を二つの形態に区分している。一つは、フロンティアの開拓・最先端技術の開発による成長である。これは新しいアイデアを開発・活用していくもので、新しいアイデアには、工場の効率化から、サービスの質を高めるための新しいテクノロジーの利用まで、あらゆるものが含まれる。衛星測位システムが導入されて配達時間がどれだけ短縮されたか、考えてみてほしい。これが最先進経済国の最大の原動力である。もう一つは、キャッチアップ型、あるいはコピー・アンド・ペースト型の成長であり、発展途上国がほかのところで発明されたテクノロジーを利用するものだ。これは新興経済国の最大の原動力である。ありていに言うと、中国がアメリカを抜いて世界最大の経済国になるまでに発展したのは、この成長形態だったからである。

　経済モデルはあくまでもモデルだ。どの変数を入れるかは自分で決めなければいけない。ソローのアプローチを応用した最も有名な例が、ゴールドマン・サックスのＢＲＩＣｓレポートである。「ＢＲＩＣｓ」とは、四大新興国（ブラジル、ロシア、インド、中国）の頭文字を組み合わせた造語であり、ゴールドマンのチーフエコノミストであるジム・オニールが２００１年に発表した投資家向けレポートではじめて使った。[4]オニールはそのなかで、ＢＲＩＣｓ４ヵ国は、主要７ヵ国（Ｇ７、すなわちアメリカ、日本、ドイツ、イギリス、フランス、イタリア、カナダ）よりも世界経済の成長に貢献していると指摘した。さらに、中国の経済規模はすでにイタリアを抜いており、ＢＲＩＣｓ全体の成長率はＧ７をはるかにしのぐだろうとされた。その数年後、オニールは続編となるレポート「ＢＲＩＣｓとともに見る夢――２０５０年への道」を書き、経済モデリングを行って、ＢＲＩＣｓの経済成長がＧ７をどれくらい上回るか定量化している。[5]

　結果は驚くべきものだった。主な内容は次のとおりである。中国の経済規模は２０１５年までに日本を追い越して2位になり、２０４０年ごろにはアメリカを抜いて1位になる。インドは２０３０年代に日本を抜き、アメリカにつぐ3位になる。ロシアとブラジルも繁栄し、世界経済のなかで占める位置は２０００年代はじめよりもはるかに大きくなる。ただし、オニールはこうした予測に制限を加えており、一連の予測は何事もうまくいくと想定した楽観的なものであって、これだけの成長を実現する適切な条件がそろわない国が出てくる可能性は十分にあると述べている。実際には、中国とインドは予測をむしろ上回っているが、ロシアとブラジルは、それぞれ別の理由で、予測に届かなくなりはじめている。

　このレポートは世界中で大きな注目を集めた。「時にかなったアイデアほど強力なものはない」というヴィクトル・ユーゴーの名言をこれほどみごとに体現している例は、最近ではほかにない。レポートがとらえていたのは、いままさに進行していて、２０５０年には世界の形を変えているであろうパワーシフトである。いまでは、ＢＲＩＣＳ経済サミットが毎年開かれ、上海に開発銀行がある（Ｓは南アフリカの頭文字。南アフリカは２０１２年にナイジェリアに追い越されるまでアフリカ最大の経済国であり、アフリカ大陸を代表する国として加わった）。

　ところが、ＢＲＩＣｓ諸国はそれぞれまったくちがう。中国とインドは急成長している新興経済大国だが、中国はインドのはるか先を行っている。ブラジルは中所得経済国である。経済発展がはじまったのは実に１９３０年代以降とかなり早かったが、いまは伸び悩んでいる。ロシアはまだソ連崩壊後の混乱がおさまっていない。膨大な天然資源をもってはいるが、インドやブラジルとちがって、人口が急激に減少しているという問題も抱えている。世界の動きを見るという意味では、ＢＲＩＣｓレポートはすばらしい。時代の流れをとらえ、「ＢＲＩＣｓ」の存在を世に広めたジム・

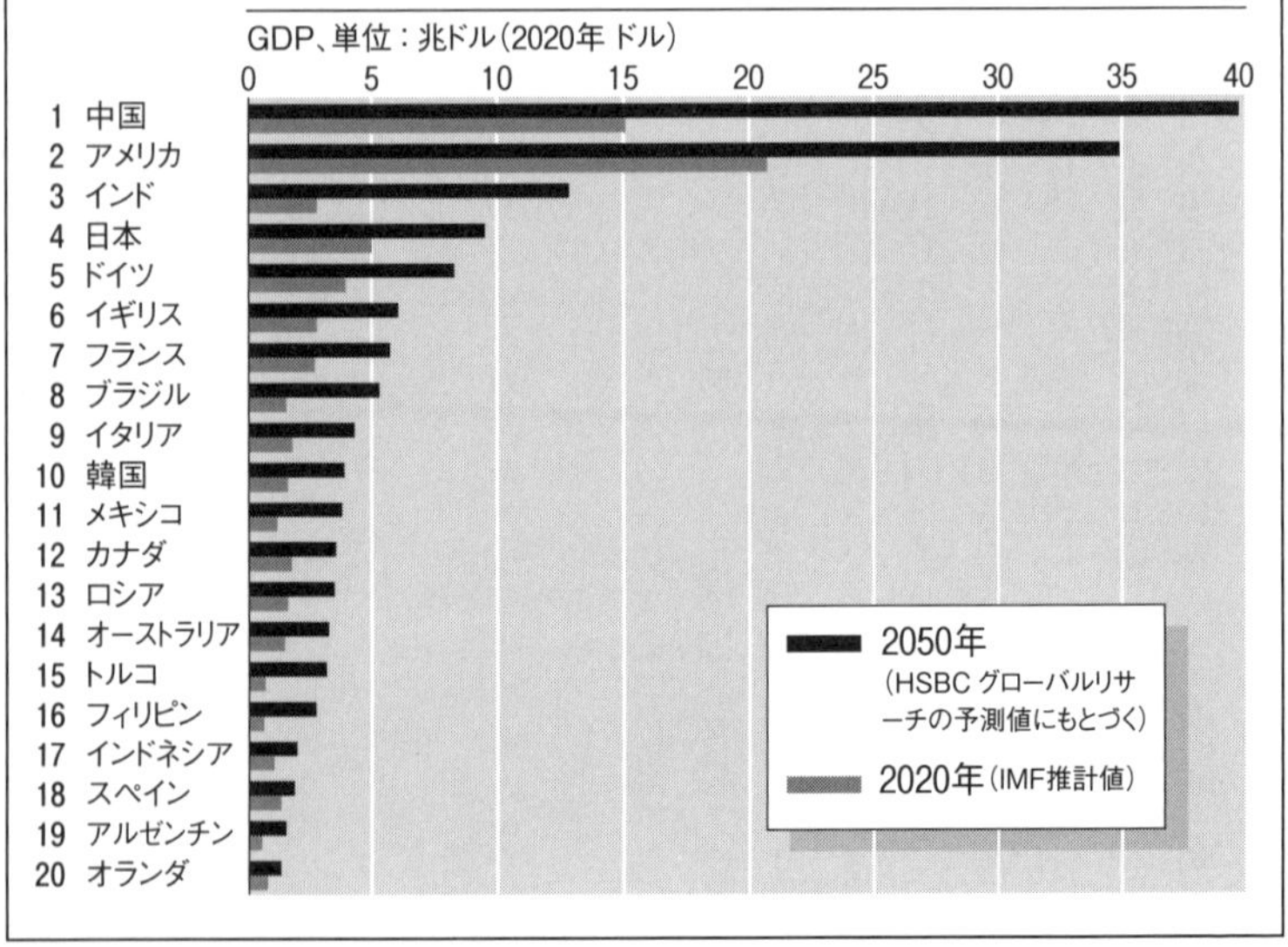

2050年の経済規模上位20ヵ国予測

オニール（現オニール卿）の功績はとても大きい。しかし、ＢＲＩＣｓという概念は誤解を招くものになっている。少し単純化しすぎていることを承知で言えば、先進世界の経済はほとんど同じだが、新興・発展途上世界の経済は大きくちがっている。

成長モデルにはもう一つ、ハーバード大学教授のロバート・バローが開発したものもあり、ＨＳＢＣがこれを用いて２０１１年と２０１２年に予測を発表した。上のグラフはそれをもとに作成している。このレポートの主著者であるカレン・ウォードが指摘するように、フロンティア国になにが起きようと、残りの国・地域がキャッチアップによって成長する余地は大きく、この先何年もつづくだろう。ただし、ウォードはこう付け加えてもいる。「経済が豊かになり、技術力が高まるにつれて、〝後発〟優位は徐々に失われていく[6]」

ある国がキャッチアップできるかどうかはたくさんのことに左右されるが、なによりも重要なのは、教育の水準と、所有権や法の支配といった制度インフラの質である。おもしろいことに、民主制はそれほど重要ではないかもしれない。少なくとも短・中期的にはそうだ。民主主義ではないが、高所得で、教育水準が高く、２０２０年までは法の支配があったよい例が、香港である。香港はこの先、法の支配と成長がどのような関係にあるかを見るテストケースのようなものになるだろう。中国が香港の法制度への介入を強めるようになっており、香港の経済はやがて行き詰まるのか。少なくともある程度までは、答えはほぼまちがいなく「イエス」だ。

ＨＳＢＣの調査チームは、ロシアの人口が予想以上のペースで減少するなど、前提を少し変えてモデルを再実行した。対象国も１００ヵ国に広げた。その結果、予測はずいぶんちがうものになり、それが本書の経済予測の出発点になっている。上位国（中国、アメリカ、インド、日本、ドイツ、イギリス）はゴールドマンの予測と同じだが、ロシアはとくに順位がぐっと下がる。ＨＳＢＣの予測にもとづくと、トルコやスペインよりも低くなるのだ。

これはあくまでも予測でしかなく、確実にこうなるというわけではない。それでも、これからなにが起こるかについて考えるのに最適な基準になる。ＨＳＢＣの予測からはいくつかの大きな疑問が浮かび上がる。フロンティア国（アメリカはもちろんそうだが、ほかのすべての先進経済国もこのカテゴリーに含まれる）については、生産性、したがって生活水準がほんとうに頭打ちになっているのかどうかだ。これはこの後のテクノロジーに関する章でくわしく扱う。先進世界のつぎの世代の生活水準が親や祖父母よりもよくならなければ、社会を一つにまとめる接着剤ははるかに弱くなってしまう。反対に、生活水準は実際には上がっていて、これからもよくなっていき、問題の大部分は生活水準が正しく測定されていないことであるなら、見通しはぐっと明るくなる。本書ではそれを示すことを試みる。

新興世界については、問題は大きく二つに分けられる。一つは、キャッチアップ型成長をつづける能力がその国にあるのかだ。人的資本をどれだけうまく開発しているか。物的インフラ（道路、港湾など）と法律・規制面のインフラ（国家財政、行政、通貨、貿易関係など）への投資は十分か。そしてもう一つは、ある新興国が十分に発展した状態に近づきはじめ、コピー・アンド・ペースト型成長の恩恵が減ったら、その国はその後に真のフロンティア国になれるかだ。なれないなら、なぜなれないのか。これに関しては歴史の厳しい教訓がいくつかある。日本はその移行をとげたが、アルゼンチンは果たせなかった。この点については一定の判断を示したいが、どうしても楽観的になりすぎたり、逆に悲観的になりすぎたりすることもあるだろう。世界全体としては、繁栄は拡大しつづけ、健康状態はよくなり、教育水準も上がる。平和も広がるといい。それでも課題は山ほどある。そのなかで最も重要になってくるのが、環境問題だろう。

環境の課題

世界が直面する環境の課題の焦点は、ここ30年で変化している。なかには状況が変わっていないものもある。30年前には水不足により日常生活に不便が生じる水ストレスが深刻な問題の一つになっていて、それはいまもそうだし、この先も変わることはない。生息地の喪失もつづいている。子どもや孫が多種多様な生き物に出会える地球であってほしいと願っている人は危機感をもっているはずだ。しかし、１９９０年代には強く懸念されていたが、いまではあまり心配されなくなっているものもある。

一つ例をあげると、当時、世界は「石油ピーク」に達すると言われていた。石油ピークとは、いまある大油田が枯渇して、世界の石油生産が減少しはじめ、すぐには新しい供給源が見つからずに、需要をまかないきれなくなる時点のことである。この懸念は現実にはなっていない。従来からある石油が大量に発見されているだけでなく、石油を含有する岩石を水圧で破砕する手法（フラッキング）がとりいれられて、膨大な供給源が新たに開発されている。むしろ、石油生産のピークは供給の不足ではなく、需要の減少によってもたらされると考えられている。石油需要が減少に転じると見込まれる理由としては、エネルギーの利用が効率化され、省エネの取り組みが広がっているのはもちろんだが、内燃機関を使う自動車から電気自動車への切り替えが世界で進むことがなによりも大きい。石油と同じ化石燃料であるガスと石炭はこの先も重要でありつづける。世界経済は２０５０年も化石燃料に依存することに変わりはないが、代替エネルギー源が着実に化石燃料にとってかわっていくだろう。

もう一つの懸念は、世界が75億人を十分に食べさせられるのか、というものだった。１９９０年の世界人口は53億人であり、当時は危機が迫っているように見えた。だが、ふたをあけてみれば、人口1人当たりのカロリー消費量が増えているという点で、世界の食料事情はよくなっているだけでなく、栄養不良の状態にある人は、絶対数でも、増加した世界人口に占める割合でも、減っている。１９９０年には、世界の4分の1近い人が栄養不良だったが、２０１７年にはその割合は10％近くになっていた。依然として非常に多いことはたしかだが、状況は大きく前進している。

さらに、都市化の影響も懸念されていた――先進世界のメガシティは急増する人口に対応できるのだろうか。これについては、おおむね対応しているようだ。都市部の所得はその国のなかでは高く、人びとの健康状態もいい。局地汚染はいまも深刻だが、30年前に恐れられていた最悪の事態にはなっていないようだ。

こうした個々の問題の多くは、考えられていたほど深刻ではないかもしれないが、これまでに環境問題を前進させてきた取り組みがほとんどかすんでしまうほどの大きな懸念がある。気候変動だ。感情を抜きにして気候変動を冷静に議論するのはむずかしい。気候科学が複雑だというのもあるが、それ以上に大きいのは、気候変動についてなにを言っても、政治色の濃い論争になってしまうからだ。それでも論争の余地のないことが一つある。いまから30年前、地球の温暖化と二酸化炭素排出量の増加が懸念されていたのはたしかだが、この二つが結びついていることはまだはっきりとはしておらず、気候変動の危険や影響はいまほど広く知られていなかった。それがいまでは課題の中心に位置づけられている。

つぎの世代になにが議論されるようになっていくかは、さまざまなことに左右される。一つは科学である。いまなにが起きているのかについて、わたしたちの理解は徐々に深まっていく。問題が明らかになれば、世界の反応は変化する。わかっていることが増えるにつれて、政治論争の余地は小さくなっていく。「なにをするべきか」という議論が増え、「なにかする必要があるのか」という議論は減る。この点については後でくわしく論じていく。ここで覚えておいてほしいのは、エビデンスを入手できるようになると、考え方や懸念は変わる、ということだ。いま心配されていることは、30年前と変わっていない。だが、一部の心配事が小さくなっている一方で、あるとても大きな心配事はますます大きくなっている。

テクノロジーの謎

ここ30年のあいだにテクノロジーは急速に進化した。テクノロジーがこれだけ短い期間にこれだけ進化した時代はないと言う人もいるだろうが、それはさだかではない。なるほど新しい商品やサービスはつぎつぎに生まれている。最初はインターネット、その後にｉＰｈｏｎｅ、グーグル、フェイスブック、さらに何百万というアプリが登場し、先進世界のほとんどの人がその恩恵を受けている。にもかかわらず、先進国の生活水準はそれほど大きくは高まっていない。そんなことがあるのだろうか。

直感では、それはありえない。過去にテクノロジーが急激に変化したときは、先進世界全体で大多数の人の生活水準が上がっている。産業革命が起きて、技術革新がはじまって以降、例外なくそうである。残念だが、技術が進歩すれば、仕事が奪われて職を失う集団が生まれるし、環境や健康も損なわれている。だが全体として見ると、先進国の生活水準は１８００年代はじめから着実によくなっている。過去30年間に新しいテクノロジーが爆発的に増えていることを考えるなら、この傾向はつづいているはずだと思うだろう。ところが、統計を見るかぎりではそうではない。アメリカの所得の中央値は１９７０年代以降、実質ベースでほとんど上昇していない。ヨーロッパの状況はまちまちだが、２００７年以降はどう見てもよくて横ばいである。総じて所得階層の最上位にいる人たちはうまくやっているし、大半の先進国では、最下層の人びとの生活水準は守られている。しかし、その中間にいる大多数の人は厳しい状況に置かれている。

　これに対する見方は二つある。一つは、アメリカの大繁栄は終わったとするものだ。この立場の代表的な論者が、イリノイ州エバンストンにあるノースウェスタン大学教授のロバート・J・ゴードンである。生産性の伸びは大きく減速しており、この先も、格差の拡大、教育の停滞、高齢化、大学生と連邦政府の債務の増加が重しになって伸び悩むことになる。ゴードンは著書『アメリカ経済——成長の終焉』[7]のなかで、アメリカのつぎの世代は親よりも生活水準が下がるはじめての世代になるだろうと指摘している。

　もう一つは、カリフォルニア大学バークレー校の名誉教授で、現在はグーグルのチーフエコノミストを務めるハル・ヴァリアンの説であり、生産性の問題はないとするものだ。これは測定の問題であって、通信革命がもたらしている恩恵が低く見積もられているのだという。[8]ヴァリアンはその例の一つとして写真をあげる。ヴァリアンによれば、２０００年から16年のあいだに世界で撮られた写真の数は20倍に増えた。だが、フィルムとプリントの時代からデジタルとオンラインの時代にシフトしたため、写真1枚を撮るコストは約50セントからゼロに下がり、そのぶんＧＤＰは減少する。写真を撮る枚数が大きく増えているという点では、世界の生活水準は上がっている。ところが、スマートフォンをもつようになると、写真を撮って共有するコストはタダになるため、１人当たりＧＤＰとして表される生活水準は下がる。

　写真のような既知の商品や、電話のような既知のサービスがあって、そのコストが劇的に下がるときには、なんらかの形でそれを調整して統計に反映させることができる。しかし、通信革命によって可能になった新しい商品やサービスには、それがほとんど不可能な例がほかにもたくさんある。

ソーシャルメディアにどう価格をつければいいのか。２０２１年の時点で、世界人口のおよそ60%がなんらかのソーシャルメディア・プラットフォーム上でデータを共有している。そのほとんどすべての人はサービスを無料で使うことができ、収益源である広告の資金の大半はほかのメディアの広告費から流れてきている。そのため、通信革命の恩恵がどれだけ大きくてもＧＤＰは増えず、向上した生活水準に、目に見える形ではまったく現れない。

つぎの世代にテクノロジーが世界をどう変えるか予測しようとすると、これがものすごく大きな壁になる。ビッグデータと人工知能（ＡＩ）の二つのテクノロジーを組み合わせて、サービス産業の効率性が高まると期待され、その潜在力は非常に大きいと考えられる。データはいま、一世代前には想像もつかなかったような規模で蓄積されている。だが、データの量があまりにも多すぎて人間の手には負えないし、データから効果的に学習することも、データをうまく活用することもできない。そこでＡＩの出番となる。ＡＩは１９６０年代ごろから使われている。ＡＩが重要であるのは、サービス産業の効率性を高めるには不可欠なテクノロジーだからだが、それがとてつもなくむずかしいことが明らかになっている。サービス業はアメリカとイギリスの経済の約80%を占める。にもかかわらず、製造業の効率化は着実に進んでいるのに、サービス業の生産性はほとんど上がっていない。

その理由はすぐにわかる。工場は自動化できるが、病院を自動化することはできない。20世紀に生活水準を押し上げる大きな原動力となったのが大量生産だ。メーカーは厳しく管理された一つの場所で、ほとんど同じ製品をつくる。これに対し、サービスは複数の場所で一人ひとりに合わせて組み立てなければいけない。病院の予約も、子どもの音楽レッスンも、退職者の年金プランも、ニーズにぴったり合うサービスを提供するには、人間の力が必要になる。そのため、生産ラインが動くようにして製造を効率化したのと同じように、ＩＴにおける技術革新を活用してサービスの生産性を高める方法をなんとかして見つけなければならない。

ある意味では、これはすばらしいことだ。生活水準はこれからも上がりつづけると確信できるのだから。しかし、変化というものがどれもそうであるように、技術革新が起こると、既存の秩序は壊れる。それも徹底的に。過去に破壊的な技術革新が生まれたときに起きたことにはマイナスのイメージがついているので、そうした破壊は否定的にとらえられがちだ。たとえばＡＩの影響を考えるときには、多くの仕事がＡＩに奪われるという点に目が行きやすく、人びとが繰り返し作業から解放されて、もっと創造的で充実した仕事が見つかるようになる未来を想像しようとはしない。２０２０年になにが人気の仕事になるかを１９９０年に想像するのは不可能だったのと同じで、２０５０年に大勢の人がどんな仕事をしているのかをいま想像することはできない。それでも、この先にはどんな社会的・教育的スキルが求められるようになるのかはだいたいわかる。計算や読み書きの能力といった「ハード」スキルがそうだし、柔軟性や共感力といった「ソフト」スキルもそうだ。若い人たちにこうしたスキルをどうやって教えるか、それをどうやって伸ばすか、それを身につけるようにどうやってうながすかは、また別の話になる。

そうだとすると、悩ましい問題がもちあがる。技術革新が起きると、先進世界のつぎの世代に格差は広がるのだろうか。世界全体では、２０５０年にかけて格差はほぼまちがいなく急速に小さくなっていく。それは技術の移転を原動力としてキャッチアップ型の経済成長が進む結果である。前に述べた経済予測が近ければ、中国、インド、アフリカの大部分の国などで、こうした国同士の、そして先進世界との生活水準の差は小さくなるだろう。中間層の人の数は爆発的に増え、人類史上最も多くなる見通しだ。その意味では、２０５０年の世界は中間層の世界となる。

しかし、国同士の格差は小さくなっても、国内での格差は広がるおそれがある。先進世界の大半では１９９０年代はじめからそうなっている。所得の格差はある程度広がっているが、際立っているのが富の格差の広がりである。実際、ほとんどの新興国でも、富の格差が大きくなっている。これはテクノロジーがもたらした結果なのだろうか。ある面ではそうかもしれない。幅広い領域で生産ラインの仕事や中間管理職がもう必要なくなっていることは、だれの目にも明らかだからだ。その一方で、スキルレベルの最上層と最下層に対する需要は増えている。

ただし、それ以外の力もはたらいている。西側は、大規模な戦争が起きていないという意味で、平和な時代が長くつづいている。戦争は富を破壊する。そのため、二度にわたる世界大戦の影響で、ヨーロッパでは富の格差が急激に縮小し、アメリカでもある程度小さくなった。身も蓋もない言い方をすると、戦争の代償を払うのは、富をもっている人、つまりお金持ちなのである。また、１９２９年の株価の大暴落や１９７０年代の大インフレのような金融危機も、ここ30年起きていない。21世紀には、２００８年の金融危機、その後の新型コロナウイルス感染症のパンデミックという二度の経済危機が発生し、一部の富が破壊されたことはまちがいないが、大規模な戦争期のような状況にはほど遠い。２００８年の金融危機時には世界経済は速やかに回復したし、わたしが原稿を書いている２０２１年の時点で判断するのは早すぎるが、パンデミックの傷跡はわりとすぐに癒えそうだ。一言でいうと、この二つの危機では富と所得の格差は小さくなっていない。むしろ大きくなっているのではないか。

いずれにしても、先進世界では不平等感が強まっている。いまの市場経済は、公平に報酬が分配されていない。豊かな家庭はさらに豊かになる一方で、貧しい家庭は生活がいっそう苦しくなっている。

先進世界で格差が広がっているというこの物語にはもう一つ、意外なことがかかわっている。恋愛や結婚の変化だ。それにはテクノロジーに少なくとも一端があるように思われる。１９８０年代以降、とくにアメリカでは、人生のパートナーを教育・所得の水準が自分と似ている集団から選ぶ傾向はあった。しかし、「同類交配」という無粋な名前がつけられているこの現象は、オンラインデートの影響で増えているようなのだ。[9] 人びとがバーや職場でランダムに出会うときには、少なくともなんらかの割り振りが行われる――賃金の低い労働者が高給の労働者といっしょにパブに行ったりする。パートナーに求める条件をはっきり指定する場合は、学歴や趣味などが似ている人を選ぶと思われる。高所得の人がほかの高所得の人とカップルになるなら、その結果として格差はさらに拡大する。

ここで言いたいのは、テクノロジーが社会や経済に与える影響は、ある種類の仕事を創造・破壊するだけでなく、それよりはるかに複雑である、ということだ。いま、テクノロジーがニュースへのアクセスと理解をどう変えるか、そう、「フェイクニュース」問題が注目されている。紙からオンラインへのシフトが進んで、人びとは特定のニュースやコメントだけを受け取るようになっているかもしれない。その結果、テクノロジーが政治の分断を深めているおそれはある。通信革命が人間の購買行動や投票行動に影響を与えることはたしかだろう。だが、それよりも人生のパートナーの選び方に与える影響のほうが重要だということになるかもしれない！

社会のあるべき姿についての考え方は変わる

社会の変化を予言するのはむずかしいものだが、いくつかの点で、いまはそれが１９９０年代はじめ以上にむずかしくなっている。１９９０年代はじめには、西側の民主的な価値観はさらに世界中に広まっていくと考えるのが妥当だった。フランシス・フクヤマがこの問題を論じたエッセイ「歴史は終わったのか」が発表されたのは１９８９年で、これを発展させた書籍が１９９２年に出版された[10]。ここ30年の大半は、まさにそのとおりになっている。ベルリンの壁がなくなり、ＥＵが東に拡大し、ソビエト連邦が崩壊し、中国では鄧小平が経済改革に乗り出し、インド経済の官僚統制がゆるめられ、アフリカとラテンアメリカの大部分が市場経済へと段階的に移行した。そのすべてが、経済のあり方をめぐる知的闘争に西側が勝ったことを物語っている。あなたの国が豊かになろうと思ったら、西側モデルにしたがうしかなかった。それにかわる選択肢はなかった。

新興世界の人びとが西側のライフスタイルの象徴を手に入れられるようになったことを喜んだという意味で、消費主義が共産主義に勝利したかのように見えた。中国の乗用車の生産台数は１９９０年には１００万台に満たなかったが、それが２０１７年には約２５００万台でピークをつけた[11]。中国の産業と経済は大きく変化しているが、社会のあり方も目に見えて変わっている。共産主義の名の下に、約40年間にわたって個人主義と個人の消費を抑圧されてきた人びとが、いまでは「お隣さんと暮らしぶりを張り合う」のに躍起になっている。１９５０年代以降のアメリカの消費者とそっくりだ。アメリカとヨーロッパの市民が数世代前にそうしたように、中国の市民はステータスシンボルとして高級車を競うように買い求めている。インドが豊かになるにつれて、インドの市民も同じような道をたどると考えていいだろう。実際、その兆しはすでにかなり明らかになっている。そうだとすると、鍵となる重要な疑問が浮かび上がる。中国、インド、そして新興世界全般の新しい中間層の価値観は、先進世界の中間層のそれと似通ったものになるのだろうか。

わたしが考える答えは、「おおむねイエス」である。しかし、どちらの価値観も変わる。第二次世界大戦以降の先進世界の大半で、家族の構造がどう変わったか見るといい。結婚する人が減り、一族の結びつきは弱まり、1人で暮らす人の割合が増えている。職場における女性の役割に対する考え方も一変している（だが多くの女性はとうてい十分ではないと感じている）。新しく生まれている世界の中間層のあいだでもきっと同じような変化が起きるだろうが、そもそも一律に論じられるものではない。新興世界における社会的な価値観は多様であり、先進世界全体の価値観の幅よりもずっと広いことはまちがいない。しかも、長くつづいてきた文化的な価値観と現代的な価値観のあいだにある緊張は、西側以上に大きい。

それでも、ベンガルール（旧バンガロール）近郊にあるマイホームは世界のどの国のどの大都市の近郊にあるマイホームともさほど変わらないという意味では、「中間層の生活様式」とでも呼べるものはたしかにありそうだ。子どもを何人もつかという、最も基本的な家族の意思決定もそうである。所得が増えるとともに、女性と少女が教育を受ける機会が広がると、世界中どこでも家族の規模は小さくなる。この先、中間層の要求が大きく変化するとしたら、世界全体の価値観は変わるだろう。中間層の価値観が世界を動かすようになるのは簡単に想像がつく。その理由は、中間所得層が世界の人口の過半数を占めるようになることに尽きる。これは人類の歴史ではじめてのことだ。

だが、中間層の価値観そのものが変わるかどうか、変わるとしたらどう変わるかを見きわめるのは、いまよりもむずかしくなる。新しい中間層の主役は、ヨーロッパとアメリカの中間層ではなくなるからだ。それはこれからもつづく大きなパワーシフトの一面であり、この変化はこの先何世代にもわたって、世界の政治に影響を与えるだろう。

政治、宗教、紛争

経済力と政治力は分かちがたく結びついているものの、過去半世紀に学んできたように、つながりは弱い。言うまでもない理由から日本もドイツも軍事力を再建しようとはしていないが、海外に経済帝国を築こうとしたこともない。日本やドイツの企業が海外に工場をつくっているのは、商業上必要だからである。ドイツ車をアメリカや中国でつくるのは、アメリカや中国の市場で販売できるようにするためであって、より大きな国益のためではない。これに対し、ロシアは世界覇権の獲得を明確にめざしているが、弱い経済が足を引っ張っている。本書の英語版が印刷に回された時点で、ロシアによる理不尽なウクライナ侵攻がはじまった。この行動がどのような結末を迎えるかについて、ここでなんらかの判断を示すことはできないが、ロシアがこの先、さらに弱体化するのはまちがいなさそうだ。

逆に中国は、ロシアよりも周到に、かつはるかに効果的に、経済の超大国としてだけでなく、商業と政治の超大国としても、世界での存在感を高めてきている。中国がアフリカで道路をつくるのは、鉱物や農産物を確保するためだけでなく、政治的な影響力を否応なく拡大させるためでもあるのだ。当然ながら、中国経済のサクセスストーリーは、ほかの発展途上国にとって、中国の政治システムは優れているという明確なメッセージとなる。と同時に、西側の民主主義国家や非政府組織（NGO）の支援プログラムよりも効果的で介入が少ない経済支援を中国は行っているという、暗黙のメッセージにもなる。もちろん批判もある。たとえば、進出先には中国人の労働者を連れてきて、現地の労働力を使わない。それでも、サハラ以南アフリカを自動車で走ると、中国が提供している道路などのインフラの質の高さに、だれもが感服するだろう。[12]

中国の西側への投資も、「テクノロジーや天然資源を手に入れる」という戦略に沿って進められている。こうした投資は最初こそ歓迎されたが、アメリカでもヨーロッパでも、監視が厳しくなっている。中国の投資を受け入れるメリットが西側にないということもあるが、もっと広い意味で、西側の開放度の高さが悪用されているのではないかという疑いの目が向けられるようになり、不安感さえ生まれているからでもある。この緊張は消えないだろう。世界経済における中国の力は高まっており、うまく対処しなければいけなくなる。

経済関係と政治関係は連動しているというのが、本書の中心的なテーマの一つである。第二次世界大戦以降、欧米諸国とロシアのあいだの政治的な緊張がつづき、世界に大きな影を落としている。残念ながら、状況は変わらないだろう。両者の背景に、状況が変わる理由がないのだ。ロシアとヨーロッパはもともと経済的な結びつきが強く、アメリカはロシアとの経済戦争に勝利している。中国については、協調的な関係が崩れるシナリオは簡単に描ける。中国と東アジアの近隣諸国との関係は複雑である。南シナ海を支配したいという野心には海事法の壁が立ちはだかり、この先何世代にもわたって火種になるだろう。20世紀の頭にラテンアメリカがアメリカの力に屈したように、日本を除く東アジア全体が、中国の影響下に置かれるのだろうか。アメリカははたしてそれを受け入れるのか。

　同じような圧力は、中国とインドのあいだでもつづくだろう。これは目新しいことではまったくなく、過去半世紀にわたって緊張がつづいている。しかし、両国がともに世界の秩序のなかで重要性が増していくと、こうした圧力（要はナショナリズム）を抑えるのはむずかしくなりそうだ。２０２０年には、中国の経済規模はインドの５倍あり、１人当たりＧＤＰも５倍近くあった。だが、このような格差が生まれたのは、ごく最近のことである。20世紀前半には、１人当たりＧＤＰはむしろインドのほうが大きかった。人口は中国のほうが多かったにもかかわらず、１９６０年代はじめの時点では、中国の経済規模はインドをわずかに上回る程度だった。２０２０年代にはインドの人口は中国を追い越す見通しであり、中国を上回るスピードで経済成長をつづけるのはほぼまちがいない。そのため、いま中国が台頭する新興大国であるとしたら、２０５０年にはインドがその地位にあるだろう。

　発火点になりそうなところはほかにもあり、ここではあと二つあげておきたい。どちらもパワーシフトがさらに進むと見られる地域だ。一つはロシア・シベリア地域と中国の国境である。ロシアは人口が高齢化して減少していき、極東地域の経済を運営するのがしだいにむずかしくなっていくだろう。これに対し、中国はロシア極東地域の天然資源を確保する必要があり、そのための人的資源は豊富にある。実際問題として、東シベリアにはすでに多数の中国人が暮らし働いている。くわえて法的な問題もある。外満州を含め、中国の領土だった部分は、１８６０年の北京条約など、19世紀後半に結ばれた条約によって割譲されており、ロシアの支配下にある期間は１５０年ほどでしかない。香港をイギリスに割譲した１８４２年の南京条約をはじめとする一連の条約は、中国では不平等条約とされていて、そう主張するだけの根拠もある。[13]どこかの段階で、中国がほかの失われた領土も取り戻そうとするのは容易に予想がつく。１９９０年代はじめには、ロシアと中国の相対的な地位は大きくちがっており、中国がこのような行動を起こすことは考えられなかっただろう。しかしいまでは、人口でも経済力でも、中国はロシアを圧倒している。２０５０年にはその差はさらに開いているはずだ。

　世界の大きなパワーシフトは、中東地域でも進んでいる。中東は１９９０年代はじめまではある程度安定していた。それまでも、１９６７年の六日間戦争、１９８０〜88年のイラン・イラク紛争、１９９０年のクウェート侵攻を受けた第一次湾岸戦争などの戦争はあった。しかし、一連の紛争は大きな混乱をもたらしはしたが、紛争が引き起こした惨状を軽視することは許されないものの、事態はおおむね抑制されていた。だがそれ以降、中東地域はさらに不安定になっている。第二次湾岸戦争後、とりわけ民主化運動、いわゆる「アラブの春」がはじまった２０１０年末以降は、政治的混乱が中東と北アフリカ全体に広がっていった。

　この混乱をきちんと整理して評価するには時期尚早だが、この地域のある際立った特徴は頭に入れておいてほしい。中東の人口動態だ。人口の増加するペースがとても速く、年齢の中央値がとても若い。たとえばエジプトの人口は、１９９０年には５７００万人だったが、２０２０年には１億２００万人に達しており、２０５０年には１億６０００万人に増える見通しである。いまの年齢の中央値は25歳だ。イラクの場合、人口は１９９０年が１７００万人、２０２０年が４０００万人、２０５０年の予想が８０００万人で、年齢の中央値はわずか20歳である。これだけ急激に増えている人口を持続可能な形で安定して管理するのは、どう考えてもむずかしいだろうし、何百万人もの若者たちの希望や願いをかなえるのはそれ以上にむずかしい。当然ながら、ヨーロッパの若者たちには人生のチャンスがあんなにたくさんあるのに、どうして自分たちにはないのかと、中東の若者たちは不満を抱く。

それから宗教がある。中東地域を筆頭に、世界各地で宗教的な緊張が高まっているが、この問題をだれの感情も害さないように議論するのはむずかしい。１９９０年代はじめに前作を書いていたときにこのテーマを避けたのは、２０２０年の世界が形づくられる過程に宗教感情の高まりが重要な影響を与えると予測できなかったのが大きい。それはまったくのまちがいだった。いまそれを無視することはできないが、この先２０５０年までにそれぞれの社会にどのように影響するかを見きわめるのは至難の業だ。過去２０００年間を振り返ると、宗教紛争がつづいた時代がある。恐ろしいとしか言いようのない時代もあった。しかし、寛容な時代が長くつづいたこともあり、いろいろなコミュニティが調和のなかでともに暮らし、お互いを尊重し合っていた。

そうであるなら、２０５０年の世界を見据えて、こう問わなければいけない。世界はつぎにいつ、宗教が調和する時代に戻るのか。もう一世代待たなければいけないのか。それとも近い将来になんらかの転機が訪れるのか。それについてはこの後で探っていく。

そして戦争がある。ヨーロッパのすべての人はもちろん、歴史に敏感な人ならだれでも、第一次世界大戦の恐怖と20世紀前半の悲惨な時代はいまも悪夢として記憶に刻まれている。もちろんつまずきはあったものの、飛躍的な進歩をとげた世紀は、ヨーロッパの指導者の思い上がりと愚かさによって砕け散った。わたしが１９９０年代に前作を書いていたときには、その愚かな行為が集団の記憶として共有されており、あと一世代は安定がつづくのではないかと感じていた。だが、その記憶が薄れる２０２０年、２０５０年、さらにその先の世界については、不安のほうがずっと強かった。それが正しかったことは、ロシアのふるまいが証明している。

いまは心配するなと言っても無理な状況だが、スティーブン・ピンカーの本を読むと、見え方が変わる。ピンカーはカナダの認知心理学者で、キャリアの大半をマサチューセッツ工科大学（ＭＩＴ）とハーバード大学ですごしている。とくに２０１１年の著書『暴力の人類史』[14]では、暴力が長い期間で見ても短い期間で見ても減っていることを実証した。20世紀前半の混沌を考慮に入れてもそうなのだ。世界は紛争にあふれていると思うかもしれない。そのエビデンスを毎日目にし、読んでいる。しかし実際には、人類の歴史のなかでいまほどお互いを思いやっている時代はない。わたしたちは過去のどの時代よりも支え合い、助け合っているのだ。そのようにはかけらも感じないとしたら、ニュースメディアへの接し方やニュースの消費のしかたとおそらく関係がある。わたしはジャーナリストであり、よいニュースはニュースにならないが、悪いニュースはニュースになることをいやというほどわかっている。みんな悲観論を支持する。サクセスストーリーを伝えようものなら、脳天気なヤツだとばかにされるのがおちだ。また、ＮＧＯの成長にも一端があるのではないか。ＮＧＯは悲惨な現実に光を当てる。それに対応するのがＮＧＯの仕事だからだ。実際、それが資金を調達するときの決め球だったりする。だがそれも、これまでの世代より暴力に対する許容度が低くなっているからだろう。人びとに対しても、自分自身に対しても、暴力は振るってはならないという意識が高まっている。そうであるならほんとうに心強い。つぎの30年に希望がもてる。

よりバランスのとれた世界か、よりカオスな世界か

理性と感情は対立する。力が広く分散されればされるほど、世界は健全で安全になるはずだと、理性ではわかっている。しかし人びとの感情は、そんなことはないと否定する。長く成功してきた世界が、どうして30年前よりも不安定に感じられるのだろう。というより、インドや中国などの新興世界では楽観論のほうがはるかに強いのに、なぜヨーロッパと北アメリカの古い先進国では不安が増しているのか。

答えの一部は、ハンス・ロスリングの本にある。ロスリングはスウェーデンの国際保健学教授で、惜しくも２０１７年に亡くなった。健康とウェルビーイングに関する統計について「ＴＥＤ」で講演して一躍有名になり、講演の終わりに剣を飲むパフォーマンスでも知られている[15]。ロスリングの死後に息子夫婦が完成させ、世に送り出された著書『ＦＡＣＴＦＵＬＮＥＳＳ（ファクトフルネス）』では、世界で起きていることについて13問のクイズが出されるが、多くの人がまちがう。たとえば、２０１７年までの20年間に世界で極度の貧困状態にある人の数はほぼ半減しているのに、それに気づいている人はほとんどいない。平均寿命がいまでは72歳であるのも、世界の大多数の人は貧しい国ではなく中所得国で暮らしているのも、そうである。ロスリングの質問に対しては、大半の人が誤った（それも悲観的すぎる）答えを示しただけでなく、答えを当てずっぽうに選んだときよりも正解率が低かった。ロスリングによれば、チンパンジーに文字の書かれたバナナを選ばせたほうが、正解率が高くなるという。さらに驚くことに、学歴が高い人ほど悲観的であり、したが

って正解率は低かった。ダボスで開かれた世界経済フォーラムで出席者に三つの質問をしたところ、そのうち二つでチンパンジーに負けた。２０１４年にリンダウに集まったノーベル賞受賞者と若き科学者たちの正解率はもっと悪く、いちばん低かったのはノルウェーの教師だった。

　だがこれは、人びとがファクトを知らないから、あるいは一つの領域の専門家は専門外のことについてはからきし疎いから、という理由だけでは説明できない。メディアでネガティブなニュースばかり流れるから、ＮＧＯが悲惨な現実を訴えているから、というだけでも説明がつかない。なにかもっと深いものがあるはずだ。それをハンス・ロスリングは「ネガティブ本能」、スティーブン・ピンカーはネガティビティ・バイアスや「進歩恐怖症」と言い表している。

　問題は複雑だ。ロスリングは過去を誤って記憶していることが一因だとする。人は昔の悪いことは忘れてしまうので、世界がどれだけ進歩しているか、理解できない。世界がよくなってはいないことを物語る明白な事例があるなかで、世界は全体としてよくなっていると説くと、血も涙もないように見られるというのもある。知識人がそうするのは相手に対して優位に立つための手段だと、ピンカーは指摘する。現代社会を批判すれば、間接的にライバルを追い落とすことができるし、ただ単にそれがインテリの流儀なのかもしれない。物事は悪くなっていると言えば、思慮深い人に見られる。物事はよくなっていると言えば、世間知らずと呼ばれるのはまだいいほうで、馬鹿呼ばわりされるときもある。ピンカーによると、人類はこれからも進歩すると説く楽観的な本はたくさん出版されているが、主要な賞をとったものは一つもない。これに対し、ノンフィクション部門のピューリツァー賞は「ジェノサイドに関する本4冊、テロリズムに関する本3冊、がんに関する本2冊、レイシズムに関する本2冊、絶滅に関する本1冊」に与えられている。しかし、まちがっているのはたいてい悲観論であり、（少なくとも全体として）正しいのは楽観論のほうである。

ところがこれには重要な条件が一つつく。言うまでもなく、やみくもに楽観するのは、やみくもに悲観するのと同じくらい愚かしいことである。将来の見通しはおおむね明るくても、人間はとんでもなく愚かなまちがいをするときがあるのだから注意しなければならないと警告するべきなのだが、それがなかなかわかってもらえない。ほんとうに必要なのは、最も深刻なリスクがどこに潜んでいるかを正しく見きわめることだ。ハンス・ロスリングは事実にもとづいて世界を見ようと呼びかける。「世界は思うほど悪くない」のだと。世界を正しく理解することは、未来を予測するうえではなによりも力になる。わたしたちがいまどこにいるのかわからなければ、これからどこに向かうのか、わかるわけがない。

旅のつぎのステージ

「世界の現在地」では、世界がいまどこにいるかを示す。それが本書の出発点になる。まず、先進世界はいまも幅広い分野で卓越した存在であることを明らかにし、共通点はもちろん、地域ごとの相違点も見ていく。アメリカはトランプ政権時代の混乱が残した傷跡がいまも癒えておらず、数々の分断も解消されていないが、その強さについては多くのアメリカ市民よりも楽観している。また、二つの新興大国、中国とインドを筆頭に、新興世界にも目を向ける。中所得国と低所得国は実に多種多様であり、新興世界という概念ではひと括りにできない。いままさに「新興」しているが、すでに多くが先進国のカテゴリーに移行している世界のスナップショットとして、現在地を切り取っていく。しかし、前進するペースは国によってちがってくる。国民国家世界にとっての課題は、各国のリーダーがそれぞれの属する地域の長所を最大限に活かし、短所を克服することだ。それは先進国と新興国の市民にとっての課題でもある。

その後、「変化をもたらす五つの力」を見ていく。一つ目の力は人口動態である。人口動態はきわめて重要で、経済成長の潜在力はもちろん、社会の〝空気感〟、とくに活力があるかないかを大きく左右する。二つ目の力は、資源と環境への圧力、とりわけ気候変動という、とてつもなく大きな課題だ。そのつぎに国際貿易と国際金融の性質が変化していることを見ていき、グローバル化がこれからもわたしたち全員の生活を形づくるのかどうかについて考える。そしてもちろんテクノロジーにも目を向け、わたしたちの生活を大きく変える革新的な技術がどこからやってくるのか探っていく。この部の最後の章では、政府の役割に対する考え方、社会の統治のあり方がどう変化していくかを見ていく。

そして、「２０５０年の世界はどうなっているのか」では、いまから一世代後に世界がどのようになっているかについて、わたしの考えを示し、そうした五つの力が第1章で素描した国と地域をどう形づくっていくかを追う。ここでは、伝統的な地理区分であるアメリカ大陸、ヨーロッパ、アジア、アフリカ、オセアニアという五つの州を枠組みとして使う。ただし、この構造には変則的なところもある。たとえば、ロシアの国土の大半はアジアにあるが、人口の大多数はヨーロッパに住んでいる。また、ほかよりも簡単に扱わざるをえない地域もある（悪くすると簡単に扱いすぎているかもしれない）。それについてはご容赦願いたい。わたしの考えに気分を害する読者もいるだろうし、予測が大きく外れることもあるだろう。だが、未来を覗こうとしている人は、だれもが旅をしている。新しいエビデンスが出てくれば、考え方は変わる。わたしたちがたどっている地図を書き換えなければいけないからだ。地図がまったくないよりも、地図を修正しながら進んでいくほうがずっといい。

そして最後の部「本書の大きな考え方」で、すべての情報、予測、判断、不安、希望を一つにまとめあげていく。そのなかでわたしがとくに不安に思っている10の項目を示し、本書から浮かび上がってきた考え方のなかでもとくに大きいと思われるものを10項目あげる。

しかし、そのすべてに通底していることがある。それは真実と言っていいだろう。それを最もよく表しているのが、バラク・オバマの言葉だ。そこにはハンス・ロスリングとスティーブン・ピンカーの考え方が反映されている。オバマはそれを何回か繰り返し語っているが、わたしがいちばん好きなのは、２０１６年９月にラオスの若者たちに向けたスピーチ[16]である。鍵となるメッセージを引用しよう。

> もしもあなたが生まれてくる時代を選べるとしたら、ただし、自分がどんな人間になるか、どの国に生まれるか、男として生まれるか女として生まれるか、どの宗教を信じるようになるかは前もってわからず、人類の歴史のなかで生まれてくるのにいちばんよい時代だけを選べるとしたら、それはいまこのときだろう。これほど世界が健康なときはない。これほど豊かなときも、これほど教育が行き渡っているときも、いまより暴力が少ない寛容なときもない。

それを忘れてしまうのは、恐ろしい悲劇と不正があるせいだという。それでも若者がそうした悲劇と不正に立ち向かうチャンスはかつてなく広がっていると、オバマは訴えた。この本は、ウクライナで戦争が激しさを増し、新型コロナウイルス感染症が世界中で猛威を振るい、国際社会に緊張が広がるなかで書き終えている。この長い歴史の文脈に照らして世界を見ることが、いまこそ重要になる。

第1章　わたしたちがいま生きている世界

アメリカ大陸——いまも未来の鍵を握る

アメリカ合衆国とカナダ

アメリカ合衆国は別格である。いまも世界で唯一の超大国であり、それはだれもが認めるところだ。しかし、多くの人には問題を抱えているように映る。巨人であるのはたしかだが、衰退する巨人だというのだ。それはまちがっている。アメリカ人は自分たちの国が悪く言われるのに慣れているので、そう聞いて驚く人がたくさんいるのではないか。さまざまな指標が示しているように、世界のなかでアメリカの存在感はむしろ高まっている。経済における重要性が増しているだけでなく、ほぼ世界中の人たちの日常生活に与える影響も大きくなっている。

まずは経済の話からはじめよう。ＧＤＰの世界シェアを見るなら、アメリカはいかにも後退している。だがそれは、新興諸国、とりわけ中国が急成長しているからだ。先進世界のなかでは、アメリカの経済成長率はほかのほとんどすべての先進経済国を上回っている。１９９０年には、アメリカの経済規模はＥＵよりも小さかった（まもなくＥＵに加盟することになる東欧諸国を加えてもそうである）。ところがそれ以降、アメリカはＥＵよりもかなり高いペースで成長しており、２０２０年にはＥＵの規模を大きく上回るようになった。そして、ヨーロッパと比べたアメリカの相対的な富と重要性が上がっているとすれば、ロシアに対する相対的な地位は跳ね上がっている。１９９０年の時点では、アメリカ経済の規模はソ連経済の３倍ほどだった。それが２０２０年には、ロシアとほかの旧ソ連諸国の10倍以上になり、ロシアだけで見ればおよそ15倍になった。

　このように、アメリカ経済は非常に大きなサクセスストーリーを生み出している。その理由はなにか。多くのアメリカ人がそれに気づいていないようだが、それはどうしてなのか。

　答えは「人」にある。アメリカにとって最も豊かな資源は、人間の才能だ。アメリカはそれを有効に活用しているが、ときに浪費もしている。アメリカの人口構造はヨーロッパに比べて若い。日本と比べればとくにそうなる。過去30年間の大半を通じて、出生率はヨーロッパや日本を上回っており、１人の母親は平均すると２人以上子どもを産んでいた（ただし２０１５年からそれにやや陰りが見えていることを示すエビデンスはある）。また、野心をもった若者が世界中から集まってくるだけでなく、外国から移住してくる人も多く、それが人口をさらに押し上げる。移民の数はいまも増えつづけている。

　エネルギー生産国としても復活している。フラッキング（水圧破砕法）革命が起きたことで、アメリカは２０１０年代なかば以降、世界最大の原油生産国になっており、１９７０年代はじめまで維持していた位置を取り戻している。[1] 石油、そしてとりわけ安価なガスは、労働効率の上昇とともに、製造業の復活を後押ししている。

しかし、アメリカの覇権の背景にある最も強大な力は、人的資本の優位性である。高等教育を例にあげよう。ランキングによって差はあるものの、２０１７／18年のどの評価でも、アメリカは世界のトップ20大学の半数以上を占めており、上海交通大学によるランキングでは16校がアメリカの大学だった。[2] アメリカに対抗できる唯一の国がイギリスで、オックスフォード大学とケンブリッジ大学がトップ10にランクインしている。知識は成長のフロンティアを切り拓く原動力であり、アメリカの大学には世界トップクラスの才能ある学生たちが集まる。そのため、世界大学ランキングでのアメリカの強さはこの先何年も揺るがないだろう。ゆくゆくはほかの国、とくに中国がアメリカに挑むことになるだろうが、そうなるには一世代はかかりそうだ。

その力はアメリカ経済の強さを支える最も重要な側面と結びついており、アメリカを追い落とすのはむずかしいと断言できる理由へとつながる。それが巨大ハイテク企業の存在だ。[3] アメリカの西海岸ではものすごいことが起きている。世界を変えた企業がこの地から生まれており、だれでも知っている会社がたくさんある。五大ハイテク巨人――アップル、アルファベット（グーグルの親会社）、アマゾン、マイクロソフト、メタ（フェイスブック）がそうだし、その後ろを何百という企業が追っている。これほどの強さを築き上げている国は、世界のどこにもない。イギリスやヨーロッパはこれほどの規模にはないし、日本は見る影もない。インドにはまださしたる力はないが、近くそうなるかもしれない。同じような規模のハイテク企業があるのは中国だけで、テンセント、アリババなど、数社が存在する。ただし、そうした中国のベンチャー企業は、少なくとも初期段階はアメリカのベンチャー企業のクローンだった。それが成長できたのは、中国当局がさまざまな理由をつけてアメリカ企業を締め出せたからだ。

　どうしてこのようなことが起きたのか。ここで２０００年に時を戻そう。コンピューターの世界は、マイクロソフトとアップルの二つのアメリカ企業による文字どおりの複占状態だった。だが、ほかの国にもハイテクのチャンピオン企業があった。世界最大の携帯電話会社はボーダフォンで、イギリスを拠点としていた。世界最大の携帯端末メーカーはフィンランドのノキアだった。カナダのリサーチ・イン・モーションは、スマートフォンのブラックベリーを開発した。日本はヨーロッパやアメリカよりも性能のいい携帯端末をつくっていた。ところが21世紀に入ってからの20年で、アメリカのハイテク産業が一気に追い越した。ｉＰｈｏｎｅが発表されて、インターネットが持ち運びできるようになった。ソーシャルネットワークの概念はアメリカで発展した。ウーバー、エアビーアンドビーといったプラットフォームが発明されると、タクシーと宿泊という二つのサービス産業の風景は一変した。一つひとつあげたらきりがない。フェイスブックのようなアイデアは、アメリカ以外の場所で生まれることはなかっただろう。フェイスブックはマサチューセッツ州ケンブリッジにあるハーバード大学の寮で、19歳のマーク・ザッカーバーグが思いついたものだ。２０２1年の時点でこのプラットフォームを29億人が利用していた。実に人類の３分の1以上にあたる数だ。

　これは貧しい生活から立身出世した物語ではない。ザッカーバーグの両親はニューヨークで成功した専門職であり、アメリカで最も権威ある（そして学費が高い）独立学校の一つ、フィリップス・エクセター・アカデミーに息子を転入させている。それは頭がよくて上昇志向のあるアメリカの若者への教育投資だった。[4]

　アメリカは才能の開発に惜しみなく投資している（偏りは大きいが）。そしてそれが、アメリカが強い理由の一つである。もう一つの理由は、移民の磁石でもあることだ。世界中から優秀で熱意のある人材がアメリカに大量に引き寄せられるだけでなく、その結果として人的資本も開発される。時価総額上位のハイテク企業の半数以上は、移民の第一世代か第二世代が興している。ほかの国もアメリカを模倣しようとしているが、どこもうまくいっていない。少なくともあれだけの規模で成功しているところは一つもない。

　教育、文化、人口流入は、つぎの世代のアメリカを特徴づける非常に大きな強みであり、21世紀前半にこの巨人が後退することはないだろう。しかし、光あるところには影がある。ここでサクセスストーリーの影の部分と向き合う必要がある。

　アメリカのような活気ある競争社会では、緊張が生まれるのは避けられない。そうした緊張は長くくすぶっていたが、２０１６年にドナルド・トランプが大統領に選出されると、一気に表面化した。いま直面している課題は、この混乱の原因となった経済と社会の力を抑え込み、それをよい方向へと動かせるかどうかだ。また、格差と教育にかかわる課題もある。アメリカの財産である人間の才能は、うまく活用されなかったり、機会が与えられなかったりして、浪費されていることがあまりにも多い。アメリカのトップ大学はすばらしいが、ＯＥＣＤの国際学習到達度調査（ＰＩＳＡ）によると、アメリカの学校の成績は世界のなかでは中位層にとどまる。[5]

　こうしたことをすべて考え合わせて、広い視野でとらえなければいけないのだが、それがむずかしいところだ。アメリカは国民の健康状態が相対的に悪い。先進世界のほかの国と比べて悪いだけでなく、健康管理にかけられる費用との比較で見てもそうなのだ。その一方で、カナダ、イギリス、スペインとちがって、激しい分離独立運動は起きていない。アメリカ国民は国が分割されることを望んでいない。人種にもとづく偏見は強い。だが、ヨーロッパの多くの国でもそうである。アメリカはそれをなくそうとする取り組みに力を入れるようになっているが、ヨーロッパにはきちんと向き合おうとしていない国もある。それに、アメリカには自分たちの社会には正すべきところがあると認めてきた長い歴史がある。負の側面があるのはたしかだが、それはどの時代にもあったものだし、そうした闇に光を当てようとするエネルギーと意志が消えることはなかった。

アメリカにとっては、こうした緊張にどう対処するか、その無限のエネルギーをよい方向へと動かし、すべての人に恩恵が届くようにする方法を見つけられるかどうかが、つぎの30年を左右する重要な問題の一つになる。アメリカがこれまでに向き合ってきた課題の大きさを考えれば、きっと対処できるはずだ。ドナルド・トランプ大統領時代の混乱、支持者による国会議事堂襲撃事件を目の当たりにしているだけに、アメリカの分断は深まっていると強調したくなる。しかしそれは、国ができたときからあった。いまは南北戦争以降の大部分の時代よりもあらわになっているだけである。アメリカは分断していると認めることは、分断に立ち向かう方法を見つけるのに必要なステップだ。

アメリカはそれに立ち向かうだろう。これまでもそうしており、これから先そうしないと考える理由はほとんどない。中国が世界最大の経済国になると、覇権をめぐって激しい争いが起きるはずである。だれが世界を制するのか。この点についてはこの後でくわしく論じていく。それでも、アメリカの強みを一つひとつ積み上げていったら、それこそ高い山ができる。

その強みの一つは、いわゆる「アングロ圏（アングロスフィア）」のリーダーの座にあることだ。この点についてもまた後で述べる。そこで、つぎは北の隣国であるカナダに目を向けよう。

カナダは世界で愛されている国の一つである。敵がいない。移民にやさしい。国土がなにしろ広い。天然資源が豊富で、原油埋蔵量は世界３位である。アメリカをもっと穏やかにして、親切にして、極端なところを少なくしたような国だ。そのすべてがカナダの非常に大きな魅力になっている。アメリカと共通する長所がたくさんあるだけでなく、アメリカにはない長所もある。中等教育の水準がとても高く、15歳の生徒を対象とするＯＥＣＤのＰＩＳＡの順位はイギリスを上回り、アメリカを大きく引き離している。高等教育もしっかりしていて、世界のトップ20大学にこそ入っていないが、そのすぐ下のグループに何校かランクインしている。銀行と保険会社の経営状態がいい。実際、２００８年に金融危機が起きたときには、金融システムがほかのどのＧ７諸国よりも良好だったため、危機を乗り切ることができた。[6]

ところが、それに比べると産業界は浮き沈みが大きく、アメリカの脇役にとどまっている。ハイテクの世界でアメリカの覇権に挑んできたが、ほとんど失敗している。かつての巨大通信グループ、ノーテルネットワークスは、２００９年にカナダで過去最大規模の経営破綻を起こした。ブラックベリーは電子メールの送受信ができる携帯端末として世界に革命を起こし、バラク・オバマ、ヒラリー・クリントンなど、著名人に愛されたが、アップルのｉＰｈｏｎｅとグーグルのアンドロイドにとってかわられ、いまはソフトウェア会社になっている。

企業は盛衰を繰り返す。そして金融システムが安定していると、新しい企業がつぎつぎに生まれて成長していく。カナダはハイテク分野のスタートアップ企業はもちろん、一般のスタートアップ企業もそれなりに多い。しかし、カナダ経済の未来はアメリカ経済と切っても切り離せない関係にある。カナダの競争優位を掘り下げて考えようとするなら、それを探るうえでの核となる事実から出発しなければならない。その事実とは、カナダの立地である。

カナダの国土面積は世界で2番目に大きいが、その広大な土地のほぼすべての地域にはほとんど人が住んでいない。人口の約90％は、アメリカとの国境から１００マイル（約１６０キロメートル）以内に住んでいる。最大の都市であるトロントは、国境から80マイル（約１３０キロメートル）のところにある。第二の都市であるモントリオールは40マイル（約65キロメートル）、第三の都市であるバンクーバーは30マイル（約50キロメートル）だ。事実、アメリカとの国境から２００マイル（約３２０キロメートル）以上離れたところにあるかなり大きい都市は、エドモントンだけである。そのために経済面ではアメリカへの依存度が高い。たまたま別の憲法の下にあるというだけで、事実上はアメリカ経済の拡張区だ。ある統計によると、カナダの輸出の4分の3はアメリカ向けである。カナダの未来は騒々しい隣国の未来と密接に結びついており、カナダが繁栄するかどうかは、アメリカにかかっている。

地理が変わることはないだろうが、ほかの二つのことは変わるかもしれない。一つは言語とナショナリズムがもたらす分裂、もう一つは、移民の同化である。

カナダは二つの国に分裂する瀬戸際で踏みとどまった。フランス語を話すケベック州で１９９５年にカナダからの分離独立を問う住民投票が実施され、50・５８％対49・４２％で独立は否決された。それ以降、分離独立への支持は減っているが、完全に消えることはないだろう。この先一世代ほどは休眠状態になるだろうが、世界のナショナリズム運動の例を見るまでもなく、いつ爆発してもおかしくない[7]。

カナダは移民国家であり、その点でアメリカに似ているのは言うまでもない。カナダの人口３７００万人のうち、先住民は２００万人強である。また、新しい移民にとっていまも非常に魅力があり、移民を歓迎しつづけている国でもある。２０１８年の時点で年間30万人以上の移民を受け入れており、その数をさらに増やす方針が示されている。こうしたことから、カナダはアメリカと同様に、いまよりもっと流動的で開かれた社会になるだろう。

これまでがそうだったように、カナダはケベック州の言語とアイデンティティの問題にうまく対処し、大規模な移住が生み出す機会と緊張のバランスを巧みにとっていくはずだ。そうであれば、カナダは世界で称賛される国の一つでありつづける。しかし、アメリカとの関係も大切にしなければならない。それぞれの社会がどう発展するかによっては、つぎの30年にそれがむずかしくなるおそれがある。

ラテンアメリカ

南アメリカの経済状況はなぜ、北アメリカと比べてこれほど悪いのか。南アメリカの経済の見通しを評価するには、この難題を解き明かさなければいけない。過去１００年間に南アメリカを動かした力学を考えるなら、この先も失望を呼ぶ状況がつづくだろう。

１人当たりＧＤＰのような経済の豊かさを測る基本的な指標だけでなく、社会の状況を表す指標でも、南アメリカは大きく後れをとっている。なによりもショッキングなのが、南アメリカの殺人率である。2018年、ウォールストリート・ジャーナル紙に「ラテンアメリカは世界の殺人首都」という見出しの記事が載った。[8] ラテンアメリカとは、広義の分類では通常、メキシコが含まれ、メキシコから南の大陸部とカリブ海地域に位置する中小の国々をさす。世界の人口に占める割合は8％だが、世界全体の殺人件数の38％がラテンアメリカで起きている。

だが、ずっとそうだったわけではない。1世紀前には、ラテンアメリカ各国の経済はヨーロッパの中小国にそれほど見劣りするものではなかった。実際、1人当たりの富で見ると、1890年代のアルゼンチンは世界でも指折りの富裕国であり、計算方法によっては世界で最も豊かな国だった。[9] ブラジルは南アメリカ最大の経済国であり、ゴールドマン・サックスのいうBRICsの「B」だが、1人当たりの富がアルゼンチンを上回ったことはない。しかし、1950年代の生活水準はポルトガルにひけをとらなかった。それが2017年には、植民地時代の旧宗主国の半分にも届かなくなった。過去の富を食い潰したラテンアメリカの最も極端な例がベネズエラである。1960年には、1人当たり所得がカナダ、オーストラリアや、スイスを除く西ヨーロッパのどの国よりも多く、アメリカとあまり変わらなかった。ところが2018年には、3200万人の国民の生活水準は西ヨーロッパの10分の1になり、アメリカとの比較では10分の1を割り込んだ。

その一方で、サクセスストーリーもいくつかある。チリがその一つで、生活水準は東ヨーロッパのポーランドとほぼ同じである。ただしそれは、ラテンアメリカのなかでは成功しているというだけで、1890年代にはチリはスペインやイタリアよりも豊かだった。

そうだとすると、ほんとうに問題なのは、ラテンアメリカは相対的に豊かだった19世紀末の位置を取り戻せるのか、それとも20世紀後半の悲惨な状況が常態となるのかだ。ラテンアメリカはもともと天然資源も人的資源も豊富なのだが、なんらかの理由で（教育か、文化か、政治か）、有効に活用されていない。

ヨーロッパ――最も高齢な大陸

２０２０年までの30年間に、ヨーロッパ諸国は政治の面で徐々に結束するようになり、経済でも統合が進んでいる。この間に二つの大きな変化があった。１９９３年には当時の欧州共同体（ＥＣ）の加盟国は12ヵ国だったが、２０２０年にはＥＵの加盟国が27ヵ国にまで拡大した。そして、１９９９年にユーロが誕生した。単純化しすぎていることは承知のうえで、理解の助けになることを期待してあえて言えば、ＥＵの拡大は成功だったが、ユーロは失敗している。

旧ソ連諸国の大半がＥＵに組み込まれ、ＥＵ全域に非常に大きな経済的配当がもたらされている。東ヨーロッパはＥＵから補助金を受け、主要な加盟国が投資するとともに、繁栄する西ヨーロッパの豊かな市場への扉が開かれた。その見返りとして、ＥＵの「古い」加盟国は割安な労働力の供給源と急成長する新しい市場を手にした。もちろんマイナス面もある。若い熟練労働者の流出が一部の国、とくにポーランドとブルガリアで問題になっているほか、ＥＵ全域で少子高齢化がさらに進んでいる。社会の緊張は高まっており、ＥＵへの政治的支持は弱まっている。それでも、中央・東ヨーロッパにとっては、経済が広く成功した時期だった。

それに比べると、西ヨーロッパの結果はまちまちである。一部の国、なかでもドイツ、イギリス、スカンジナビア諸国の大部分では、経済はまずまず成長しており、２００８年に金融危機が襲うまでは、生活水準全体もある程度上がっていた。それ以外の国にとっては、停滞以下の20年となった。失業率は先進世界で最悪となり、非常に有能な若い人材が大量に国外に流出した。イタリアの場合、２０１８年の全体的な生活水準は、ユーロが創設された１９９９年を下回った。ギリシャにいたっては、２００８年から２０１８年のあいだに、ＧＤＰも、生活水準も、第二次世界大戦以降にどの先進国も経験したことがないほど下がった。

どうしてこのように明暗が分かれたのか。これについてはさまざまな説明があり、政治色のかなり濃いものがほとんどだ。しかし、問題の多くはユーロを導入したことからはじまっていると言わざるをえない。単一通貨の設計や概念そのものを批判するのが正しいかどうかは、まだ議論の余地がある。だが、結果に議論の余地はない。ユーロを採用しなかったヨーロッパ諸国のほうが集団として経済成長率が高いという、厳しい現実を突きつけられる。[10] そのなかにあって経済状況が比較的いい国として、アイルランドとイギリスがあげられる。アイルランドはユーロを強く支持しているが、イギリスはＥＵそのものを抜けている。

イギリスとアイルランド

ここで少し政治から離れよう。アイルランドやＥＵに対し、イギリスが自国領土内でどのような憲法上の取り決めをしていようと、ヨーロッパ時間帯の英語圏の国は繁栄をつづけるだろう。その理由はたくさんある。一つには、英語が広く話されている国の競争優位が高まっているように思われることだ。メタやグーグルにとっては、大陸をヨーロッパ事業の拠点にするよりも、イギリスやアイルランドから運営するほうがやりやすい。コモンロー（英米法）の国であるのも競争優位になるだろう。外国人や外国企業にとってはコモンローのほうが扱いやすく、国境をまたぐ多くの契約で、イギリスとアイルランドが準拠国として選択されている。高等教育では明らかに優位にある。アメリカに対抗できるのはイギリスだけだ。イギリスがＥＵを去ったいま、三大世界大学ランキング（タイムズ、ＱＳ、上海交通大学）でＥＵ最上位の大学は、トップ30にすら入っていない。イギリスの大学以外でトップ20に入っているヨーロッパのスター大学が一つある。チューリッヒ工科大学だ。しかしこの大学はスイスにあり、スイスはＥＵに加盟していない[11]。

起業家文化も強みだろう。経営能力の面では、イギリスとアイルランドに優位があるとはとうてい言いがたい。むしろ逆ではないか。イギリスでは外資が所有・経営する企業のほうが国内企業よりも生産性が高い[12]。だが、イギリスとアイルランドの企業の開業率は、西ヨーロッパのほとんどの国より高く、フランスやドイツ、イタリア、スペインを大きく上回っている[13]。

イギリス経済を特徴づけるものはさらに二つある。一つはおおむねプラスにはたらくが、もう一つは明らかにマイナスに作用する。プラス要因は、サービス産業の規模、とくに金融サービス産業の規模がほかのどの産業よりも大きいことである。サービス産業は新型コロナウイルス感染症のパンデミックで大きな打撃を受けているが、ほとんどはやがて適応し、回復するだろう。イギリス経済の約80％はサービス業であり、これはアメリカとほとんど同じ水準だが、ほかのヨーロッパ諸国や日本よりも高い。金融サービスは12％を占める[14]。それは主に、ＧＤＰに占める製造業の割合が下がったためであり、イギリスとアメリカは、大陸ヨーロッパの大半と日本以上に製造業が縮小している。人びとが自分の所得のうち医療、教育、娯楽に（税金を通じて、あるいは直接的に）支出する割合を増やし、自動車、洗濯機などへの支出を減らすことを選択しているのだとしたら、彼らは望んでそうしているのである。それはすべての先進国で行われている選択であり、この後で見ていくように、急成長する新興国、とくに中国は、サービス経済へのシフトを積極的に進めている。したがって、ある意味ではイギリスはパイオニア経済である。アメリカにつぐ世界2位のサービス輸出国であり、サービス収支の黒字を使って、財の赤字を埋め合わせている。財の赤字が足を引っ張っているとする見方もあるが、実は、そのパターンは19世紀はじめからつづいている。イギリスが世界の工場と呼ばれ、蒸気船をアメリカに、鉄道のエンジンをアルゼンチンに輸出していたときでさえ、海外に売るよりも多くの財を海外から買っていた。拡大する帝国への投資を含めて、国際投資から得られる収益で、貿易の赤字をカバーしていた。このように長い実績がある。ほんとうに問題なのは、イギリスの競争優位はどこにあるのかだ。それはサービスにあるというのが、市場の答えである。

これについては言っておきたいことが三つある。一つは、イギリスはハイエンド製造業を得意としていることだ。航空機エンジン、レーシングカー、医薬品などがそうである。もう一つは製造業がサービス業を支えていることである。その意味では、製造業とサービス業は切っても切れない関係にある。ロールス・ロイスは航空機エンジンをつくっているが、その後は耐用年数の20年間にわたって整備もする。利益の大部分、場合によっては利益のすべてが、エンジンを売るそのときではなく、売った後の20年間に生まれる。そして最後に、製造業からサービス業へのシフトは、一つまちがえば経済に破壊的な影響をおよぼしかねない。イギリスもこれをうまくやったとは言えない。

それがイギリス経済のとても大きなマイナスの側面へとつながる。イギリスは格差がものすごくある。まず、地理的な格差がある。インナーロンドン（ロンドン中心部）の西側は、北ヨーロッパで最も裕福な地域だが、非常に貧しい地域のうちの五つもイギリスにある。西ウェールズ、コーンウォール、リンカンシャーなどがそうだ。[15]

健康の格差もある。グラスゴー中心部の平均寿命は、グラスゴーの北にある裕福なイースト・ダンバートンシャーより５年短い。[16]

教育も偏っている。ＯＥＣＤのＰＩＳＡでは、イギリスの学校のスコアは先進世界の平均よりも少し高いが、ウェールズの学校は低く、イギリスの有力私立校は世界トップクラスにある。[17]

そして企業業績にも格差がある。イギリスは生産性に問題を抱えている。従業員１人当たりの生産がほかのＧ７諸国よりも10〜25%低い。イギリスのトップ企業（たいていは外資が所有している）はグローバルリーダーにひけをとらない。しかし問題は、生産性が低いままの企業が全体として大きな割合を占めることだ。[18]

アイルランドはそれとはかなりちがう形で偏っている。過去50年間のアイルランド経済は、世界屈指のサクセスストーリーを生み出している。一つの輸出品（農産品）と、一つの主要市場（イギリス）に過度に依存する経済から、輸出立国へと変貌をとげた。アップル、グーグル、ツイッター、メタをはじめ、多数のアメリカの巨大ハイテク企業がヨーロッパ事業の拠点を置いている。１９７０年には食品がアイルランドの輸出の半分を占めていた。それが２０１７年には10%強まで下がっている。工業製品のほか、非常に重要なポイントとして知的財産の輸出が急拡大して、食品にとってかわっていたのだ。なぜか。理由の一つは税金だった。アイルランドの法人税はかなり大きな経済国としては最低水準まで引き下げられた。それ以外にも優遇策が用意されただけでなく、教育水準が高くて英語を話す労働力も提供できた。アイルランドは先進世界で最速の経済成長をとげ、

「ケルトの虎」[19]と呼ばれるようになったが、２００８／09年の金融危機で成長に急ブレーキがかかった。影響こそ甚大だったが、それも一時的なものに終わった。

この政策は議論を呼んでいる。コペンハーゲン大学とカリフォルニア大学バークレー校が行った研究で、アイルランドは企業にとって世界最大のタックスヘイブンであるとされた。[20]だが、国の税率はその国が自由に決めるものであり、アイルランドはその自由を巧みに利用している。ところが、その政策の影響で経済が二重構造になってしまっており、活況にわく外資セクターと停滞気味の地場産業のあいだに大きな格差が生まれている。この先、世界の税制・規制が変化すれば、アイルランドはその影響を受けやすい。

イギリスとアイルランドの経済に通底するテーマは、ともに英語を話す国であるだけでなく、アングロ圏のほかの国々、アメリカはもちろん、カナダ、オーストラリア、ニュージーランドなどと、多くの共通点があることだ。外国からの投資を進んで受け入れている。法体系を共有している。銀行・金融市場の構造が似ている。労働市場の規制が似通っている。進歩的な消費者が外国の財を好んで買う。ビジネス慣行が同じである。

アングロ圏経済にはもう一つ、共通する特徴がある。先進世界の基準、とくに大陸ヨーロッパと日本と比べると、人口動態の見通しがいいことだ。イギリスとアイルランドの人口は、それ以外の西ヨーロッパの先進国を上回るペースで増えると見られる。理由は単純で、どちらも人口は減少せずに増加しており、人口が若い（あるいはそれほど高齢化しない）国になるからだ。だからといって経済がかならず成功するとはかぎらないが、この先、国が直面している課題、とくに前に述べた格差の問題に対処しやすくなる。

大陸ヨーロッパ

ＥＵを一言で言い表すとしたら、「経済統合体」になるだろう。それこそが単一市場を支持している国々がめざしているものである。１９９３年、ＥＵの単一市場が生まれ、財、資本サービス、労働力が自由に移動できるようになった。しかし、ＥＵは経済統合体にはなっていない。それどころか、１９９０年代はじめ以降、地域の統合は進んでおらず、逆に後退している。ドイツの輸出を例にあげよう。１９９０年代頭には、隣国のフランスがドイツにとって最大の市場で、輸出の13％がフランス向けだった。2位はイタリアで、輸出の９％以上を占めた。アメリカは７％にすぎなかった。それが２０２０年には、[21]順位が逆転していた。アメリカがフランスにかわってドイツ最大の市場となり、輸出の９％近くを占めた。フランスは８％を割り込み、イタリアは５％にとどまった。

理由は単純明快である。その間にアメリカの経済成長率がフランスよりも高くなり、イタリアを大きく上回ったため、ドイツの輸出品にとってより魅力的な市場になったからだ。しかも、単一市場が生まれ、さらに単一通貨のユーロができても、ＥＵ域内の経済格差は縮小していない。むしろ格差は広がっており、とくにイタリアはドイツに大きく後れをとっている。そのため、ヨーロッパ諸国をひとまとまりにして論じるのではなく、強みと弱みがそれぞれ異なる別個の経済体として見ていくのがいちばんいいだろう。それでは、最大の経済国であるドイツと、ドイツと最も緊密に統合されている３ヵ国、ベルギー、オランダ、ルクセンブルクからスタートすることにしよう。

ドイツとベネルクス三国

ドイツは最先端分野の製造業で世界をリードしている。その繁栄ぶりを示す指標はたくさんある。貿易黒字が世界最大である。自動車輸出額はダントツの世界1位であり、２０１９年の輸出額は１４２０億ドルと、2位の日本（９８０億ドル）を大きく引き離している。[22] 世界最大の医薬品輸出国でもある。[23] ほかのセクターでも世界トップかそれに近い水準にあり、世界中から称賛と羨望を集めている。とくに注目されるのは、戦後期の大半を通じて、平価が切り下げられて自国製品が価格競争力を失いそうになるたびに、付加価値を高めてきたことである。つまり、ドイツマルクが切り下げられると、売り上げは一時的に落ち込むが、ドイツの産業界はそのたびにコストを削減し、品質を高めて、製品価格を上げてきたのだ。最近の例は２０００年代はじめで、当初は競争力のないレートでユーロに参加した後のことである。成長率は低く、失業率は二桁に跳ね上がった。その当時、ドイツは「ヨーロッパの病人」と呼ばれていた。旧東ドイツの復興資金が財政に重くのしかかっていたからだ。しかしその後、ドイツは競争力を回復して、ヨーロッパ経済の原動力になった。労働市場改革の効果もあったが、とりわけ大きかったのが産業界の力と適応能力である。ユーロの為替レートは競争力に劣るユーロ圏のほかの加盟国の状況を反映して決まるため、ドイツにとってユーロは割安になり、競争力はさらに高まっている。この状況もいつかは変わるだろうが、それまではドイツの一人勝ちがつづく。

ところが、ドイツ経済には別の側面もある。輸出には強いが、それに比べると国内のサービス業の質は見劣りがする。金融サービスも高等教育も弱く（ドイツの大学はどのランキングを見ても、上位45校に一つも入っていない）、一部のインフラでも後れをとっている。しかしなによりも懸念されるのは、エンジニアリング産業の強さがこの先も大きな競争優位になるかどうかだろう。これから世界総生産に占める製造業の割合が小さくなる一方で、サービス業が成長していくと、サービス業の強さがいま以上に重要になってくるのではないか。異論はあるだろうが、ドイツは製造業セクターが大きすぎるきらいがある。２０１９年のＧＤＰに占める製造業の割合は、ドイツが19％だったのに対し、アメリカは11％、フランスは10％、イギリスは９％だった。[24]それ以上に問題なのは、ドイツが大きな強みをもつ製品を買おうとする人が減っていきそうなことである。自動車がその最たる例だ。先進世界全体で若い人たちが車を使わなくなっている。運転免許をもつ人の割合も若い世代ほど低い。電気自動車はガソリン車よりもずっと簡単につくれる。バッテリー技術の開発はヨーロッパではなく、アメリカとアジアで進んでいる。

だからといって、ドイツは経済がとても成功している国ではなくなると言っているわけではない。過去70年間、ドイツは課題に直面するたびに、それにうまく対処してきた。ただこれからは、ほかのスキルのほうが相対的に見て、より重要になってくるだろう。たとえば高級品を生産する能力がそうであり、この分野では隣国のフランスがグローバルリーダーである。

ベネルクス三国については、経済が繁栄するかどうかはドイツにかかっている。ベルギーにはＥＵの本部があって、ヨーロッパの首都としての役割から大きな恩恵を受けており、そのＥＵへの最大の純貢献国がドイツである。オランダ経済はほとんどドイツの分家になっていて、輸出全体の4分の1がドイツ向けである。意外かもしれないが、人口密度が高いのに（メリーランド州とそれほど変わらない大きさの土地に１７００万人が住んでいる）、オランダは農産物の輸出大国なのである。実際、農産物輸出額はアメリカにつぐ世界2位で、トマトの輸出額でもメキシコにつぐ世界２

位である。[25]

　小国のルクセンブルクは人口が60万人と、ブリストルやボルチモアとほぼ同じ規模だが、別のことで有名である。ルクセンブルクは世界でも指折りのお金持ちの国なのだ。産油国のカタールと非常に小さいリヒテンシュタインをおそらく例外として、１人当たりＧＤＰが世界一の富裕国である。オフショア金融センターを巧みに発展させ、主にドイツの銀行が、ドイツ国内の税金などの制限を回避するために活用している。また、外国企業を誘致するために税金の優遇措置を認める取り決めもしており、アマゾンなどのアメリカの多国籍企業がヨーロッパのハブとして利用している。批判しているように聞こえるとしたら、それはちがう。ルクセンブルクは天然資源がほとんどないが、とても機敏な国であり、そのしたたかさは敬服に値する。

フランス

　フランスは非常に興味深い。経済の多くの分野で目をみはるサクセスストーリーを実現している。まずは高級品産業からはじめよう。世界の高級ブランド上位10社のうち、ルイ・ヴィトン、シャネル、エルメスのトップ3を筆頭に、フランスが6ブランドを占める。[26]一つの国が高級品事業をここまで支配するというのは驚きだが、それ以上に驚くのは、この支配がはじまったのが17世紀にまで遡ることである。ルイ14世の財務総監であるジャン＝バティスト・コルベールは、「徴税の極意とは、ガチョウの羽を、できるだけ音を立てずに、できるだけ多くむしりとることである」と語ったことで知られる。

　だが、１６６５年にはこうも述べている。フランスが富をどのように生み出したかを考えるなら、

「フランスにとってのファッションは、スペインにとってのペルーの金鉱のようなものだ」。フランス革命が起こると、高級品産業は一時的に止まったが、19世紀を通じて回復していき、１９００年のパリ万国博覧会で、[27] フランスは世界の文明の頂点をきわめた。

　高級品ほどではないが、フランスが卓越している産業はほかにもある。新型コロナウイルスのパンデミックが発生して海外旅行が制限される前は、フランスにはほかのどの国よりも多くの観光客が外国から訪れており、その数は年間９０００万人近くにのぼった。また、アメリカ、ロシアにつぐ世界３位の武器輸出国でもある。エアバス（ヨーロッパのプロジェクトだが、本社はフランスにある）は民間航空機の世界市場をボーイングとほぼ二分している。医療サービスの結果もとてもいい。一例をあげると、乳児死亡率はヨーロッパで（スウェーデンについで）２番目に低い。

　どれもすばらしいことであり、そのうえアルプスの山々、地中海・大西洋沿岸など、多様な美しい自然にも恵まれているとくれば、地上の楽園のように思えるのではないか。しかし、謎が一つある。フランスの人びとはあまり幸せではないようで、たとえばドイツ人やイギリス人よりも幸福度が低いのだ。理由の一つは、失業率が一世代にわたって高止まりしていることで、１９９０年代なかばから９％前後の水準にある。失業すればだれでもつらい。もう一つはフランスの税金の高さだ。対ＧＤＰ比で見た税負担率は世界の主要国のなかで最も高い。フランスの上はデンマークしかない。公共支出も多く、そのぶん公共サービスは充実している。それでも税負担が負担であるのに変わりはなく、憤りの声も聞かれる。

　問題はそれだけではない。インサイダーとアウトサイダーの分断も抱えている。フランスの労働市場は大きく二つのグループに分かれている。賃金が高く、雇用が保護されて、十分な年金を手に早期退職していく中高年の労働者（インサイダー）と、非正規労働で、雇用はほとんど守られず、フルタイムの仕事と単発の仕事をかけもちしないと食べていけないような若い労働者（アウトサイダー）だ。フランスは雇用管理が厳しく、すでに雇用されている人は守られるが、仕事を探している人はその犠牲になる。とくに打撃を受けているのが能力の不十分な若い人たちであり、多くは移民家庭で育った若者である。労働市場を改革しようとする取り組みはあったものの、政府は政治的な支持を十分にとりつけられていない。どこかの段階で変化が訪れるだろうが、それまでは雇用の低迷が重い足かせになる。フランスは多くの点で成功を収めているとはいえ、土台はもろい。労働市場の二重構造は、社会の二重構造の一つの表れである。まったく異なる二つのものを一つにまとめるのは至難の業だ。

最も弱い環――イタリアとギリシャ

イタリアも実に興味深い。フランスと同様、強みはたくさんあり、イタリアのライフスタイルは世界でいちばんうらやましいと思っている人は多いだろう。平均寿命は大国のなかで日本についで2番目に高い。だが、出生率はとても低く、若者が大量に流出していて、経済は２０００年以降、停滞している。イタリアの若者は母国に見切りをつけて、つぎつぎに国外に脱出しており、国内に残っている人は子どもをもたないか、稼ぎが低い。

そうだとすると、悩ましい疑問がわく。イタリアのいまの競争力と将来のイタリアの役割はどうなるのだろう。客観的に見て、イタリアはとても恵まれた環境にある。ハイエンドの手工芸産業があり（高級品産業はフランスにつぐ世界2位だ）、世界トップレベルのエンジニアリング産業がある。（言うまでもなく）歴史的遺産の宝庫であり、ライフスタイルの魅力とともに、観光産業の繁栄を支えている。世界最大のワイン生産国でもある。どれも簡単には手に入らないものばかりだ。ローマも、フィレンツェも、ヴェネツィアも、つくろうと思ってつくれるものではない。それに、ほかの国がイタリアの強みを模倣し、対抗しようとしても、まず無理だ。あれだけのファッション産業を築くのはむずかしいし、そもそも世界を代表する産業を一つ育てるだけでも大変なことである。

しかし、なにかがおかしくなっている。１９８０年代後半、イタリアの経済規模はイギリスを抜き、この偉業は「イル・ソルパソ（追い越し）」と称えられた。だが１９９７年にはイギリスが抜き返し、21世紀に入ってから15年間、イタリア経済はほとんど成長しなかった。これは簡単に説明がつく。１９９９年にユーロを導入するまでは、通貨を切り下げることで競争力を維持できていた。ところがユーロに参加するともうそれができなくなり、徐々に後退していった。ただし、それは答えの一部にすぎない。イタリアの統治にはほかにも問題があるからだ。労働法や脱税、マフィアがらみの違法な活動が足かせとなり、経済を少しずつむしばんでいっている。都市国家が栄えた長い歴史をもつ北イタリアは、君主が統治した伝統をもつ南イタリアよりもはるかに豊かである。この分断を考察した古典的著作が、アメリカの政治科学者ロバート・Ｄ・パットナムが１９９３年に出版した『哲学する民主主義』である。[28] 残念ながら、過去30年間に経済が停滞したことで、歴史から逃れられないイタリアの現実が浮き彫りになっている。司法と警察は組織犯罪に敢然と立ち向かってきたが、政治家は改革には及び腰だ。イタリアはこれまでどおり、なんとかやっていく可能性のほうが高い。だが、イタリアは不安定である。文化が豊かで競争力はあっても、政治が弱く、社会の結束がもろい。イタリアのリーダーは、つぎの30年にそれにどう対処していくかが問われる。

ギリシャはそれができなかった。債務を返済できなくなり、２０１０年以降、ＥＵから一連の融資を受けて救済された。8年後にＥＵの管理下から脱したが、経済は危機前から25％縮小した。２０１３年には失業率は27％に達し、若者の失業率は58％になった。40万人以上が国外に流出した。債務残高は依然として高い水準にあり、先行きは不透明だ。いまわかっているのは、ギリシャは先進国として１９３０年代以降で最も深刻な不況を経験している、ということである。[29]

スペインとポルトガル

スペインとポルトガルも景気が後退して大きな打撃を受けた。しかし、ＥＵのほかの国にはない選択肢がある。この二つの国はラテンアメリカと言語と文化を共有しているからだ。スペインもポルトガルも、ヨーロッパではまずまず繁栄しているが、経済規模はスペインのほうが大きい。ヨーロッパとは別に、ラテンアメリカと北アメリカのラテンアメリカ系人口とのつながりも強く、これはこの先、もっと重要になってくるだろう。

スペインは自然環境に恵まれている。まず国土が広く、ＥＵで2番目に大きい。イギリスの2倍の土地にイギリスよりも少ない人口が暮らす。地中海の海岸線がどこまでもつづく光景は人びとを魅了し、フランスにつぐ世界2位の観光大国になっている。ワイン生産はイタリアとフランスにつぐ世界3位である。優れた大学があり、教育水準の高い若者が多い。魅力的な港湾都市のバルセロナがあり、産業が発達し、活気のある文化にあふれている——ただし、スペインが一つの国でありつづけ、カタルーニャが独立しなければ、という条件がつくが。

だが、光あるところには影がある。１９８０年代はじめ以降、スペインは平均すると失業率が先進世界で最悪の水準にある。この間、失業率はほとんど10％を超えており、20％を上回ったことも少なくない。２０１２年以降では、ギリシャだけがスペインの失業率をわずかに上回っている。多くの若者が非正規の仕事につくしかなく、国を去る人もいる。この人口流出を主に埋め合わせているのが、老後をスペインですごそうと北ヨーロッパから移住してくる定年退職者であり、ラテンアメリカからの移民も増えている。その結果、外国生まれの居住者は約５００万人を数え、全人口に占める割合はヨーロッパの大きな国のなかでいちばん高い。ところが、スペインは出生率も世界最低水準にあり、１人の女性が一生の間に産む子どもの数の平均はわずか１・３人である。出生率は少し上がる見通しだが、人口が減少に向かっていることに変わりはない。実際、スペイン国立統計局は２０５０年までに人口が11％減ると予測している。[30]

物事は変化する。経済が成功すれば、国を去った多くの若者が戻ってくるかもしれない。しかし、経済だけを考えれば、スペインの最大の強みはスペイン語圏とのつながりにある。単刀直入に言うと、世界におけるスペインの重要性はこれから下がっていく一方で、スペイン語人口、主にアメリカ大陸のスペイン語人口の重要性は上がっていく。世界が物理的な距離よりも言語と文化で深く結びつくようになるのであれば、スペインの未来は明るくなる。

ポルトガルの場合は、言うまでもなく、ブラジルとの関係が鍵を握る。スペインと残りのスペイン語圏世界には、人口でも経済力でも差があるが、ポルトガルとブラジルのあいだの差はそれ以上に大きい。スペイン経済はいまはメキシコやアルゼンチンよりも大きいものの、２０２０年代のどこかでメキシコに追い抜かれるだろう。ブラジル経済はすでにポルトガルの10倍の規模にあり、その差は開いていく。西ヨーロッパの基準からすれば、ポルトガルは貧しい。政府は莫大な債務を抱えており、２０１１年にＥＵに救済された国の一つである。そして中間層の生活水準は圧迫され、政府に対する信頼は崩れた。それ以降、経済は上向いてきているが、ヨーロッパ市場に強く依存していることに変わりはなく、輸出のおよそ4分の3がヨーロッパ向けである。スペインと同様、若者の多くが国外に流出している。つぎの30年に状況はよくなるだろうが、どれくらいよくなるかは、ブラジルとの関係をどれだけ拡大できるかによって決まる。ポルトガルの人口は１１００万人で、ブラジルの人口は2億１１００万人だ。ブラジルとの結びつきを強くできれば、ポルトガル経済の見通しは格段に明るくなる。だが、その潜在力を活かせるかどうかは、高齢化する旧宗主国ではなく、大国となった旧植民地にかかっている。

北欧諸国とスイス――社会と経済のリーダー

北欧5ヵ国（デンマーク、フィンランド、アイスランド、ノルウェー、スウェーデン）は、世界のなかでもとくに豊かな国である。そしてスイスは人口が８００万人を超えており、小さな産油国でもタックスヘイブンでもないという意味で、〝正真正銘〟の世界でいちばん裕福な国だ。

この六つの国は、どこも社会の結束が強い。社会はうまく運営され、相対的に平等であり、生活水準は他国がうらやむほど高く、医療と福祉も手厚い。多くの国にとって、北欧諸国はモデル社会であり、高い税金をもとに高い福祉を提供すると、国民に最善の機会が与えられることを証明している。国の規模が小さければそのバランスをうまくとりやすいとの批判もあるだろう。デンマーク、フィンランド、ノルウェーの居住者は５００万～６００万人で、スウェーデンは１０００万人強だ。

アイスランドはわずか34万人である。国への信頼は高く、富と所得の格差は相対的に小さい。平等の重要な側面である女性が活躍する機会も多い。

スイスには直接民主制の伝統があり、ポピュリストの示す選択肢が政策を動かすという点で、やや独特である。その結果として、スイスは伝統的社会に回帰している。しかしどの国も、少なくとも部外者には、騒々しい世界にあって穏やかで満ち足りた天国に見えるという点では共通している。

北欧諸国はどうしても比べられがちだが、社会の特徴はよく似通っている。ところが繁栄の源泉はそれぞれちがう。ノルウェーは北欧最大の産油国である。生産量は２００１年にピークに達したものの、石油収入の大部分は将来世代のために運用に回されており、ノルウェーのソブリン・ウェルス・ファンドは世界最大規模で[31]、中国、アラブ首長国連邦（ＵＡＥ）をしのぐ。国家債務は実質ゼロである。

スウェーデン経済は裾野が広い。技術力が高く、長い歴史をもつエンジニアリング企業が国に富をもたらしており、サービス輸出も増えている。たとえば、国の規模を考慮した相対ベースでは、カナダとならぶ世界最大の音楽輸出大国である。財政は保守的だが、イノベーションには積極的に投資しており、ハイテク分野のスタートアップ企業がたくさん生まれている。だが、最も際立った特徴は、富が均等に行き渡っていることだ。各地域の所得がすべてＥＵの平均を上回っているのはスウェーデンだけである。それでも負の側面はあり、なかでもスウェーデンは移民の規模が相対的に大きく、自国の社会モデルをどこまで維持できるか懸念されているが、経済状況は良好である。

デンマークもそうだ。経済のバランスは少しちがい、石油、ガス、食品生産からの収入が多く、工業からの収入は少ない。ドイツと国境を接しているため、ヨーロッパの中核国との結びつきが強い。しかしなにより、デンマークは世界でいちばん幸せな国である。さまざまな幸福度ランキングで1位か上位が定位置だ。[32] デンマーク語の「ヒュッゲ（hygge）」は、安心感、調和のとれた暮らし、コミュニティの一員であるという意識、心地よさを表す言葉であり、これがデンマークのライフスタイルの特徴とされている。デンマークもスウェーデンと同じような課題に直面しているが、現時点で先行きは明るい。

フィンランド、そしてとくにアイスランドは、経済の浮き沈みが激しい。フィンランドには、かつての世界最大の携帯電話メーカーで、ヨーロッパで時価総額が最も大きい会社だったノキアがある。ノキアが躍進すると、フィンランドは好景気にわいたが、ノキアが凋落すると、その影響は国全体をのみ込んだ。アイスランドは、２００８年に金融危機が起きるまで、世界のどの国よりも大きなバブル景気を謳歌したが、その後、どの国よりも大きな崩壊を経験した。どちらも経済は回復しているが、この経験が物語るように、小国は経済のショックに弱く、大きい国のほうが危機に対する耐性は高い。

それ以上に問題なのは、北欧の社会モデルは持続可能なのかどうかだ。高支出・高負担の社会を成り立たせるには、強い一体感と信頼が欠かせない。このシステムを悪用する人はいないという信頼だ。ヨーロッパ域外から多くの移民が流入したことで、この信頼が揺らいでいる。移民を統合しようと力を尽くしているものの、緊張は高まっている。これはヨーロッパ全体にとっての課題だが、北欧諸国はこの先、重要な試験台になるだろう。

試験台になるのはスイスも同じである。スイスは代表民主制ではなく、直接民主制をとっている。自転車専用道の設置から、金融規制にいたるまで、政府が大きな決定をするときは、有権者の有効署名を集めれば、国民投票にかけて是非を問える。スイスでは毎年10件ほどが国民投票にかけられる。それでも国民投票に行くのは面倒だ。テクノロジーが発達し、選挙によって選ばれた代表者に任せるのではなく、国民が直接投票して政治の問題を決められるようになったら、どうなるのだろう。ポピュリズムはすでにアメリカとヨーロッパで民主主義を変えつつある。スイスが証明するように、小国でも経済を成功させること、それこそ驚くほど成功させることができる。スイスは公用語が四つあり、内陸国で、天然資源もほとんどないにもかかわらず、通貨は世界最強とされ、世界で最も裕福な国でもある。これはものすごいことだ。西側の人たちが民主主義そのものを疑うようになるなか、スイスは民主主義を後退させるのではなく、逆に前進させて、約束を実現できることを示している。

中央・東ヨーロッパ

中央・東ヨーロッパの国々は、バルト海からアドリア海、さらには黒海まで広がり、歴史も、文化も、経済の発展度もそれぞれ異なる。そのような多種多様な国をひと括りにするのは無理がある。大半はEUに加盟していて、それがこの地域にとってある種の接着剤になっている。ところが、旧ユーゴスラビア諸国の大部分はEUに加盟していない。ウクライナとベラルーシもそうだ。そうだとすると、EUの拡大はここまでなのかという疑問がわく。

経済の観点からは、経済相互援助会議（コメコン）が1991年に解散したことが重要な転機になった。コメコンはソビエト連邦を中心とした経済同盟で、中央・東ヨーロッパの大部分がその体制下に置かれた。コメコン体制の負の遺産は長く影を落としている。チェコ共和国などは旧コメコン諸国のなかでも豊かなほうだが、それでも、オーストリアなど、西ヨーロッパの経済システムの一員だった国のほうがはるかに裕福である。言い換えると、30年以上たってもまだキャッチアップできていない。巨額の補助金を受けているのに、旧東ドイツは旧西ドイツよりも貧しいままだ。大まかに言って、東に行けば行くほど、国の経済発展のレベルは低くなる。西ヨーロッパ市場に近いほど、富を創造する力は高くなった。

　例外もある。ロシアと国境を接するエストニアは「電子国家」として知られており、１３０万人の市民がほとんどすべての行政サービスにオンラインでアクセスできる。さらに言うなら、この地域全体がめざましく進歩している。ポーランドは大きな先進国で唯一、２００９年の不況を景気後退に陥らずに乗り切った。旧チェコスロバキアの東半分にあたるスロバキアは、中央・東ヨーロッパで最大の自動車生産国になっていて、年間１００万台以上つくっている。ルーマニア、ブルガリアとも経済は力強く成長しているが、ブルガリアはＥＵで最も貧しい加盟国のままだ。それでも、まだＥＵに加盟していないアルバニアとセルビアよりは豊かである。

　これらの国々がＥＵに加盟したことで、いまではギリシャまで陸路でつながるようになっている。地理を考えれば、つぎにＥＵに加盟するのはウクライナになっていただろう。しかし、ロシアが２０１４年にクリミア半島を併合し、２０２２年にウクライナに軍事侵攻したため、この地域では政治と軍事行動への対応が最優先となり、経済は後回しになっている。そのため、ウクライナにどれくらい潜在能力があるか見定めて評価することはできない。いま言えるのは、ウクライナは西側の近隣諸国よりもずっと貧しいので、キャッチアップによって経済が成長する余地は非常に大きい、ということだけだ。そうだとすると、とても興味深い可能性が浮かんでくる。ロシアもキャッチアップするのだろうか。

ロシア

政治情勢は緊迫しているが、これはいずれ変化するので、いったん脇におき、経済の基礎的な競争力に集中しよう。明らかなプラス要因は三つあり、悩ましいマイナス要因も三つある。

第一に、ロシアは世界一大きな国で、石油、ガス、鉱物、レアアース、木材など、膨大な天然資源がある。需要が減る資源があるかもしれないが、世界の人口が増え、生活水準が上がっているため、天然資源を有する重要性は高まっても、低くはならないだろう。

第二に、非常に優れた人的資本がある。才能豊かで、教育水準が高く、起業家精神に富み、エネルギッシュで、リスクをいとわない。[33] ロシアはきわめて多くの側面が不平等であり、雇用機会もその例にもれず、市民の多くは国外で働くことを選んでいる。だが、外国で働く人が増えれば、外国で就業した経験と人脈をもつ労働者のプールができるので、それもプラスにはたらく。

第三に、世界の三大経済圏のうち、ＥＵと中国の二つと陸上国境を接している。

一方、ロシアは三つの逆風にさらされている。一つは人口動態だ。ロシアの人口は相対的に高齢化しており、２０５０年までに１億４３００万人から１億１６００万人に減ると予測されている。男性の平均寿命は66歳と、中所得国のなかでいちばん低いが、女性は77歳と、男性を大きく上回る。

第二に、法律と規制が安定しているのが高所得国では基本だが、ロシアにはそれがない。ビジネス慣行はいつ変わってもおかしくなく、外国資本にしてみれば投資先やノウハウの移転先にはなりにくい。

第三に、エネルギー・原材料輸出への依存が高すぎて、輸出全体の約3分の2を占めている。石油・ガス価格の変動から影響を受けやすいだけでなく、一次産品の比重が高いということは、それ以外に富を生み出す方法がないということである。

ロシアはこうした課題に対処できておらず、その結果、アメリカはもちろん、残りの先進世界に対しても、地位はどんどん沈んでいっている。ロシアの経済規模はいまでは世界15位前後と、中規模国にすぎない。スペインやオーストラリアより小さく、トルコよりも少し大きい程度だ。ロシアのもつ強みを考えれば、もっと上にいてもおかしくない。そうできるのか。この先そうなるのか。そうならないとしたら、東の巨大な隣国、中国との関係はどうなるのか。

アジアの新興大国——中国とインド

中国、香港、台湾、そしてシンガポール

かつて中国では飢饉が何度も発生し、何百万人もの市民が犠牲になっており、国民の暮らしは人がなんとか食べていけるぎりぎりの生存水準にあったが、いまでは経済のパワーハウスへと変貌し、情報革命とならぶ現代経済の二大サクセスストーリーの一つになっている。１９７８年、鄧小平が実権を掌握した年には[34]、中国人は平均するとインドやサハラ以南アフリカの大部分の人よりも貧しかった。それが２０２０年には、これも平均すると、生活水準はブラジルを上回り、ルーマニアなどのヨーロッパの貧しい国にならぶようになった。世界で最も貧しい国の一つだったこの巨大な国は、40年で世界における中程度の発展水準に達している。何億もの人が貧困から抜け出し、中間層

に加わっている。自動車の普及率を見ると、人口１０００人当たりの保有台数は約３００台と、１９７０年代のイギリスと同じ水準にある。しかし、生活水準が上がっているだけではない。健康状態も大きく変わっており、平均寿命は76歳と、１９８０年代のスウェーデンと同じだ。

中国の経済成長に関する統計には驚くしかない。一例をあげると、中国を走る高速列車の数は中国以外のすべての国・地域を合わせた数よりも多いし、中国の自動車生産台数はアメリカ、日本、ドイツなどを合計した台数よりも多い。だが、人間の観点から見れば、世界で最も人口が多い国で、これだけ多くの人が貧困を脱したというのは、なによりも重要で、なによりもすばらしいサクセスストーリーである。中国はどうやってそれをなしとげたのだろう。

答えは二つあり、どちらも中国モデルの持続可能性に疑問を投げかけている。

一つは、中国が１９７８年以降に政策を転換していること、とくに１９４８年に共産党による一党支配がはじまってからつづいていた計画経済を慎重にゆるめていったことだ。経済の統制は段階的に廃止され、市場のシグナルが官僚の掲げる目標にゆっくりとってかわっていった。西側の混合経済体制をコピーしたが、徐々に移行していったおかげで、旧ソ連が陥ったようなすさまじい混乱は避けられた。それから40年たったいまも、国有企業が経済において重要な地位にあり、通貨を自由に交換できないうえ、外国から巨額の投資を集めてはいるものの厳しく規制されている。全体として、指令経済から市場経済への移行は成功している。もちろん失敗もあり、投資も、生産も、消費も、ものすごい勢いで増えているため、経済にひずみが生じている。たとえば、新築の住宅の多くは基準を満たしておらず、だれかがそこに住むことはおそらくない。投資計画がずさんで、債務の負担が重くのしかかる。環境に与えたダメージは、たとえ修復できたとしても何十年もかかり、最悪の場合、元には戻らない。

そしてもう一つは、中国が西側をコピーして成長してきたことである。中国はあるときは対内投資を通じて、またあるときは直接盗んで、既存の技術をとりこんできた。中国に行ったら、西側の自動車にそっくりだが、どこかちがうクローンが当たり前のように通りを走っている。ロールス・ロイス・ファントムやポルシェ・ケイマンから、インドの小型車マルチまで、なんでもありだ。しかし、中国がコピーしているのは物理的なものばかりではない。サービスもコピーしている。そのため、ソーシャルメディアと検索エンジンの巨大企業がアメリカの企業ではない、世界でただ一つの国だ。アメリカのソーシャルメディア会社は中国から締め出されており、ほとんどが撤退しているが、その一方で中国のクローンは繁栄している。[35]

この先もずっと、キャッチアップが中国の経済成長の原動力になるだろうが、一定の水準に達すると、そこで行き詰まるおそれがある。いわゆる「中所得国の罠」だ。それを避けるには、西側の技術をとりこむだけでは足りない。だとしたらどうすればいいのだろう。その手がかりは、二つの都市国家の経済状況にある。どちらもちがった形で経済が大きく成功しており、どちらも中国系人口の才覚が経済の発展を牽引してきた。一つは、いまは中国の一部である香港、もう一つは独立国のシンガポールである。

香港も、シンガポールも、20世紀後半に爆発的な成長をとげた。１９５０年の１人当たりＧＤＰは、どちらも植民地時代の宗主国であるイギリスの３分の１ほどだったが、１９９７年に「一国二制度」の合意の下で中国に返還されたときには、香港は格段に豊かになっていた。[36]シンガポールもそうだ。だが２０１９年には、どちらもまだイギリスより上ではあったが、シンガポールが香港を引き離しはじめていた。実際、シンガポールの１人当たりＧＤＰは世界３位である。香港はめざましく発展し、中国本土という傘の下でいまも成長をつづけている。しかし、シンガポールの経済状況はその比ではない。ビジネスのしやすさ、経済の自由度、競争力、人間開発、グローバル教育といった各種のランキングでトップか上位にいる。完璧な国などどこにもないが、シンガポールが驚異的な経済発展をとげたのは国の指導者が強力なリーダーシップを発揮したからだとされており、中国にとっては道しるべになる。

台湾もそうだ。ここでは中国と台湾の関係について踏み込んだ議論は控えるが、客観的に考えて、現在の緊張が武力紛争に発展することはないだろう。１９４９年に中国国民政府が台湾に逃れたとき、台湾の１人当たりの富は、本土よりも少し多い程度だった。だが１９５０年代から、とくに１９６０年代以降は台湾が本土を大きく引き離した。いまでは高所得国の仲間入りを果たし、香港やシンガポールよりは貧しいが、本土のはるか先を行く。台湾はコンシューマーエレクトロニクスにとくに強く、中国経済との結びつきが深い。輸出の40％以上が本土か香港向けである。

ところが、台湾の成功には疑問符がつく。どういうわけか、シンガポールや香港とちがって、バリューチェーンの上流にシフトできていないし、韓国とちがって、世界的なブランドも生み出せていない。比較的裕福な国で行き詰まり、ポルトガルよりは豊かだが、スペインよりは貧しい水準で終わるのか。それともフロンティア経済として前進しつづけるのか。これは中国ももうすぐ直面することになるジレンマだ。

もちろん、規模はまったくちがう。人口は台湾が２４００万人、香港が７５０万人、シンガポールは６００万人に満たないのに対し、中国は14億人である。規模の優位はものすごく大きいが、その反面、キャッチアップには頼れない。中国はフロンティアをみずから開拓しなければならない。実際、中国がまさにそうしていることを示す兆候はすでにたくさんある。たとえば、中国はソーラーエネルギーと電気自動車生産で世界市場のパイオニアだ。自国市場の規模をテコに、成長戦略の柱と位置づける領域で主導権を握っている。中国が前進しつづけるかは、中国が真のイノベーターになるのか、あるいは、比較的安定した成長を維持しながら、外向きの姿勢を転換し、国内の圧力を抑えるために資源を投じるようになるのかが、最大のポイントになるだろう。

インド亜大陸

インドは２０２０年代はじめのどこかで中国を抜いて、世界で最も人口が多い国になるだろう。１９４７年に分離独立するまでは植民地インドの一部だったパキスタンとバングラデシュを加えると、インド亜大陸の人口はすでに中国を追い越しており、経済規模もドイツを抜いて世界4位に迫る勢いだ。２０３０年にはインドだけでドイツと日本を追い抜き、世界3位になっているだろう。[37]

中国と同じく、インドは20世紀最後の四半世紀に突然、覚醒した。独立直後は経済が停滞し、成長率は人口の伸び率を少し上回る程度だった。生活水準も伸び悩んだが、１９７７年、中国の離陸がはじまる直前の時点では、１人当たりＧＤＰは中国を少し上回っていた。その後、中国が飛躍的に発展する。93ページのグラフが示すように、インド亜大陸全体で見ると、20世紀はじめは中国よりもわずかだが豊かだった。

１９９０年代、インドはビジネスにやさしい改革に乗り出した。これは中国の経験に触発されたものと思われる。21世紀に入ると改革は加速し、２０１７年にはインドの成長率が中国を超えた。

人口1人当たりGDP（1500年以降）

単位：ドル（2020年ドル、購買力平価で換算、対数スケール）

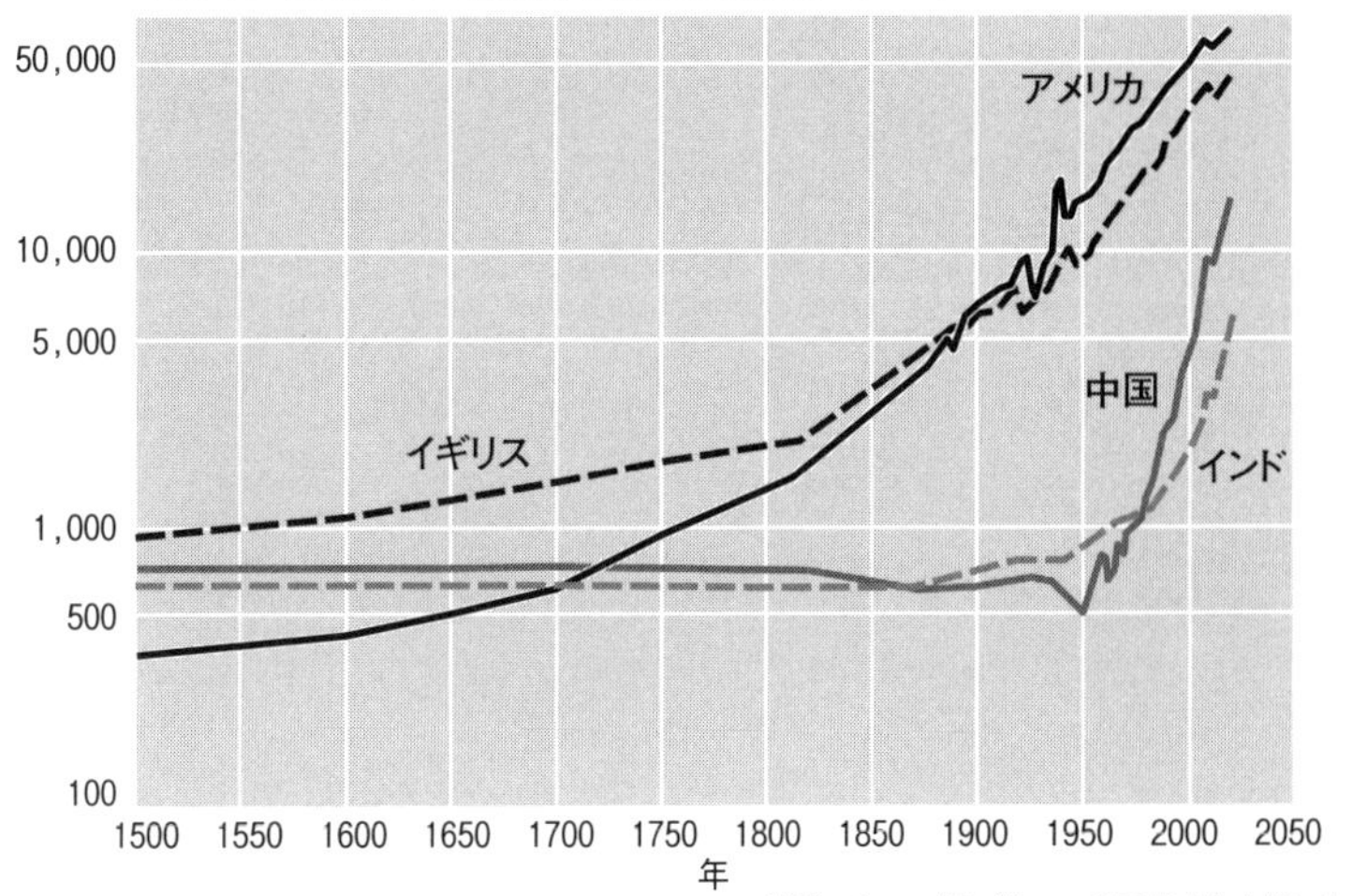

出所：Angus Maddison, OECD, World Bank

世界で最も急速に成長している経済大国になったのである。

　だが、インドはあまりにも大きく、あまりにも多様であるため、国としての富をほかの国と比べていては、国内の激しい格差が覆い隠されてしまう。たとえば、インドで最も豊かな州であるゴアの生活水準は、ブルガリアなどのヨーロッパの貧しい国と肩をならべる。これに対し、最も貧しいビハール州は、サハラ以南アフリカのマリと変わらない。したがって、取り残された州と国民を引き上げることが、インドが前進する鍵になる。急速な成長はこの先何年もつづきそうだ。一つには、中国と比べると、キャッチアップする余地が大きい。インドの1人当たりGDPは中国の4分の1だ。インフラの整備に幅広く投資する必要があり、経済成長の原動力になると期待される。人口が増えつづけており、豊富な労働力が供給されるのもプラスになる。

インドには強みがたくさんある。教育水準が高く、自信にあふれ、野心をもったエリートたちがいる。その野心は自分自身と一族だけでなく、自分たちが牽引する国にも向けられている。毎年、高いスキルをもった若者が高等教育を終えて、自国のハイテク産業に大量に供給される。製造業はもちろん、サービス産業にも非常に強い。その点では中国をしのぐ。中国はサービスよりもモノをつくるほうがうまい。しかし、中国のように成長するかどうかは問題ではない。インドにとってほんとうに問題なのは、急速に拡大する中間層だけでなく、人口全体の利益になるように、その成長をうまく舵取りしていけるかどうかだ。どれくらい速く中国との差を縮めていけるかは、統治の質を高められるか、環境をコントロールできるか、質の高い教育機会を広められるかで決まる。インドがやるべきことはたくさんある。気が遠くなるような課題ばかりだが、機会もものすごく大きい。

パキスタン、バングラデシュ、スリランカ

インドが亜大陸で圧倒的に人口が多いので忘れられがちだが、パキスタンの人口は2億人を上回り、世界で6番目に多い。バングラデシュは1億6000万人で8位だ。しかし、こうした近隣諸国のあいだにある緊張が影を落とし、統合された経済圏にはなっておらず、資源が防衛支出に吸い上げられている。インドときわめて対照的なのがパキスタンだ。世界銀行の計算によると、[38] 2010年まで1人当たりGDPはインドをわずかに上回っていた。だが2017年には、インドが平均でパキスタンを3分の1上回るようになった。

インド亜大陸の富のランキングでいちばん下にいるのがバングラデシュで、1人当たり所得はイ

ンドの半分にとどまる一方、人口２２００万人のスリランカが突出して高い。スリランカは観光産業が成功していることもあって、中所得国の仲間入りを果たしており、１人当たりＧＤＰはブラジルとそれほど大きな差がない水準にある。したがってスリランカは、少なくとも経済面では問題ないだろう。では、パキスタンとバングラデシュはどうか。経済は離陸するのだろうか。

　経済だけを考えれば、いずれもこの先急成長するはずである。どちらもインドの成長を目の当たりにしている。経済発展を加速させるモデルがすぐ目の前にある。実際、ＨＳＢＣの予測によれば、バングラデシュが２０３０年まで世界最速の経済成長をとげる見通しで、インドは2位、パキスタンは4位とつづく。しかし、どちらも政治の課題に直面しており、統治の水準をどう上げるかという問題を抱えているうえ、環境の圧力にもさらされている。パキスタン最大の都市であるカラチは水の需要に追いつけなくなる。パキスタンの人口は２０５０年までに約2億７５００万人に膨らむと予想され、カラチの人口は３０００万人を超えるだろう。バングラデシュの首都であるダッカは、人口が３５００万人に達して、世界で3番目に大きい都市になる可能性がある。人口が増えると経済成長が刺激される。ただしそれは、教育や医療などの社会サービスがそれに追いつけばの話だ。ところが、どちらも構造的な問題を抱えている。たとえば、パキスタンは世界3位の米の輸出国である。それはとてもすばらしいことだが、米をつくるには大量の水が必要になる。バングラデシュは輸出所得の約90%を衣料品で稼いでいる。これもすばらしいことだが、一つの産業に頼りすぎるのは危険だ。しかし全体として見れば、何百万人もの新しい市民にどう対応するかが、どちらにとっても今後の鍵になる。そう、パキスタンもバングラデシュも、経済は急成長するだろう。重要なのは、それが持続可能かどうか、持続可能でないなら、なにが問題になるのかだ。

日本と韓国・北朝鮮

日本

インド亜大陸の最大の課題が若さに対処することであるとしたら、日本は老いに対処することが最大の課題になる。日本は地球上で最も高齢な社会であり、世界のどの国も経験していない領域に入っている。その意味では、日本は人類にとってフロンティア国家である。過去半世紀に日本はジェットコースターのような急激な変化を経験している。１９５０年代から１９９０年代はじめまでは世界で最も急速な経済成長をとげ、アメリカにつぐ世界2位の経済国になった。１９９５年のＧＤＰは為替レート換算値で5兆４５００億ドルに達した（アメリカは7兆６６００億ドル）。１人当たり国民所得はアメリカを3分の１上回った。

　ところがその後、成長が止まる。２０１８年にはＧＤＰが23年前の水準を割り込み、日本の市民はアメリカ市民よりもずっと貧しくなった。アメリカ経済の覇権に挑むとの予測もあったが、日本は内向きになり、国民の生活を最優先に考えるようになった。日本社会はいまも秩序正しく、世界から尊敬を集めているが、一世代前のような影響力はない。トヨタ自動車のようにグローバルリーダーでありつづけている日本企業もある。しかし、ソニーや東芝、パナソニックなどは、20年前のような優位を失っている。

　これは悩ましい。なぜなら、世界には日本から学ぶべきことが山ほどあるからだ。動かぬ事実を二つあげよう。日本は犯罪率が世界でいちばん低く、世界一の長寿国だ[39]。さらに、人びとが支え合い、助け合って、課題を効率的に解決する関係があり、サービスの質が高く、都市は清潔だ。日本がいかに世界に類を見ない社会を築いているかがわかる。だが、日本が世界に教えられることはもっとある。日本は高齢化する人口に立ち向かっている。世界のほかの国々も、やがてそうしなければならない日がくる。

朝鮮半島

北朝鮮と韓国は、経済・政治実験の両極端な例である。北朝鮮は指令経済で、食糧難が深刻になっている。一方の韓国は、世界でもとくにエネルギッシュな市場経済である。経済運営の極端な成功例と失敗例はほかにもある。シンガポールは天然資源が乏しいというハンディを克服しているが、ベネズエラは石油という富を浪費している。しかし、東西ドイツ統一以降、一つの民族がイデオロギーの境界線で分断され、そのときにたまたまどちらの側にいたかで、これほどちがう結果になった例はほかにない。したがって、それがいつまでつづき、どのように統一へと収斂していくのかが、なによりも大きな問題になる。

これについて確かなことは言えない。いまはっきりしているのは、韓国人の能力と意欲が大きなサクセスストーリーを生み出した、ということだ。現代・起亜自動車は世界4位の自動車メーカーであり、サムスンは世界最大のスマホメーカーだ。この二つの産業に依存しすぎており、サービス産業が弱いという指摘はある。だが日本と同じく、中所得国の罠を回避しているのは疑問の余地がない。そして日本とちがって、1980年代と1990年代に金融バブルが発生し崩壊するという、最悪の事態を避けられた。ところが、日本と共通する特徴がもう一つあり、それも日本以上に極端な状況に陥っている。その特徴とは、少子化である。

世界銀行の推計によると、２０１９年の合計特殊出生率（１人の女性が一生のあいだに産む子どもの数の平均）は０・９２と、世界で最も低かった。[40] 意外かもしれないが、北朝鮮の出生率は２弱とずっと高く、人口置換水準をさほど下回っていない。いったいなぜ、経済が成功している国の人が選ぶ子どもの数のほうが、貧困にあえぐ国の人よりもずっと少ないのかは謎である。しかし、なにか根本的な変化が起こらないかぎり、韓国の人口は縮小していき、増えていく高齢者に対処しなければいけなくなる。韓国が成功しているのはだれの目にも明らかだが、直面している課題は非常に大きい。

東南アジアの「虎」

東南アジアについて考えようとしたら、ここは世界のなかでも活気にあふれる地域だというのが出発点になるはずだ。過去20年間の成長率は、中国やインドこそ下回っているが、ほとんどすべての国・地域を上回っている。[41] この地域を見るときには、万華鏡のように多彩な国々を「東南アジア諸国連合（ＡＳＥＡＮ）」という一つの枠組みでとらえることが多い。ＡＳＥＡＮは１９６７年に設立された。目的の一つは地域内の貿易の促進であり、欧州経済共同体（ＥＥＣ）がヨーロッパの貿易を発展させようとしたのとよく似ている。だが、東南アジアの非共産主義国を結束させるねらいもあった。原加盟国はインドネシア、マレーシア、フィリピン、シンガポール、タイの５ヵ国で、つぎにブルネイ、ベトナム、ラオス、ミャンマー（旧ビルマ）、カンボジアが加わった。

ＡＳＥＡＮにはヨーロッパと明らかな共通点がある。市場経済国が集まってはじまり、そこに旧計画経済国が後から加わっていることだ。しかし、まったく異なる点もある。ＡＳＥＡＮには連合を深化させる考えはない。単一通貨はないし、共通旅行区域も、大きな中央予算もない。協力することがお互いのためになるなら協力し合う国の集まりだ。ＡＳＥＡＮは「一つのビジョン、一つのアイデンティティ、一つの共同体」というスローガンを使っているが、これは高い目標として掲げたもので、現状を表してはいない。だが、ヨーロッパはその強みを活かしきれず、全体が部分の総和を下回っているように思われるのに対し、東南アジアのエネルギーと高い労働倫理が結びついて、驚異的なサクセスストーリーが生み出される可能性がある。ただしそれには、中国が拡張をつづけて地域が不安定にならなければ、という条件がつく。

ＡＳＥＡＮ加盟国は、規模の差がとくに大きい。ブルネイの人口は50万人に満たないが、インドネシアは2億７０００万人を上回る。富の格差は大きく、シンガポールの１人当たりＧＤＰは6万ドルを超え、ミャンマーは１５００ドルに届かない。一方は経済発展の優等生であり、一方は経済発展がまだはじまってもいない。ＡＳＥＡＮ諸国にはそれぞれの歴史、文化、アイデンティティがあって、直面している圧力もちがう。また、経済の潜在力にも大きな差があり、ここは重要なポイントになる。シンガポールは「フロンティア国」、インドネシアは古典的な「キャッチアップ国」だ。インドネシアは世界15位の経済国になる見通しで、生産性の上昇と人口の増加が成長を牽引する。ミャンマーについては楽観的な見通しは立てにくい。

この先に直面する課題は、国によってちがってくるだろう。たとえば、インドネシアは首都のジャカルタの人口が急増しており、それに対処する必要が出てくる。ジャカルタは東京を追い越して世界最大の都市になるかもしれない。そうなるとインドネシアの人口は２０３０年に3億人近くになっても不思議ではない。その場合には世界で4番目に人口が多い国になる。無秩序に拡大する広大なインドネシアにとっては、この虎をどう乗りこなすかが問題になる。いかに生産性を高め、環境の基準を引き上げ、そしてなにより若者たちの意欲に応えるかを考えなければいけない。

　ＡＳＥＡＮで2番目に人口が多いフィリピンは、アジアで唯一、キリスト教徒が圧倒的に多い国でもある。1億1０００万人の国民の90％以上がキリスト教を信仰している。人口動態は相対的に良好で、成長見通しはとても明るい。しかし、環境と統治に課題があり、東南アジアのほかのいくつかの国と同じく、中所得国の罠に陥って、先進国になかなかなれないおそれがある。ベトナム、タイ、ミャンマー、さらに（人口規模が）小さめのカンボジアとラオスは、それぞれのやり方で経済を飛躍させなければいけない。シンガポールとオイルマネーで潤うブルネイを除くと、1人当たりＧＤＰが東南アジアで最も多いマレーシアは十分に発展していると言ってよく、これからもさらなる成長が見込まれる。タイもそうだ。タイは観光大国として知られており、世界の人気旅行先トップ10の常連であるほか、製造業輸出国としても成功している。

　そしてなんと言っても、ＡＳＥＡＮ諸国には強い追い風が吹いている。立地がよく、幅広い強みがあり、人はたくましく、国の経済を前進させようという断固とした意志があるなど、世界経済の成長をとりこむまたとない条件がそろっている。ＡＳＥＡＮ諸国は経済の発展段階が大きくちがっているが、それが逆に強みになるはずだ。近年の勢いはこれからもつづくだろう。

アフリカと中東——世界で最も若い地域

アフリカはサクセスストーリーを実現しつつある——さまざまな文化、さまざまな緊張、さまざまな不確実性を抱える大陸をものすごくざっくり言うと、こうなる。サハラ以南アフリカはいまも1人当たり所得で見て世界でいちばん貧しい地域であり、平均寿命も世界で最も短い。そうだとすると、アフリカのなかにたくさんのサクセスストーリーがあると言うほうが正確かもしれない。だが、慈善団体が飢えに苦しむ子どもたちの写真を広告に使っているのもあって、西側が抱くアフリカのイメージはマイナスのものがあまりにも多い。そのため、成功しているところはしていると認識することが大切であり、アフリカ大陸を過小評価しないほうがいいだろう。つぎの点を考えてみてほしい。GDP成長率で見ると、アフリカは21世紀に世界で最も急速に成長している地域であり、成長のスピードは中国さえ上回る。中国の投資は少なくとも一部ではアフリカの成長を牽引する主要な原動力になっているので、その中国の成長率を上回っているというのは実に興味深い。しかし同時に、それは未来への鍵にもなる。人口の若さと高い出生率を背景に、アフリカ大陸は急成長をつづける見通しであるからだ。そのため、インフラはもちろん、人的資本にいかに投資するかが大きな課題になってくる。アフリカは統治や教育、訓練の質を高める必要がある。経済が急成長すれば機会はまちがいなく広がる。若い人たちがそうした幅広い機会を得られるように、成長を支える安定した枠組みをつくらなければいけない。

これは全体に共通するテーマだが、アフリカのなかで人口がとくに多い四つの国にとりわけ当てはまる。ナイジェリア、エチオピア、コンゴ民主共和国、南アフリカだ。それぞれが地域経済のアンカー（錨）となっている。この4ヵ国の経済がうまくいけば、ほかの国々もうまくいく。うまくいかなければ、地域全体がうまくいかなくなる。

　そこで、この四つの国について少し考えていきたい。

　ナイジェリアは大国だが、対外債務の返済を石油収入に頼りすぎている。人口は2億７００万人で、サハラ以南アフリカ最大の経済国の座を人口５８００万人の南アフリカと競っており、主に原油価格とナイジェリアの生産水準の動きで順位は入れ替わる。石油製品（大半は原油）が輸出収入の95%を占め、石油への依存は非常に強い。石油産業が貢献して年間約４０００億ドルのGDPを生み出しており、1人当たりでは２５００ドルになる計算だ。購買力平価換算だとそのほぼ2倍になり、ナイジェリアは貧しい国ではない。中所得国の下位にあたる。それでも世界のなかで見れば、ナイジェリアの２０２０年のGDPは、人口が５００万人に満たないアイルランドよりわずかに多いくらいである。

　石油に依存しているほかの国と同様、ナイジェリアは経済を多角化しなければいけない。しかしそれは至難の業だろう。別の輸出産業をつくる必要はあるが、つくればいいというものではない。いま、ナイジェリア人の3分の2は農業で生計を立てている。[42] 国がさらに発展すると国を去る傾向があるこうした人たちのために、雇用も生まなければいけない。だが、ナイジェリアは起業が非常に盛んであり、それを国益にどうつなげるかが問題になる。それには優れた統治が求められる。

　国をどう統治するべきかは部外者が意見するところではない。外国人のジャーナリストに言えることがあるとしたら、西に１５０マイル（約２４０キロメートル）行ったところにあるガーナが、西アフリカの道しるべになっている、ということだ。ガーナは近年に経済運営が大きく改善しており、２０１７年の成長率はエチオピアについでアフリカで2番目に高かった。[43]ガーナも原材料輸出への依存が大きく、石油と金に頼っている。労働力の半分は農業に従事していて、農業はこれからも経済の屋台骨になるだろう。しかし、製造業とサービス業への多角化は、ガーナのほうが進んでいる。

ガーナはナイジェリアよりもはるかに小さく、人口は２７００万人、年間のＧＤＰは約５００億ドルである。それでも、モーリタニアからナイジェリアにいたる、フランス語圏と英語圏が混在する沿岸地帯の国々のなかでは2番目に人口が多い。それぞれ文化、宗教、資源がちがうだけでなく、植民地時代の遺産も異なり、この地域が一つの経済単位として機能するのはむずかしい。ガーナの元外交官で、国連事務総長を務めた故コフィー・アナンは、アフリカとヨーロッパで移動するほうがアフリカの国同士を移動するより簡単だとぼやいていた。[44]だが、中国が10年間にわたってインフラに投資した結果、この問題も一部解消されはじめている。交通・通信事情がよくなり、ガーナが、そしてなによりもナイジェリアがさらに発展すれば、西アフリカ全体がとてもうまくいくだろう。

エチオピアは人口が1億人を超え、アフリカで2番目に多く、21世紀に入ってから世界でとくに急速に経済成長している国の一つである。ここ数年は世界でいちばん急速に成長している。２００７／08年から２０１７／18年の10年間では、年平均成長率が10％を上回った。[45]これは驚くべき成果であり、称賛に値する。しかしその成長は、そもそも出発点がとても低い。21世紀はじめにはエチオピアはアフリカでもとくに貧しい国の一つであり、それを踏まえて考えなければいけない。エチオピアは世界で3番目に貧しい国だったのだ。[46]急成長しているとはいっても、１人当たりＧＤＰはナイジェリアの4分の1ほどしかなく、視点を変えると、１９７０年代のインドと中国と同じレベルである。まだまだ道のりは遠い。この先、経済発展をつづけて、30年後に中所得国に引き上げることが課題となる。

エチオピアは先進世界から巨額の資金援助を受けてきているため、エチオピアの競争力、問題点、機会については膨大な分析がされている。今後の見通しはおおむね明るいものの[47]、社会と民族間の緊張を抑える努力をつづければ、という条件がつく。観光業と観光に関連するサービスに競争優位があるが、製造業にもそれと同じくらい大きな機会があるはずだ。巨大な人口を抱えているうえ（２０５０年には2億人に迫ると予測される）、賃金水準が相対的に低い。工業経済を築く基盤としては十分に大きいと言えよう。ほかの多くの国は繁栄への道を歩んでおり、エチオピアがそれにつづくことができるかどうかが問題になる。

広大な国土をもつコンゴ民主共和国（ＤＲＣ、１９７１～97年の旧国名はザイール）も、エチオピアとはちがうが、同じくらい厳しい課題を抱えている。ＤＲＣはアフリカで最も大きい国であり、天然資源が非常に豊富で、銅とコバルトが輸出の80％を占める。ところが、１人当たり所得で見ても、人間開発で見ても、最貧国の一つでもある。潜在的な富は大きいのに国は貧しいという、この悲しい現状をもたらしている重要な原因は、政府の失策と政治の不安定さにある。その混乱のなかで、２０１０年までの30年間に１人当たりの富は、１９６０年代と１９７０年代の水準の約３分の１にまで落ち込んだ。それ以降、少ししか回復していない。

この物語にはこれ以上深入りしないが、ＤＲＣの政治が不安定なのは、近隣諸国の争い、とくにルワンダでの戦争が原因の一部である点は指摘しておくべきだろう。統治と政治がそれなりに安定していたなら、ＤＲＣは繁栄できていただろうし、この点は声を大にして言っておきたい。ＤＲＣが繁栄すればするほど、中央アフリカも栄える。中央アフリカには富の源泉がある。たとえば、石油資源が潤沢なガボンは１人当たりＧＤＰが７０００ドルを上回る。しかし人口は２００万人しかない。そのすぐ北にある赤道ギニアも産油国であり、アフリカで最も裕福な国である。だが世界で最も格差が大きく、１４０万人の国民のうち、清潔な飲料水を利用できるのは半分に満たない。この国が問題を抱えていることはたしかだが、人口が多い国はその地域全体を繁栄へと導かなければいけない。

サハラ以南アフリカは、南アフリカが長く牽引してきた。アフリカ大陸で最も豊かな経済大国で、産業が最も発展し、労働力の教育水準が最も高く、ブラックアフリカンの中間層が最も多い。天然資源も豊富で、観光、金融などのサービス産業も強く、製造業の規模はアフリカ最大である。一言でいうと、南アフリカの経済情勢は良好である。それでも近年の状況はふるわない。経済成長率がアフリカ大陸で最低水準にあるのだ。アフリカの大部分の国は８％前後で成長しているが、南アフリカは２％にも届かない。

成長がすべてではない。しかし南アフリカの場合は、経済の低迷が失業と格差の増大につながっており、すでに緊張をはらんでいる社会に重くのしかかっている。失業率は公式定義で27%前後に達し、若者の失業率は40%近い。[48]案にたがわず、犯罪は深刻な問題になっている。殺人率はラテンアメリカを下回っているが、アフリカのほかの国を含めて、それ以外のすべての国・地域と比べて高い。

南アフリカにはアパルトヘイト政策の負の遺産がいまもある。だが、ネルソン・マンデラが１９

９４年に大統領になってから四半世紀がたち、経済へのマイナスの影響は消えているはずである。経済を成功させるには産業界の信頼が欠かせないが、信頼は薄いとしか思えない。したがって、南アフリカはこの先、経済重視の政策をとるようになるのか、それとも、将来の政府も社会の抱える問題を解消することに力点を置くのかが、とても重要なポイントになってくる。それは「ニワトリが先か、卵が先か」の問題だ。成長をつづけるには社会が安定する必要があるが、社会が安定するには雇用機会が増える必要があり、雇用機会が増えるには経済が成長する必要がある。

　そのパラドクスは、アフリカ大陸全体に当てはまる。しかし、アフリカの成長を阻んでいるものはほかにもある。交通・通信環境の悪さだ。北東部のケニアとウガンダから、南西部のナミビアと南アフリカまで、大きな弧を描いて広がる国々の大半は、イギリス連邦の加盟国である。人口の規模は、タンザニアの６０００万人近く、ケニアの５０００万人から、レソトやエスワティニ（旧スワジランド）の２００万人未満まで、幅がある。国土面積も、タンザニアは西ヨーロッパとほぼ同じで、エスワティニはウェールズよりも小さい。豊かなボツワナは1人当たりＧＤＰが約８０００ドルあり、人間開発指数のランキングはサハラ以南アフリカでいちばん高いが、マラウイの1人当たりＧＤＰは５００ドルに満たない。

　この広大な地域には、約2億５０００万人が暮らす。南アフリカを加えれば3億人を超える。天然資源は豊富で、都市は洗練されており、観光業は活況である。経済の潜在力はとても大きい。それなのになぜ、世界の最貧国もそこにいるのだろう。交通・通信環境の悪さは、まず道路からはじまる。南北を結ぶ質のいい道路はいまもなく、国内の道路はたいてい状態が悪い。鉄道はほとんどない。空路でさえ弱い。数千マイル飛んでヨーロッパに行くほうが、近くにある首都に行くより簡単だったりする。だがこれも変わりはじめている。中国の投資によって道路網が整備されてきている。上下線が区切られている高速道路はかぎられているが、質の高い2車線道路網がアフリカ全域に広がりつつある。

中国はアフリカの農業、インフラ、製造業に投資しているが、それはいまの急速な経済発展を支え、さらに拡大させることにつながるのか。もっとありていに言えば、西側の援助プログラムが失敗するなかで、中国の商業投資は成功するのだろうか。アフリカへの投資は、中国のいわゆる「一帯一路」構想の鍵を握る重要な要素だ[49]。中国とアフリカが手を携えるのは自然な流れである。アフリカは商業投資を必要としている。中国は天然資源を必要としている。中国には植民地支配の罪悪感がないためだと思われるが、西側の政府や企業以上にアフリカをとりこんでいる。アフリカ大陸の未来は、この関係が成功するかどうかに大きく左右されるだろう。しかしなにがあろうと、世界経済にとってアフリカの重要性は増している。

これに対し、中東の重要性は下がりそうだ。中東経済の強みと弱みを政治抜きに語るのはむずかしい。政治については、中東は世界で最も情勢が不安定な地域であり、それはこれからも変わらないだろう。だが、ここでは経済のほうに焦点を当てたい。なぜなら、若者たちの雇用と機会が増えれば増えるほど、各国が政治の緊張に対処できるようになると考えられるからだ。

中東は驚くほど多様である。富を例にあげよう。１人当たりＧＤＰで見ると、カタールは世界でいちばん裕福なところだ。東の端にあるアフガニスタンは、世界で最も貧しい国の一つである。つぎは人口密度だ。リビアは世界で16番目に大きい国土に７００万人が暮らすが、カイロとアレクサンドリアがあるエジプト北部のナイル地域は、人口密度が世界でもとくに高い。経済構造はどうだろう。サウジアラビアをはじめとする湾岸諸国は石油とガスの占める割合が圧倒的に高い。エジプトは経済の多角化が非常に進んでおり、労働力のうち農業と工業がそれぞれ約4分の1を占め、残りがサービス業と政府である。中東の北西の端にあるトルコは、経済規模が世界上位20ヵ国に入っている。はるか東の端にあるタジキスタンとキルギスタンは、経済規模がとても小さく、イギリスのオックスフォード市と変わらない。その一方で、基本的に中所得圏であるこの地域にあって、イスラエルは高所得の「西側」先進国である。

中東はとても多様であるため、共通する教訓はほとんど引き出せない。それでもすぐに指摘できる点がいくつかある。産油国は多角化する必要がある。人口が多い国は、若い人たちが仕事を見つけられるように仕事をつくる方法を見つけなければならない。教育水準を高める必要がある。そしてもちろん、成長をつづけるには政治の安定が欠かせない。だが、こうしたことにとらわれていると、もっと大きなものが見えなくなってしまう。中東のつぎの世代は一つ前の世代よりもはるかに成功する可能性を秘めている。若く、エネルギーに満ちた中東は、高齢化が進むヨーロッパにとって完璧なパートナーだ。ヨーロッパからは、中東の若者は脅威と見られることが多い。大量の移民がやってきたら、ヨーロッパ人と対立する思想や文化がもちこまれるかもしれない。そんな不安にかられるのももっともだ。しかし、自分が求めている機会を自分の国で得られるのであれば、国を出て家族や友人と離れたくないと考えている人がほとんどだ。

ヨーロッパと中東の関係は、過去何世紀にもわたって困難な状況にある。それがよくなると期待するのは楽観的だろう。だが、ヨーロッパと中東はもともと経済的な結びつきが強い。ヨーロッパは中東に投資し、スキルを身につける機会を与え、より開かれた輸出市場を提供する。その見返りとして、ほかのどこよりも安くて質の高い財とサービスを手に入れる。客観的に見て、中東地域にはヨーロッパに提供できるものがほんとうにたくさんある。それを理解し、中東との関係を智恵のかぎりを尽くして創造的に管理していくことが、ヨーロッパにとって大きな利益になる。そして、ヨーロッパは中東地域が自国の問題に立ち向かうのを後押しする味方であると理解することは、中東にとってそれと同じくらい大きな利益になる。

オセアニア――オーストラリアは幸運な国でありつづけるか

オーストラリアの本質をとらえた二つの名著が１９６０年代に出版された。１９６４年には、ドナルド・ホーンがオーストラリアの置かれている状況を分析した『幸運な国』（*The Lucky Country*）を発表したが、いまのオーストラリアは当時よりさらにいっそう幸運だと言っていい。オーストラリアが成功しているのは、天然資源が豊富で、世界から隔絶した位置にあるおかげであって、オーストラリア人が努力したからではないと、ホーンは戒めた。しかし、その後の歴史が示しているように、オーストラリア人はさまざまな課題を努力によって克服している。オーストラリアはいまのほうが幸運だと言うのは、一つには、時間帯が同じアジア諸国の世界における重要性が上がっているからだ。パースは北京と同じ時間帯にある。だが、通信革命が起きて、西側諸国から遠く離れているという経済面でハンディになりそうなことが問題にならなくなっているのも大きい。ジェフリー・ブレイニーは１９６７年に発表した『距離の暴虐』のなかで、地理的に隔絶されていることがオーストラリアをどう形づくっていったかを克明に描いている。ブレイニーによれば、オーストラリアの課題は、少なくとも入植者にとって未開の地に新しい英語圏（アングロフォン）社会をつくること、そして遠く離れたルーツのヨーロッパから独立することだった。しかし、空路で移動するコストが下がり、とりわけ通信コストがほぼゼロになったため、距離は問題にならなくなっている。

　同じ時間帯にある地域が成長して、オーストラリアがどれだけ変わったかは、輸出先の国を見るとわかる。21世紀の頭には、輸出のほぼ半分がアジア向けだった。それが２０１８年になるとアジア向けが3分の2を超え、3分の1近くが中国向けだった。その理由はすぐにわかる。活況にわくアジアが求めているものを供給できるからだ。オーストラリアは世界最大の鉄鉱石の輸出国で、世界市場の60％近くを占める。ほかの主要な輸出品は石炭、金、ガス、小麦で、どれもアジアからの需要が高い。

　だが、物理的な輸出品だけに目を向けていると、木を見て森を見ないことになりかねない。オーストラリアはサービス産業も大きく育っている。観光業はもちろんだが、教育産業も成長している。ＱＳ世界大学ランキングを見ると、トップ１００校の国別の大学数でオーストラリアよりも上にいるのは、アメリカとイギリスだけだ。人口わずか２５００万人の国としては驚くべきことである。[50]英語を話す環境でアメリカやイギリスにかわる留学先を探しているアジアの人にとっては、オーストラリアはとてもよい選択肢である。これはこの先、強力なプラス要因になる。オーストラリアですごした経験をもつ優秀な若者の大きなプールができることになるからだ。

　天然資源が豊富で、言語が英語でコモンローの国であり、教育のレベルが高く、国土が広く、東アジア時間帯に位置することを考え合わせると、オーストラリアの魅力は際立っている。ところが、強く懸念される点が一つある。環境だ。オーストラリアは最も乾燥した大陸であるため、気候変動がとくに深刻な脅威になっている。これは増加する人口が今後対処を迫られる問題である。

ニュージーランドはオーストラリアの小さな従兄弟としてひと括りにされることが多い。歴史的遺産を共有し、文化も似ているので、便宜上よくそうされるが、実は規模と地理的環境はまったくちがう。人口６７００万人のイギリスよりわずかに広い土地に、５００万人が暮らす。気候は温暖で、水不足になる心配はない。むしろ逆で、南島の西海岸は地球上で最も雨の多いところの一つである。そのため、だんだん過密になっていく世界にあって、ニュージーランドの魅力が高まっている。オーストラリアとちがって規模の大きな国ではないが、そこは問題ではないだろう。この先、どれくらい移民を呼び込んで国の規模をどこまで大きくするのかなど、オーストラリアと同じような大きな選択をしなければいけなくなる。

それはオーストラリアとニュージーランドの両方にとって重要なポイントになる。カナダと同じく、世界の憧れの国であり、なにがあろうと先行きは明るい。世界中の大勢の人が移住したいと思うはずだ。移住したい人がたくさんいるのは両国がうまくいっているからであり、うれしいことではある。先進世界には同じような魅力をもっているところがほかにもあり、スカンジナビア諸国がその例だが、この三つの国は人びとが暮らしてみたいと思う場所として抜きんでている。才能を引き寄せる磁石だ。それはすばらしい強みだが、一筋縄ではいかない課題でもある。

今日の世界が明日の世界を形づくる

国には変えることができないものがある。真っ先に思い浮かぶのは、その国がある場所と近隣諸国だ。人口は時間とともに変わり、増えるか、場合によっては減るが、ゆっくりとしか変化しない。平均の労働年数を40年以上とするなら、労働力の教育水準も、ゆっくりとしか変わらない。外国からの人口流入と外国への人口流出は、年齢構造と国の人口規模の両方に影響するとはいえ、流入にも流出にも、社会的・実際的な限度がある。天然資源が突然発見されれば、ＧＤＰは跳ね上がるかもしれないが、その国の政治や制度の構造が弱いと、利益は浪費されてしまうだろう。

国の経済の強みと弱みを考えるときには、変えることができるものとできないものを区別する必要がある。貧しい隣国に囲まれた内陸の小国は、立地の弱みを克服するのに苦労するはずだ。繁栄している国に囲まれていると、その国も栄えるだろう。経済運営がよっぽどひどいものでないかぎりはうまくいく。ところが、規模の大小を問わず、多くの国が経済運営に失敗して、本来なら陥らなくてもいい貧困に国民を突き落としている。鄧小平が改革する前の中国がまさにそうだ。

文化と教育がどれほど重要であるかは言うまでもない。北アメリカはなぜ、南アメリカよりも豊かなのか。北ヨーロッパが南ヨーロッパよりも豊かなのはどうしてか。しかし、文化は時間とともに変えることができるし、実際に変わっている。教育水準はまちがいなくそうだ。つぎの世代で国が前進するかを評価するときには、変化を起こす能力と意志がどれだけあるかをなんらかの形で判断しなければいけない。長期の教育成果を見れば、その国の経済がよくなるかどうかはだいたい予想がつく。だが、経済の成功を支える政策や社会の特徴は教育以外にもたくさんある。一つの指標だけを見て、ある国の経済が潜在力を発揮するかしないかを予想するのは時間の無駄だ。法の支配は非常に重要であり、腐敗が富を食い潰すことはだれでも知っているが、法律が恣意的に運用されていて、腐敗が深刻でも、経済がきちんと成長している国もある。

「国には破滅の種がたくさんある」というアダム・スミスの言葉は、国家の運営がうまくいかないと経済が悪化する可能性があることを警告するものとしてよく引用される。[51] スミスは皮肉を込めてこう言った。この言葉は、１７７７年にサラトガの戦いで敗北した後、「わが国は滅びてしまう」と嘆き叫んでいた友人に宛てた手紙に記したものだ。もちろん、イギリスはアメリカ植民地を失ったが、そのときにはそれよりもはるかに重要なことが起きていた。産業革命が加速し、イギリスだけでなく、アメリカも、ヨーロッパも、それこそ世界中の生活水準が一変しつつあった。アメリカ独立革命は、政治上では非常に大きな出来事だったが、世界経済にとってはささいな出来事だった。30年後には、いまアメリカが抱えている緊張も、ささいな出来事に見えるようになるだろう。

２０５０年までに経済の地位が劇的に上がっている国もあれば、あまり前進していない国もあるだろう。しかし、どの国も過去に縛られていてはいけない。なにが経済成長の原動力になるかについて過去の考え方にしがみついていてもいけない。そうした考え方は行き詰まっている。それ以外の要因のほうが重要になる。本書ではそうした要因を「変化をもたらす五つの力」としてまとめている。それでは、五つの力とはなにか、見ていくことにしよう。

変化をもたらす五つの力

第2章　人口動態――老いる世界と若い世界

世界人口は１００億人に向かう

数字の話からはじめよう。世界の人口はどれくらいになるのだろう。２０１９年なかばには77億人だったが、２０５０年には１００億人弱になる見込みである。これは厳密な予測ではない。国連が２０１９年なかばに行った人口推計だ。[1] 国連は2年ごとに将来人口推計を発表している。しかし、国連の推計はある程度信頼できる。１９９０年代はじめの時点で、２０２０年の世界人口は75億～80億人になると正しく予測していたからだ。２１００年以降の遠い未来を見通そうとすれば、すべては憶測になる。だが一世代先であれば、なんらかの大惨事が起こらないかぎりは、おおむね正しく推計できる。なんと言っても、２０５０年に30歳を超えている人はもう生まれているのだから。

人口予測

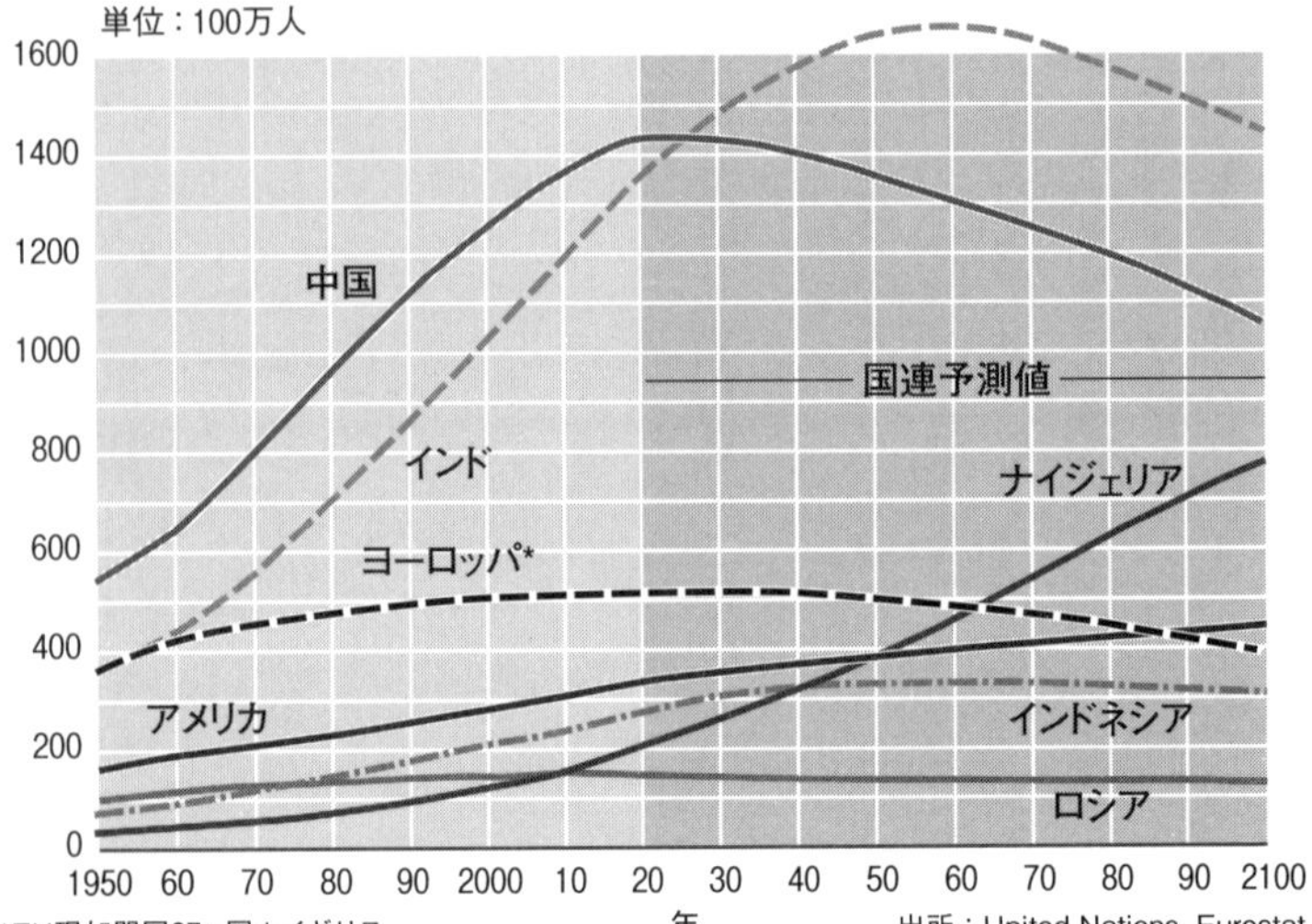

*EU現加盟国27ヵ国＋イギリス　　出所：United Nations, Eurostat

インドの人口は16億人を超え、世界で最も人口が多い国になるだろう。そのすぐ後に中国が14億人でつづく。この二つの人口大国が突出して多く、3位のアメリカは約4億人、4位のナイジェリアは4億人弱だ。以下、インドネシア、パキスタン、ブラジル、バングラデシュがおそらくこの順番でつづき、人口はいずれも2億〜3億人になる。

こうした数字も、それなりに信頼できるが、あくまでもそれなりにだ。世界全体の人口を推計するときには、主に出生率と平均寿命の二つのデータを使う。ところが、個々の国・地域を見るときは、三つ目のデータを加えなければいけない。人口移動だ。こうすると世界全体の流れをある程度正しくとらえられる。ある国から出ていく人は別の国に入っていくので、純移動数はお互いに打ち消し合うからだ。しかし、単位が小さければ小さいほど、信頼性は下がる。

もちろん、人口移動が世界の人口に与える影響は中立的だが、国の形を大きく変えることもある。例を一つあげると、ブルガリアは1985年から2019年のあいだに人口の5分の1以上を失い、ピーク時には900万人弱あった人口が700万人を割り込んだ。人口が激減した理由は、ほかのヨーロッパ諸国への流出だけではないのはたしかだ。死亡率は相対的に高いままで、たとえば隣国のギリシャよりも下がるペースが遅かった。そして、出生率は相対的に低いままで、合計特殊出生率は1・4だった。2019年の人口が1950年の人口を下回ったのは、世界でもブルガリアとラトビアだけである。

2050年に世界の人口が100億人になるのであれば、つぎつぎに疑問がわいてくる。とても厳しく、ときに悩ましい疑問だ。一つは環境への負荷にかかわるものである。少なくとも人間が生きていくには十分な食べ物と真水と住むところが必要になる。もう一つは国際金融に与える影響に関するものである。人口が収縮している重債務国は、国家債務の利払いがむずかしくなるだろう。さらに人的資本にかかわるものもある。急増するアフリカの10代の若者に十分によい教育を与えることができるのか。テクノロジーが進歩すれば、先進世界の高齢市民が文化生活の質を維持しやすくなるのか。そしてすべての疑問に影を落としているのが、経済力のシフトだ。ヨーロッパの人口が減り、インドが中国を抜いて世界で最も人口が多い国になり、アフリカの若者が急増すると、経済力の構図は変わる。

こうした人口動態のシフトのいくつかについては、この後の章でとりあげる。この章では、世界人口の重心はほぼ確実に大きく変化するが、不透明な要素もあり、とくに人口移動をめぐる不確実性が高いことを明らかにしていきたい。

人口動態には大きな流れが三つある。一つ目は先進世界全体の高齢化であり、人口が減少している国もある。二つ目は、アジアの人口重心が中国からインドにシフトすること、そして三つ目は、アフリカの人口の急増である。最初にこの三つの流れを一つひとつ見ていき、それを踏まえて、こうした流れから生まれる疑問について考えていく。

老いる先進世界

先進世界の高齢化は所与のものである。121ページの図が示すように、人口の高齢化はすでに進んでおり、少なくともあと一世代はつづくだろう。

そしてそれは先進世界だけにとどまらない。いま日本とヨーロッパ、さらにスピードこそ遅いがアメリカで起きていることが、すでに中国とロシアでも見られるようになっている。やがてインド、そして亜大陸全体へと広がり、いまの時点で半世紀先のことを予測できる範囲で言えば、アフリカにもおよんでいく。

老いる世界はいまとは多くの点が変わるだろう。それがどんな感じなのか知りたいなら、日本に行くといい。日本は世界で最も高齢化が進んでいる国だ。一見すると、日本はこの人口動態の変化に実にうまく対処している。もちろん、日本は昔からほかにないほど社会の結束が強く、協調性が高い。家族も大事にする。この社会的な接着剤が果たす役割は非常に大きく、「若い老人」（中年後期以上の人）が「年とった老人」（超高齢の人）の面倒をみる。日本の高齢者の多くが、一般的な

世界人口の年齢集団による内訳（1950-2050年）

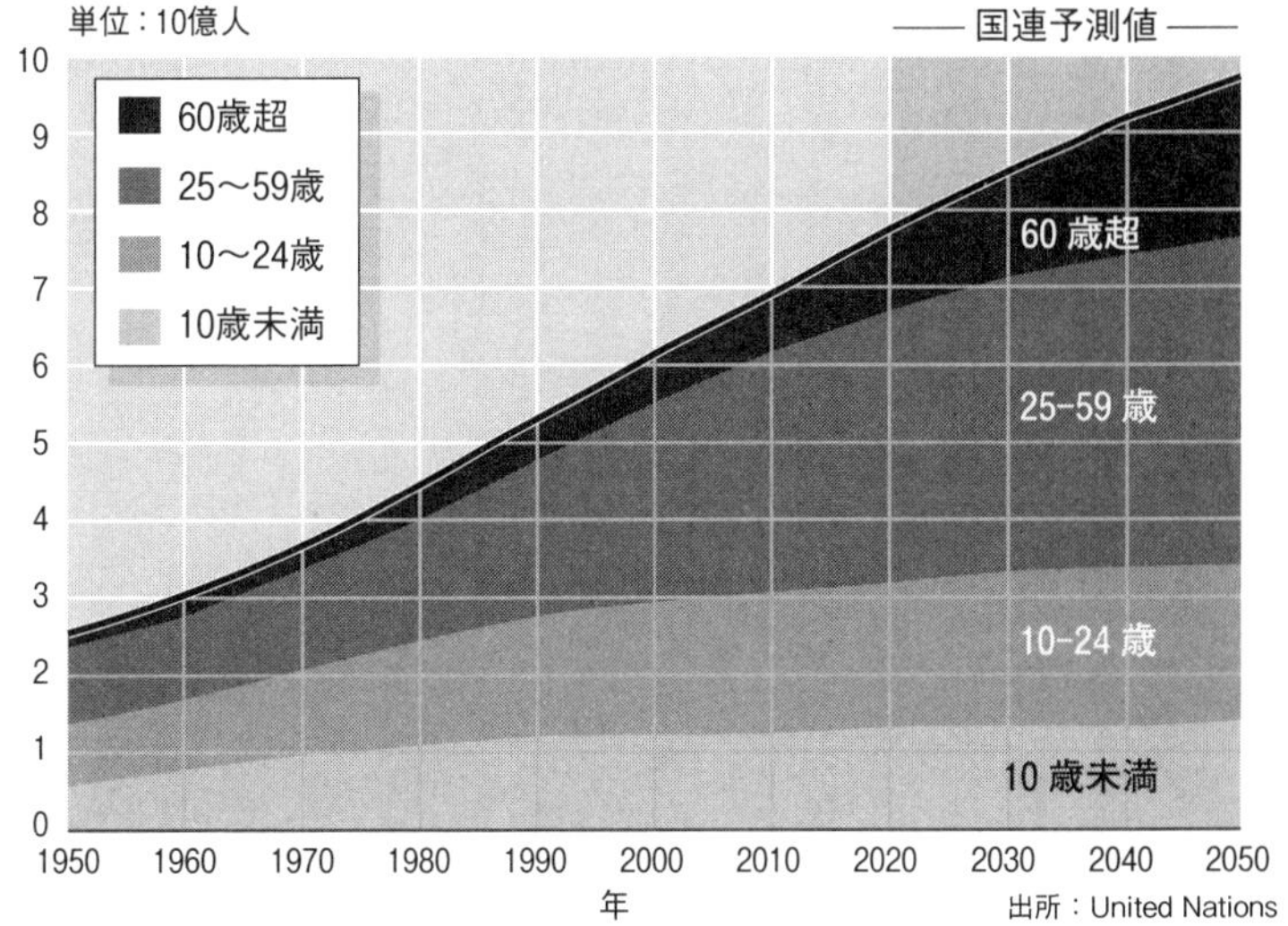

出所：United Nations

定年退職年齢をすぎてもずっと有給の仕事をつづける。しかし、子どもがいない町もある。学校がなくなると、町は退職者のコミュニティになるが、やがて放棄するしかなくなる[2]。

日本の高齢化・人口減少とその対策については、膨大な研究がなされている。政府の主要機関である国立社会保障・人口問題研究所[3]の将来推計によれば、２０４５年には日本の労働力の４分の１が75歳超になる。だが、そのときにはどんな種類の仕事をしているのだろう。そして日本の生活水準はどうなるのだろう。若い労働者は一般に高齢の労働者よりも生産性が高い。すでに日本の生産性は明らかに下がっており、労働者１人当たり生産量はＧ７諸国でいちばん低い。時代遅れのビジネス慣行も労働力の高齢化と同じくらい大きな原因ではあるかもしれないが、生産性を上げるのはかなりむずかしいだろう。

日本はいま、穏やかで、秩序が保たれ、清潔で、犯罪が少ない。市民の多くは快適な生活を送っている。それでも１９８０年代のようにイノベーションをつぎつぎに生み出した社会ではなくなっており、かつてのダイナミズムを取り戻すことはまずない。日本では１９９０年代はじめから２０１０年まで経済はほとんど成長しておらず、「失われた20年」と言われている。しかし、経済の停滞は20年では終わらず、この先も長くつづくだろう。

それは問題になるだろうか。高齢者に対する労働力人口の比率が現在の水準で安定するなら、たぶんちがう。だが、この比率は年々下がりつづけており、２０４５年には7人の高齢者をわずか10人の労働者で支える計算になる。外国から大規模な人口流入があれば状況は変わるかもしれないが、日本人はそれを拒否しているようだ。和を尊ぶ日本の伝統的な精神のおかげでいまはなんとかなっているが、この先どうなるかはまったくわからない。

結局はこういうことである。少子高齢化が進んで生活水準が下がること、おそらく自分の親よりも下がることを若い人たちが受け入れる覚悟ができているのであれば、高齢化社会は円滑に機能できるはずだ。いちばん深刻な状況なのは日本だが、最大限の対策もとられているのではないか。しかし、ヨーロッパはどうだろう。

ヨーロッパは日本の後を追って同じような形で高齢化しつつある。南ヨーロッパは北ヨーロッパよりも出生率が低く、東ヨーロッパはさらに低い。南ヨーロッパ、東ヨーロッパとも、若者が国外に流出しており、北と西に移住している。ヨーロッパはつぎの日本だと言われているが、決してよい意味ではない。だが、ヨーロッパ諸国は二つの重要な点で日本とはちがう。ヨーロッパは社会が断片化されていること、そして人口の流入と流出が多いことだ。そのため、ヨーロッパには日本に似ているところ、少なくとも高齢化のパターンが似ているところもあれば、アメリカに似ているところもあり、抱えている課題はそれぞれ異なると考えるほうがいいだろう。

ヨーロッパのなかでいちばん日本に似ているのがイタリアである。日本と同じように出生率が低く、１人の女性が産む子どもの数は平均で１・３５人と推定される。日本は１・４人であり、どちらも人口置換水準の２・１人に遠くおよばない。また、公的債務の対ＧＤＰ比が１３２％と、日本（同２５０％）を除く大国のなかで最も高い水準にあるが、日本とちがって自国通貨を管理する自由がない。そして日本と同じく、イタリア経済は近年、ほとんど成長していない。

しかし、似ているのはそれくらいだ。日本とちがい、イタリアは大規模な人口の流入と流出を経験している。最近では移民は主に北アフリカから来ている。ほとんどはさらにほかのヨーロッパ諸国に渡っていくが、外国生まれの人口は５００万人以上で、全体の８％を超える。２０１５年には１００万人以上の移民が到着したため、移民の制限を求める政治的な圧力が高まり、その後は移民の数が激減している。

イタリアの移民政策は広く批判されている。[4] だが、移民の流入ほど注目されていないものの、イタリアでは若者が国外へ流出しており、ある意味ではこちらのほうが悩ましい。２００８年から２０１５年のあいだに、50万人以上の若者が国外に移住した。移住先は主に北ヨーロッパだが、北アメリカにも移っている。その背景には、雇用機会が減っている、成果ではなく年功で昇進するなど、社会的な要因と経済的な要因の両方があるが、この流れは人口動態に広い範囲にわたって影響を与える。スペインもそうだが、とくにギリシャが同じような圧力にさらされている。その結果、南ヨーロッパ諸国は人口が減少し、労働力が急速に高齢化していくことが見込まれる。北ヨーロッパの変化のペースはそれよりもかなり遅くなるだろう。一部の国、とりわけイギリスは人口が増えており、２０５０年以降も増加がつづくと予想される。２０７０年にはイギリスがドイツを抜いてヨーロッパで最も人口が多い国になる可能性もある。

ドイツとフランスの人口動態の見通しは、イギリスとイタリアとの中間あたりに位置する。ドイツは人口が減っているが、２０１５年から17年のあいだに大規模な人口流入があったため、減少するペースは少しゆるやかになっている。フランスは出生率が上昇しており、高齢化のペースは比較的ゆっくりとしたものになるだろう。しかし、相対的に活気がある北部と、相対的に停滞している南部には大きな差が生まれる。それが緊張につながるのは避けられず、対処する必要が出てくるだろう。ヨーロッパはそれに対処できるのか。ベルリンの壁崩壊後の１９９１年に設立されたヨーロッパの研究機関であるロベール・シューマン財団は、２０５０年までのヨーロッパの見通しを「人口動態による自殺」と表現している。[5] 言葉はきつすぎるかもしれない。だが、世界におけるヨーロッパの力が大きく下がることに疑問の余地はなく、イギリス経済の大陸離れが加速しているのが大きい。ヨーロッパはこの課題に正面から向き合っていないと、財団は指摘する。残念ながらそのとおりだろう。

ヨーロッパの相対的な地位が低下すれば、ヨーロッパとアメリカのあいだの緊張も高まる。アメリカをはじめとする北アメリカは人口が増えつづけ、アメリカの人口はおそらく２０７０年代のどこかでヨーロッパを抜く。アメリカの人口にカナダを足して、ヨーロッパの人口からイギリスを引くと、人口が逆転するのは２０４０年代のどこかになりそうだ。アメリカの人口は4億人近くと、世界3位の座を維持する。しかし、その人口の様子は主に三つの点で、いまとは感じがちがうものになるだろう。アメリカ政府の推計[6]によると、国内のグレー化（高齢化）が進み、65歳以上の人の割合が15％から22％に上がる。多様化も進み、非ヒスパニック系白人はマイノリティになって、全人口に占める割合は約40％になる。そして、アメリカはふたたび移民の国になっていき、外国生まれの人口の割合が14％から17％に上昇する。これは１８５０年以降でいちばん高い。

移民を社会にどう統合するかについては、アメリカはヨーロッパよりもよくわかっている。これに関してはアメリカに一日の長がある。ヨーロッパは何世紀ものあいだ人口の純流出地域であって、純流入をほとんど経験していない。ヨーロッパ人にとって、人口の大量流入は最近の現象である。アメリカ人にとってはそれが基本だ。さらに、アメリカがこれまでに受け入れた移民の数は世界のどの国よりも多く、いまも最大の移民受け入れ国である。アメリカは大半の移民が移住先として最初に希望する国であり、多くは少なくとも最初は優れた高等教育を受けられる機会にひかれ、そしてほぼ全員が雇用市場という強力な磁石に引き寄せられる。人口増加の最大の原動力は、自然増から移住にシフトするだろう。既存の人口の出生率は下がり、１・８を割り込んでいると見られ、人口置換水準を大きく下回る。[7]ヨーロッパの一部の国では出生率が上向いており、アメリカもそうなるだろうが、国の人口を増やすには移住が必要だという構図を変えるほどには回復しそうにない。

その結果として、アメリカの人口は２０５０年まで増えつづけるが、ヨーロッパの人口は収縮する。そうなると、先進世界の二大ブロックのあいだの関係は変わる。アメリカもヨーロッパも、マイナスにはたらくおそれがある力をプラスの力に変えることを求められている。しかし、それを成功させるのはヨーロッパのほうがむずかしいだろう。

問題はまだある。ロシアがどうなるのかだ。国連の推計では、ロシアの人口は2020年の1億4600万人から2050年には1億3600万人に減る見通しである。たとえ人口が収縮し高齢化しているとしても、多いことには変わりない。だが、ロシアの国土は世界で最も大きい。その大部分は人間が暮らすには過酷な環境ではあるとはいえ、土地に飢えた人たちはロシアにやってくるだろう。したがって、ロシアは人口の流入国と流出国のどちらになるのかが、大きな問題になる。意外かもしれないが、1990年代頭にソ連が解体してから、ロシアはずっと人口流入国である。それどころかロシアの移民受け入れ数はアメリカについで世界で2番目に多く[8]、移民の大部分がロシア語を話す人がたくさんいる国から来ている。ロシアはそうした移民を必要としている。実際、ロシアの出生率は、アメリカと同じくわずか1・8であり、ロシア連邦国家統計局（ロスタット）は、人口を安定させるには年間50万人の移民が必要になると推計している[9]。しかし、人口の流入は反転しているおそれがある。言い切るのはまだ早いが、純流出に転じている可能性が高い。その流れが定着し、長くつづけば、ロシアの人口減少は一段と加速するかもしれない。

中国は縮み、インドは膨らむ

先進世界の人口動態は変化するが、それでも新興世界への重心のシフトに比べれば小さい。この先見込まれる人口増加のほとんどすべてが新興世界で生まれることになるだろう。インド、それ以外の南アジア、アフリカがその大半を占める見通しだ。

世界人口の60%が暮らすアジアでは、最大のシフトは中国とインドのあいだで起きる。2020

年代はじめのどこかで、インドの人口が中国を追い越すだろう。これは1700年代初頭以降ではじめてのことである。ローマ帝国の時代から18世紀がはじまるまでずっと、インドの人口は中国よりも多かった。[10] 1700年の推計人口は、インドが1億6500万人、中国が1億3500万人だった。その後、中国が逆転し、1900年には中国が4億人、インドが2億8500万人となった。1982年、中国が一人っ子政策を開始してから3年後に、人口は10億人の大台を突破した。そのときのインドの人口は7億人だった。バングラデシュの9300万人、パキスタンの9100万人を足しても、インド亜大陸の人口は中国を下回った。中国はすでに一人っ子政策はもちろん、二人っ子政策もやめているが、中国の人口がインドを上回るという、この二つの大国のあいだの力学は3世紀にわたってつづいてきた。ところがそれが反転しようとしている。

この先、インドのリードが大きくなるのはまずまちがいない。人口の力学が国民心理にどう影響するかについてははっきりしたことは言えないが、老いる社会と若い社会ではちがってくるだろうということはわかる。中国は指令経済から市場経済に移行し、国民の暮らしは人がなんとか食べていけるぎりぎりの生存水準から消費主義へと大きく転換しており、その勢いはまだ残っている。しかし、高齢化で先行する日本がそうだったように、国が老いると、活力は失われていく。これに対しインドは若く、この先何年も、活気と勢いに満ちた、自信あふれる国でありつづけるだろう。

インドは相対的に若いが、それはインドにとって課題でもある。同じことはパキスタンとバングラデシュにももちろん言える。いまある仕事だけでなく、まだ生まれていない仕事でも、より高い教育と訓練を受けた人材が求められるようになっており、若者たちがそうした世界に十分に対応できるようにするにはどうすればいいのか。若い人がどんどん労働市場に入ってくるため、仕事の数もどんどん増えなければいけない。世界各地で若者の失業が問題になっているが、インドは次元がちがう。毎年およそ１０００万～１２００万人が労働力になだれ込み、都市部では15～28歳の５人に1人ほどが失業している。[11] 若者の雇用を生み出すことは、インド亜大陸の最重要課題だと言っていい。

アフリカの人口急増

アフリカの人口は爆発的に増えると予測されており、それこそ信じられないほどの勢いで増える。この点についてはすぐ後で探っていく。まずは国連がどう予測しているか見てみよう。２０１９年の国連推計[12]によると、サハラ以南アフリカの人口は２０１９年の10億５０００万人から２０５０年には21億人と、２倍になる見通しである。北アフリカを加えた総人口は13億人から25億人に増え、世界の人口の4分の1を占めるようになる。どの国も人口が増えているが、予測増加率がとくに高い国のなかには経済がすでに圧迫されている国もある。経験則として、いまの経済発展の水準が低ければ低いほど、予想される人口の増加幅は大きくなる。そのため、相対的に経済発展が進んでいる南アフリカは、５９００万人から７６００万人に増える一方、国の大きさは同じくらいだが、所得が低いタンザニアは、５８００万人から1億２９００万人に急増する。アフリカの最貧困国の一つであるニジェールにいたっては、２１００万人から６６００万人へと3倍になる。

国連の推計がおおむね正しければ、少なくともそうなる。国連の人口推計は、出生率の将来推計にもとづいており、推計値を１２９ページの図に示す。

出生率（1950-2050年）

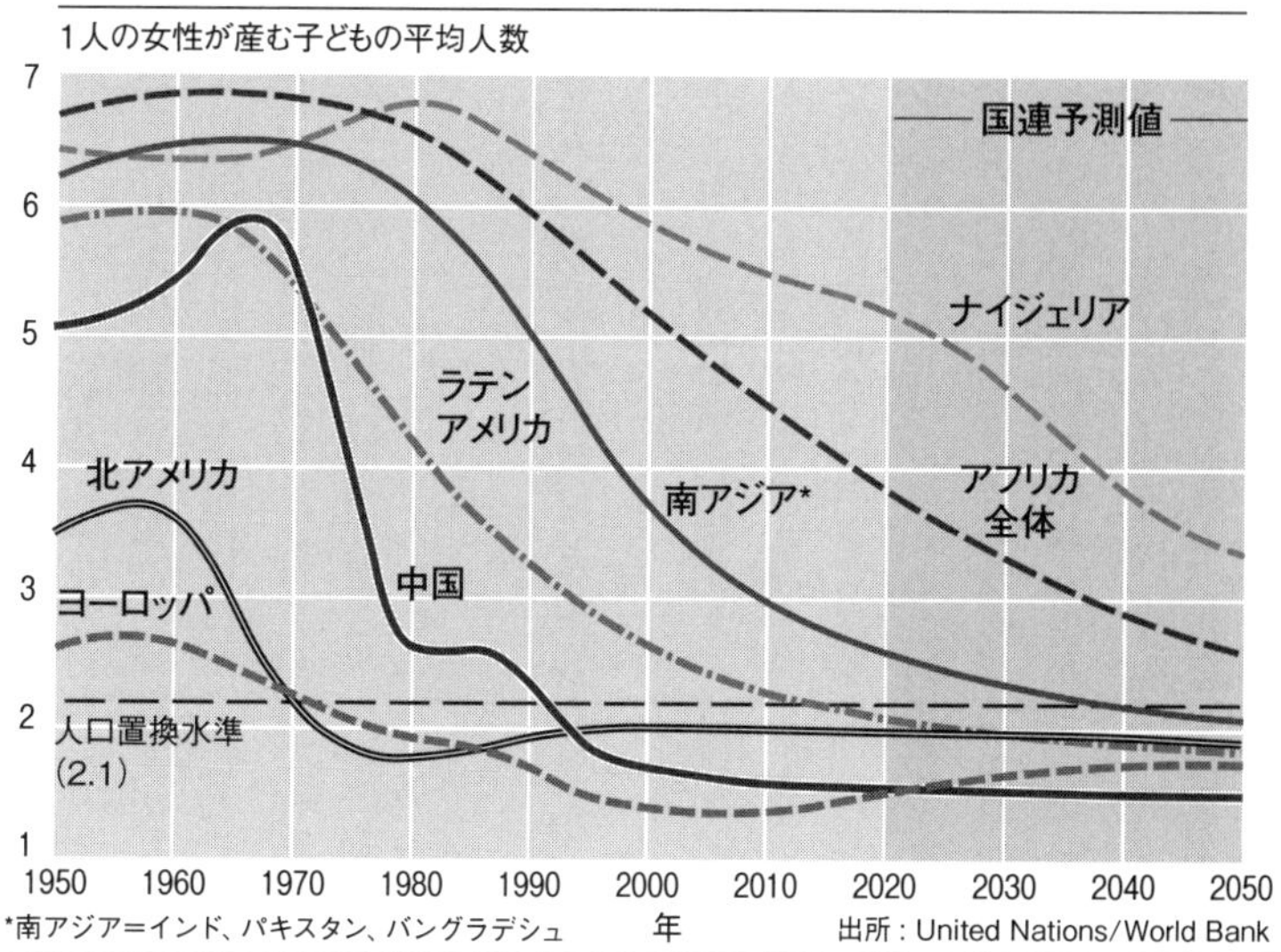

*南アジア=インド、パキスタン、バングラデシュ

出所：United Nations/World Bank

しかし、国連の推計値は時間とともに変化している。これは出生率が10〜12年前に予想されていたほど速くは下がっていないことが大きく、これからどうなるかについては、いまの時点で学者の見解はほとんどまとまっていない[13]。ここで非常に重要なのは、出生率はこの先、どれくらい急速に下がるのかだ。サハラ以南アフリカでつぎの30年に出産可能な年齢になる少女の数を考えると、アフリカの人口がこの先急激に増えるのははっきりしている。したがって、人口が2倍になるという推計はおおむね正しいだろう。それでも、そのころには女性の教育が向上して、増加の勢いがおさまっているのか、それとも２１００年以降ものすごいスピードで増えつづけるのかはわからない。ちなみに、国連の人口推計によると、アフリカの２１００年の人口は43億人となり、世界の総人口１０９億人の40%

を占めると見込まれる。そのときにはアフリカ以外の地域の人口は減少しているが、アフリカの人口はまだ増えつづけている。アフリカは若く、残りの世界の大半は老いている。

いまはそうした状況を思い描くのはむずかしいが、それが最も可能性の高い結果であることを受け入れなければいけないのではないか。たとえ出生率が推計よりも速く下がったとしても、世界の将来にとってアフリカはいまよりも重要な存在になる。アフリカの人びととアフリカの環境がもたらす影響が大きくなり、社会のあるべき姿に関するアフリカの考え方がより重要な意味をもってくるだろう。

なぜ人口動態がこれほど重要なのか

このように、先進世界が高齢化し、中国とインドの人口のバランスが変化し、アフリカの影響力が増している。この三つのテーマから、問題の根本にかかわるある疑問が浮かび上がる。長期の人口動態の変化という非常に大きな課題に、世界は対応できるのだろうか。「人口動態は運命である《ディモグラフィ・イズ・デスティニー》」とよく言われる。これはもともと人口動態の変化がアメリカの政治に影響を与えることを示唆する言葉だったのだが、もっと広い意味で使われるときが多い[14]。この言葉には琴線に触れるものがある。だからこれほど頻繁に引用されるのだろう。しかしわたしは、簡潔さは損なわれるが、もっと役に立つ言葉を示したい。「人口動態に対処するのは運命である」。社会がそれにうまく対処できることもあれば、できないこともある。わたしたち全員の生活は、どこに住んでいようと、人口動態の変化によって形づくられていく。したがって、人口動態の変化に前向きに対応することが課題になる。

世界全体が直面している深刻な問題がある。わたしたちが暮らす地球をどうやって守り、１００億人以上が地球の資源に負担をかけすぎずに、文化生活を送れるようにするかだ。それについてはつぎの環境に関する章で扱う。また、人口が増えることは強みなのか弱みなのか、というより、弱みのように見えるものをどうやって強みに変えるかも問題になる。

しかし、この章のはじめに素描した人口動態のトレンドに照らすと、世界が直面している人口動態の問題はたくさんあり、課題は国・地域によってそれぞれちがう。そこで以下では、各国・地域がそれにどう取り組んでいくかについて、少し考えてみたい。大きな課題はつぎの六つである。

１　ヨーロッパは人口の高齢化に対応するために政策をどう調整するべきか。
２　アメリカは成長をつづけられるか。エマ・ラザラスが１８８３年に発表した有名な詩の一節を引くと、世界中の「自由の息吹を求める群衆」を受け入れながら、調和のとれた社会を維持できるか。
３　人口が急速に減っている地域、とくに東ヨーロッパとロシアはそれにどう取り組むか。
４　中国は高齢化する社会にどこまで適応するか。
５　インドと亜大陸はどのような形で若さを最大限に活かすか。
６　世界でもとくに若い地域であるアフリカと中東は、人口の急増にどこまで対処し、若者が満足のいく生活を送れるようにできるか。

ヨーロッパは適応する以外に選択肢はない。出生率が急上昇して、人口置換水準に達すると考えるのは現実的ではない。一部の小さな国、アイルランド、スカンジナビア諸国あたりではそうなるかもしれないが、大陸全体ではないだろう。進むべき道は大きく二つある。一つは、国外からの移住をうながし、世界中から人を呼び込んで、必要な仕事をしてもらう。そしてもう一つは、仕事と社会のパターンを変えて、現存する（多くの国で収縮しているが）人口で仕事をこなすようにする。その仕事には、増えつづける高齢者の介護ももちろん含まれる。

　ヨーロッパはその両方をするだろうが、どちらに重点を置くかは国によって変わる。移民の受け入れを拡大するように求める圧力はかなり強くなるだろう。とくにアフリカと中東からの圧力は高まる。その兆候はすでにある。しかし、ヨーロッパ諸国は受け入れる移民をスキルで選ぶようになっていくだろう。ところが、欧州委員会（ＥＣ）が２０１９年の調査で指摘したように、[15] ヨーロッパの労働力の規模に与える影響は、人口流入よりも労働参加率の上昇のほうが大きくなる。これは鍵となる重要なポイントだ。人口の流入が増えれば労働力の規模はおのずと大きくなるが、移民が家族を連れてきたとしても、労働者の非労働者に対する比率は大きくは変わらない。その比率を上げることが、生活水準を改善するには欠かせない。労働力の質を引き上げることもそうだ。教育と訓練はいつだって大切だが、働く人の数が収縮しているときはいっそう大切になる。

　これはアメリカにも当てはまる。しかし圧力は少し弱い。労働生産性が大半のヨーロッパ諸国よりも若干高いのだ。アメリカの人口は横ばいにも減少にもならず、急速に増えていくだろう。それに大量の移民を受け入れてきた歴史ははるかに長い。「仕事をどうこなすか」はそれほど問題ではなく、「社会の調和をどう保つか」のほうが課題としては大きい。

　アメリカがどう対応するかについては、歴史が一つの指針になる。アメリカは大規模な人口流入を繰り返し経験しており、その後は移民の流入を制限して、新しい移民の同化にエネルギーを注いできた。21世紀になってからの20年間は、正規か非正規かを問わず、人口の流入がとても高い水準になっている。それに対して反発が起きており、当時のドナルド・トランプ大統領はメキシコとの国境に壁をつくって非正規の移民を締め出す計画を打ち出した。これに対し、多くのアメリカ人はさまざまな形で移民を受け入れようとしてきた。移民の権利が特別に保護される聖域都市（サンクチュアリーシティ）がアメリカはもちろん、カナダにもある[16]。

この緊張はつづくと見られる。潜在的な移民はこれからもアメリカの経済的な魅力に強く引きつけられるだろうし、どのような制限がとられても、アメリカの労働市場に加わる手段を見つけるはずだ。だが、非正規の移民に対する圧力が消えることはない。したがって、制限が厳しい期間とゆるい期間がだいたい10年単位で繰り返されることになりそうだ。細かいところまではわからないが、全体的な結果はかなりはっきりしている。アメリカの人口構成はさらに多様化し、さまざまな人種、文化、社会規範がますます混在していく。そして、人口はぐっと増える。

人口の増加は人口の減少よりも対処しやすい。数多くの先進国で人口が減っており、これまでに見たように、南ヨーロッパと東ヨーロッパの一部でとくに大きな問題になっている。政府がなにもしないというのは政治的にありえないが、人口減少に対抗する効果的な政策はまず見つからない。若者の雇用機会を改善することが鍵だと言うのは簡単だ。そうすれば若い才能を国内にとどめて育てられるようになる。しかし、そうやって人口の減少を反転させている先進国のサクセスストーリーを語るのは、それよりずっとむずかしい。

むずかしいが、できないわけではない。人口の減少がまさに反転している最たる例がアイルランド共和国だ。アイルランドはかつては若者がつぎつぎに国外に流出していた。１９２１年に北アイルランドと分かれた時点の人口は３２０万人だったが、１９６０年代には２８０万人にまで減った（飢饉が起きる前の１８４０年代には６５０万人だった）。１９５０年代以降、事業を行いやすい環境を整える改革を進め、経済状況は徐々に改善していった。その結果、国外への人口流出が減り、出生率が相対的に高くなって、人口は増加に転じ、２０１９年に４９０万人に達した[17]。

アイルランドの回復は、ブルガリアやイタリアのモデルになりうるのか。アイルランドは言語が英語でコモンローの国であるなど、もともと強みがたくさんある。だが、教育に重点的に投資しているほか、国外から企業を誘致するための税制度と規制体系を整えており、とくにアメリカの企業が多く進出している。アイルランド共和国の政策には、ほかの先進国にとって教訓になる要素がある。国際投資家がビジネスをしやすい環境にすることが出発点になっているのだ。

先進世界には人口が減少している例がいくつかあるが、新興国にはほとんどない。したがって、人口の減少が予測されている中国がパイオニアになる。中国の人口は２０７０年までに減りはじめる見通しで[18]、場合によってはもっと早く減少に転じるかもしれない。そのときには中国は新興経済国ではなくなっているのはたしかだ。中国は中所得国になっている。しかし現実には、中所得国で人口が減少した例はほとんど見当たらない。中国については、比較的速い成長をつづけて経済を発展させられるかどうか、そして２０５０年にはいわゆる「下位先進国」の生活水準に達しているかどうかが問題になる。中国は十分に発展した国になるだろうが、ヨーロッパ諸国やアメリカほど豊かにはならない。それで国民の望みは十分に満たされるのか。中国はこのまま外向きの姿勢をとりつづけていくのだろうか。

もう一つの大国であるインドが抱える問題はまったくちがう。インドは地球上でいちばん人口が多い国になり、エネルギーと野心に満ちた若者が、毎年何百万人も雇用市場になだれ込んでくることになる。インドの若者の教育水準はどんどん上がり、要求も高くなっていく。雇用機会が求められるのは言うまでもないが、満足のいくライフスタイルも求められるようになる。投資を増やせば応えられるものもある。住宅や交通機関、公共サービスなどがそうだ。だが、インドの国土はかぎられており、そこで暮らす16億人以上の国民が快適な生活を送れるようにするには、周到な公共計画と、市場による革新的な解決策の両方が必要になるだろう。政府と民間部門はこれまで以上に協力して取り組まなければならない。インドは非常に大きな可能性を秘めているが、リスクもまた、非常に大きい。

アフリカの課題はさらに大きい。アフリカの将来だけでなく、世界の将来にとっても、人口動態が重要であることはいくら強調しても足りない。アフリカは最も若く、最も貧しい大陸であり、人口が最も急速に増えている。富とウェルビーイングの水準は１人当たりＧＤＰや医療アクセスといった尺度で測られることが多いが、アフリカは、先進世界はもちろん、それ以外のほとんどすべての国・地域の基準を下回っており、それはこの先も変わらないだろう。アフリカの若者はほかの地域の若者が手にしている機会に目を向け、なぜ自分たちにはそれがないのか、疑問に思うにちがいない。世界がつながればつながるほど、不満は膨らむ。

しかし、前に述べたように、アフリカは急成長している。その成長を支えているのが対内投資、とくに中国からの投資と、国外への移住者からの送金であり、どちらもこの先、急増すると見込まれる。それに、富を表す従来の指標は経済機会を表すのに最も適した指標だとはかぎらない。大陸をひと括りにして経済の見通しを語ることなどできない。それでも、アフリカの大勢の若者にとっては、大陸を離れるよりも大陸に残ったほうがよりよい生活を送る機会を得られるようになるかもしれないという点は指摘しておくべきだろう。

　サハラ以南アフリカが抱える問題の多くは、北アフリカと中東にも当てはまる。人口動態はとてもよく似ている。人口の年齢の中央値は、ナイジェリアは18歳、パレスチナ自治区は19歳、イラクは20歳だ。[19] ところが、若者がよい仕事につけるようにする必要がある点は共通しているものの、それを阻む政治的・経済的な背景はそれぞれ大きくちがう。教育に投資すれば長い目で見て大きな成果をもたらすが、短期的には、その国にはまだない仕事のために若者を教育するときもあるだろう。若い大学院生がとても大きなフラストレーションを感じて、自分のスキルがもっと高く評価される別の国を探そうとするのを止めることは、残念ながらできない。

　こうした課題を簡単に解決する方法はない。この先、人口が減るところもあれば、増えるところもあり、なかには急速に増えるところもあるのはわかっている。少なくともある程度は予想がつく。そしてそれが社会と経済の緊張を生み出すこともわかっている。さらに、人口が増えれば経済の発展がうながされて機会が生まれ、それが繁栄へとつながっていくこともだ。しかし、人口が増えると地球の資源にかかる負荷もそのぶん増える。地球の人口はこれから増える見通しであり、ほとんどの人は生活水準が上がることを望むだろう。そうだとしたら、世界はとても厳しい現実と向き合うことになる。

　世界の人口重心は、国単位でも、国同士のあいだでも、高齢者層へと移っており、緊張はいっそう高まるだろう。この状況はこれまでに経験したことがなく、緊張のあいだを縫うように進むための道筋を示す地図もなければ、歴史から学べる教訓もない。

こうした問題については、この後の環境、テクノロジーの進歩、貿易と金融、政府に関する章で考えていく。だが、世界の人口は少なくともあと一世代は増えつづけるし、平均年齢は上がりつづける。わたしたちはその現実を受け入れなければいけない。将来は不確実なことがたくさんある。そうだとしても、世界の人口が増えつづけ、高齢化しつづけるのは避けられない。

第3章　資源と環境——世界経済の脱炭素化

いくつもの懸念から一つの甚大な懸念へ

ムードは変化している。１９９０年代にはさまざまな環境問題が懸念されていたが、いまは気候変動が最大の焦点になっている。一世代前の環境の専門家は、つぎのようなことを心配していた。世界は70億人以上を２０２０年まで食べさせていけるのか。２０２０年には石油の供給が途絶えはじめるかもしれない。生物多様性は脅かされている。生息地は減少している。オゾンホールも大きくなっている。もちろん、人間の活動によって二酸化炭素のレベルが上がっており、それが地球温暖化に影響を与えるのではないかとも心配していた。しかしその段階では、気候変動はほかの懸念よりも漠然としていて、遠い未来のことのように映った。

そのような認識は一変している。いまでは気候変動は最重要課題に位置づけられている。きわめて深刻で、すべてがつながっていて、あらゆることが影響し合い、人類の存亡にかかわる問題だ。理由はたくさんある。30年前の時点で、世界は温暖化している、そして大気中の二酸化炭素のレベルが上がっていることがほぼまちがいなく関係しているとされており、その見方を裏づけるエビデンスはすでに積み上がっていた。だが、科学界では広く受け入れられていたものの、一般大衆はそれにようやく気づきはじめたところだった。

その後、２００５年から２０２０年までの15年間に、すべてが変わった。このときに四つのことが起きた。気候変動対策のコストと便益をめぐる経済的な議論が加速していることに、世界中の政府が気づいた。消費者と投資家の意識が高まって、環境への影響がいちばん小さい商品を選ぶようになり、環境に配慮した行動を企業に求めるようになった。テクノロジーが進化して、企業が政府や顧客の新しい要求に応えられるようになっただけでなく、そうしたシフトから莫大な利益をあげられるようにもなった。そして、新型コロナウイルス感染症のパンデミックが発生して、すでにはじまっていた流れが加速した。

政府の態度が変わるきっかけとなったのが、イギリスの経済学教授であるニコラス・スターンが発表した調査報告書だ。スターンは世界銀行のチーフエコノミストなどの公職を歴任した後、２００３年に当時のゴードン・ブラウン財務大臣に請われて、イギリス財務省に経済担当主席顧問として入った。そして２００５年、地球温暖化が経済におよぼす影響を分析する調査チームを立ち上げ、「気候変動の経済学――スターン報告」[1]をまとめた。

気候変動をスローダウンさせる対策をとることには、倫理面や自然保全の理由以上に、コストの面でそれを支持すべき強力な根拠がある。それが報告書の鍵となる主張だった。これで議論の流れが変わる。各国がいま経済の構造を転換しはじめれば、後で気候変動のコストを払うよりも、費用は安くすむ。早く行動を起こすと経済的な利益を得られると訴えるほうが、利他精神に訴えるよりも効果があるものだ。報告書の試算や計算結果の一部に批判はあるものの、結論はおおむね受け入れられた。

　スターン報告が道を開き、２０１５年にパリ協定が採択され、[2] １９７ヵ国が温室効果ガスの排出を抑制することで合意した。当然ながら、パリ協定が取り決められたときも、２０１７年にアメリカが離脱を発表したときも、大きな議論を呼んだ。２０２１年、バイデン大統領はパリ協定に復帰すると発表した。しかし、アメリカの離脱と復帰という混乱はあったとはいえ、国際統治の観点から見れば、気候変動をめぐる論争はパリ協定によって方向が大きく変わった。と同時に、なにを買うか、どこに投資するかという一般の消費者の選択が大きく変わるきっかけにもなった。

　そうして物語は、イギリスの学者・公職者から、スウェーデンのティーンエイジャーへと移る。その後に爵位を授けられたたスターン卿が、気候変動に対する政府の態度を大きく変える原動力になったとしたら、人間の活動が環境に与える負荷を消費者が見つめ直すきっかけを与えた最も重要な人物が、グレタ・トゥーンベリだった。２０１９年に16歳の少女が国連で演説するために大西洋をヨットで横断したという驚くべき物語はとてもよく知られているので、ここで繰り返す必要はないだろう。だが、声を大にして言っておきたいことがある。ほかのだれもできなかったことを、トゥーンベリはなしとげた。世界中の若者たちが大人に気候変動の問題を真剣に考えてほしいと訴えるようになったのだ。政治の風向きは変わり、トゥーンベリを批判する政治家は隅に追いやられただけでなく、実業界にも大きな影響を与える。環境に配慮した慣行をとりいれなかった企業は、消費者や投資家に罰せられた。トゥーンベリはＥＳＧ投資（環境、社会、ガバナンスに関する要素を考慮して行われる投資）のＥ（環境）の新たな推進役となり、環境対策の水準が低いとされる企業から、投資家が資金をひきあげはじめた。

ＥＳＧ投資は２００４年にはじまった。当時のコフィー・アナン国連事務総長が大手金融機関のトップに、責任ある投資を実行するように求める手紙を送った。しかし、ＥＳＧ投資はなかなか市場に浸透しなかった[3]。それを大きく変えたのが、グレタ・トゥーンベリの行動だった。トゥーンベリが国連で演説する前は、先進世界のほとんどの上場企業が環境にやさしい事業方針の支持を表明した。そして演説後には、それを実践するようになった。

投資家心理の変化をうまくとらえた勝ち組企業は、莫大な利益を手にしている。環境に責任をもつ企業に投資した人もそうだ。技術革新は企業の追い風になっている。テクノロジーが進歩したおかげで、人びとが求める洗練された商品・サービスを、環境に大きな負荷をかけることなく生み出せるようになった。

こうした勝ち組企業の大半は、アメリカ西海岸の巨大ハイテク企業である。そう、アップル、マイクロソフト、アマゾン、アルファベット、メタ、ネットフリックスなどだ。このような企業が成功するうえで、ＥＳＧに関する取り組みが果たした役割はどちらかといえば小さかったと反論する人もいるだろう。たとえそうだとしても、経営の課題としてＥＳＧにチェックを入れるだけの鋭い感覚があった。もっと広く言えば、消費が電子的なコミュニケーションへとシフトする流れの恩恵を受けたのが、こうした企業だった。新聞を印刷するには、木を切り倒して、重い新聞紙を輸送しなければならない。ニュースをオンラインで配信すれば、その必要はなくなる。数多いハイテク勝ち組企業のなかでも、突出しているのがテスラだ。

イーロン・マスクは、ニコラス・スターン、グレタ・トゥーンベリとともに、気候変動に関する論争そのものを変えた人物である。マスクは内燃機関の支配を終わらせている。電気自動車の電源にノートブックパソコンのバッテリーを大量に使うという独創的なアイデアを生み出し、魅力あふれるテスラモデルSを開発して、世界の自動車産業全体を大きく変えた。[4] ２０５０年には、新しいガソリン車とディーゼル車はほとんどつくられなくなり、まだ道路を走っているエンジン車は急速に姿を消しているだろう。それが可能になったのは、電気を貯めるバッテリーと、その電気を生み出す風力・太陽光発電のコストが下がったからであり、一連のテクノロジーは飛躍的に進歩している。テスラの商用化をきっかけに陸上輸送を脱炭素化する動きが広がっているだけでなく、世界経済のほかの領域にも波及している。

そのすべてが２０２０年頭に起きていた。新型コロナウイルスのパンデミックが襲ったときである。この原稿を書いている２０２１年はじめの時点では、長い目で見てどのような影響がおよぶかはまだはっきりしていない。しかし、この公衆衛生危機がもたらした混乱によって環境行動が変化するのは容易に予想がつく。たとえば、サプライチェーンはいまよりも単純になり、空路での移動はいまよりも制限され、通勤手段は柔軟になり、時間も短くなる。大半のことはすでに起きていたが、パンデミックが発生して、10年かかっていたかもしれない構造的な変化が数ヵ月で一気に進んだ。

このように、気候変動に関する懸念は、わたしたちの生活のまさに中心に据えられるようになってきている。世界の気候がどうなっていくのかについては、この後でもう一度考える。だが、ここで覚えておいてほしいことがある。気候変動は、環境と天然資源に関連するありとあらゆる問題にも大きな影響を与える。それをこれから見ていく。１００億人が十分な食べ物と水を手に入れられるのか。中間層の生活様式を支えるだけエネルギーはあるのか。世界のメガシティは環境を破壊せずに機能できるのか。生息地が減少して多くの野生生物が姿を消していくのか。そしてなによりも恐ろしい問題として、わたしたちが考えてもいないような環境の悲劇が襲いくる可能性はあるのだろうか。

食料と水は足りなくなる

水があれば、食べ物を育てることができるだろう——少なくとも、肉を食べる量を減らすように人びとを説得できれば、そうできる。淡水がなければ育てられない。水はまさに生命線だ。世界の人口の４分の１が十分な生活用水を得られていない。[5] 大都市のなかには、水道水の供給が完全に止まる一歩手前まできたケースもある。ケープタウンとチェンナイがそうだ。オーストラリアのマレー・ダーリング盆地の農業は、水資源の管理ミスが原因で壊滅的な打撃を受けている。カザフスタンとウズベキスタンにまたがるアラル海は、最悪の環境問題の一つとして知られており、綿花と小麦を栽培するための灌漑用水をくみあげすぎて急激に縮小し、もとの面積のほんの一部しか残っていない。[6] 水をもっと有効に活用して供給を増やすためにできることはたくさんある。脱塩処理するコストは着実に下がっており、海に近い場所では、解決策の一つになる。２０１８年、南アフリカのケープタウンは、あと数日で市の水道が止まるところにまで追い詰められた。水道が止まれば、市民は給水場にならんで水の配給を受けることになる。その緊急事態に、市民はさらに厳しい節水を求められた。

干ばつに強い農作物を開発するのも一つの手になる。大半の豊かな国は、必要な水を供給する方法を見つけだすだろう。影響を受けるのは貧しい国だ。

インド、中国、サハラ以南アフリカの一部の国では、水との闘いはつづくだろう。技術は力になる。食品流通の無駄をなくすのも力になる。適切な政策がとられるようにすることもそうだろう。誤った政治の意思決定が一連の深刻な環境問題を引き起こした原因であるからだ。綿花を育てるための農業用水を確保するために、アラル海に注ぐ川の流れを変えたのは、その最たる例だろう。だが、飢餓との闘いでは、過去1世紀に起きた飢饉の数は驚くほど減り、規模も格段に小さくなっている。水をどう使うかについて国が適切な選択をすれば、ほとんどの国は危機を乗り越えられるはずだ[7]。

世界の最貧困層が抱える問題を研究してノーベル賞を受賞したアマルティア・セン教授は、貧困と飢饉について論じたエッセイで、土地の保有と食料の分配のほうが実際の供給よりも重要だと説いた。人びとが土地を所有するか長期間借りていれば、土地が荒れないようにするだろう。廃棄される食料が減れば、全員にとってウィンウィンになるのは言うまでもない[8]。やるべきことはわかっている。課題はそれをやることだ。

したがって、世界は増えつづける人口を食べさせていけるはずである。しかし、肉の消費量が増えるペースを遅くする努力がもっと必要になるだろう。理由は単純で、動物に植物を食べさせるのは、飼料植物のカロリーの使い方としては効率が悪いからだ。消費者の圧力を受けて先進世界で肉離れが進んでおり、その好例としてバーガー・キングのベジタリアン向けのバーガーなどのイノベーションが生まれている。どうやらなにか大きなことがはじまっているようだ。

予想外のことも起きている。穀物が食料としてではなく、自動車の燃料として育てられているのだ。これは結局、政策の失敗である。この章の後のほうで述べるように、ヨーロッパが輸入するパーム油の半分以上は、バイオディーゼルの原料として使われており、インドネシアなどの国に、生物多様性に富む熱帯雨林を伐採して、アブラヤシ農園に転換させる圧力がかかっている。エタノールをガソリンに混ぜることにも、同じような批判がある（この場合はテンサイやトウモロコシが燃料に変換される）。木質チップ・ペレットを火力発電所で使用することもそうだ。こうした政策をとれば、各国はカーボンフットプリントを減らしていると主張できる。算定する範囲を狭くするなら、たしかにそうである。だがそれは、ほかのところで炭素の排出が増えるという犠牲の上に成り立っている。

広く考えれば、世界全体で１００億人を食べさせることは可能であり、水の供給を管理し、世界全体ですべての人が必要な量の水を確保できるだろう。しかし、一部の都市が繰り返し水不足に陥るなど、局所的・地域的な危機はつづくと見られ、それが政治的な対立、場合によっては軍事的な対立に発展するかもしれない。発火点になりそうなのは、ナイル川やメコン川のように、川が国境を越えて流れているところだ。管理できるはずだからといって、実際に管理されるとはかぎらない。

世界のエネルギー供給における地殻変動

一世代前には「ピークオイル説」が流行していた。新しい油田の発見が消費に追いつかず、どこかの時点で石油の生産量は減少するというのである。新しい油田が稼働して、生産のピークは先送りされたが、鉱油の量にはかぎりがあるため、いずれ石油は枯渇することになる。

ピークオイルという言葉はいまも耳にするが、石油の供給ではなく、石油の需要がピークに達するのはいつか、という意味に変わっている。太陽光・風力発電が急速に発展し、バッテリーのコストも下がっているため、化石燃料離れが5年前の予測さえ上回るペースで進んでいるようだ。それでもエネルギーに対する需要は増えつづけるだろう。需要を牽引するのは、世界人口の増加であり、新興国を中心とする生活水準の向上である。先進経済国のエネルギー需要は、全体としてはそれほど大きくは伸びないだろう。まったく増えないかもしれない。イギリスを例にあげよう。２０１９年に使用されたエネルギーの総量は、１９７０年よりも少なかった[10]。これは一つには、住宅の断熱性能が高まった、自動車の燃費がよくなったなど、エネルギー効率が上がったためであり、それはよいことだ。しかし、経済の構造が変化したという面もある。とくに大きいのがサービス産業へのシフトだ。イギリスは食料の半分を輸入しており[11]、貿易収支そのものが大幅な赤字になっている。トマトや自動車を輸入するということは、そのトマトを育てたり、その車をつくったりするために使ったエネルギーを輸入していることになる。イギリスのサービス輸出は黒字だが、サービス業はそれほどエネルギー集約的ではない。そう考えると、エネルギー消費を抑えながら経済を成長させる余地はかぎられる。

世界全体を見渡すと、大きな疑問が二つ見つかる。エネルギー全般の需要はこの先、どれくらいの速さで増えるのか。そして、化石燃料から再生可能資源へのシフトをどれだけ速く進められるのか。

この二つの問いに対する答えは変わってきている。エネルギー需要の伸びは予想よりも速くスローダウンしていることも、再生可能エネルギーの技術開発が予想よりも速く進んでいることも、徐々に明らかになっている。

巨大石油会社のＢＰは、世界のエネルギー情勢を長年にわたって分析している。２０１９年、ＢＰは２０４０年までの需要と供給の見通しについて、四つのシナリオを提示した。[12] どのシナリオも、経済成長と人口増加を背景に、世界のエネルギー使用量は増えるとしている。一つ目のシナリオでは、わたしたちの生活がこれまでとほとんど変わらないのであれば、エネルギーの使用量は約１・５倍になり、二酸化炭素の排出水準は上がりつづける。二つ目のシナリオでは、世界経済で進む脱炭素化の流れがつづき、再生可能資源へのシフトが進んで、石炭の使用が減るなどすれば、エネルギーの使用量は全体としては増えるものの、炭素排出量は現在の水準で安定する。三つ目のシナリオでは、グローバル化と経済成長が止まれば、排出量も安定する。新型コロナウイルスのパンデミック後の状況にとても近い。四つ目のシナリオだけは、再生可能エネルギーへのシフトが加速し、石炭を燃やす量が大きく減って、炭素の排出量が激減するとしている。

その最後のシナリオがわたしたちの望みの綱だ。いまの先進世界がエネルギーの使用を抑える努力をしても、新興世界が豊かになれば、使うエネルギーは増える。再生可能資源への転換はプラスになり、転換が速く進めば進むほどいい。現在、三大化石燃料が一次エネルギーの85%を占めているが、ＢＰの最善のシナリオでも、２０５０年の時点で半分を占めている。だが、太陽光・風力発電のコストが下がっているだけでなく、バッテリーも性能が上がり、価格が下がっているため、転換点は早くくるかもしれない。そうなることを願うばかりだ。

　問題は、それがいつになるかである。結局のところ、環境を保全し、再生可能資源にシフトする以外に進む道はない。しかし、天然ガスでつくられた電気は、炭素の排出量が石炭の半分程度である。[13]したがって当座のつなぎとしては、炭素の排出量を削減するには石炭から天然ガスに切り替えるのがいちばん早いだろう。ただし、天然ガスはあくまでもつなぎにすぎない。

　当座のつなぎにガスを使うというのは野心に欠けるように感じたなら、歴史を振り返ってほしい。新しいテクノロジーはそう速くは広まらないと考えるべきだ。エネルギーの分野で最も期待はずれだったテクノロジーが原子力である。１９５６年にイギリスのコールダーホール原子力発電所がはじめて国の電力網に接続されてから、60年以上がたっている。イギリスの子どもたちは、イギリスは原子力の平和利用のリーダーであり、自分たちが大きくなったときには、世界はクリーンで低コストの電気を使うようになっていると学校で教わった。だが、いまの世界の発電量に占める原子力発電の割合はわずか11%で、世界の原子力発電所の数は１９９０年からほとんど増えていない。[14]コストが高く、安全性に不安があり、地元の反対が強いことから、いまではニッチなテクノロジーになっている。

　これに対し、風力発電と太陽光発電はどちらも飛躍的に成長し、コストは大きく下がっている。１４９ページの図に示すように、２０２０年には風力と太陽光を合わせた発電量は原子力をはるか

発電電力量：再生可能エネルギーの成長

世界の設備容量の合計、単位：ギガワット（GW）　2050年予測、BloombergNEF

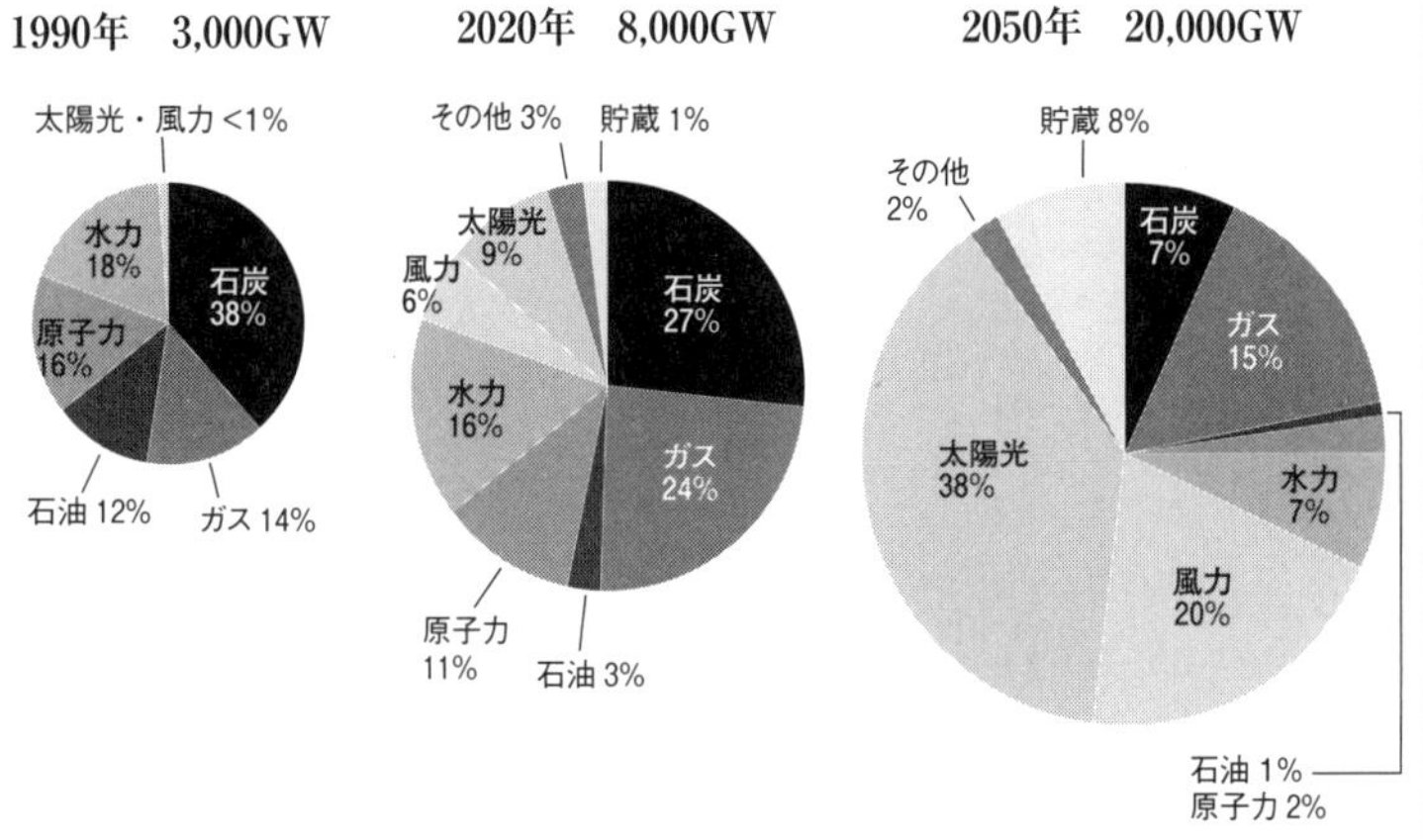

出所：BloombergNEF; IEA

に上回っており、風力と太陽光が果たす役割はこの先も急速に拡大するだろう。

風力も太陽光も、環境に負荷をかける。どちらも継続的に電気を供給するには発電した電力を蓄える必要があり、現在の蓄電技術ではレアアースを採掘する必要があるからだ。さらに、少なくともあと一世代は、石油が主要なエネルギー源になる分野もある。海運や航空はとくにそうだ。それでも、２０５０年には化石燃料にまだ依存している分野が急速に縮小している未来図を描くことができる。それが正しければ、生活水準を高めながら炭素の排出量を削減できるはずである。いま、そうするように求める政治的な圧力はとても強く、原子力発電を導入できなかったところでは太陽光と風力による発電がそれを埋めることになりそうだ。しかし、エネルギーだけでなく、食料、水、鉱物など、すべての資源をうまく使うように厳しく求められるようになるだろう。手っ取り早い解決策はない。先進世界は老いていくため、求められる最大限の速さでとはいかないまでも、資源の浪費は減っていく。だが、新興世界で新しく生まれている中間層は2050年には世界人口の3分の2ほどを占めるようになり、そうした人びとは当然ながら生活水準を上げようとする。そのためのエネルギーは確保できるだろう。問題はコストだ。ここではトレードオフは避けられない。エネルギーのコストが高ければ高いほど、生活水準を引き上げるのはむずかしくなる。ところが、まだ貧困状態から抜け出せていない人といまは豊かになっている人の願いにうまく折り合いをつける簡単な方法はない。それでも、人間は英知を結集し、なにもしなければ増えつづける地球への負担を抑える方法を見つけだすにちがいない。

都市化、生物多様性、ほかの天然資源への圧力

世界が直面している課題を考えるときには、食料と水とエネルギーにばかり目が向いてしまい、ほかのことはなおざりにされがちだが、そのなかにとくに大きな課題が三つある。

一つ目は、地方から都市部への人口移動がつづくなか、それにどう対応するかだ。人口移動の規模の大きさには第2章で触れており、ほとんどすべてが新興世界で起きている。環境を考えるなら、これは大いに歓迎すべきことである。都市は人口密度が高く、地方よりも財やサービスを効率的に生産・流通できる。だから多くの人がそこに住んでいるのだ。しかし、都市が地方よりも高い生活水準はもちろん、まともな生活の質を提供するには、都市計画をして、投資して、管理しなければいけない。これは市場では提供できない。市場は仕事、サービス、住宅という形で需要を生み出す

（ただし市当局が住宅供給に介入することはよくある）。だが、都市がどのように発展するべきか、という全体像は描けない。そのため、国や地方の政府と民間部門が連携する必要があるのだが、それがうまくいっていない。

　発展の形にはスペクトラムがある。一方の端にあるのは、国や市の強力な当局が都市を拡張させるトップダウン型であり、北京と上海が代表的な例だ。もう一方の端では、ゆるめの中央計画のもとで大都市が成長していく。ジャカルタやラゴスがこれにあたる。都市が発展するには計画があるほうがいいように思える。水処理などの多くの機能では、まちがいなくそうだ。

　しかし、その逆の結果になっている例はたくさんある。なかでも目につくのが、強引なやり方で伝統的なコミュニティを破壊してしまうケースだ。ロンドン、グラスゴーなどのイギリスの都市では、とくに第二次世界大戦後にいわゆる「スラムクリアランス」が行われた。最近でも、北京で胡《フー》同《トン》（中庭を囲む口の字型の家屋がならぶ細い路地）が取り壊され、そこに高層ビルと8車線の高速道路ができた。同じように、都市計画が失敗して、都市の一部が洪水などの環境災害の被害を受けやすくなってしまった例もある。ジャカルタは1年に6インチ（約15センチメートル）沈んでおり、２０１９年にカリマンタンに首都を移転させることになった[15]。

　巨大都市にはやらなければいけないことがある。適正な公衆衛生を提供しなければならないし、十分に効果的な公共交通を整備する必要もある。だがそのやり方は、立地や社会的態度、富の水準など、さまざまなことに左右される。モデルメガシティを一つあげて、みんなここから学べばいいと言えればよいのだが、そんなものはない。

　ところが、世界の主要な都市的集積地域の多くが共通して直面している課題が一つある。都市の存続にかかわる脅威になりかねない重大な環境問題が起きるかどうかだ。都市は動かせない。ひょいと持ち上げて、どこかほかのところにぽんと置けるものではない。都市が機能しなくなり、重要性を失えば、市民は去っていく。首都を移転させる政治決定が原因になることもあるが、産業構造が変化して、都市が衰退していったケースのほうが多い。アメリカならデトロイトが真っ先に思い浮かぶ。しかし、大きな都市にとって最大の課題は、環境にかかわるものである。そう、水だ。海岸に近く海抜の低いところにある都市は、洪水を防ぐのがだんだんむずかしくなっていくだろう。その一方で、内陸にある都市は水不足になるかもしれない（内陸どころか、ケープタウンやチェンナイなど、海に面している都市も例外ではない）。世界中で巨大都市に人びとが移動している。ところが、そうした都市の一部は、現在の規模でさえ持続不可能になるおそれがある。市民が何百万人も増えたらどうなるかは言うまでもない。

　世界の一部の大都市については将来を楽観するのがむずかしいとしたら、脅威にさらされている生物多様性の先行きを楽観するのは、それよりもっとむずかしい。ハンス・ロスリングが指摘するように、30年前に絶滅の危機に瀕していた種のなかには、いまはもうそのおそれがなくなっているものもいくつかあり、それはまぎれもない事実である。だが、あまり注目されていないような種はもっと深刻な状況にある。シベリアンタイガーやシロサイが保全活動の成果で徐々に増えていることはニュースになる。食物連鎖のもっと下にいる生き物が大幅に減っていることはニュースにはならない。たとえば、水産資源の減少は広く報じられるが[16]、それはわたしたち人間が捕って食べる魚だけである。昆虫の喪失について知っているのは、花粉を媒介する種が減ると農業生産に大きく影響するということくらいだ。

それだけではない。まだ特定されていない何百万もの種について、わたしたちはなにも知らない。これまでにおよそ１２０万種が記録されているが、地球には動物、植物、菌類が８７０万種あると推定されており、まだ見つかっていない種がたくさんある。[17] 地球上で暮らす人間の数が増えれば、こうした種の将来になんらかのダメージを与えるのは避けられない。しかし、なにがいつ、どうやって影響をおよぼすかはわからない。

このように、わたしたちに直接関係する商業価値のない種になにが起きているのかはよくわからないため、状況を適切に判断できないし、わたしたちが引き起こしているダメージを軽減する政策もつくれない。原因がはっきりしているときでさえ、わたしたちは有害無益なことしかしていなかったりする。

天然資源に対してはとくにそうだ。環境を守るためにしたことが、逆に環境を破壊してしまうときもある。その例をいくつかあげよう。一つは個別の例、もう一つは一般的な例である。

個別の例は、二酸化炭素の排出を減らそうとバイオ燃料にシフトするＥＵの取り組みだ。[18] これはそのときはすばらしいアイデアに見えた。鉱油が再生可能資源に置き換わるだけでなく、汚染も減る。２００９年、ＥＵは拘束力のある目標を定めた。ヨーロッパでの輸送用燃料における再生可能エネルギーのシェアを10％にし、バイオ燃料を「この目標に大きく貢献する」柱に据える、というものだ。ところが一つだけ問題があった。ヨーロッパはこの目標を達成できるだけの十分なバイオ燃料になる原料植物を栽培できず、パーム油を輸入せざるをえなかった。[19] その結果、インドネシアとマレーシアなどの国で、アブラヤシを植えるために森林がさらに大規模に伐採された。２０１８年には、ヨーロッパが輸入するパーム油の半分が輸送用に使われていた。その政策が環境にダメージを与えていることが明らかになると、政治家たちは手のひらを返す。これまでの方針を撤回し、パーム油の輸送用燃料への使用を２０３０年までに段階的に禁止すると決まった。残念ながら、ボルネオの手つかずの熱帯雨林、とりわけ絶滅の危機に瀕しているオランウータンが暮らす森は、すでにかなりの部分が失われており、[20]もとの姿に戻ることは二度とない。

一般的な例は、乗用車、トラック、バスの動力源が世界規模で内燃機関から電気に切り替わっていることである。この流れは２０５０年までに急速に進むだろう。その理由はたくさんある。電気自動車は排気ガスを出さないので、都市部の空気の質がよくなる。電気が非炭素資源からつくられれば、二酸化炭素の排出も減る。そして電気自動車はそもそもガソリンエンジンやディーゼルエンジンより技術がシンプルかつエレガントであるため、いずれは製造・整備コストが安くすむようになり、信頼性も上がる。

だが問題もある。リチウムイオン電池の生産に不可欠な鉱物であるコバルトの採掘が環境に与える影響がよい例だ。[21]世界のコバルト供給の3分の2をコンゴ民主共和国が占めており、そのコンゴでは7歳の子どもが鉱山で働いていると、アムネスティ・インターナショナルが非難している。[22]世界のコバルト資源の大部分は海底にあると見られ、需要が増えれば海底で採掘する必要が出てくるとされる。[23]この先、代替技術が開発され、コバルトを使わずに、少なくともコバルトを使う量を減らしてバッテリーをつくれるようになるかもしれない。採掘慣行にさらに厳しい目が注がれるようになれば、労働環境はまちがいなく改善する。環境に深刻なダメージを与えずに深海からコバルトを掘り出せるようになる可能性もある。しかし、電気自動車への切り替えには負の側面があり、環境に負荷もかかるのだと、率直に認める必要がある。先進世界の「グリーン化」が地球の反対側で環境に悪影響を与えるときがあることを知っておかなければいけない。

政治家が無知で愚かだったとあげつらうのは簡単だが、それを助言した科学界も同罪であり、政治家は目の前にいる多くの人びとの要望に応えなければならない。課題が明らかで、差し迫った状況にあり、技術的な解決策がある場合には、政治家が決めるべきことはかなりはっきりしているはずだ。たとえば、新興世界のある都市の市民が大気汚染への対策をとるように求めているのであれば、なにをする必要があるのか、政治家はわかっている。あとは必要なことをいかに速く行動に移すか、そのための初期費用をどう調達するかを決めるだけだ。先進世界だってそうである。少なくとも政治家と有権者は、政治家の任期中に結果を目にするようになる。

それに比べると、課題が漠然としていて、遠い将来のことで、どのような技術的対策をとればいいのかはっきりしていない場合ははるかに厄介だ。問題の重大さも、時間スケールも、それに対処するテクノロジーもわからないのに、秩序立った政策を合理的に決められるわけがない。また、課題がとても大きくて、国際社会の協力もとりつけなければいけないとなると、効果的な政策を打ち出せる可能性は恐ろしいほど低い。有権者が行動を起こすように迫れば、なにかをしなければいけない。だが、これまでの環境介入の事例が物語るように、それに効果がないか、場合によっては完全にまちがっていたことが後で明らかになるケースもある。

そして、わたしたちがいま直面している最大の環境問題は、気候変動である。

気候変動――なにが起きるのか、わたしたちになにができるのか

科学の話からはじめよう。この先、非常に大きな変化が起きる。わたしたちがなにをしようと、それは変わらない。気候変動は実際に起きていること、そしてそれは人間の活動によって引き起こされた結果であり、大気中に温室効果ガスが蓄積されていることが大きいという点で、科学者の意見は広く一致しており、わたしたちはそれを受け入れなければいけない。気候変動に関する政府間パネル（ＩＰＣＣ）は世界の気温がどこまで上昇する可能性があるか推計しており、その結果を１５７ページに示す。

心配なことに、世界の気温が上昇するペースは上がっているように見える。悲観的な予測の気温幅は、恐ろしいとしか言いようがない。

こうした推計には疑いの目も向けられるだろうし、それは自然なことである。１９５０年代に育った人なら、当時は地球の寒冷化が強く懸念されていたのを思い出すのではないか。世界は新しい氷河時代に向かっていると言われていたのだ[24]。結局、それはまちがっていた。しかし、当時の科学者がまちがったからといって、科学者が今度もまちがうというわけではない。地球温暖化は人間活動以外の要因によって引き起こされていることを示すエビデンスがあるとの意見も聞かれる。これはごく少数の意見なのだが、たとえそれを受け入れたとしても、二酸化炭素の排出を抑えるのは正しいはずだ。世界の人口が増えて、大半の人の生活水準も上がっているため、ふつうに考えると、わたしたちが地球にかける負荷をできるだけ少なくするべきである。

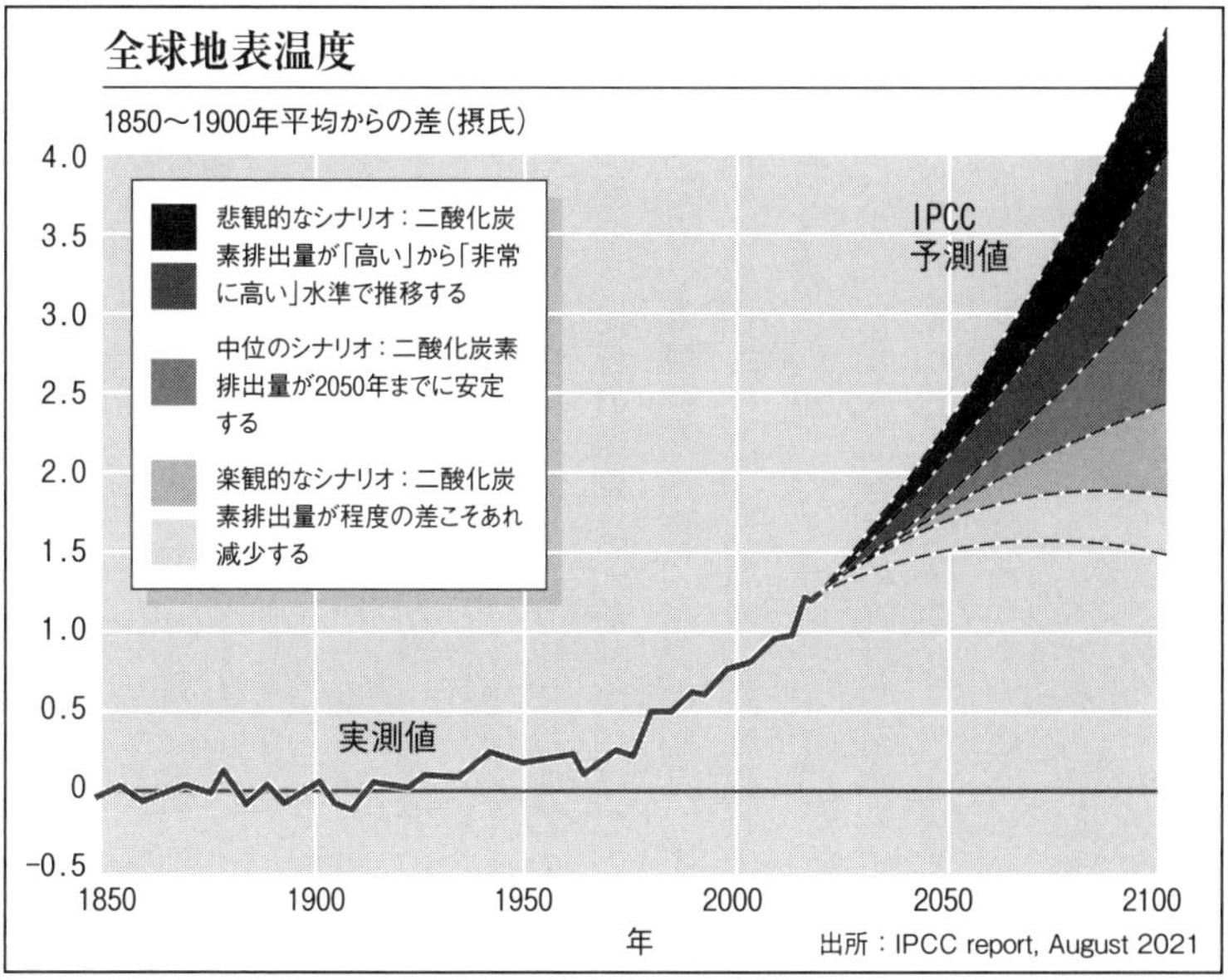

気候変動対策を保険とみなせば、つまり、たとえ科学者たちがまちがっていることが明らかになったとしても、この問題に取り組むのは理にかなうとすれば、やるべきことがはっきりとしてくる。科学の細かいところで議論する必要がなくなり、費用対効果の最も高い対策はなにかという点に焦点を絞れるようになる。

これからなにが起きるのだろう。一つシナリオを示そう。人口が急増して排出量が増える前であり、産業革命がはじまる前の１８５０～１９００年の平均気温を基準とすると、２０２１年の時点で世界の気温は１℃以上上昇している。パリ協定の目標は、世界の平均気温の上昇を産業革命前に比べて２℃を十分に下回る水準に保ち、１・５℃に抑える努力をすることである。要するに、いまと比べて１℃を十分に下回る水準に抑える、ということだ。

そうだとすると、炭素排出を削減するいまの取り組みは部分的に成功するだろうが、部分的でしかない。２０２０年代なかばには、それがどれくらいうまくいったか、あるいはうまくいかなかったかがもっとはっきりする。なにが起きているのかがもっとよくわかるようになるだけでなく、地球温暖化がもたらす影響についてももっとよくわかるようになる。そのときに起こりうる結果は二つある。

気温の上昇を1・5℃までに抑えるという目標が達成されているようであれば、２０５０年まで漸進的な進歩がつづく。政府の行動、消費者の圧力、技術の進歩が組み合わさって、世界は定常経済へと向かいつづけるだろう。定常経済とは、炭素の排出量が大きく増えることなく成長を維持できる経済である。実際、２０５０年には炭素の排出量は減少に転じていると見られる。過去の行動の遺産効果で、世界の気温は上がりつづけていくが、２１００年にピークアウトする見通しである。

逆に、２０２０年代なかばには気温が2℃を超えて上昇するのが避けられなくなれば、政策を大幅に転換することになる。気温の上昇を食い止める取り組みが足りないと気づくと、世界はもてる力を結集して立ち向かうだろう。

新型コロナウイルス危機に総力戦で対応してきたことを思い浮かべてほしい。世界の大学と製薬会社が、政府の資金援助を受けて、ワクチンを短期間で開発した。政府は経済支援に巨額の予算を投じた。企業も人も、驚くほどうまく適応した。世界経済が危機を乗り越えられたのは、協調と競争があったからだ。もちろん、ウイルスの起源と中国当局の調査への対応には疑念と怒りの声も上がったし、ワクチン開発では主導権争いもあった。しかしこの人類の危機に、国際社会はかつてないほど結束して立ち向かった。

気候危機への対応でも同じようなことが起きるにちがいない。とるべき政策ははっきりしている。世界の主要経済大国である中国、アメリカ、インドは、いずれも気候変動からとくに大きな影響を受けている。中国は熱波と汚染に加えて、水不足も深刻だ。アメリカではフロリダなど海抜の低い地域の不動産に巨額の投資が行われており、海面上昇による脅威が迫っている。そしてインドは、すでに気温が上昇して甚大な影響が出ており、水の供給も厳しくなっている。

だからといって、それ以外の国・地域は重要ではないと言っているのではない。むしろ逆だ。気候変動から最も影響を受けるのは、サハラ以南アフリカにいる何億もの人びとである。ロシアは国土面積が世界一で、圧倒的に広いため、ロシアがすることは非常に重要になる。アマゾン盆地は、世界に残存する熱帯雨林の半分以上を占めており、盆地を保護する現地の政策は、南アメリカだけでなく、地球全体にとっても大きな意味をもつ。だが、失うものが最も多いのが三大人口大国でもある中国、アメリカ、インドであり、３ヵ国のあいだで合意をまとめるのは、20以上の国・地域のあいだで合意をとりつけるよりずっと簡単だろう。

「漸進的な改善」シナリオと「総力戦」シナリオでは、どちらのほうが可能性は高いのか。これはだれにもわからないだろう。温暖化する世界に適応する努力と温暖化を止めようとする試みの適切なバランスなどわかるわけがないのと同じである。わたしがなによりも心配しているのは、２０３０年までに気温の上昇が１・５℃を超えてしまっていることだ。もしもそうなったら、世界は人類が安全に住めるところではなくなる。政策は変化しているが、変化のスピードは十分とは言えない。そのためつぎの10年が非常に重要になる。

気温が１・５℃上昇する世界と、２℃上昇する世界には、雲泥の差があることはみんなわかっている。前者の場合、状況は厳しいが、なんとか対処できる。後者は過酷としか言いようがない。[25]行動を起こすのが早ければ早いほど、効果が大きくなることも、みなわかっている。２０２０年代か２０３０年代のどこかで壊滅的な事象がつぎつぎ発生し、それをきっかけに国際社会が調和のとれた大規模な対応をとるようになるかもしれない。しかし現実問題として、わたしたちがなにをしようと、どれだけ不確実性が大きかろうと、気候変動は２０５０年どころか、そのずっと先も重大な懸念になる。ほかのすべての環境問題が小さく見えるほどだ。

進むべき道

わたしたちが地球に残すフットプリントはますます増えており、それを嘆くのは簡単だ。いわゆる生活水準の向上が環境に負荷をかけているのは、だれの目にも明らかである。２０５０年には中間層が大多数になっている。中間層の生活様式を世界の大半の人が送れるようにするには、まったく新しいテクノロジーを開発する必要がある。農作物の生産量を増やす、エネルギーを生産・貯蔵する新しい形態を見つける、住宅の性能を高める、輸送の効率を上げるなど、例をあげたらほとんどきりがない。

そうした進歩には光と影がある。わたしたちは「貧困をなくそう」と語る。崇高な理念として貧困をなくすべきであるのはたしかだ。だが、貧困をなくすということは、人びとがより多くのエネルギーを使い、より大きな家に住み、より多くのカロリーを消費し、もっと旅行できるようになり、より長く生きるようになるなど、経済発展のあらゆる恩恵を受けるようになるということだ。

現状を嘆いている人は、つきつめれば、人類の創意と適応能力を無視している。わたしたちはいくつもの過ちを犯してきた。それを過ちと知らないときもあれば、わかっていてそうしたときもある。愚かとしか言いようのない行為もたびたびあった。戦争を通じて人間同士が殺し合うだけでなく、環境を破壊し、資源を浪費する。しかし、人間の英知の力によって、数多くの先進国が課題を解決するためのフロンティアを切り拓いてきた。わたしたちはいまでは親や祖父母や曽祖父母よりも長生きして、健康に暮らしているし、汚染も相対的に減っている。人類の英知と創意はこれからもっと必要になるが、わたしたちはこれまでに過ちを繰り返してきている。このつぎなる課題に対応できるのだろうか。あくまでも合理的に考えれば、答えは「イエス」であるはずだ。

第4章　貿易と金融――グローバル化は方向転換する

2008～09年の金融危機が残した傷跡

貿易に関する大きな疑問は、グローバル化は行き詰まっているのか、そしてつぎの30年には貿易障壁などの制限が設けられるようになるのかどうかだ。金融に関する大きな疑問は、2008年の金融危機と、過去10年にわたって中央銀行がつづけてきた異次元の金融緩和政策によるダメージがどれくらい大きいかである。いまの金融システムそのものを維持するには抜本的に解体修理する必要があるのか、もしそうだとすれば、どのような形になるのか。

国際貿易は、第二次世界大戦以降の世界の繁栄をテクノロジーとともに大きく牽引してきた。1980年代以降、まず中国が、その後ベルリンの壁が崩壊して東ヨーロッパが、共産主義の経済政策を捨て、機能する市場経済を確立しており、国際貿易が果たす役割はとりわけ重要になっている。１９９０年代にはインドがつづき、２０１４年にナレンドラ・モディが改革に乗り出すと、市場経済への移行が加速した。２０１９年にはインドは世界最速で成長する経済大国になっていた[1]。

国際貿易の自由化が繁栄拡大の鍵となる原動力だったとしたら、金融システムはそのプロセスを加速させた潤滑油だった。貿易が急成長できたのは、貿易金融、外国為替市場などの決済システムがあったからだし、20億～30億人が貧困を抜け出して、中間層の生活様式を送れるようになったのも、そのための投資に必要な資本の大部分を金融システムが供給したからである。

国際市場経済がこれほど成功しているのだから、貿易の自由化も金融システムの貢献も称賛されているはずだと思うかもしれない。ところがそうではない。どちらも非難を浴びている。貿易が自由化されれば、国際間の競争が熾烈になる。競合する外国企業が国内の企業よりも安いか質のいいものを供給したら、国内の企業は廃業するか、場合によっては生産拠点を国外に移す。

そのため、先進世界の大部分では、自由貿易は雇用を破壊するものとみなされている。労働力が製造業からサービス業にシフトする流れを加速させている要因の一つだという意味では、まさにそのとおりになっている。だが、そのシフトが先進世界全体で進んでいるのには、ほかにも二つの理由がある。まず、製造業のほうがサービス業より生産性を高めやすいので、モノをつくるために雇用されている人の数がサービスを提供するために雇用されている人と比べて減ることは避けられない。さらに、人びとが豊かになっていくと、モノよりもサービスにお金を使うようになる傾向がある。自動車を1台、あるいは2台買ったら、もう車は買わない。そのかわりに外食するか、より豪華な休暇を楽しむためにお金を使う。

しかし、そこには政治の問題が深く絡んでいる。国際貿易にはモノが安くなるという恩恵があり、その恩恵は国民全体に広く薄く行き渡る。それはニュースにはならない。ところが、外国勢との競争が原因で工場が閉鎖されたら、それこそ大ニュースになる。人びとは仕事を失い、コミュニティ全体がダメージを受けて、それが全部グローバル化のせいにされる。これは公平ではないだろう。イギリスの自動車産業は１９６０年代、１９７０年代に外国勢との競争に敗れて衰退したが、製品の質の悪さ、労使間の対立もそれと同じくらい影響していたし、イギリスに投資して再生の道を拓いたのは、外国企業、とりわけ日産自動車だった。アメリカのオハイオ州でもホンダが雇用を生み、自動車産業の復活に貢献している。しかし、公平かどうかに関係なく、グローバル化が雇用市場に影響を与えているのはたしかであり、それが悪い印象を植えつけている。

一方、金融業界は強い批判にさらされているが、それは２００８年の金融危機までのふるまい、さらにはそれ以降のふるまいによるところが大きい。バンカーはフィクションの世界では昔から嫌われ者だった。シャイロックからゴードン・ゲッコーまで、悪人と相場が決まっている。現実世界では、バンカーは給料をもらいすぎだが、少なくとも仕事では有能そうだとされていた。それが突然、その有能オーラがはぎとられる。銀行をはじめとする世界中の金融機関が政府に救済されることになったのだ。納税者が銀行を救わざるをえなかったのは、そうしなかったらなにかもっと悪いことが起きて、世界経済が大きな打撃を受けるおそれがあったからだ。それに追い打ちをかけるかのように、銀行を助けたにもかかわらず、世界経済は１９３０年代以降で最大の景気後退に突入した。その後、超低金利政策がとられて景気はどうにか持ち直したが、預金者はもらえるはずの利息を奪われている。

これではふつうの勤勉な有権者が金融サービス産業を信頼するわけがない。金融サービス産業の功績は大きく、国際間の決済を処理してスーパーマーケットに食品がならぶようにしているのも、みんながｉＰｈｏｎｅに入れているアプリを開発する資金を提供しているのも、住宅ローンを提供して人びとが家を買えるようにしているのも、すべて金融サービス産業なのだが、どういうわけかそれが全部脇に追いやられてしまっている。いまの金融業界の評判が悪いのは、ひと握りの甚大な失敗のイメージがあまりにも強く、数え切れないほど多くの功績が忘れられているからだ。

そこで貿易と金融の功罪を、公平な視点で考えてみたい。最初に金融サービス産業がなにをしているのか見ていこう。金融サービス産業は、過去何世紀ものあいだにさまざまな弱点を露呈しており、それに規制で対応してきた。金融はその性質上、二つのリスクを抱えている。一つは信用リスクである。預金者から預かったお金をほかの人に貸し出すときには、借りた人がお金を返せなくなるか、返そうとしなくなる可能性がつねにある。もう一つは流動性リスクだ。お金を長い期間にわたって貸すときには、預金者が突然、お金を取り戻そうとしたらどうなるのだろう。たとえ借り手が健全であっても、すぐにはお金を返せない。その結果、取り付けが起きる。これは入門レベルの知識なのだが、まさにそのとおりのことが、２００７年にイギリスの住宅金融会社ノーザン・ロックに、その後、世界中のほかの銀行に起きた。その最たる例がリーマン・ブラザーズの破綻であり、リーマンは２００８年9月15日に破産法の適用を申請した。[2]

しかしつぎに、なぜ事態がこれほど悪化してしまったのか問わなければいけない。銀行を擁護することはとてもできないし、経営が恐ろしくずさんだったのはたしかだ。だが、規制当局、中央銀行、一部の政治家にも責任の一端はある。規制当局は、不測の事態に備える銀行の流動性バッファーを一世代前よりもずっと薄くすることを許した。中央銀行は、住宅ブームが過熱していることを示すエビデンスがあったにもかかわらず、利上げが後手に回った。そしてアメリカでもヨーロッパでも、政治家は貸し手に融資の基準をゆるめさせ、信用力の低い借り手がお金を借りやすくした。

　とはいえ、これはいくつもの失敗が積み重なった結果ではあるが、責任の大半は銀行にあった。銀行はその負の遺産を背負うことになる。それからの10年間、不正行為に対する罰則が強化され、銀行に巨額の罰金が科せられた。従業員と株主は大きな打撃を受けた。スタッフは職を失い、投資家はお金を失った。しかし、最も長く残っている金融危機の遺産は、危機後に起きた景気後退が終わった後もまだつづいており、それをもたらしたのは金融危機に対抗するための最も重要な手段だった。そう、異次元の金融緩和政策である。中央銀行は、金融システムにお金をつぎ込み、金利をこれ以上下げられないところまで引き下げた。

　金融危機に対する古典的な対応策は、中央銀行や銀行が市場を流動性であふれさせることだ。言い換えると、すべての金融機関が十分な資金を確保して、即座の支払いに対応できるようにするのである。そして預金者が払い戻しを求めたら、すみやかに応じる。それは流動性問題に対処する方法である。現在の形の中央銀行が生まれた19世紀なかば以降、それが銀行危機に対処する最も低コストで、最も混乱の少ない方法であることが、繰り返し証明されている。[3]

　ソルベンシー問題はそれよりも複雑になる。騒ぎがおさまった後で、銀行が融資をしている個人や企業が借りたお金を返済できないとわかった場合には、その国の政府は、納税者のお金を使ってその銀行自体を救うかどうかという、むずかしい判断を迫られる。一般原則としては、ある破綻がシステミックである場合、つまり、基本的に支払い能力がある金融機関にも破綻が連鎖していく場合には、その銀行を救済するべきである。規模が小さすぎるか特殊すぎて大きな問題にはならないときは、破綻させることができる。

当局はどうやってそれを判断するのか。当局はときにまちがう——それが答えだ。リーマン・ブラザーズは２００８年に救済するべきだったという声は強い。そうしていれば世界各国で救済せざるをえなくなった銀行の数は少なくなっていただけでなく、その後に先進世界をほとんど丸ごとのみ込んだ景気後退の規模もはるかに小さくなっていただろう。

２００８年に世界の政府と中央銀行が銀行システムを救済する必要があると判断したのは、そうした理由からだ。政府と中央銀行が行ったことは、簡単に言うと、つぎの三つである。世界をチープマネーであふれさせた。大規模な銀行を救済した。そして、同じような破綻が二度と起こらないようにするために新しい銀行規制をつくった。

どれも必要なことだったが、その副作用はいまも消えていない。超低金利状態が10年つづいて資産価格が急騰しており、社会の緊張が高まっている。資産が値上がりすると、莫大な資産をもつお金持ちが利益を手にする。犠牲になるのは富が少ない人たちだ。そして金利が下がったため、ただ預けるだけではお金が増えなくなった。税金で銀行を救済したことで銀行業界全体に対する反感はいまも根強く、銀行は守勢にまわり、慎重な姿勢をとるようになっている。さらに、銀行の安全性を高めるための規制がつくられて、潜在的なリスクが大きい顧客、とくに小規模企業への貸し出しが減った。２００８／09年の金融危機から10年あまりがすぎても先進国が後遺症に苦しむなか、そこに新たな世界危機が襲った。新型コロナウイルスのパンデミックである。だとすると、つぎの30年に国際貿易と金融はどうなっていくのだろう。まず国際貿易から見ていこう。

国際貿易の性質の変化——財の貿易からアイデアと資本の貿易へ

つぎの30年に、国際貿易の性質は一変するだろう。もちろん、これからも財を動かすことは必要になる。原材料が豊富にある国は、それを輸出しつづけるだろうし、製造業に強い国は、世界中に自国の製品を売りつづけるだろう。しかし、財の貿易をさらに自由化するべきだという考えは影をひそめるようになる。保護貿易を求める政治的な力ははたらきつづけるが、それが大きな理由ではない。大量の財を船や飛行機で世界中に運ぶ必要がなくなるからだ。それにかわって現地生産に重点がシフトしていく。

２０１０年代なかば、ドナルド・トランプがアメリカ、カナダ、メキシコのあいだで結ばれている北米自由貿易協定（ＮＡＦＴＡ）への攻撃と中国との貿易戦争をはじめるずっと前の時点で、世界貿易の成長にはすでに陰りが出てきていた。世界ＧＤＰの成長率を上回るペースで拡大していた世界の貿易量が減速しはじめていたのだ。なぜか。

大きな理由は四つあるように思われる。一つは、新興世界の大部分、とくに中国と先進世界の賃金格差が小さくなりはじめていたことだ。賃金は数多くの新興国で急激に上昇する一方、先進世界の大半では伸び悩んでいた。輸送コストを考えると、生産をオフショアに移す意味はほとんどなくなる。企業が生産を国内に戻し、国内の雇用を増やしはじめると、「オンショアリング」「リショアリング」という不快な言葉が広まり出した。[4]

二つ目は、製造業のあり方が変化していることだ。工場のフロアで働く人はぐっと減り、設計とオートメーションを行う人はうんと増えている。そうなると、あるものをつくるときのコストは、生産に関するものが減り、設計・製造チームの専門知識に関するものが増える。そこで、生産の拠点は、コストがいちばん低いところではなく、自社にとって都合のいいところ、通常は自社製品の市場に近いところにする。そして、スキルをもつ人を確保できるところに設計チームを置く。そうして、先進国と発展途上国の両方にさまざまなテクノロジーハブができる。専門知識は世界中をかけめぐるが、モノは現地でつくられる。

三つ目の理由は、消費者の選択である。原因をなにか一つに特定するのはむずかしく、いくつかの流れが組み合わさって、国際貿易の拡大に歯止めがかかることになりそうだ。一つは輸送が環境に与える影響であり、とくに若い人たちのあいだで関心が高まっている。「フードマイル」といった言葉が生まれ、有名なシェフたちが輸入されたものではなく地元で育った旬の食材を買おうと呼びかける。そうして、まだ使えるものでも捨てて新しいものを買うよりも、いまあるものを修理して長く使うという考え方が広まっていく。「ファストファッション」への攻撃はその一端だ。先進世界では需要が減っている商品さえある。耐久消費財のなかで最も高額な商品である自動車もそうだ。電気自動車はガソリン車やディーゼル車よりも構造がシンプルなぶん寿命が長いので、電気自動車へのシフトが進めば、需要はさらに減るだろう。自動車が買われなくなれば、世界中に出荷される自動車の数は減る。

そして最後は、人びとの購買パターンが財からサービスにシフトする流れが止まりそうにないことだ。ここがいちばん重要なポイントになるだろう。サービスが財とちがうのは、消費される場所と同じところで生産しなければいけない点だ。自動車なら、世界のどこかでつくってそれをディーラーに運べばいい。だが、あなたがレストランで食事をするなら、ふつうはあなたがいるレストランであなたに提供するか、冷めないうちにあなたの家にデリバリーしなければいけない。したがって、サービスへの支出が増えて、財への支出が減る場合、ほかの条件が同じだとすると、所得を地元で支出する割合が増えるので、財貿易のＧＤＰに対する比率は下がっていく。

　翻って、サービスの貿易はどうなのだろう。

サービス業が経済に占める割合は、ほかのどの産業よりもはるかに大きい。世界の生産のおよそ3分の2を占め、アメリカとイギリスなど、一部の先進国では約80％に達する。労働集約性も高く、世界の雇用の4分の3がサービス業である。ところが、国境を越えるサービスの貿易は財の貿易と比べるとずっと少なく、２０１９年には国際貿易全体の24％にとどまった[5]。とはいえ、サービス貿易は絶対ベースでも、財の貿易と比べた相対ベースでも、着実に拡大している。１９８０年代はじめには、国際貿易に占める割合はわずか17％だったのだ。

　サービスの貿易が財の貿易よりも少ない理由はたくさんある。まず、外食のようなサービスはそれを引き渡す地点で生産しなければならない。散髪の国際貿易などない。また、商品はどの国でも同じだが、サービスはちがう。そのため、日本で売られるトヨタ車はアメリカで売られるトヨタ車とほぼ同じだが、日本の労働者の年金プランは、アメリカの労働者の年金プランとはちがう。そして、サービスの貿易は財の貿易よりも制限が多い。アメリカの医師はヨーロッパの医師免許がなければヨーロッパで診療することは認められていないし、逆もそうである。

　それでも、サービスの貿易は財の貿易との相対ベースではおそらく拡大しつづけるだろう。国際サービス貿易の成長を後押しする力がはたらきつづけることになりそうだからだ。通信革命を例にあげよう。通信革命が起きて、情報を国際移転させるコストが下がると同時に、グーグルやフェイスブックといったグローバルなソーシャルネットワークが誕生している。娯楽の市場もグローバル化が進んでおり、この流れはとくに英語作品に追い風になっている。スポーツもグローバル化している。金融・ビジネスサービスも国内外で展開されるようになっている。そして、コロナ禍による落ち込みから回復すれば、アジアの新しい中間層が海外旅行への支出を増やし、世界最大の産業である旅行・観光業が世界ＧＤＰの成長率を上回るペースで伸びつづけることが確実視されている。

したがって、財の貿易ではグローバル化はピークに近づくだろうが、サービス貿易のグローバル化がピークに達するのはまだまだ先になりそうだ。２０５０年には国際貿易の半分以上が財ではなくサービスになっている可能性はきわめて高い。つぎの30年に、グローバル化は第二次世界大戦以降進んできた方向を転換し、新しい道を進むということだ。そうなると競争優位の原動力は変化するだろう。これまでずっと、世界が買いたいと思う優れた財をつくるスキルが鍵を握ってきた。ドイツが世界最大の工業製品の輸出国になったのも、中国が近年に成長をとげたのも、それがあったからだ。しかしいまでは、設計から得られる付加価値のほうが高くなっている。アップルは２０２０年に時価総額が世界最高となったが、生産の大部分は中国と東南アジアに委託していた。今後は、世界が買いたいと思うサービスを創造するスキルがなによりも重要になるだろう。

世界はどんなサービスを買いたいと思うようになるのか。その一部はすでにかなりはっきりしている。リストのトップには教育と医療がくる。どちらも需要はほぼ無限だと思われるからだ。それはこれからも変わらない。人びとが豊かになると、教育への支出を増やそうとするし、人口が高齢化すると、健康のためにかける支出を増やさなければいけなくなる。娯楽産業もグローバル化しているが、言語や文化のちがいがあるため、国際貿易はかぎられている。言語の壁は低くなるかもしれないが、文化のギャップは拡大する可能性がかなり高い。

だが、ほかのサービスに対する需要がどうなるかはわからない。通信革命の際立った特徴の一つは、だれかがそれを生み出すまで、わたしたちがどんなサービスを買いたいと思っているのか、だれにもわからないということだ。フェイスブックが登場するまで、わたしたちがそんなサービスを必要としていたとはわからなかった。同じことはソーシャルメディア産業全体に言える。２０５０年までの30年に世界を支配する情報サービスの大半は、おそらくまだ存在していない。そうだとすると、どの国がそれを生み出すのかが問題になる。

これはアメリカと中国の覇権争いで主戦場の一つになるだろう。ほかの英語圏諸国はアメリカの陣営に引き込まれる。自国のＩＴ産業を発展させる力が中国にあることはだれも疑っていないはずだ。すでにそうなっている。それに比べると、中国がグローバルに輸出できるサービスを生み出せるかどうかは不透明である。アメリカと中国がどこで覇権を競うかはわかるが、どう決着するかは推測するしかない。

それでも、全体として見れば、開かれた貿易体制がつづく可能性が圧倒的に高い。便益がコストを大きく上回っているため、それを維持するなんらかの方法が見つけられるだろう。たとえ世界が深く分断されて、地域貿易ブロックが形成されるとしても、ブロック間で取引しなければいけないことに変わりはない。モノとサービスが、完全に自由に動くようにはならないだろう。人が完全に自由に動くようになることもない。移動の自由はむしろ後退するおそれがある。この先、グローバル化の大きなメリットを享受しながら、コストを最小限に抑える方法を見つける必要が出てくるだろう。

金融と投資――新しい課題、新しい形のマネー

２００８年の危機で金融業界は大きな打撃を受けたが、持ち直す兆しが出ている。金融業界が直面している疑問は大きく三つある。資金の自由な流れはつづくのか、それともつぎの30年に障壁ができるのか。いまの金融産業は、銀行、株式市場、外国為替などで構成されているが、中国経済が世界1位、インド経済が世界3位になる世界でもそれが維持されるのか。そして、中央銀行が発行し、政府が保証する国の通貨がこれからも主流になるのか、あるいはデジタル通貨などの新しい形態のマネーがとってかわるのか。

先進世界では、人や企業が国境をまたいで通貨を移動させられなくなるというのは考えられない。しかし、新興世界の大部分では、なんらかの種類の為替管理がいまもある。イギリスでは第二次世界大戦がはじまった１９３９年に為替が管理下に置かれ、マーガレット・サッチャーが首相に就任した直後の１９７９年に廃止された。[6]

２０２０年の時点で、中国もインドも為替管理を維持している。たしかに為替管理は徐々に緩和されているし、これからさらにゆるめられるだろう。だが、そうならなければ、２０３０年代なかばには貿易と資金の流れがいちじるしく制限されることになりかねない。なんと言っても、そのときには中国は世界1位の経済国に、インドは世界3位の経済国になっているのだから。

いずれにしても、貿易のための資金ではなく、投資のための資金については、ほぼすべての国が

なにかしらの制限を加えている。一つは国の安全保障の観点から規制をかけるケースである。たとえば、すべての国が防衛関連企業への外国からの投資を制限している。また、対内投資がもたらす歪みから地元の住民を守ることを目的としたものもある。富裕層の外国人が相対的に割安な現地の資産に投資して、相場がつり上がる状況がそうだ。そのため、外国人が居住用不動産を購入するのを規制している国は多く、なかには禁止しているところもある。

その一方で、外国企業が工場を建てる対内直接投資はほとんど例外なく受け入れられているだけでなく、国内企業にはない特別な税優遇措置が与えられるなど、積極的に誘致されている。失業率が高い地域にやってきて、工場を建てたいと言えば、市長が大歓迎してくれる。

インセンティブと規制というアメとムチで、国際間の資本と通貨の移動は第二次世界大戦以降に徐々に緩和されてきた。しかしいまは、その歩みが止まるか、場合によっては後退するのではないかと疑われている。理由は二つある。一つはナショナリズムの台頭だ。それを定量的に示すのはむずかしいが、世界の大部分でそうした流れが鮮明になっている。もう一つは、世界経済の再調整（リバランス）である。なかでも中国を含む東南アジアの大半で貯蓄が過剰になっている。

一つ目の理由については、ここでとくに付け加えることはないが、近い将来に世界が対処しなければいけなくなる動きである点は指摘しておきたい。ところが、二つ目の理由は数学的な側面で国際投資に影響を与える。世界の貯蓄の3分の2はアジアで生まれている。そうした貯蓄を国内に投資する機会はたくさんあるが、投資先は慎重に選ぶという原則にのっとれば、資産を分散するべきである。それは外国に投資するということだ。

個人のレベルではすでにそうなっており、豊かな中国人、インド人、その他のアジア人は自分のお金の一部を外国に投資したがっている。ロンドンやバンクーバーのアパートは格好の対象だ。バンクーバーで２０１６～17年に建てられたコンドミニアムの20％近くには、そこに住んでいない購入者が最低でも1人いる。[7]

企業のレベルでもそうだ。それがとくに顕著なのが自動車産業である。中国の吉利汽車はスウェーデンの自動車メーカー、ボルボを買収し、インドのコングロマリット、タタはイギリスのジャガーランドローバーを買収した。この投資はどちらも歓迎され、成功した。だが、２００５年に中国の石油グループ、中国海洋石油集団がアメリカの石油会社、ユノカルを買収しようとしたときは、あまり歓迎されなかった。この計画は重要なエネルギー会社を戦略的に支配しようとするものだとアメリカが反対したからだ。

それ以降、中国は対米投資に慎重になっており、投資が歓迎されるところだけに投資するようにしている。しかし、単純に数字だけを見て、世界経済における中国とインドの相対的な規模から判断すれば、この2ヵ国が金融を支配するだけの大きな力をもつようになるだろう。これは、控え目に言っても、アメリカとヨーロッパ諸国には受け入れがたい。それが二つ目の疑問につながる。金融サービス産業の現在の構造、つまりヨーロッパと北アメリカの金融モデルは、自分たちがもう支配していない環境で生き残るのだろうか。

実際問題として、なんらかの形で生き残ると考える理由はたくさんある。現代金融の基本構造は、預金を集めて、それを銀行や証券市場を通じて配分するというものであり、この仕組みは長くつづいている。それこそ産業革命の前からあった。銀行は中世に発展したものだし、企業が資金を調達する手段として株式が使われるようになったのも、国債が流通しはじめたのも、17世紀のことである。この金融モデルは、金本位制の創設と廃止、二つの世界大戦、共産主義の興亡、１９７０年代の大インフレ、直近では２００８年の金融メルトダウンを乗り越えてきた。そう、ものすごく頑健なのである。

しかも役目を果たしている。構造に欠陥があるのはたしかだが、銀行は預金を集めて、融資を行いつづけている。政府は国債を発行して赤字を埋めている。企業は証券取引所で株式を発行して資金を調達している。年金受給者は株式と債券に投資して得た所得を受け取っている。

近年はアメリカのハイテクブームに資金を供給する最前線になっている。アップルは世界ではじめて時価総額が2兆ドルを超えた。[8] そして２０２０年頭には４００社以上の「ユニコーン」（評価額が10億ドル以上の未上場のスタートアップ企業）が株式を公開した。

このハイテク企業の資金調達ブームには中国が大きくかかわっている。テンセント、アリババといった巨大企業がアメリカで上場しており、ユニコーンのうちおよそ半分が中国企業だ。中国はアメリカ型金融システムに適応しているだけでなく、積極的に活用してもいる。

サウジアラビアも西側の金融システムを支持している。巨大国営石油会社のサウジアラムコは株式の一部を２０１９年末に売り出し、時価総額が世界一になった。上場したのはアメリカではなくサウジアラビア国内で、売り出した株式の大半はサウジなどの中東の投資家が購入した。しかし、会社の株式が公開され、株主が会社を所有するという仕組みは、完全に西側のものだった。

だがそのすべては、資本主義というシステムの欠陥があらわになるなかで起きている。２００９年以降、経済の回復は超低金利によって支えられている。それから10年以上がたった２０２０年になっても、先進世界の大部分では政策金利はゼロかゼロ近くにあった。ユーロ圏にいたってはマイナスだった。大方の国ではインフレは2%前後であり、先進世界のほぼすべてで、ここ10年間の大半を通じて、実質金利はマイナスだった。景気の拡大は長くつづき、その点ではこの金利政策は成功とされた。しかし代償も浮き彫りになりつつあった。そうした負の側面は、つぎの30年も金融に影を落とすことになるだろう。

大きな代償の一つが、資産価値の上昇が社会に与える影響である。超金融緩和政策がとられても財・サービスのインフレは大きくは進んでいない。チープマネーが向かった先は資産市場である。住宅、その他のほとんどの不動産、株式、大半の債券は値上がりし、価格が2〜3倍になることもざらだった。アメリカのダウ・ジョーンズ平均は２００９年末には1万４２８ドルだったが、２０２１年末には3万６３３８ドルをつけた。豊かになっている人がいるというのはよいことのように見えるかもしれないが、その代償として、富の格差が一気に広がっている。富める者はますます富み、知識や経験が豊富な人ほど（つまり、プロのアドバイスを受けられる機会が多い人ほど）恩恵を受けた。貧しい人たちは、銀行にお金を預けても、わずかな利息しかつかなかった。

目につきにくい副作用もある。一つは、商業銀行が弱体化していることだ。欧州中央銀行にマイナス金利でお金を預けなければいけないヨーロッパはとくに厳しい。もう一つは、預金だけではお金が増えないからとリスクの高い投資先を探す人が増えていることだ。裏返せば、リスクの高い借り手がこれまでよりも簡単に低コストでお金を借りられるようになっているということであり、将来に焦げ付きが発生する可能性が高まっている。

このようにリスクが増しているのを考えると、２０２０年代のどこかの段階で、新たな金融危機が発生してもおかしくない。それなのに参考になる前例がない。金利がこれほど長く、これほど低かったことは有史以来、一度もないからだ。これは一時的な現象なのか、大半の先進国の成長率が相対的に、つまり、過去の成長率と比べて低くなっているのとなにか関連があるかどうかについては、激しい論争がある。しかし、考えられる説明はほかにもある。これは中央銀行による政策の失敗で、金利を下げすぎたのかもしれない。アジアの過剰な貯蓄に反応したものかもしれない。西側の人口が高齢化しているからかもしれない。あるいは、７００年にわたる実質金利の低下トレンドの一端にすぎないのかもしれない。この点はイングランド銀行が２０２０年に発表した報告書でとりあげており、そのなかでヨーロッパの金利の推移が１３００年代はじめまで遡ってグラフ化されている。[9]

はっきり言って、答えはだれにもわからない。たしかに言えるのは、資本主義体制は揺らいでおり、これはその表れであるということだ。実質金利がこれほど長くマイナスになっている状況で市場システムを運営することはできない。人びとは自分のお金の実質的な価値を守るほかの方法を見つけだす。そのため、おそらくは２０３０年までには、なんらかの形で終止符が打たれるだろう。

そのときにはなにが起きるのか。世界の主要経済国が集まって、金融システムの改革で合意するかもしれない。あるいは、金融システムの緊張が高まって、地域貿易ブロックがつくられる流れが加速するかもしれない。その過程では中国、アメリカ、ヨーロッパが主導的な役割を果たすことになる。言い換えれば、金融の混乱は貿易の混乱に拍車をかける。さらには、なにかほかのものがいまのお金にとってかわるかもしれない。

なによりも大きな疑問は、通貨がどうなるかだ。通貨というものはずっと昔からあるように見えるかもしれない。ある形ではそうである。しかし、通貨はどれも国民国家が発行しており（ユーロについては後述する）、程度の差はあるが長年にわたって切り下げられてきた。いまの基軸通貨はアメリカドルで、これは世界におけるアメリカ経済の重要性を反映している。だが、アメリカの地位は相対的にいくらか下がる見通しであり、ほかの通貨も使うように圧力がかかるだろう。それはどの通貨になるのか。ユーロがいざというときに機能するかは未知数だし、２０５０年にはおそらく生き残っていない。いずれにしても、経済活動に占めるヨーロッパの割合はこの先縮小していく。中国の人民元は有力な候補だが、現在の先進世界の大部分では受け入れられないだろう。

20世紀には、基軸通貨がスターリングポンドからアメリカドルに移ったが、スムーズに移行したとはとても言えない。第二次世界大戦後、ブレトンウッズ協定が結ばれて固定為替相場制がつくられたものの、25年後の１９７０年代はじめに崩壊した。変動相場制がそれにとってかわると、平時では未曽有の激しいインフレに陥った。理屈としては、基軸通貨のない複数通貨制へとシフトするのは可能なはずである。しかし、20世紀の経験に照らせば、実際にはむずかしそうだ。

そうだとすると、どうなるのか。国際貿易で国の通貨が使われなく可能性はある。その場合には、国内ではドルやユーロ、ポンド、人民元を使いつづける。だが、国境をまたぐ契約については、自国通貨と外国通貨とを交換する別の方法を見つけることになる。

こうした通貨の壁をなくしたいという思いからできたのが、民間の暗号資産（仮想通貨）である。そのなかでいちばん有名なのがビットコインだ。ビットコインなどの暗号資産にはさまざまな魅力がある。第一に、中央銀行や政府が監視していない。少なくとも当面は、当局が取引を追跡することはできない。そのため課税や調査の対象にならない。暗号資産の価格は急騰しており、早くに買った人は巨額の値上がり益を手にしているが、後から買った人は大きな損失を抱えているおそれがある。また、流行のテクノロジーという要素もある。中央銀行という旧態依然の世界からはるか遠く離れたところにある若いハイテク通貨だ。それだけではない。暗号資産が生まれたのは超低金利期だった。したがって、ただ保有しているだけでは利息などがつかないという暗号資産の金銭面でのデメリットは問題にならなかった。

しかし、暗号資産はほんとうの意味での通貨ではない。従来型のお金がもつ機能を十分に果たしていないからだ。古典的な分析によると、お金には三つの役割がある。それは価値の尺度であり、交換の手段であり、価値の貯蔵手段である。

価値の尺度としての機能については、なにかに値段をつける基準に暗号資産を使うことは絶対にできない。暗号資産は価格の振れが大きすぎる。二つ目の交換の手段については、暗号資産の占める割合が小さい。主にソフトウェアの購入に使われるが、暗号資産以外を使う取引量と比べれば微々たるものだ。三つ目の価値を貯蔵する手段としては、早くに買った人にとってはその役割を果たしているかもしれないが、高値で買った人にとってはそうではない。

新しい暗号資産を獲得する「採掘（マイニング）」に使われる大量の電力が環境に負荷をかけるなど、批判はほかにもあるが、最も大きなものは、国や中央銀行が暗号資産の使用を監督しないという魅力の裏返しになる。保有している暗号資産を現金に換えたいと思っても、国による保証がない。つきつめれば、通貨に価値があるのは、それを発行する当局に力があるからだ。アメリカ連邦政府がアメリカ経済によって支えられているので、1ドルに1ドルの価値がある。そのため、あなたが1ドル札を出して、それを使ってなにかの財やサービスを買いたいと思えば、アメリカのほかのだれかがその1ドルをあなたが欲しいものと交換する。自動車でも、散髪でも、ダイヤの指輪でも、なんでもだ。

暗号資産は、株式や債券、不動産、美術品、クラシックカー、とくに金《きん》などのような一つの資産クラスとしてとらえたほうがいい。美術品やクラシックカーや金と一緒で所得は生み出さないので、暗号資産の価値は将来所得を反映していない。したがって、暗号資産の価値は別の購入者がそれに対して支払ってもいいと考えている価値そのものになる。そうした資産をだれも保有しようとしなくなる可能性はつねにある。金だってそうだ。ただし、人類はいまから３０００年以上前、青銅器時代後期から金を高く評価しており、まだしばらくは大丈夫そうだ。ビットコインは生まれてまだ10年あまりしかたっていない。

こうしたことを考え合わせると、暗号資産は行き詰まり、どこかの段階で資産としての価値を失うだろう。国の通貨はテクノロジーの攻撃を跳ね返すが、ドルの役割は徐々に後退していく。

テクノロジーはしかし、新しい暗号資産を創造するのとはまた別の方法で、金融のあり方を大きく変えていくだろう。まず、オンライン取引がだんだん現金にとってかわる。物理的な紙幣・硬貨をなくすことは、使う側にも、現金を発行する政府にとっても、非常に大きなメリットがある。使う側にとっては、電子データを記録する台帳上で行われる取引は、カードでも、電話でも、虹彩スキャンでも、ほかのどんな手段でも、物理的に紙幣と硬貨をやりとりする取引よりも決済が速く安くすみ、安全性も高い。企業もコストを抑えられるし、政府は偽造や脱税をなくせる。また、政府も、取引媒体の所有者や管理者も、それを使うすべての人の金融活動を追跡できるようになる。現金は匿名性が高い。銀行口座を通じた取引はそうではない。

オンライン取引へのシフトはすでに加速している。スカンジナビアの大部分では、日常的な支払いで現金を使うことはまれである。物理的なお金がなくなると社会にどのような影響がおよぶか、世界中の政府が関心を寄せている。言うまでもなく、銀行口座をもっていない人は、日常生活を送るのがむずかしくなる。移民、高齢者、自由労働者が影響を受けるし、街頭募金に頼っている慈善団体は所得が減る。それでもこの流れは止まりそうになく、２０３０年代には、現金による取引は北アメリカと西ヨーロッパの大部分ではほぼ姿を消しているかもしれない。それは消費者が選択した結果であり、政府はそれを受け入れざるをえない。ただし、かなりの数の人が現金を使いつづけたいと強く望んだなら、たぶんそうできる。しかし、時代の流れに逆らうのはむずかしく、物理的な現金を使うことはなくなっていくだろう。

　紙幣であれ硬貨であれ、現金はいまも国家通貨を代表する存在である。そのため、現金が姿を消せば、国家通貨そのものもなくなると考えがちだが、それはまったくのまちがいだ。紙幣と硬貨は、それを発行する国の経済を象徴するものにすぎない。通貨は請求権であり、それはどの形態でも変わらない。いま最も強力な請求権は、アメリカ経済の生産力に裏付けられている。そうだとすると、マネーの将来の鍵を握る問題は、新興国へとパワーシフトが進むなかで、ドルに圧倒的に依存している通貨システムから世界がどう移行していくかだ。２０２１年の時点で、世界の外貨準備の3分の2をドルが占め、[10]国境をまたぐ取引の40%以上がドル建てだった。ドルにつぐ重要なグローバル通貨はユーロだったが、ユーロの使用は減っていた。人民元がそのかわりを務めるのだろうか。

　理性で考えれば、そうなるだろう。それには数年前から人民元が外貨と自由に交換されている必要がある。また、中国の通貨管理に対する信認がなければいけない。そして、中国の統治全般に対する信認が求められる。ほかの通貨、とくにインドルピーも国際金融で果たす役割が大きくなっていくだろうが、この場合も、外貨と自由に交換できるようにならなければいけない。

したがって、２０５０年には国家通貨は残り、貿易はさまざまな国家通貨建てで行われている可能性がいちばん高い。言い換えると、国家通貨を外国為替市場で交換できる現在の通貨システムはあと一世代つづくが、通貨の重心は新興世界に移っていく。

これは、１９７０年以降に国際貿易・金融が爆発的に拡大する背景となった取り決めをアップデートして調整したものだ。市場が開かれていて、国際取引が適切に自由化されているほうが世界経済はうまくいくと信じている人は、そう聞いてほっとするだろう。システムは機能している。なぜそれを変えるのか。

しかし、この穏当な結果になると決まったわけではない。うまくいかなくなるかもしれないことはたくさんある。いまシステム全体のアンカーとなっており、２０５０年にもアンカーでありつづけているであろうものに対する信頼が失われるかもしれない。そのアンカーとは、アメリカドルだ。たとえ中国よりも規模がいくらか小さくなっているとしても、アメリカが最も洗練された圧倒的な力をもつ経済国としての地位を維持するなら、ドルの王座は揺るぎそうにない。だが、たとえそうなったとしても、ドルの保有者がドルをもちつづけたくない、契約にドルを使いたくないと考えるような状況になる可能性はある。先進世界のなかでアメリカだけでインフレが高進するといったケースがその例だ。

また、ドルに対する懸念ではなく、国家通貨全般に対する懸念が高まることも考えられる。似たようなケースに１９７０年代、１９８０年代の高インフレ期があげられるが、当時は国家通貨にとってかわれそうな選択肢がなかった。この先、なんらかの形のデジタル通貨の信頼性が高まるかもしれない。コモディティや原材料を裏付けとしている場合はとくにそうだ。
鎖の強さは最も弱い環によって決まるが、国際通貨システムという鎖でいちばん弱いところがユーロだろう。主要通貨のなかでユーロだけが単一の政府によって保証されておらず、複数の国の集合体がユーロを発行している。加盟国が自国の通貨に戻る仕組みがなく、ユーロを使う国家のあいだで政治統合に近いものができないかぎり、ユーロは脆弱なままだろう。ユーロ圏が解体される可能性は十分にあり、そうなればほかの通貨にも圧力がかかるのはほぼまちがいない。

さらに債券市場でデフォルト（債務不履行）が拡大するおそれがある。新興市場国の政府は、自国の債券で何度もデフォルトを起こしている。アルゼンチンは１８１６年に独立を果たしてから、8回デフォルトに陥った。[11] しかし先進国が完全なデフォルトにいたるのはきわめてまれであり、そのかわりに金利をインフレ率よりも低く抑えて、債務の実質価値を目減りさせている。２０１５年のギリシャは大きな例外だった。主要な国がデフォルトを宣言したら、金融システム全体が深刻な打撃を受けるだろう。いま最も脆弱な大国はイタリアだと思われる。

そのときはどうなるのか。国家通貨への圧力が高まれば、世界各国の政府と中央銀行が、信認が確保された共通のデジタル通貨を発行することで合意するかもしれない。それには各国政府の支持をとりつける必要があるが（共通のデジタル通貨の発行が正しい選択でなければいけない）、大多数の政府が国益にかなうと判断するような環境になる可能性はある。

ここでの重要なポイントは、世界経済はグローバル化されているが、単一のグローバル通貨はない、ということだ。グローバル通貨にいちばん近いものがドルである。だが、ドルはアメリカの国益に沿って、あるいは少なくともアメリカの利益を最優先にして管理されており、それはこの先も変わらない。これは安定した状況ではない。あと数年はそれでなんとかいってほしい。金融システムになんらかの革命が起きても、世界経済全体がひどくダメージを受けないことを願うばかりだ。

２０５０年の貿易と金融

国際貿易・金融にいつ１９３０年代のような大きな混乱が起きてもおかしくない。それにつながるおそれがある緊張はすぐに見つかる。アメリカと中国の覇権争いがそうだし、経済ナショナリズムの広まりもそうだし、金融機関に対するポピュリストの圧力もそうである。貿易のグローバル化にも、金融のグローバル化にも、多くの敵がいる。グローバル化の影響でコミュニティは衰退するのではないかという懸念は消えないだろう。国際貿易額の対ＧＤＰ比を代替指標として使うなら、２０１０年代後半がグローバル化の最高水位になるかもしれない。

２０２０年代はとくにむずかしい時期になりそうだ。パンデミックが引き起こした大規模な混乱を別にしても、世界経済のなかですでになにかが反転した可能性がある。主要国の政府と中央銀行は経済のスローダウンに対抗しなければいけないが、インフレの高進が足かせになるだろう。くわえて、経済を刺激した政策のあおりで国内の格差が広がっており、ポピュリストのグローバル化批判が激しくなっている。国境をまたぐ貿易・投資を規制する動きが強まるのは避けられそうにない。

ここで鍵となる問題は、先進世界の大部分で膨れ上がっている不満が爆発して、より深刻なものになるのかどうかだ。政府の対応が国際貿易・投資に限定的な制限をかけるだけであるなら、ダメージが尾を引くことはほとんどないだろう。ふつうに考えれば、国際貿易も国際投資も止まらない

世界の中間層の台頭

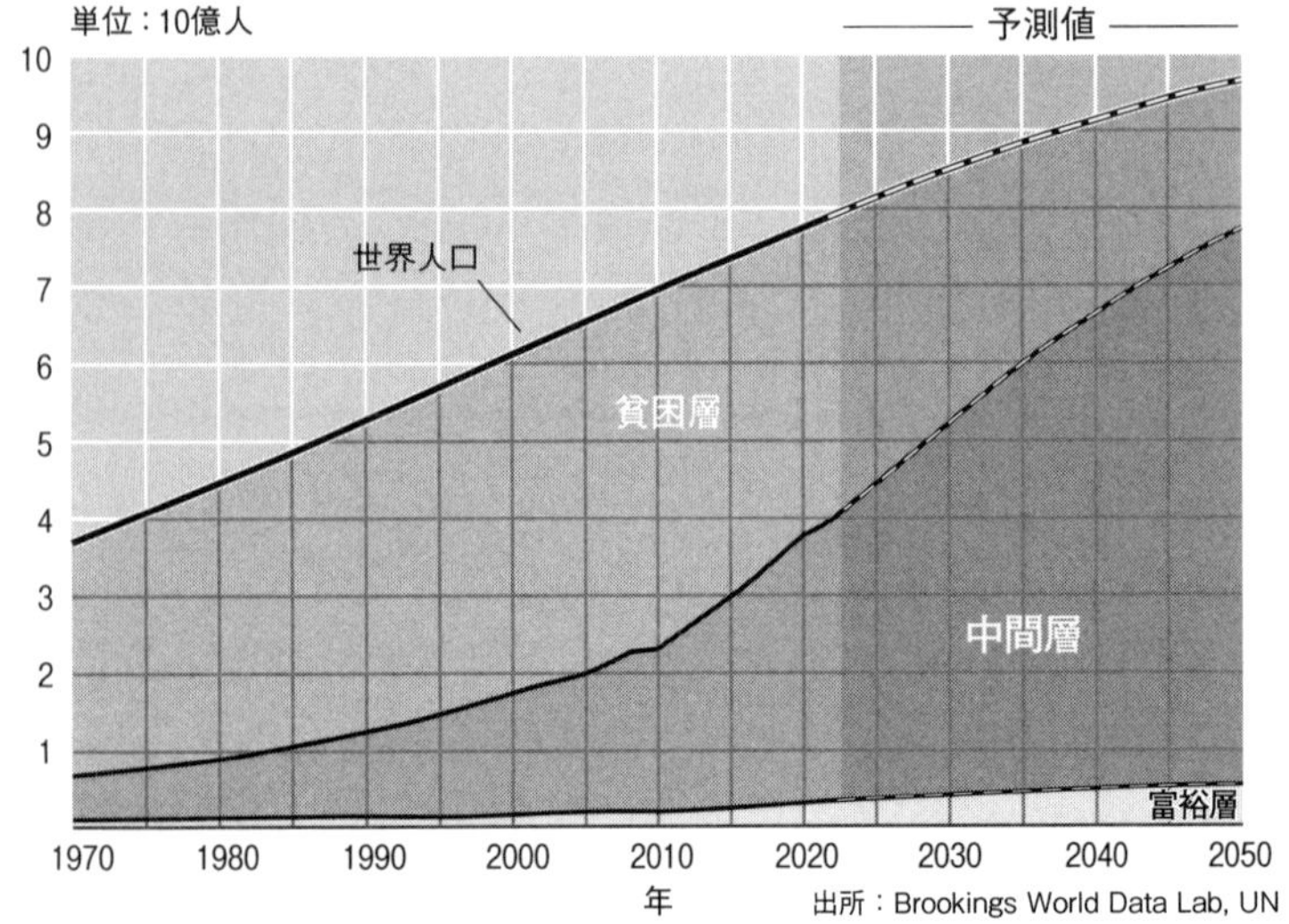

出所：Brookings World Data Lab, UN

はずだし、障壁を設ければ、物価が上がったり選択の幅が狭くなったりするなど、短期的にはマイナスに作用するため、政治家は慎重になるはずだ。

そうだとすると、波乱の10年が終わった後、かなり開かれた国際貿易体制は維持される可能性のほうが高い。貿易の性質は変わり、国内で生産される財は増える。しかし、資金は国境を越えて移動しつづけ、したがって投資マネーは魅力的な機会を求めつづける。革新的なアイデアも地球を飛び回りつづけ、世界経済全体が恩恵を受ける。

上の図が示すように、２０５０年には世界の人口のおよそ3分の2が中間層以上の生活水準にあり、その中間層は世界最高の商品・サービスを手に入れたいと思うようになる。[12] それが新しい刺激となって、２０３０年から50年にかけてグローバル化は進み、この流れはそれ以降もつづくと見られる。

大きな脅威となるのは、貿易ではなく金融の障壁のほうだろう。自分たちは金融覇権を失いつつあるとの認識が先進世界のなかで広がるかもしれない。２０２０年には世界の貯蓄の3分の2がアジアで生まれていた。そのお金の大部分は国内に投資されているが、余ったぶんは外国に投資される。アジアの投資家は、言ってみれば、世界を買い占めることができる。前に述べたようにその動きは広まっている。金融のパワーシフトが進んでいるため、西側は30年前には想像もできなかったような状況を見据えなければいけない。この先、富は先進世界ではなく、新興世界で生まれるようになっていく。

そうであるなら、もう一つ疑問がわく。２０５０年までに競争優位はどう変わっていくのだろう。貿易と金融のパターンは競争優位によって形づくられていく。いまは、西側がテクノロジーをもっており、それを輸出して割安な工業製品、ある種の食品、原材料を手に入れる形が多い。単純化しすぎていることを承知で言えば、アメリカは航空機と金融サービスとソーシャルメディアサービスを輸出していて、ドイツは自動車と資本財を輸出している。そしてアメリカは割安な工業製品と一部の高級品を輸入し、ドイツは石油とガスと原材料を輸入している。

しかし２０５０年には、新興世界の数多くの国が技術力で西側と肩をならべるか、場合によっては西側をしのぐか、少なくとも西側に迫るようになっているだろう。貧しい地域や国、人は完全にはなくならない。これは悩ましい問題である。西側の経済力はまだ新興国よりも高いが、それでもその優位性はまちがいなく小さくなっていくし、消えているケースもあるかもしれない。このパワーシフトが進むかぎり、いまの貿易と金融のパターンが大きく変わるのは避けられない。

どの先進国も、つぎのような厳しい問いを突きつけられている。ほかの国よりも安くうまくできることはなにか。そんなものはあまりないというのであれば、いまは快適で繁栄している国の生活水準は、少なくともほかの国と比べて、徐々に下がっていくだろう。非常に裕福だった国が中所得国に転落するアルゼンチンのようなところが増えていく。

そう聞くと、豊かなヨーロッパや北アメリカにいる人たちは不安にかられるのではないか。しかし、21世紀に入ってからの20年間に見られるように、西側はいまもイノベーションを起こしているし、新たな知を創造しつづけているし、世界が買いたいと思う財・サービスを開発している。こうした優位がどこにあるのか、市場はシグナルを発信しつづけるだろう。だが、そうだとすると財とサービスの両方の貿易で国境が開かれることになり、それにともなって資金も自由に移動しつづける。もしも政府が貿易や金融を制限せざるをえなくなり、それを求める圧力が消えなければ、先進世界の大部分で生活水準が頭打ちになるか、下がるおそれがある。

第2章、第3章で述べたように、先進世界はいま、人口動態と環境という二つの大きな逆風にさらされている。世界経済が逆風を跳ね返して前進するには、この二つの課題に同時に立ち向かわなければいけない。貿易や金融が規制されれば、逆風がまた一つ増えることになる。

貿易については、世界は２０２０年代の問題と圧力を乗り切らないといけない。つぎに、新興世界へのパワーシフトが進んでいる現実をなんらかの形で受け入れなければならない。このシフトが既存の国際機関、つまり国際通貨基金（ＩＭＦ）、世界銀行、世界貿易機関（ＷＴＯ）の傘の下で進むのか、あるいは地域の二国間協定を中心に進むのかは、まだわからない。そのどちらになるかは、それほど重要ではないだろう。重要なのは、開かれた貿易が維持されること、そして、財の自由貿易がサービスの自由貿易へと徐々に広がっていくことである。

　貿易の困難な時期は、２０２０年代に訪れる。金融の困難な時期はそれより遅く、２０３０年代以降になる。なぜなら、アメリカドルを基盤とするシステムは、あと数年はもつだろうが、アメリカが世界最大の経済国の座から滑り落ちれば、いまの体制を維持するのはだんだんむずかしくなっていくからだ。しかし、ドルにかわりそうなものはない。

　最大の懸念は、国家通貨への信頼が崩れることだろう。１９７０年代、１９８０年代にはその瀬戸際までいった。インフレが進んで国家通貨の実質価値が破壊されていた時期である。このときには、アメリカ連邦準備制度理事会（ＦＲＢ）を筆頭に中央銀行がインフレを抑え込み、世界は落ち着きを取り戻した。20世紀、21世紀には、二つの世界大戦、１９３０年代の恐慌、大インフレ、新型コロナウイルス感染症のパンデミックが発生したが、金融システムはそれを乗り切った。この歴史にはだれもが元気づけられる。[13]しかし、おそらく２０４０年代には、世界経済を大きく揺るがすショックがまた起きると考えておくべきだろう。それがどのようなものか、細かいところまではわからない。だが、この先に危険が待ちかまえていることは、残念ながら容易に想像がつく。

第5章　テクノロジーは進歩しつづける

つぎの30年に関する大きな疑問

歴史は役に立つ。つぎの30年にテクノロジーは進歩すると、強い確信をもって言える。１７００年代なかばに産業革命がはじまってからの3世紀になにが起きたか知ることができるからだ。テクノロジーは漸進的に進歩してきた。航空旅客のようになじみ深い数々の技術の質は高まり、コストは下がっているし、まったく新しい商品やサービスも開発されている。過去30年間にテクノロジーが進歩しているのはたしかだが、進歩のペースは上がっているのか、一定なのか、もしかすると下がっているのかについては、意見が分かれる。

この経験に照らすと、技術のイノベーションは大きく二つのカテゴリーに分けることができる。

漸進的なイノベーションと革命的なイノベーションだ。

　ほとんどの進歩は漸進的なものだが、歩みは遅くても、大きな変化をもたらすときがある。航空旅客・輸送のコストが下がったおかげで、世界の中間層が旅行を楽しめるようになっただけでなく、複雑なサプライチェーンを構築して、財の部品を世界各地から最終組み立て工場に空輸できるようにもなっている。

　革命的な進歩が起きるのは、科学のブレイクスルーが突然生まれるときか、既存のテクノロジーを組み合わせて改良し、そこから開発された商品やサービスが世界中に一気に広まるときである。抗生物質の開発が前者の好例であり、ｉＰｈｏｎｅが後者の好例である。抗生物質は医療を一変させ、人類の健康に大きく貢献した。ｉＰｈｏｎｅは世界のコミュニケーションのあり方を一変させ、人類の行動に大きな影響を与えた。

　テクノロジーがどの方向に進むのか、どのように使われるのかを予測するときには、革新的な進歩は悩みの種になる。漸進型の進歩がわたしたちにどのような影響を与えるのかについては、よく考えて判断できる。それが正しいときもまちがっているときもあるだろうが、少なくとも、実現可能だとすでにわかっていること、あるいは起こりそうなことにもとづいている。これはいわゆる「既知の未知」だ。革命型の進歩は「未知の未知」であり、想像すらつかない。

　革命型の進歩の古典的な例となっているのが、ｉＰｈｏｎｅがもたらしたインパクトである。スティーブ・ジョブズは２００７年のプレゼンテーションで、こんな有名な言葉を残している。「ときおり革命的な商品が現れて、すべてを変えてしまう」

　もちろん、ジョブズは正しかった。実際にすべてが変わった。しかし、そのジョブズですら、これほど大きな革命になるとは想像していなかっただろう。できるわけがない。ジョブズはｉＰｈｏｎｅを、通話ができてインターネットにつながるｉＰｏｄとして提案した。ウーバーなどの位置情報にもとづくサービスへの入り口として提案したわけではなかった。ウーバーは存在していなかったからだ。そのウーバーも、オンラインマップを含む一連のテクノロジーが開発されなかったら生まれていなかった。そして、ジョブズが自撮りのようなものを思い描いていなかったのはまちがいない。なぜなら、初期のｉＰｈｏｎｅにはフロントカメラはなかったからだ。

このように革命的な変化を予測するのがむずかしいのは、それが起きてしまえば当たり前のことに見えて、どうしてだれも思いつかなかったのかと思うのに、起きるまでは想像もつかないものであるからだ。自撮りができるようになるまで、自撮りをしたいなんてだれも思わなかっただろう。

ありがたいことに、予測を一定の範囲にとどめるアンカーが二つある。第一に、物理の法則は変わらないことがわかっている。変わるのは、その法則の範囲内で商品とサービスを生み出すわたしたちの能力である。ものごとをより安く、よりうまく、より速くこなせるようになり、その結果として財とサービスの質が高まれば、生活水準は上がる。だがそれにも限度があり、そこに近づくにつれて、イノベーションはスローダウンする。いまロンドンから大西洋をわたってニューヨークに飛行機で行くのにかかる時間は、１９６０年にかかっていた時間と変わらない。どこかの段階で、マイクロプロセッサー（あらゆるものに入っているシリコンチップ）の処理速度は頭打ちになる。それでも、物理の限界をまだ探っていないほかの分野で、新しく、予測もつかない進歩が生まれるだろう。その有力な分野になるのが、バイオテクノロジーであり、人工知能（ＡＩ）である。しかし、なにが見つかるかはまったくわからない。

　また、人の願いと欲望は時間とともに少しずつ変わっていくかもしれないが、わたしたちの心の核にある望みと恐れはほとんど変わらない。それがもう一つのアンカーになる。わたしたちがテクノロジーに求めている大きなものは、あまり変化しない。平和やコミュニティ、家族、健康、娯楽などがそうだ。そのため、大きな目標を達成するのに役立つテクノロジーは、これからも前進しつづけるだろう。そうした普遍性をもつ既存のテクノロジーのよい例が、ソーシャルメディアである。家族と友人は大切だ。ワッツアップでグループをつくれば、いつでもどこでも連絡をとりあえるので、家族や友人がつながっていられる。テクノロジーの価値は、経済的な効率性が上がるかどうかだけにあるのではない。それよりずっと深いところにある。人類がその能力を十分に発揮する後押しができるかどうかだ。

　物理学と人間の欲望をかけ合わせると、テクノロジーがつぎの世代にどのように進化するかを考える枠組みができる。ここで問うべきことは二つある。第一に、それができるのか、そしてそれを社会が負担できる対価でできるのか。第二に、人びとはそれを求め、望んでいるのか。テクノロジーの進化がわたしたちの暮らしのあり方を変えるには、どちらの答えも「イエス」でなければいけない。

　それだけではない。テクノロジーに求められることは、時間とともに変わる。人類の歴史の大部分を通じて、人びとを養うためのテクノロジーがなによりも求められてきた。そのため、人類は少しずつ、農作業をしやすくする手段を編み出し、収穫量の多い穀物をつくりだし、食品をうまく保存・貯蔵する方法を考え出した。住むところをもっと効率よく安全に暖めるためのテクノロジーも求められた。最近では、産業革命以降、テクノロジーの恩恵で生活水準はめざましく改善し、世界の人口のうち、なんとか食べていけるぎりぎりの生存水準を抜け出して中間層の生活様式を送れるようになる人の割合が大きく増えている。

こうした目標は過去のものではない。世界ではいまもお腹をすかせたまま眠る人があまりにも多い。だが、将来に目を向けると、焦点はまた移る。今度はほかのことのためにテクノロジーの進歩が求められるようになる。いま必要なのは、人類が地球上に残すフットプリントを減らすためのテクノロジーだ。これはつぎの数十年間における最大のテーマの一つになるだろう。

漸進型の進歩の重要性はとてつもなく大きい

漸進型の進歩は見栄えこそしないが、わたしたちの生活を大きく変える。日用品はだんだんよくなっていくし、少なくとも相対ベースでは安くなる。効果も信頼性も上がるし、使いやすくもなる。それが目に見えるときもある。ある程度の年齢の人なら、故障して道路脇に止まっている自動車の横を通りすぎることは、たとえば1970年代と比べるとほんとうに少なくなっていると感じるはずだ。しかし、そうした進歩をもたらしている生産手法の進歩は目に見えにくい。自動車組み立て工場の見学ツアーにでも出かけないかぎり、人間の労働者がロボットに置き換わっているとは気づかないし、電子工学によって品質管理が一変していることもわからない。もっと見えにくいものもある。農作物の収穫量が増えて、先進国のスーパーマーケットで買える食品の種類が多くなったのは、漸進型の進歩があったからだ。そのおかげで北ヨーロッパの人たちはクリスマスにいちごを買えるのだが、暖かくて晴れの日が多いところから空輸するコストと環境への影響を考えるなら、そうするべきではないかもしれない。だが、技術が漸進的に進歩して航空貨物コストが下がっていなかったら、クリスマスにいちごを買うという選択肢はそもそも与えられていなかっただろう。

先進世界の視点から見れば、テクノロジーが漸進的に進歩すると、一世代前にはお金持ちだけのものだった財やサービスを買う選択肢が中間所得層に与えられる。新興世界の視点から見るなら、中間層の生活様式をはじめて送れるようになるチャンスが大勢の人に与えられる。主に先進世界で生み出された技術が広まって、新興世界のあり方は大きく変わっている。漸進的進歩によって日常生活が変化するこの流れはしばらくつづきそうだ。

技術は進歩しつづけるだろう。しかし、課題もいくつかある。一つは可能性の限界に達しつつある分野があることだ。たとえば、航空機エンジンの効率性を上げるのはだんだんむずかしくなってきており、技術者が効率性をさらに高めようとすると、信頼性が犠牲になってしまう。

もう一つの課題はそれ以上に大きい。大半の工業製品は着実に進歩しつづけているが、多くのサービス業では、製造業のような改善を達成するのはむずかしくなってきている。高等教育がその例だ。大学教育を供給するコストはほかのサービス産業を上回るペースで上昇しており、学生への教え方が漸進的に進歩しているかどうかはとてもわかりにくい。[2]

これと同じようなことは、ほかのサービス産業にも当てはまる。医療は世界全体で見れば進歩していると考えられるし、新型コロナウイルスのパンデミックとの闘いを経て、それがどのようなものであるかはまだわからないものの、また前進するだろう。だが、医療全般の効率がよくなっているかははっきりしない。効率がよくなっている国もあるだろうが、先進世界の大部分では、コストは上昇しているのに、健康状態全体への影響はかならずしも改善していないというパターンが定着しているようだ。医療技術はめざましく進歩しており、これからも進歩しつづけるだろう。それ自体は決して否定されるものではない。しかし、医療産業はコストを抑えるのに苦労している。

つぎの30年には、教育と医療の対ＧＤＰ比が上がることは避けられない。世界の人口が高齢化するからだ。生活水準が上がりつづけるなら（「つづける」という言葉が正しいかどうかは議論の余地があるが）、教育産業と医療産業は、製造業のように進歩する方法を見つけなければいけない。教育と医療の両方を大きく変えていく革新的なテクノロジーは生まれるだろうし、その一端は見てとれる。と同時に、教育も医療も、小さいが価値のある進歩を増やせるようにならなければいけない。

世界経済には克服できそうにない問題がほかにもあるが、技術の改良がそれを解決する助けになる側面がたくさんある。真っ先にあげられるのが、新興世界の成長いちじるしい都市の住民がよりよい生活を送れるようにすることだろう。新興世界の都市が無秩序に広がっていく悪夢に陥らず、暮らしやすくて効率のいい都市になるように成長を導いていくには、どうすればいいのか。

この点については楽観できる。新興都市の発展を後押しするテクノロジーの進歩がつぎつぎに生まれている。水を例にあげよう。新興世界の都市は、１人当たりの水の消費量を先進国の典型的な量をはるかに下回る水準に抑えながら、まずまずの生活環境を提供するすべを学びつつある。ヨルダンは人口１人当たりの水の利用可能量が世界のどの国よりも少ない。多くの難民の避難先となっている小さな乾燥した国であるため、[3]大きな圧力にさらされており、それはこの先も変わらないだろうが、１０００万人の住民はそれなりに満足できる中所得層の暮らしを送れている。水資源を保全するという直接的な取り組みが進んでいることもあるが、ヨルダンが新しい技術の試験台になっているのも大きい。果樹園に水をより効率的に供給するシステムがその一例で、これはＭＩＴと共同で開発したものだ。[4] ヨルダンでうまくいっているアイデアは世界中で応用できる。新しいメガシティはとくにそうだ。

２０５０年には、世界の人口の3分の2が都市で暮らす見通しであり、その4分の1は人口１０００万人以上の都市に住むことになる。輸送、公共サービス、住宅などの重要な分野での優れた取り組みの事例を応用できれば、世界の大半の人は文化生活を送れるようになる。その鍵となるのが、漸進型の技術進歩である。公共交通機関は汚染を出さないようにしなければいけない。電気自動車のコストが下がれば、その問題が解決される。医療サービスと教育サービスの効率性は情報テクノロジーを活用すれば着実に上がるだろうが、簡単ではないだろう。住宅に関連するテクノロジーも進歩している。一つひとつは小さくて目立たないものの、その恩恵で建築コストも維持コストも下がりつづけるはずだ。

それだけではない。漸進型の進歩は人間が置かれている状況をよい方向に変えていく幅広い変化をもたらすとはいえ、重要なのは、そうした目に見える部分だけではない。目には見えにくいが、改良されたテクノロジーが広く浸透する効果も大きい。大勢の人が小さな変化を起こすと、大きな変化が生まれる。たとえば、最も効率の高い新しいエアコンは、既存の平均的なエアコンと比べるとエネルギーの消費量が最大で70%少ない。最新モデルに買い換える住宅やオフィスが一つでも増えれば、省エネになる。だが、一つの国のエネルギー効率全体を考えるなら、いちばん重要なのは大勢の人がおおむね効率的なシステムをとりいれることであって、ごく一部が非常に効率的なシステムをとりいれることではない。

ここは政府の出番だ。ヨーロッパでは、掃除機メーカーに消費電力の少ないモデルを生産するように義務づけて（同時に消費電力が高いモデルの生産を禁止する）、少ない消費電力で吸引力を上げる技術を開発させるようにしている。また、すべての家電メーカーに自社商品のエネルギー消費効率を表示するようにさせて、消費効率の高いモデルを買うとどれくらいエネルギーを節約できるか、消費者が一目でわかるようにもしている。

しかしなによりも大きいのは、通信革命を背景に、知識が拡散するスピードが急速に上がっていることだ。そのおかげで消費者の選択の機会が広がっている。消費者はいちばんいいものを買いたいと思っているものだ。より効率が高い商品や信頼性の高い商品、あるいはもっとシンプルにより流行《はや》りの商品を買いたければ、インターネットにアクセスできる人なら、レビューを読んで、予算に合う商品を選べるので、よりよいものが求められるようになる。このように、テクノロジーが漸進的に進歩するペースが上がるのも、よりよい財・サービスが浸透していくのも、情報が増えているからであり、情報が増えているのは電子工学が進歩しているからだ。地味で目立たないが、重要性はこちらのほうが高いと言っていい漸進型の技術進歩には、通信革命という〝華やかで目立つ〟従兄弟がいる。つぎに技術の進歩とともにある通信革命に目を向けよう。

通信革命はどこまで進むのか

パンデミックが世界を襲う前、通信革命は中年期に入ったばかりだった。それが突然、10年進んだ。日常生活に浸透するのに10年はかかっていたであろう大きな変化が、ほんの数週間で起きたのだ。

　現金の使用を例にあげよう。スカンジナビアでは、物理的なお金がすでにオンライン決済に置き換わっており、現金を使うことは減っていた。だが、ドイツなど、残りのヨーロッパの大部分では、「現金は王」のままだった。そこでもカードやモバイルでの決済に一気に切り替わり、現金が使われなくなった。パンデミックが発生したとき、小売流通システムが小売店やスーパーマーケットから宅配にシフトする流れはすでに世界中に広がっていた。主要国のなかでオンライン売上高の割合がいちばん高いのがイギリスで、２０１９年末時点で小売売上高全体の5分の1を占めた。しかし、外出が制限されると、その割合が一気に高まり、数週間で3分の1を突破した。[5] これと同じことが在宅勤務にも起きた。オフィス以外の場所で働く環境が整ってきて、在宅勤務はすでに少しずつ増えてはいたが、先進世界のいたるところでオフィスが閉鎖されると、人びとの生活は一変した。ズーム会議は、そんな新しい日常の風景の一つになった。

　ここで指摘しておきたいのは、わたしたちの日常の風景を大きく変えた技術の進歩は、どれもパンデミックの前から存在していたことである。モバイル決済は増えていた。オンラインショッピングは急成長していた。オンライン会議も広がりはじめていた。ズームが創業したのは２０１１年である。パンデミックがもたらしたのは、テクノロジーの使用による社会革命を加速させたことであり、テクノロジーそのものの革命の引き金を引いたわけではない。ワクチンの研究でさえ、科学者や製薬会社が新型コロナウイルス感染症のワクチン開発にすべてのエネルギーを投入し、数種類の新しい効果的なワクチンを記録的な速さで完成させる前から、十分に進んでいた。

　ところが、重要な点がもう一つある。こうしたテクノロジーの開発に成功した企業は、さらに前進するための資源と自信を手に入れ、人びとの暮らしをよりよいものにできるほかの方法を考えるはずである。

これはつぎになにが起こるかを考えるときのヒントになる。テクノロジーは人びととその政府が求めることをするために使われる。テクノロジーに求められるものは場所によってちがってくる。社会の優先事項はそれぞれちがうからだ。両極端な例をあげよう。中国は社会をコントロールすることを優先する一方、アメリカは個人の移動の自由を重んじる。そのため中国は、顔認識を含むさまざまなテクノロジーを組み合わせて、世界で最も進んだ監視システムをつくりあげているが、市民は抵抗するだろう。もう一方の極端では、自動運転車がアメリカでカリフォルニアとアリゾナを中心に何百万マイルも走っているが、広く普及する日がどこまで近づいているかはわからない。

こうした変化は、2020年代、2030年代、さらにその先の時代にも、少しずつ広まっていくだろう。一部の分野では、爆発的な成長が漸進的な成長にシフトする高原状態にもうすぐ達するのではないか。ソーシャルメディアの非常に劇的な進歩も、すでにスローダウンしはじめているようだ。10代の若者たちでさえ、コミュニケーションをとりあうために費やせる時間は、社会的にも実際問題としてもかぎりがある。しかし、革命がまだはじまっていない分野もあり、この先どうなるのか、考える必要がある。

それには経済の分野ごとにテクノロジーがどのような影響を与えるかを見ていくのがいい。ここでは五つの分野をとりあげる。医療、教育、流通・輸送、住まいのあり方の変化、そしてテクノロジーが雇用市場に与える影響である。では一つひとつ見ていこう。

医療は2050年までに格段によくなり、おそらくコストも下がる。病気に対する理解がぐっと深まるだけでなく、人びとの健康をリアルタイムでモニターできるようにもなる。診断は自動化され、一人ひとりの状況に合わせて医療が最適化される。むずかしい倫理上の意思決定が求められるのは変わらないが、おおむね健康な生活を送れるように手助けするルーティンタスクの多くが、文字どおりルーティンになっているだろう。

リアルタイムの健康管理システムに全員が加わるわけではない。加わらない選択をする人もいるし、コストがかかる、利用できる環境にないという理由で加わらない人も出てくるだろう。それでも、世界人口の3分の2を占める中間所得層が、現在の先進世界で高収入の専門職が受けられるレベルのサービスを受けられるようになる。いまは半年か1年に一度、病院に行って定期検診を受けなければいけないが、その必要もなくなり、テクノロジーが悪いところを見つけてくれる。

その仕事をどのテクノロジーがするのか、細かいところまではわからないが、だいたいのところはイメージできる。スマホを見ている人は、スマホのカメラに見られている。たとえば網膜スキャンで健康状態の変化が検出されたら、スマホが教えてくれる。その情報を医療機関に送るテクノロジーはすでにある。この情報に携帯電話に保存されているほかのすべてのこと、たとえば、どれくらい運動しているか、歩く速さはどれくらいかといったことを加えると、その人がどのような行動をしているか、それがどう変化しているかをすべて把握できる。からだの不調を感じている人なら、携帯電話がそれを診断して、たいていの場合はどうするべきか判断する。

もちろん、これは干渉ともなる。そのため、プライバシーの問題を含む社会的態度が、健康管理がどこまで普及するかを左右することになる。先進国はいま、肥満、ジャンクフード、合法・違法薬物の使用、アルコール依存など、公衆衛生のさまざまな課題に直面しており、健康管理はそうした問題の多くに対処する強力なツールになる可能性を秘めているが、すんなりとは受け入れられないだろう。

テクノロジーと社会的態度がどのように作用し合うかを予測するのはむずかしい。どちらも時間とともに変わるが、一方はほぼまちがいなく前進し、もう一方はときに不可解な変化を見せる。健康という領域は、官民がかかわる魅力に満ちたフロンティアだ。政府はわたしたちが暮らす環境全般の状況を決定するルールを定める。規制の対象は、食品の規格基準から、大気の質、土地利用まで、実に多岐にわたる。こうしたルールが健康全般に大きな影響を与える。わたしたちがよくある病気の予防接種を受けるのは、政府が義務づけているからだ。しかし、個人がそれに抵抗することもある。自分の健康を自分で守る責任を果たさなかったり、政府や医療の専門家のアドバイスを信じなかったりするときもある。

このように、国やコミュニティの健康を向上させるためにテクノロジーを使うときには、それを受け入れるように人びとを説得することが課題になってくる。急性期医療の技術はこれからも進歩しつづけるだろう。対応できる病態は増え、コストは下がり、効果は上がる。問題をもっと早く見つけられるようにもなる。だが、それよりも大きいのは、テクノロジーがライフスタイルを変える後押しをするようになることだ。どんなものかはまだわからないが、画期的なアプリができて、世界中の人がもっと健康的な生活を送るようになるだろう。医療を大きく変えるものを、スマートフォンに求めるのはまちがっているかもしれない。既存の通信技術ではなく、まったくちがうところから進歩がもたらされる可能性もある。しかし、かなり確実に言えることが二つある。つぎの30年に医療はめざましく進歩する。そして、テクノロジーがその重要な原動力になるだろう。

つぎは教育である。テクノロジーは教育を大きく変えている。ほぼ無限に情報を広められるようになったのはすばらしいことだが、その情報に関する知的な議論が困難になっているのは望ましくない。

30年前の時点で、30年後にはインターネットに接続できる個人が当時の多国籍企業の研究部門に匹敵する情報にアクセスできるだろうことは容易に予想できた。検索エンジンが教育を変えているのは、だれでも知識を入手できるようになっているからだ。ところが、その情報を評価する個人の能力は変わっていない。それどころか、情報に無限にアクセスできるせいで、情報のゴミ屋敷ができてしまっている。考えを発信するスキルに長けている人があまりにも多い一方で、その考えの価値を見きわめられない人があまりにも多い。ネットを通じて正しい情報を広めやすくなっているが、偽情報もそれと同じくらい簡単に拡散する。

その一つの結果として、世界の教育産業の地位が高まっている。本、学校、大学、ＯＪＴを柱とする旧来の教育の構造は予想されていたほど変化していない。子どもたちはいまもかばんを背負っているし、４００年以上前のシェークスピアの詩「人間の七つの時代」に描かれているように、「かたつむりのようにのろのろと、いやいやながら学校に通っている」[6]。たとえば１９６０年代のトップ大学はいまもトップ大学である。博士号はいまも博士号だし、高等教育の教員になるには当時以上に必須の条件になっている。専門知識はいまも称賛されているが、ないがしろにされるときもある。背景のノイズが大きければ大きいほど、シグナルを見つけるのはむずかしくなる。そのため、信頼できる教育・研究機関の存在はかつてなく重要になっている。

さらに、それと並行して知識産業が成長している。技術の進歩を勇敢なアウトサイダーがもたらすこともある。初の有人飛行を成功させたのはライト兄弟であって、20世紀はじめの大規模製造企業ではない。しかしIT革命では、何千ものスタートアップが巨額の資金を調達するようになっている。つぎなる「ユニコーン」を生み出そうと、膨大な資源が新しいテクノロジーにつぎ込まれている。よいアイデアにはかつてない規模の資金が集まる（数々のだめなアイデアもそうだが）。

これには既存の教育機関が関係してくる。大学とその卒業生は、スタートアップの多く、おそらくは大半の設立になんらかの形でかかわっている。大学にとっての課題は、卒業生が立ち上げた事業をどうやって収益につなげるかである。だが、大学はそれに火をつけるだけであることはわきまえておかなければいけない。その火はほかのどこかで燃え上がる。

教育産業と、教育産業が触発するビジネスの境界は、つぎの30年にもっとあいまいになるだろう。大学はビジネスのようになり、ビジネスは大学のようになっていく。この流れはすでに起きており、この先、変化が急加速する。学内の研究成果を商業化し成功させることを明確な目標として掲げる、営利目的の大学が成長することだってあるかもしれない。そのパイオニアはヨーロッパや北アメリカではなく、アジアで生まれるだろうが、それが成功すれば、西側もコピーするはずだ。

もう一つ、テクノロジーがもたらす大きな変化として、教育を受けるために必要なコストは下がり、スピードは上がるだろう。高等教育は先進世界のほとんどの学生にとって学費が高すぎるし、期間が長すぎる。若い人たちが多額の借金を背負った状態でキャリアをスタートさせたり、20代の大部分を自立しないままますごしたりするのはナンセンスだ。新興世界では、急増する中間層が家族に最高の教育を受けさせたいと思うようになるが、西側方式の高等教育機関を複製するだけの資源はないだろう。

現実を考えると、情報テクノロジーを活用して効率を上げることが、進むべき唯一の道になる。コストを下げる方法はすぐに思い浮かぶはずだ。限られた授業時間をより効果的に活用するのである。コストを下げるだけではなく、もっとよい教え方と学び方を見つけて、成果も向上させなければいけない。もちろん、インドの農村部の小学校ですることとハーバード大学ですることはちがう。それでも原理は同じである。モノをつくる工場となにも変わらない。人間がやらなければいけないことはあるし、人間のほうがうまくできることだってある。しかし、自動化するほうがいい機能はたくさんあり、どれがどちらであるかを見きわめることが課題になる。

それはみんなわかっている。それなのに、さまざまな理由から、教育改革は進んでいない。ただし、教育に対する認識は変わりつつあり、教育はグローバル産業であって、国内だけのものではなくなっていると考えられるようになっている。テクノロジーは世界共通である。ある国や地域、機関がこうすればもっとうまくやれると示せば、世界も後につづくだろう。その恩恵はものすごく大きい。テクノロジーをうまく活用すると、教育産業がさらに発展するだけでなく、人びとがよりよい人生を送れるようになる。

流通・輸送については、流通ではテクノロジー主導の革命がすでにはじまっており、オンライン化が進んでいる。顧客が小売店に出向かなければいけない形態から、オンラインで注文して商品が買い手の玄関先に届く形態へのシフトは、2000年代はじめから広がっている。

新型コロナウイルスのパンデミックがはじまってその流れが加速したが、それ以前からさまざまな影響が現れていた。小売りの仕事がなくなり、倉庫と配達の仕事が増えている。繁華街と郊外のショッピングセンターの経営が圧迫されている。個人の購買選択などを集めたデータベースがつくられるようにもなっている。この流れは少なくともあと20年はつづくだろう。問題は、オンラインへのシフトがいつ高原状態に達するかだ。これまでに経験した社会経済の大きな変化に照らせば、小売売上高の半分程度、場合によってはもう少し多くが、オンラインで注文されて買い手のところに配達されるようになるときがそうだろう。ここでもまた、高級ブランドは繁栄し、格安店はにぎわう。しかし、中間価格帯の店は減っていく。

この流通の変化は、世界の都市環境を大きく変える最大の要因になるだろう。小売りの空間は生活・娯楽の空間になり、倉庫、立体駐車場、ロフト型店舗などの商業空間が住宅に変わる傾向は今後もつづく。

その結果、都市部はいまよりも住みやすくなる。ここでの課題は、新しい流通網を古い流通網と同じくらい効率的なものにすることだ。数多くの個人の家に商品を届けるのは、少数の大きな店に届けるよりも複雑な作業である。それに、都心部の店を運営するのは、郊外の物流倉庫を運営するよりもコストがかかる。輸送テクノロジーの進歩に多くがかかっている。陸上輸送では内燃機関から電気へのシフトが急速に進むだろう。しかし、電気自動車はわたしたちの生活を変えると喧伝されているが、２０５０年には過去の話になっているのではないか。なにしろ１９６０年代には、わたしたちは２０００年には自家用ヘリコプターで空を飛び回っていると予測されていたのだから。[7] 物理の法則が変わることはない。

変わるのは、行動のパターンだろう。自動車は個人の主な移動手段でありつづけるものの、あまり使われなくなる。先進世界は２０１９年に車両走行距離で「ピークカー」に達していると思われる。新興国はペースこそそれぞれちがうが、ほとんどすべての国が２０５０年にはピークに達しているはずだ。先進世界の都市はいまよりも穏やかになり、汚染が減り、暮らしやすい場所になっているだろう。そして、新興世界の都市は全体として混沌のなかで急速に発展していくが、2050年には大半が先進世界の都市と同じ軌道にのり、暮らしやすい場所にもなっているだろう。

ここでのキーポイントは、テクノロジーと輸送をめぐる議論の大部分が、クリーン化と効率化であることだ。それは実現するだろうし、歓迎すべきことでもある。だが、輸送・流通システムの変化が都市の環境に与える影響のほうが大きい。都市はもっと暮らしやすいところにならなければいけない。それを後押しできるのはテクノロジーだけだ。

住まいのありかたが変わっていることは、だれもが実感している。IT革命が起きて、多くの人にとって、家は消費する場所から生産する場所へとすでに変わってきている。暮らしやすいところにするためにお金を使う場所から、ほかのところで使うお金を稼ぐ場所になっているのだ。たしかに全員が全員そうであるわけではない。ホームオフィスからバスを運転したり、水泳を教えたりすることはできない。しかし、新型コロナウイルス危機を経験して、これだけ多くの仕事が在宅でできることが明らかになっている。小売りと同じように、すでに起きていた動きが加速しており、この流れは長くつづくだろう。また、映画館に行って映画を見るのではなく、家で映画をみる人が増えているため、ホームエンターテインメントへのシフトもさらに進みそうだ。

これはどれもわかっていることだ。そうだとすると、こうした流れはどこまで進み、いつ高原状態に達して、場合によっては後退するか、そして、住宅そのものがどう変化していくのかが問題になる。

2050年になるずっと前の時点で、おそらく在宅ワークは限界に達する。新型コロナウイルスのパンデミックが残した遺産の一つは、オンラインで仕事をするほうが効率的なときと、対面でのやりとりが不可欠なときがすぐにわかるようになることだ。テクノロジーの能力はすでに非常に高い水準にあり、この先、さらに高まる。したがって、限界は技術的なものではなく、社会的なものになるだろう。人はどんなときに相手と顔を合わせて会話する必要があって、どんなときに1人で仕事をするのがベストなのか。

それはもうすぐ明らかになるはずだが、いまの物理的な環境を社会のニーズに適応させるには、かなり時間がかかるだろう。一つはっきり言えるのは、もっと大きな家が必要になるということだ。料理をしたり、趣味を楽しんだり、眠ったりするための専用のスペースがあるように、独立したワークスペースがなければいけない。豊かになりはじめた人が最初にすることの一つは、より大きな家を買うことであり、いままさにそうなっている。そうした消費者の願いに対応しやすい地域もある。郊外の一戸建てを大きくするのは、高層マンションを大きくするよりも簡単にできる。そのため、北アメリカ、オーストラリア、ニュージーランドは、ヨーロッパよりも有利になる。アジアの都市部と比べたらとくにそうだ。しかし、住宅は適応していくだろう。家が家であるのはこの先も変わらないが、だんだん工場にもなっていく。

そして最後が、テクノロジーと雇用市場である。通信技術が進歩して、仕事の大部分を在宅でできるようになると、雇用主と個人の関係が変わるのは避けられない。リモートで働いている人は成果で評価され、労働時間を自分で管理する。雇用から自営への転換をうながしている力は、在宅ワークだけではない。製造業からサービス業へのシフト、需要に柔軟に対応する必要性、労働力の高齢化などもあるが、在宅ワークへのシフトは強力な要因である。

それはだれの目にも明らかだ。だが、この先どうなるかわからないことがたくさんある。一つは、自営に転換する流れがどこまで広まるかだ。イギリスでは、労働力に占める自営の割合は２０２０年には15％に達していた。これは統計をとりはじめた１８６０年代以降でいちばん高く、１９７９年の８％の2倍近い。[8] 自営の割合が上がりつづけるのはほぼまちがいないが、２０５０年にはおそらく労働力の25％で頭打ちになっているだろう。企業に属さずに自分で考えて仕事をすることを選べば、多くの人がさまざまな束縛から解放される。それでも、自営でやっていくには多くの人とはちがう心構えが絶対に必要になり、これからも企業に雇用される形態が基本になるだろう。

また、新しい通信技術が仕事の質にどう影響するかもはっきりしない。繰り返しの定型作業はこのまま減っていき、賃金全般の水準や仕事の満足度が上がるのか、それとも、雇用市場が空洞化し、高スキルと低スキルの仕事は増えて、中間の仕事はなくなってしまうのか。

その両方が進むのはほぼまちがいない。中スキルの繰り返し作業は、すでに多くが姿を消している。仕事の手紙や覚書をプロにタイプさせる人はほとんどいなくなり、速記の仕事は鍛冶屋と同じ道をたどっている。旅行はオンラインで予約することが多く、旅行代理店の雇用が破壊されている。新型コロナウイルスのパンデミックの余波の一つで、対面での会議からオンライン会議への移行が加速しており、会議に出席するための移動時間が削減されているが、輸送産業で働く人の仕事もなくなっている。

だが、テクノロジーによって消滅した仕事はあるものの、それ以上に多くの仕事が生み出されている。総雇用者数は先進世界全体で増加しており、統計を見るかぎりでは、全体としての仕事の満足度は安定しているか、上がっているようだ。人びとが不満なく働いているかどうかを労働争議の件数で測るなら、２０１０年から20年までの10年間は、歴史的に見てもかなり落ち着いている。アメリカの仕事満足度調査では、２００９年の景気後退の影響が消えた後は、仕事に満足している人が増えた。[9] 収入が不安定である、就職先がなくてやむなく自営で仕事をしている、短期の仕事しかないといった不安や、いわゆる「ギグエコノミー」に関する懸念はそれなりにあるが、全体としては仕事の質は下がってはいないようだ。その一方で、ＧＤＰに占める雇用者報酬の割合（経済全体の規模と比べて労働者に報酬として支払われる額がどれくらい大きいか）は１９６０年代以降、下がっており、21世紀になっても止まっていない。[10] ２０２０年代以降に好転する兆しはあるものの、まだ確信はできない。これがチャールズ・グッドハートとマノジ・プラダンの重要な著書のテーマである。[11]

しかし、ここではさまざまな力がはたらいている。中国が台頭して世界2位の経済大国になったこともその一つだ。そのため、新しいテクノロジーが離陸する前からはじまっていた流れの原因を、新しいテクノロジーに求めるのは的外れだろう。[12]

いまはっきりしている二つの流れがもっとはっきりすることはほぼまちがいない。第一に、高スキル労働者に対する需要が増える。そして第二に、働くすべての人が回復力（レジリエンス）を高める必要が出てくる。仕事はたくさんあるが、十分な基礎教育を受けてから、その仕事をするための適切な労働教育も受けなければいけなくなる。さらに、スキルを高めるうえでも、仕事とプライベートの時間を管理するうえでも、柔軟な考え方を全員が身につけなければならない。生活と仕事の垣根はなくなっていく。それはコロナ禍で経験したとおりである。

ここで最も重要な鍵となるのが、つぎに大きく進歩し、通信革命に匹敵するインパクトをもたらすであろうＡＩである。

なぜＡＩはこれほど重要なのか

コンピューターが人間のように考えるようになるというＡＩの概念が生まれたのは１９５０年代に遡るが[13]、実際に活用されるようになったのは２０１５年と、つい最近である。ＡＩが実際に活用されるようになったのは、世界経済が生み出したデータの波が押し寄せてきているからだ。ＡＩはデータの分析に長けている。わたしたち人間よりずっと優秀だ。ところが、それ以外はほとんど役に立たない。食洗機から食器をとりだすことはできない。そのため、膨大なデータが蓄積されるまではおもちゃみたいなものだった。チェスで人間を打ち負かせても、がんの治療法を見つける手助けはできなかった。

わたしたちはＡＩにはなにができるのか学びはじめたところだが、すでにいくつかの分野で、情報の森を通り抜けるＡＩの能力が物事を大きく変えつつある。実例はもう数え切れないほどある。ロンドンのムーアフィールズ眼科病院[14]によれば、ＡＩを使って患者の網膜をスキャンすると、どんな経験豊富な医者よりも早く目の病気を見つけられるという。ＡＩは顔認証で使われているし、採用、マーケティング、サプライチェーン管理などにもとりいれられている。新型コロナウイルスのパンデミック期には、携帯電話を利用して感染者を追跡して拡大を防ぐ、リスク因子を解明する、データベースを解析してワクチンの開発に役立ちそうな分子を見つけだすなど、さまざまな形で使われた。

言うまでもなく課題は山ほどあり、すでに問題になっている。一つはプライバシーだ。自分の個人情報はもちろん、人生を歩むなかで生み出すすべてのデータが分析されるのをどこまで許すのか。もう一つはバイアスである。人間の知性がそうであるように、ＡＩもバイアスを生み出しうることが明らかになってきている。さらに、分析・推論というＡＩのハードスキルと、共感、創造性、想像力といった人間のソフトスキルとをどうかけ合わせるか、という問題もある。

つぎの世代にＡＩはどこまで進むのだろう。これについては二つの考え方がある。一つは、ＡＩがとてもうまくできるものを出発点にすること、もう一つは、わたしたちが社会としてＡＩになにを望むかを問うことだ。

一つ目については、ＡＩはデータベースを検証し、そこから結論を引き出すのがとてもうまいことがわかっている。この能力は、医薬品、環境学、人間の行動、ビジネス慣行、社会政策などの分野で大いに活用されるようになるだろう。ＡＩに投入されるデータが多ければ多いほど、驚くような事実が見つかる。たとえば、新型コロナ危機では、見知らぬ人からウイルスをもらうより、知っている人から感染する可能性のほうがはるかに高いことが明らかになった。

ＡＩにはなにができるのか。ＡＩの可能性を追求していけば、いまは想像もできないようなところに導いてくれるだろう。通信革命によって、フェイスブックやツイッターといったソーシャルネットワークが生み出されたように、いまはまだそれが欲しいとも必要だともわからないようなサービスが生まれるはずだ。しかし、それがどんなものになるかは、まだわからない。

これではなんの助けにもならない。だが、視点をひっくり返して、わたしたちはＡＩになにを求めるようになるのかを問うと、いろいろなことが見えてくる。たとえば、社会が高齢化すると、よりよい医療が求められるようになるだろう。高齢者の健康問題を早期に発見して警告することはとくに重要になってくる。ＡＩがどう役立つのかはわからないが、役立つのはまちがいない。教育というものが変わってきているのもわかっている。若い人たちが学校や大学で受けるものから、人が生涯にわたってするものになりつつある。ＡＩを使うと、なにがうまくいき、なにがうまくいかないかがわかるようになる。この先、人的資源をもっと有効に活用することも求められる。そこでもＡＩが役に立つだろう。

　わたしたちが地球環境に与える負荷を減らすことも必要になる。ここでもＡＩを活用する余地はとても大きい。データの質が高まり、量が増えると、ＡＩを使って、ライフスタイルがどう変わると環境によくて、どう変わると環境に悪いかがわかるようになる。気候変動のことをもっとよく知る必要があり、理解が深まっていくのはまちがいない。気候変動を遅らせて、場合によっては覆す最も効果的な方法についても、理解が進むだろう。

　どれも歓迎すべきことだ。最大の難問は、ＡＩを人間の行動にどう応用するかである。ＡＩを使って犯罪をなくせるか。答えはほぼまちがいなく「イエス」だ。もうすぐ、犯罪がどこで起きそうか、それがどのようなもので、だれが起こしそうかを予測できるようになるだろう。その情報を使ってなにをするべきかが、倫理面で問題になってくる。ある人が80％の確率で殺人を犯すとコンピューターが判定したら、その人をどこかに閉じ込めるのか。

　さらに言うなら、ＡＩは日常で当たり前に使うツールになるべきなのか。だれを友人や恋人にするべきかをＡＩが決めたり、これからの人生でどのような仕事をしていくか、家計をどう管理するべきかをＡＩに判断させたりするのか。保険会社は自動車保険や生命保険の保険料を決めるときに

ＡＩを使うべきなのか。そして最後に、国はどこで介入し、人びとを監視して、行動を変えさせるようにするのか。

政府に対する考え方がどう変化するかについては、つぎの章で見ていく。ここでわたしが言いたいのは、ビッグデータとＡＩの可能性はとても大きい、ということだ。つぎの30年にわたしたちの日常生活が変わるとしたら、最大の変化をもたらすのはビッグデータとＡＩだろう。いまは夢でしかないようなことが可能になり、ＡＩを賢く使えば、わたしたちの暮らしをよりよいものにする大きな力をもつようになる。しかし、よい面ばかりではない。

監視社会

どんなときも、望むものを得るためには、望まないものを受け入れなければいけないものだ。すでに望ましい目的と望ましくない目的のあいだでトレードオフが行われている。前者はソーシャルメディアのユーザーに適切な広告を配信するのにデータを使うことであり、後者は抑圧的な政治体制への批判を封じるためにデータを使うことである。プライバシーとセキュリティの衝突は避けられず、すべての社会が頭を悩ませている。しかし、ＡＩ革命はまだ初期の段階にあると考えるべきであり、もしそうだとしたら、いま目に見えている衝突は、これから起こるものに比べれば微々たるものだ[15]。

ある人の人生が逐一公開され、保存されて、分析できる社会を想像してほしい。どこで学んでいるか、成績はどうだったか、どんな仕事をしてきたか、あの日の夜にだれと食事に行ってなにを食べたか、電子メールになにを書いたか、いつ、どんな理由で病院にかかったか、休暇でどこに行ったか、どんな人と付き合ってきたか、遺伝子上の両親はだれか――一人の人間がこの世に生まれてからのありとあらゆる情報を瞬時に入手できる。

　もちろん例外はあるだろう。先進国でさえ、理由がどうあれ自分がなにをしているか知られないようにする人はいるだろうし、新興国では監視の目から漏れてしまう人も出てくる。だが、地球規模のデータベースがつくられて、そこにほぼ全員が登録されるようになって、それを人類と人類が暮らす地球の両方の利益になるようにどう使うかが課題になる。

　これには先例がない。ほぼすべての人のほぼすべてのことが知られていて、データに抜けがあるとレッドフラッグが出るような社会は、だれも経験していない。そのため、実験には20年か30年はかかるだろう。プライバシーとデータ開示の線引きをどこでするべきか、どのようにしてプライバシーを守りながらデータを活用していくか、それぞれの社会が手探りで決めていくようになる。

　いまの時点では、西側の民主主義国は個人のプライバシーを守ることを重視し、中国は集団としての価値観を広めるのを優先するものと見られる。おそらくインドも後者になる。しかし、それも変わるかもしれない。リベラルな民主主義国のリベラル色が薄れ、プライバシーを重視するのはまちがいだと考えるようになる可能性はきわめて高い。国民に関するほとんどの情報がすでに公開されているスカンジナビア・モデルがさらに広まっていくだろう（ノルウェーでは、全国民の納税申告書の要約版がオンラインで公開される）。逆に、中国とインドで拡大する中間層が、国家目標の達成への貢献よりも家族と友人を第一に考えるようになり、個人のプライバシー保護を求めるようになる可能性も、それと同じくらい高い。

つきつめれば、詳細な個人情報の監視からどのような利益が得られるかが決め手になるだろう。真っ先にあげられるのが健康の向上である。ソーシャルメディアサービスが「あなたのデータを差し出してくれたら、もっと興味深い広告を表示しましょう」と訴えても、それほどの魅力はない。だが、「あなたの健康状態をモニターさせてくれたら、健康で長生きするお手伝いをしましょう」と言われたら説得力がかなり増す。では、これはどうだろう。「あなたのライフスタイルをモニターさせてくれたら、税金を減らしましょう」。健康的なライフスタイルを選択する人は、そうではない人よりも社会に負担をかけない。そのため、国が「よりよい」選択をするインセンティブを与えようとするのは都合がいいかもしれないし、減税がその効果的な方法であるのはまちがいない。

しかしこれは、政府は監視だけでなく、ほかの目的においても、明確な良心をもって、テクノロジーを共通善のために使うという前提にも立っている。大部分の政府はそうするだろうが、そうしない政府もあることは認めなければいけない。戦争は何世紀にもわたり、技術を進歩させる強力な原動力になってきた。20世紀前半に起きた二つの世界大戦のいずれかに匹敵する規模の衝突は起きないというのが、この本の大前提の一つである。もしもそれが崩れたら、予測はすべて意味を失うし、そんな未来を考えることなど耐えられない。それでも衝突は起きるだろう。少なくとも紛争に発展しかねないレベルの国際競争は起きる。そこではテクノロジーが一つの役割を果たす。これは、発生する可能性は低いが、もしもそうなったらつぎの30年が大きく変わることになる極端な例外の一つであり、頭に入れておかなければいけない。

ブレイクスルーはどこからやってくるか

この先、驚くようなことが起きるだろう。突然、テクノロジーが飛躍的に進歩して、わたしたちの社会に大きな影響を与えるケースだ。それがどんなものになるかはわからない。それがわかったら驚かない。しかし、それがどこからやってきそうか、したがって最初にどこを見るべきかは、だいたいわかる。その場所は五つある。

一つ目はエネルギーだ。ここ半世紀に失望を呼んだことの一つは、世界で炭素燃料離れが進んでいないことである。第3章で見たように、一次エネルギーの三大供給源は、いまも石油、ガス、石炭のままだ。効率性は上がっており、21世紀になってから化石燃料を風力と太陽光が補完する割合は少しずつ高まっている。だが、風力は最も古いエネルギー源の一つで、ペルシャの風車は紀元６００年ごろにつくられているし、ローマ人は太陽光で浴場のお湯を温めていた。原子力は非常に大きなブレイクスルーかもしれないが、失望も大きい。原子力技術を発電に利用できるようになったが、コストが高く、環境に対する深刻な懸念を生んでいる。

世界で脱炭素燃料をもっと速く進めなければならず、エネルギーを供給する側にも、エネルギーを使う側にも、強い圧力がかかるだろう。一次エネルギーの生産がなんらかの形で飛躍的に進歩することはもちろん考えられる。真っ先に思い浮かぶ分野が核融合反応である。これは水素爆弾に用いられる技術で、１９５０年代にイギリスのＺＥＴＡ核融合炉が原子力のつぎの大きな発展になると期待されたが、失敗に終わった。それ以降ずっと、[16]核融合技術の商用化をめざす取り組みはふるわない結果がつづいている。この状況はこの先も変わらないと考えるべきだろう。

　ブレイクスルーが起こるとしたら、エネルギーの貯蔵と効率化のほうになりそうだ。発電コストが最も安いのは、太陽光と風力である。風はいつも吹いているわけではないし、太陽がいつも出ているわけではないものの、太陽光と風力を利用して生み出した電気を低コストで安全に貯蔵することが可能になれば、それほど問題にはならない。いまのバッテリー技術は漸進的に進歩するだろうが、バッテリーは技術として洗練されているとは言えない。重いし、レアアースを大量に使う。必要なのは大変革であり、それを実現するにはこれまでとはまったくちがう発想が求められる。バッテリー技術に大変革が起こる可能性は高い。勝者となるテクノロジー（あるいはテクノロジー群）はすでに存在しているはずだが、それがなんであるかはわからない。

　エネルギー効率を一気に高める新しい技術も生まれるだろう。ここ20年で白熱電球が発光ダイオード（ＬＥＤ）に置き換わっている。１２０年以上使われてきたテクノロジーが突然、５〜10倍効率が高いものにとってかわられた。この先、コンピューターやその他のインターネットにつなげるデバイスの効率性が飛躍的に高まるなど、それと同じようなめざましい進歩が生まれるだろう。

　二つ目は医療である。この原稿は２０２１年はじめ、新型コロナウイルス感染症が猛威を振るうなかで書いている。世界各国でワクチンを開発するための大規模な取り組みが進んでおり、これが別の進歩をもたらすのはまちがいないだろう。細菌による感染症はいまのところは制御できているように見えるが、ウイルスによる感染症に人類の英知は打ち勝つことができるのか。

　それとも、非常に厳しい結果になり、細菌もウイルスもどんどん進化して人間の対応が追いつかず、終わりが見えない闘いがずっとつづくことになるのだろうか。わたしたちは闘いに負けるかもしれない。そうなると、ペニシリンが発明される前の１９３０年代の状況に戻るおそれがある。健康を維持するには、清潔を保つ、運動する、健康的な食習慣をつづけるなど、生活習慣全般をよくするしかなくなる。平均寿命は横ばいになるのがせいぜいで、下がりはじめてもおかしくない。

そこから三つ目の分野につながっていく。それは驚くようなことが起きるのはほぼ確実で、社会に衝撃をもたらす可能性がきわめて高い分野だ。そう、バイオテクノロジーである。

疑問はたくさんある。先進世界の富裕層はいわゆる「パーフェクトベビー」をつくろうとするのか。あるいは、数多くの国で、バランスのとれた幸せな人生を送る確率を押し上げるために子どもの遺伝子を操作したいという願望が広まるのか。このような疑問は不快だが、遺伝子技術が進歩すれば、避けては通れなくなるだろう。

農業はどうか。食料生産を変革する圧力が大きくなるのはまちがいない。いま、農業科学産業は主に、収穫量を増やすこと、過酷な環境にも耐える品種を開発することに取り組んでいる。そのおかげで、森林の農地化が抑えられているし、世界の貧しい人たちもよりよい食事ができるようになっている。つぎなる段階は、わたしたちが食べる肉と魚を代替する、少なくとも、植物性たんぱく質を動物に与えて動物性たんぱく質に変換するという、非効率な食物連鎖を減らすことになるが、こうした動きはすでに大きなうねりになっている。先進世界の大部分は食事を調整しはじめており、アメリカの牛乳消費量は１９７０年代以降、減っている。その流れはやがて新興国にも広がっていくだろう。

農業の可能性はかなりはっきり見えているが、それに比べると産業における可能性は不透明だ。ここでの問題は、現在の製造工程が、プラスチックを多用していることを含めて、生物学によって大きく変わるかどうかである。プラスチック革命は大きな恩恵をもたらす一方で、深刻な環境破壊も生んでおり、革命は終わりを迎えようとしているのだろうか。そのような気配にはなっているが、バイオテクノロジーが進歩して〝クーデター〟が起きるかもしれない。プラスチック素材でできたスーパーのレジ袋を使わないように説く必要はなくなるだろう。生物由来の原料でつくる環境にやさしく低コストの代替品にとってかわられているため、プラスチックのレジ袋はなくなっているからだ。

もっと幅広い問題もある。製造業で使われる原材料は、金属・プラスチックからバイオ工学を用いた自然由来のものにシフトしていくと思われる。自然由来の原材料が安くなって質がよくなることが条件になるものの、たぶんクリアされる。建設でもシフトが起こり、素材は鉄とコンクリートから木材に変わっていくだろう。技術だけでなく建設様式も変化するが、技術の進歩が建設様式の変化をもたらすケースは多い。20世紀はじめに高層ビルが建設できるようになったのは、鉄骨を大量生産する新しい工法ができて、電動式エレベーターが発明されたからである。

残る二つの可能性は、わたしたちの知識の遠くおよばないところにある。わたしたちの脳はいまの科学では説明がつかないようなはたらきをするときがあり、二つの可能性のうちの一つは、それと関係がある。

多くの人が超自然的なレベルでほかの人とつながっているかのような経験をしている。地球の裏側にいる人のことを考えているときに、これといった理由がないのに相手も自分のことを考えていたりする。なにかが起きるとき、たいていはよくないことが起きるときには予感がするという人もいる。信じられないような偶然の一致が起きるときもある。確率論的にはほとんどありえず、まったくの偶然だとは考えられないようなことが起きるのだ。それをくだらないと一蹴してしまうのは簡単だし、多くの人がそうする。しかし、一流の科学者のなかにもこうした現象に関心をもっている人は大勢いる。アラン・チューリング[17]はテレパシーを信じていたし、ピュー研究所の調査では[18]、アメリカ人の18%が幽霊を見たことがあると答えている。わたしたちの理解を超える世界は存在すると考えている人がとても多いのはまちがいない。だから『ハリー・ポッター』が大ヒットしたのだ。

いま、わたしたちの脳は高次元で交信しているとわかり、テレパシーのメカニズムが解き明かされたとしよう。タイムトラベルをしたり、死者と交信したりすることはできないとしても、わたしたちの知識が劇的に進化して、超自然現象の一部の側面に説明がつくようになるかもしれない。そのとき、わたしたちは人類をどう考えるようになるのだろう。そうした発見はわたしたちをどこに連れていくのか。宗教に対するわたしたちの態度はどう変わるのか。過去にあった多くの謎がとけて、「アハ体験」が訪れるかもしれない。あるいは、人間という存在がますますわからなくなって、人類を、そして地球を支配するより高い次元の力を探し求めるようになるだけかもしれない。そんな発見はたぶん生まれないだろうが、可能性を排除してはならない。物理法則へのわたしたちの理解をはじめとして、変わらないものはない。

世界を大きく変えてしまうようなもう一つの発見は、宇宙にいるのはわたしたちだけではないとわかることである。こんなに広い宇宙にいるのがわたしたちだけだとしたら、それこそ驚きだ。そのため、わたしたちと交流ができるほど近いほかの生命体がいるかどうかのほうが問題になる。いまの物理学では、ほかの生命体がいるとはまず思えない。それでも、物理法則が異なる別の宇宙が存在して、人類よりはるかに高度な文明をもつ別の知的生命体がいるかもしれない。もっとも、ここでＵＦＯを見たという証拠を検証したり、どんな地球外生命体が存在するかあれこれ考えたりするつもりはない。わたしはただ、宇宙にいるのはわたしたちだけではないとわかると、わたしたちが知っていると思っているあらゆることが根底から変わる、と言いたいだけである。

　しかし、それはずっと前からわかっていたのではないか。シェークスピアはハムレットにこう言わせている。「ホレイショー、この世には人智のおよばぬこともあるのだ」

第6章　政府、そして統治はどう変わっていくのか

民主主義への数々の挑戦

民主的統治を信じている人にとって、いまは厳しい時代だが、統治は政府よりも大きな概念である。統治と言うと、国と、国を運営する政府を単位として考える。ほとんどの政策は政府が決める。国の政府は国際レベル、地域レベルで協調するが、主要な意思決定主体でありつづけるし、それはこの先も変わらないだろう。そのため、アメリカと中国、あるいは中国とインドとの関係がどうなるかが、今後の世界の焦点になる。このすぐ後で見ていくように、ここで問題になるのは、中国を除く世界の大半の国・地域が志向するか、少なくとも志向するとしている絶対的基準として、代表制民主主義が世界の主流の地位を維持するかどうかだ。

しかし、世界のありよう、そしてわたしたちの生活のありようを左右する力はほかにもある。まず、さまざまな種類の多国籍機関が何百とある。そのなかには第二次世界大戦後につくられた国際機関があり、国連、IMF、世界銀行などがそれにあたる。そして国際決済銀行（BIS）などの国際金融機関がある。BISは第一次世界大戦後にドイツの賠償金の支払いを処理する機関として1930年に設立されており、いまも大きな役割を果たしているのは驚くべきことだ。BIS以外に、欧州投資銀行、アジア開発銀行などの地域開発金融機関もある。さらに地域経済連合と政府主導の産業カルテルがある。前者で最も成功しているのがEUであり、後者でいちばん有名なのが石油輸出国機構（OPEC）である。

そしてまた、商業と金融の世界に秩序を与える統治システムがある。企業の形態をどうするか、だれが所有するか、どのように資金を調達するか、企業をとりまく倫理と環境の問題にどう対応するか、企業を支える金融システム全体をどう運営していくか。企業の所有形態は、国有企業と共同所有企業が減っているため、民間が企業を所有するのがグローバルスタンダードになっている。民間企業のうち規模が大きいものは株式を証券取引所に上場する傾向がある一方、小さいものは一族が所有するか、株式を公開しない。貿易と金融は、国内・国際銀行のネットワークが支えている。国有銀行も存在するが、共産主義国の中国でさえ、少なくとも一部は民間が所有している銀行が大半を占める。

この市場資本主義の巨大な構造は、法律と会計と規制の基準の下で動いている。こうした基準は時間とともに変化してきたし、これからも変化しつづけるだろう。しかし、戦後の大半の期間は公的な支援が増える傾向があったが、2008／09年の金融危機以降は減っている。市場資本主義の未来は現時点では揺るぎそうにない。それにかわるものはどこにもない。だが、その統治に向けられる視線はだんだん厳しくなっている。

それ自体が非常に大きな問題になるだろうが、そこからさらに大きな問題へとつながっていく。つぎの30年に社会の態度と行動はどう変わっていくのか。東側と西側は収斂するのか、それとも分岐するのか。男女の関係性を含め、社会は人間の行動を統制しているが、その役割がどうなっていくのか。これは政治の問題ではまったくないし、法律の問題ですらない。政治も法律も、一般世論を後追いする傾向があるからだ。それでも、#MeToo運動がアメリカの生活のいくつかの側面を大きく変えていることからもわかるように、この先、社会の態度が根本から変化して、政治家が対処しなければいけなくなるかもしれない。しかしまず、政治のシステムそのものについて考えてみたい。

代表制民主主義はなぜ支持されなくなっているのか

１９９０年代、ソ連が崩壊した後には、なんらかの形の自由民主主義が世界の統治システムの主流になるだろうと考えられたが、その安易な前提は崩れている。共産主義の中国は、一党支配による統制を強めながら、経済の自由化を進めている。ソビエト崩壊後のロシアの野蛮な民主主義は文字どおり野蛮になっている。インドやロシアでは有権者の過半数が独裁的な政府を選んでおり、民主主義が発しているその明確なシグナルにさえ、西側のリベラル・エリートは衝撃を受けている。そのエリートたちにとっては、ヨーロッパの一部の国とアメリカの有権者も、「誤った」答えを示している。[1]

なかには前もって完全に予測されていたこともある。１９９０年代はじめには、アメリカでリベラル・エリートに対するポピュリストの反乱がなんらかの形で起きるだろうと考えられていた。実際にわたしは前著『２０２０年　地球規模経済の時代』でそう予測している。また、イギリスはおそらくＥＵを抜けるだろうとも考えられていたし、それも本のなかで指摘している。だが、中国がこれほど発展するとは考えられていなかった。中国が経済を成功させて、増加する中間層の欲求を満たすのは、中央集権体制の下では厳しいだろうと思われた。しかしこれまでのところ、うまくいっている。それはとても大きな成果ではあるものの、民主主義の下で暮らさなくてもそれなりに豊かになれるチャンスは十分にあるというメッセージともなる。一部の民主主義国はほかの国よりも経済的に成功しているが、ソ連、東ヨーロッパの衛星国、毛沢東時代の中国が実践した共産主義の下で国民の大多数が貧しい生活を強いられたことは広く知れわたっていた。中国の台頭はそれを一変させた。

そしていま、代表制民主主義は多方面からさまざまな攻撃にさらされている。左派からも右派からも、国内からも国外からも、支持派からも反対派からも、直接民主主義を支持する人からも、「強い指導者」を求める人からも、という状況で、数え上げたらきりがない。こうした課題の場合、攻撃側のイデオロギーと切り離して、なんらかの視点から全体を見なければいけないのだが、そこがむずかしい。ここでは二つの課題を素描して、それを試みる。

第一に、２００８／09年に金融危機が発生し、その後に景気後退に突入して以降、先進世界の大半は精彩を欠いている。公式統計を見るかぎり、経済状況がそれなりにいい国ですらＧＤＰ成長率はかなり低く、生産性はほとんど上がらず、所得の中央値は頭打ちになり、少なくともヨーロッパの大部分では、失業率は高止まりし、若者が仕事につけない状況がつづいていた。[2]

民主主義を支持している人は、これに対してこう答える。第一に、金融危機後の10年間の対応は失敗だったように言われているが、実際はかなり成功している。そして第二に、いま直面している問題は、統治システムとはほとんど関係がなく、大半の先進国で人口が高齢化しているなど、ほかの要因からきている。人口の高齢化が進めば生活水準が下がるのは避けられない。

一つ目の答えの主な根拠は、「経済成長と経済成長がもたらしている生活水準の上昇は過小に評価されている」というものだ。[3] ｉＰｈｏｎｅがブームになり、大量のアプリが生まれ、自撮りが広がり、世界中で通話やメッセージが無料でやりとりされている。しかしどれも、ＧＤＰには差し引きでマイナスに作用する。なぜなら、新聞のように多くの生産要素を投入し、より多くの人を雇用する必要がある古いテクノロジーがとってかわられるからだ。その逆風をいちばん強く受けているのが、こうした新しいテクノロジーをいちばん熱心に使っている若者たちだというのは皮肉である。民主主義の下で繁栄した資本主義システムは、みんなが好んで使う商品やサービスを生み出したのに、それが正当に評価されていない。経済統計を見るかぎり、生活水準は上がっていないか、少なくとも大きくは上がっていない。だが、こうした新しいサービスがつぎつぎに生まれていることを考えれば、生活水準は上がりつづけている。若者たちはとくにそうだ。

この答えは筋が通っているかもしれないが、問題がある。人びとが生活水準は上がっていないと感じているのなら、それはまちがいだと伝えたところで、だれも耳を貸さないだろう。しかも、中スキルの仕事をしている多くの人は、経済構造の変化に取り残され、そのスキルはもう必要とされなくなっているか、少なくとも職場での価値が下がっている。

民主主義の市場経済システムを熱烈に支持する人は、すべての先進国の人口動態が逆風になっていることも認めなければいけない。前に述べたように、労働力が横ばいか減少するなかで、増えつづける年金受給者を支えようとしたら、増税は避けられなくなり、そのぶん現役世代の実質賃金は押し下げられる。21世紀になってからその逆風は少しずつ、だが確実に強まっている。この先もどんどん強くなっていくだろう。政治家は、公共サービスをよくしたいならもっと税金を払う必要があると説得することはできるだろうが、ただサービスの水準を維持するのに税金を増やす必要があると説明するのは至難の業だ。そして厳しい事実がそれに追い打ちをかける。若者のほうが税金を多く払うが、有権者の大半は高齢者なのである。

二つ目の課題は、経済や財政の数学的な側面よりも、こうした圧力に対する政治家の反応に関連している。２０２１年の時点では、ポピュリズム革命が身近すぎて、歴史の文脈で語ることはまだできない。しかし、おそらく２０３０年代には収束する。そのときにはなんと言われるのか。きっと「主流派の政治家の目に余る傲慢さが招いた当然の結果だ」とされるはずだ。エリート層への反発は１９９０年代はじめの時点ですでに高まっていたが、それが爆発したのは２０１０年代に入ってからだった。真っ先に思い浮かぶのが、ドナルド・トランプ大統領の誕生である。政治のアウトサイダーがアメリカ大統領選でエスタブリッシュメントの候補を打ち破った。イギリスのＥＵ離脱もそうである。ナレンドラ・モディがインドの首相になったのも、オルバーン・ヴィクトルがハンガリーの首相になったのもそうだ。どちらも古い体制を変えると訴えた。かつての泡沫政党が世界中で台頭していることもそうである。

この力は世界を覆い尽くし、すべての民主主義国、あるいは少なくともほとんどの民主主義国をのみ込んでいると考えるのはまちがいだろう。世界はもっと混沌としている。そこに共通するテーマがあるとしたら、「政治家として成功するには、たとえほんとうはそうでなくても、自分はアウトサイダーだというイメージを打ち出さなければいけない」というものだ。主流派の政治家はふつうの人びとの希望や価値観と断絶してしまっているかのようだ。愛国心の意味がわかっていないなどと有権者を見下すようなことを言ったり、自分とはちがう価値観をもつ人をあざ笑っているように見えたりするときもある。ヒラリー・クリントンは２０１６年の大統領選挙戦で、ドナルド・トランプの支持者の半数は「嘆かわしい集団」だとレッテルを貼って批判しており、この言葉からも埋めがたい溝の深さが見てとれる。[4]

このような分断はいまにはじまったことではない。これまでも政治のリーダーはたびたび大衆から乖離している。それは政治にかぎったことでもない。先進世界の多くで、法律、一部のメディア、学界の大部分など、権力と影響力が集中する別のところも、市民の大半、ときには大多数の感覚からかけ離れてしまっている。いまの分断のちがいは、社会を一つにまとめる求心力が、社会をばらばらにする遠心力よりも弱いことではないか。民主主義はそれにうまく対処できていない。指導者に正統性を与えるのは有権者である。しかしその指導者は、有権者が求めることはせず、考え方が幼稚だと切り捨てる。

国の分断が大きいとしたら、超国家レベルでの分断はそれ以上に大きい。第二次世界大戦後に確立された新しい世界秩序の下で、各国政府の協調をさまざまなレベルでうながすために、国連、ＩＭＦ、世界銀行などの国際機関が生まれた。ヨーロッパでは１９５６年に共同市場が設立された。

これは「理念」の実現をめざすトップダウンのプロジェクトではない。国のエリート層の失敗が、二度の世界大戦、ホロコースト、ヨーロッパの分断をもたらしていた。20世紀後半に生まれた国際機関は、20世紀前半の世界に戻らないようにするためにつくられたものだ。欠陥はあったが、無視されるか黙認された。こうした機関があるかぎり、少なくとも過去の惨事は繰り返されないという希望がもてたからである。

ポピュリズムが台頭した背景には、これら国際機関の欠陥があらわになってきていたこともある。気候変動のような重大で深刻な課題に世界が直面したとき、協調行動をとるための国際合意の場として選ばれたのが、ほかでもない国連だった。２０１５年のパリ協定は、気候変動に関する国連枠組条約の下で採択された。ところが、ドナルド・トランプが大統領になると、アメリカはパリ協定を脱退すると通知した。その後２０２１年1月20日、新大統領に就任して数時間のうちに、ジョー・バイデンがこれを撤回したが、国連の権威は傷ついたままだ。

大国は国連の決定が自国の利益にならないと見ると、きまって国連を無視しており、そんな組織はもう必要ないとの認識が広まるほうが問題かもしれない。その好例が、イギリスのＥＵ離脱をめぐって議論が戦わされていたときの反対派の主張に対する反応である。ＥＵはヨーロッパで戦争が起きないようにするためにつくられたものであり、イギリスが抜けるとＥＵは弱体化するかもしれないと、離脱反対派は訴えたが、多くの人はとりあわなかった。ドイツ人がかつてのように「勇敢なる小さなベルギー」を侵略するようなことはもう二度とないと。しかし、ＥＵは２０１２年に「ヨーロッパの平和と調和、民主主義と人権を向上させた」としてノーベル平和賞を受賞した。「ヨーロッパが戦争の大陸から平和の大陸に変わる」うえで重要な役割を果たしたという。[5]

その言葉を額面どおりに受け取る人は少ない。ロシアがウクライナを侵攻する前でさえそうだ。１９４９年の北大西洋条約機構（ＮＡＴＯ）設立を主導したのはアメリカであって、ＥＵではない。ＮＡＴＯの盾ができ、前年の冬にはベルリン大空輸が実施されるなど、アメリカとイギリスの取り組みによって、ローマ条約が結ばれた１９５６年の時点で、西ヨーロッパはすでに平和の大陸になっていた。１９８０年代後半以降に東ヨーロッパの大半の国がその平和の大陸に加わるようになったのは、冷戦でソ連が敗北したからだった。１９８７年に西ベルリンでこう呼びかけたのは、アメリカ大統領のロナルド・レーガンだった。「ゴルバチョフさん、この壁を壊してください！」[6]

だからといって、こうした国際機関をなくすべきだと言っているのではない。国際機関が世界の経済・政治システムの重要な要素として積極的に貢献してきたこと、そしてこれからも貢献しつづけるであろうことを否定するつもりもない。そうではなく、国際機関が直面している課題がどれだけ大きいか、ポピュリストの攻撃がどうして激しさを増しているのか、それを説明しているのである。国、州、地方のすべてのレベルの政府がそうであるように、国際機関は能力を高めなければいけない。そうできると考えていいのだろうか。

民主主義の機能を高められるのか

ほとんどの民主主義国はあまりうまくいっていない。言葉を選んで言い換えると、先進各国の能力は、政策を組み立てるスキルでも、それを実行する効率性でも、大きな差がある。すばらしい例もいくつかあるが、大半はぱっとしない。

多くのエビデンスが得られないまま政策がつくられる。エビデンスがまったくないときもある。政治家は特定の利益集団からの支持をとりつけることを第一に考える。高齢の年金受給者、学生、公共部門の労働者、慈善団体、銃の所有者などがそうだ。政治家は自分がやるべきことについて「信念」をもっているものとされている。政治家には〝拠《よ》って立つ〟もの、政策の〝基盤〟があると。当たり前のようにそう考えられているが、おかしなことでもある。わたしたちの社会のほかの部分は大半がそうではない。なるほど、一部の学者は自分の研究分野に関して強い意見をもっているし、宗教の指導者には言うまでもなく強く信じているものがある。しかし、ほかのほとんどの人たちは、それがなんであれ、いちばんうまくいきそうなものならなんでもやろうとする。航空エンジンの設計がそうだろうし、歯磨き粉の新しいブランドのマーケティングも、心臓発作を起こしている患者への治療もそうではないか。

　ほかの国で成功しているかどうかを基準に政策を選ぶ国は、政策を実行に移すのもたいていうまい。ところが、多くの国の官僚は、公共サービスをうまく供給できていないだけでなく、規制もうまくいっていない。

　政策の形成・実行と民間部門の規制の両方に科学的なアプローチをとっている市場経済国はひと握りしかない。その代表例とされているのはシンガポールだろうが、長年にわたって合理的な政策立案を行っている国はほかにもある。ニュージーランド、台湾、韓国、スイスがそうだし、エストニアは行政サービスのオンライン化が最も進んでいる。それ以外の国はかなり遅れている。

　この原稿を書いている時点では、新型コロナウイルス感染症のパンデミックでも政府の能力が試されている。西側の多くの人は反射的に「民主主義国はうまくいっていない」と答えるだろうが、それはまったくちがう。たしかに中国は大半のヨーロッパ諸国やアメリカよりも効果的にウイルスを封じ込めているかもしれない。しかし、韓国、日本をはじめとする一部の民主主義国も、最悪の事態は避けられているようだし、中国の真のコストが明らかになるには数年かかるだろう。それに、政府、大学、巨大製薬会社が一丸となって効果的なワクチンが開発され、それがかなり速やかに供給されている。

この危機であらためてあぶり出されたのが、信頼の欠如である。政府に対する信頼は、政府が提供するサービスの多くに対する信頼よりも低い。コロナ危機の前からそうなのだ。ＯＥＣＤの２０１５年の調査によると、自国の政府を信頼している市民は平均すると43%しかいないのに対し、地元の警察を信頼している人は75%にのぼり、自国の医療サービスを信頼している人は70%を超えた。

これはどう見ても悪い状況であり、その結果の一つとして、ポピュリズムの台頭を招いている。だが、謎でもある。多くの人が政府の提供するサービスは信頼しても、政府そのものを信頼していないのなら、どうなるのだろう。

考えられる結果はたくさんある。いちばんいいのは、先進各国の政府が、自分たちが国民から信頼されていない理由と正直に向き合うことだろう。そうして、政府が運営するサービスの効率性を高めるとともに、政府が達成できることの限界についてもっと説明するようになる。前者については、過去に公共部門が改革された例がある。１８４０年代にはイギリスが公共サービスに競争入札をとりいれて、それが世界中に広まった。後者についてはこれといった先例はない。政府がみずからの限界を認めるのはとてもむずかしそうだからだ。これをなんとかやりとげる政府があるとしても、多くはないだろう。[7]

最悪の結果は、口先だけの政治がこのままつづくことである。政治家たちはユンケルのジレンマに陥っている。「するべきことはみんなわかっている。それでも、するべきことをしたら再選できない」

これはルクセンブルク首相で、後に欧州委員会（ＥＣ）委員長に就任したジャン＝クロード・ユンケルの２００７年の発言である。ユンケルはヨーロッパの構造改革の必要性について語っていたのだが、この言葉はどこにでも当てはまる。[8]

このジレンマが消えると考えるのは甘いのではないか。政府はテクノロジーを賢く使うなどして、成果を高めようとするだろうし、さまざまな圧力がかかってできることがかぎられていると説明しようとするかもしれない。しかし現実問題として、ほとんどすべての国が人口動態の逆風にさらされているいまの状況を考えると、有権者の失望はつづくだろう。

民主主義というシステムの機能を高めて、有権者を満足させる結果をもたらすことは可能なのか。この問いに対する答えは、残念だが「ノー」だろう。だとするとどうなるのか。

このまま手探りで進むか、民主主義を後退させるか、前進させるか

民主主義モデルはとても強力で、深く埋め込まれており、驚くべき回復力がある。なんらかの形の民主主義を採用している国の大半で、なんらかの形で残るだろう。だが、国民を失望させる結果がつづけば、それも崩れる。そうなると考えられる結果は三つに絞られる。このまま手探りで進むか、民主主義を後退させるか、民主主義を前進させるかだ。

ほとんどの民主主義国では、「このまま手探りで進む」ことになる可能性が最も高い。いまのところポピュリスト革命に対してはそうなっている。アメリカは、ドナルド・トランプを大統領にするというポピュリスト実験を終わらせるのに4年かかったが、なんとか乗り切った。フランスは、カリスマ性はあるが、実力は未知数のエマニュエル・マクロンを選んだ。ハンガリーのオルバーン・ヴィクトルはいまも首相の座にある。したがって、この先数十年間は、混乱がつづくと考えるべきだ。一部の国は左派か右派の急進的な指導者に熱狂するものの、その後、主流派に戻る。少なくとも先進世界の大半では、それがふつうになりそうだ。有権者は不満をもつが、代表制民主主義というモデルを壊すほどではない。この体制は維持される。

しかし、民主主義を後退させる選択をする国が出てくる可能性はある。言い換えると、独裁やエリート支配に戻るということだ。ロシアはすでにその方向に進んでいるが、ウラジーミル・プーチンは国民に幅広く支持されている。イタリアも、いまの政治モデルを否定する強いリーダーを選ぶかもしれない。インドが大統領制にシフトする可能性もある。ひと括りにして語るのは不可能だ。もっと広く言うなら、代表制民主主義の下で政府が混乱に陥れば、人びとはそれを拒否し、別の選択肢を求めるようになるだろう。秩序は混沌にまさる。たとえそれが、とても民主的な秩序ではないとしてもだ。

もう一つの道は、直接民主制へと大きく舵を切ることである。リアリティ番組の勝者を投票で決められるのに、なぜ統治の政策を投票で決めてはいけないのだろう。スイスはそのような政府のパイオニアであり、付加価値税（VAT）の引き上げ、モスク尖塔の建設禁止などの是非を国民投票で決めている。それでも、意外に思うだろうが、国民投票で政策を決定するときにテクノロジーはまったく活用されておらず、その意味で21世紀型モデルというより、20世紀のモデルである。携帯電話を使ってあらゆることに投票できるようにするのはとても簡単なはずだ。なのにそうなってはいない。そのため、スイスのやり方はヨーロッパでさえ広まっていない。ただし、憲法にかかわる重大な問題は別であり、ＥＵとの関係や地域・国の独立（ケベック、スコットランド、カタルーニャなど）を問うときは国民・住民投票が行われている。エリートは国民投票を嫌い、国民投票の結果をなかなか認めようとしない。イギリスのＥＵ離脱が多くの支配層の政治家にとって受け入れがたいものだったのはまちがいなく、そのような形の直接民主主義の台頭を許すのは危険だということを物語る例として引き合いに出されるようになるのではないか。

しかし、一般の国民が政策を決めるべきだという考えは消えないだろう。テクノロジーはめざましく進歩しているし、いろいろなことをオンラインで投票して決めるやり方に多くの人がなじんできている。重要ではないものにはオンラインで投票するのに、重要なことはオンラインで投票しないというのはおかしい。問題は、あることがらにとても強い思いを抱いていて、支持をかき集める時間と資金のある少数の人が議題をハイジャックして、大多数の人がほんとうは求めていない政策を大勢の有権者におしつけるおそれがあることだ。同じように、重要ではないものに投票するのに有権者が慣れてしまったら、投票するときにその責任の重さを真剣に考えなくなるだろう。こうした危惧はあるが、それでも直接民主主義が消えることはない。代表制民主主義が失望を呼べば、それにかわる手段はいつだってある。ほんとうはどうしたいのか、国民に聞くのだ。代表制民主主義が正統性を失っているとされれば、それが既定の選択肢になるだろうが、その結果どうなるかはわからないし、わかるものでもない。

国政のつぎの30年がとても厳しいものになるとしたら、国際政治はどうだろう。入念に張り巡らされた多国籍機関のネットワークは崩れるのか。それとも、地球規模の課題に直面して復活し、解決策の一部になるのだろうか。

国際機関はどうなるのか

皮肉交じりに批判するのは簡単だ。政府は社会の要請や時流をとらえて、その目的を果たすために必要な機関をつくる。スタッフはもっぱら手練れの官僚で、政治家が求めるサービスをつくりあげることに長けている。そして当初の目的が重要でなくなると、別の役割を見つけだす。後者の例がＢＩＳだ。第一次世界大戦後のドイツの賠償問題が終結すると、経済調査機関として、また中央銀行が相互に決済を行う清算機関として生まれ変わった。戦後の固定相場制の運営を支援するために設立されたＩＭＦは、固定相場制が崩れると、新しい目的が与えられ、中小国を中心に各国の財政状況を監視し、堅実な予算方針をとるようにうながす役割を果たすようになった。

ブームに乗って国際機関をつくった好例が、ＢＲＩＣＳ開発銀行だ。ゴールドマン・サックスがつけた名称をとりいれて、２０１４年にブラジル、ロシア、インド、中国、南アフリカが設立した。その後、ＢＲＩＣＳブームが下火になると、新開発銀行に名前を変えた。

あるレベルでは、なにも不都合はない。新開発銀行は必要ないかもしれないが、実害はないだろう。こうした機関、とくに特定の目的のためにつくられる国際機関は、重大な局面で非常に大きな役割を果たしてきた。主要５ヵ国で構成されたＧ５を拡大したＧ７の枠組みは、１９７０年代のオイルショックでの先進国の対応を調整するのに役立った。Ｇ７諸国は、当時は世界経済をリードする大国だった。いまは経済力の重心が新興国にシフトしているため、Ｇ７を補完し、より幅広い国・地域と協議するため、20ヵ国・地域の集まり（Ｇ20）になっている。参加国が20の国・地域に増えて、議論がまとまりにくくなっているが、世界ＧＤＰの約85％を占める国・地域のリーダーたちが一堂に会する意味はとても大きい。Ｇ20は２００８年の金融危機で真価を発揮し、世界経済の回復に向けた計画を調整した。

しかし問題がある。各種の開発銀行、国際エネルギー機関（ＩＥＡ）、世界保健機関（ＷＨＯ）といった、特定の目的をもって設立された多国籍機関は、その役割を果たしつづけるだろう。だが、存在感は下がる。世界で資本が不足していたときには開発銀行が必要だったが、その状況は遠い過去のものになっている。いまは世界的に貯蓄が過剰になっている。ＩＥＡは１９７０年代の石油不足に対処するためにつくられた。いまは石油も供給過剰になっている。ＷＨＯはこれまでさまざまな貢献をしてきたが、新型コロナウイルスのパンデミックが世界を襲ったときは無力だった。政策を決定する権限があるのは各国の政府だけであり、ＷＨＯは対応が遅くて弱腰だと激しい批判を浴びた[9]。ＥＵのワクチンプログラムも当初はほとんどうまくいかなかった。

このように、各国の政府は自分たちにとって都合のいいときは多国籍機関を通じて行動するが、そうでなければ無視する。この状況はこの先もまったく変わらないだろう。アメリカと中国のあいだの新しい冷戦が、アメリカとロシアの冷戦にとってかわる場合はとくにそうだ。国際問題への取り組み方としては心もとないが、それで十分だろう。ただし、国の政府と超国家組織のあいだの緊張が爆発しそうな多国籍組織が一つある。そう、ＥＵだ。国連なら都合が悪ければ無視することもできるが、ＥＵ加盟国はヨーロッパのなかでそうすることはできない。これはヨーロッパに特有の問題であり、この点については後で論じる。ここで広く言えるのは、どの国際機関も各国の政府がもつべきだと同意した権限しかもてず、その権限を超えると予算を減らされる、ということだ。

市場資本主義はどうなるのか

西側の民主主義モデルの広がりを映して、西側の商業・金融モデルも新興国に広がっている。このモデルは数々の欠陥を抱えているにもかかわらず、大きな成果をあげてきたからだ。鉄道から自動車まで、過去のイノベーションの波を牽引したのが、このシステムである。それはいまもつづいている。21世紀にはｉＰｈｏｎｅ、アプリ、５Ｇ通信、電気自動車のテスラなどが生まれている。市場資本主義が生み出してきた財・サービスのない現代世界など、とても考えられない。しかし、２００８／09年の金融危機以降、市場資本主義を攻撃する声が高まっている。

攻撃はさらに激しくなりそうだ。理由は四つある。第一に、政府（つまり納税者）は二度にわたってシステムを支えるために介入することを余儀なくされている。２００８年の金融危機後に銀行と一部の事業会社を救済せざるをえなくなり、その後、新型コロナウイルスが世界経済全体を直撃した２０２０年にふたたび介入することになった。大半の大企業は同族支配ではなく、幅広い株主がいるため、市場資本主義を攻撃するのは不当な面もあるのだが、大富豪が救済を求めるのを一般の労働者はよく思わない。

第二に、富の格差（そしてある程度の所得の格差）が先進世界の大半で広がり、不満が高まる。

２００８年の金融危機後にとられた超金融緩和政策が、資産価格が急騰した一因である。つまり、富の格差の少なくとも一部は政府の政策が引き起こしたものなのだが、その事実は忘れられる。格差が広がった原因がどうであろうと、自分は負け組だと感じている人は、勝ち組に怒りの矛先を向ける。

　第三に、雇用主に対する従業員の交渉力が高まると考えられる。[10]従業員の力が弱まった理由は、労働組合の力が衰えた、中スキルの仕事に対する需要が減ったなど、いくつかある。だが最大の理由は、世界経済の重心が新興世界にシフトしたことだった。西側の労働者は、教育水準も仕事のスキルも同じくらい高いが、はるかに低い賃金で働いている人たちと競争しなければいけなくなった。しかし、その競争も弱まるだろう。賃金格差は小さくなっている。高コスト国は割高な労働力をより効率的に活用するようになっている。さらに反グローバル化の流れが広がっており、現地生産が増えると見られる。こうしたことを考え合わせると、先進国の労働者の力は高まり、経営側との対決姿勢を強めていくものと思われる。

　第四に、環境に対する懸念が高まっているため、大企業への攻撃が激しくなる。こうした攻撃は、たいていは不当なものだ。大企業にいろいろな欠点があるのはたしかだが、企業は人びとが欲しがる商品やサービスを提供してはじめて生き残れる。たとえば、人びとが最高級のステーキを買いたがっているから、酪農家と精肉業者とスーパーマーケットがステーキを食卓に届けるのに、企業を責めるのは身勝手だ。ヨーロッパとイギリスではディーゼル車が大気汚染を生んでいるなど、世界の環境問題の多くをもたらしているのは政府の政策であって、企業の欲ではない。しかし、それが不当かどうかに関係なく、攻撃はつづくだろう。

だとすると、どうなるのか。

なによりもまず、企業は適応する。その動きはすでにはじまっている。環境・社会・企業統治への取り組み状況を示すＥＳＧスコアを向上させる。[11] 経営のトップ層だけでなく、労働者のすべての階層にインセンティブを与える方法を考え出す。グローバル化戦略も変更される。貿易と金融の章でざっと説明した圧力を受けて、生産を海外に移さず、国内に戻すようにする。

それでも、世界のビジネス界が十分に対応して、攻撃は鎮まると期待するのは現実的ではないだろう。そのため緊張はつづき、予想もつかない形で爆発するかもしれない。有権者の疑念が広まり、政治家がそれに反応し、政府の規制は強まる。もちろん、官民が対立するのはいまにはじまったことではなく、大部分はむしろ健全なものだ。政府がものごとをなしとげるには民間部門の力が必要だし、民間部門が繁栄するには政府が定める枠組みが必要になる。しかし、緊張はやがてあからさまな対立に発展し、少なくとも一部の国では大企業が敵視されて四面楚歌状態になり、なかには存続できなくなる企業も出てくるだろう。

世界全体を見れば、市場資本主義システムはしばらくのあいだは安泰のように思われる。だが一部の国、おそらくは多くの国で、唯一無二の生産様式ではなくなるだろう。クラウドファンディングなど、別の方法で資金を集める実験が行われる。上場企業に対する規制が強化されて、株式を公開しない会社が増える。政府が事業会社の大部分を所有するようになり、国有企業と上場企業の境界があいまいになる。そしてこの流れをまったく異なる二つの力が牽引する。一つは政府系ファンドが成長していること、もう一つは、経営難に陥った重要な企業（銀行を含む）は救済する必要があることだ。

企業を所有する別の形態も復活するかもしれない。18世紀にはじまり、19世紀のヴィクトリア時代に中間層の富が爆発的に増えて加速した改革運動に似ている。18世紀、19世紀には、イギリスで生命保険相互会社、住宅金融組合、受託者貯蓄銀行、卸売協同組合が生まれた。どれもサービスを使う人が所有していた。一部はいまも残っているが、大半は合資会社（ジョイント・ストック・カンパニー）に転換している。残念ながら新しい協同組合は、少なくとも先進世界では、あまりつくられていない。

だが、それも変わるだろう。そうするように求める政治的、社会的な圧力が高まっている。従業員の自社株保有が奨励され、非営利企業に税制上の優遇措置が認められ、一次産品の生産者を支援するフェアトレードが広まり、そしてなにより、非営利セクター全体で企業化が進んでいる。問題は、経済の力で社会的な圧力が強まるかどうかだ。既存の企業構造では報われないと世界の中間層が感じているなら、新しい構造を生み出すだろう。つまるところ、すべての経済活動は、人びとがなにを求めるかで動く。多くの人が市場資本主義の生み出す商品・サービスを欲しがるなら、そのモデルが支配しつづける。しかし、その優位は削りとられていく。それがどれくらい速く進むかは、わたしたちの社会がつぎの世代にどう変わっていくかで決まる。

統治と社会の変化

大方の人は、その時々の社会的態度と折り合いをつけようとする。まわりの人とうまくやっていきたければ、そうしなければいけない。このように、態度や価値観は時間とともに変化するし、これからも変化していくものとされている。だが、大半の人は社会に受け入れられている規範になんとか合わせようとしているものの、過去を振り返ると、ここ一世代か二世代の社会的態度や価値観は、それ以前とは大きく変わっている。もちろんヴィクトリア時代の道徳規範はいまの道徳規範とはちがう。ヴィクトリア時代はずっと昔のことだ。しかし、１９６０年代の考え方はいまとほとんど同じだと、大部分の人が思うのではないか。階級意識が強かった１９５０年代との比較で、当時のほうがいまより個人の自由が重んじられていたかもしれない、と。だが、イギリスでは同性愛は１９６７年まで犯罪だったし、職場では男女は平等に扱われるべきだという考え方がようやく広がりはじめたところだった。

それ以降、社会的態度とともに政治的態度も変化している。１９６０年代には、一般化して言うなら、個人の自由を支持していたのは左派で、右派は社会を統制するべきだと考えていた。それがいまは逆転している。自由至上主義なのは右派で、左派は権威主義だ。それがとくに顕著なのが言論の自由をめぐる立場であり、一部の大学では、右翼論客に対する大勢の学生の態度を見るかぎりでは、思想の自由でさえそうなのである。[12]

これに対してなんらかの考えを示すつもりはない。ここで言いたいのは、１９５０年代の考え方が１９８０年代にそう見えたように、２０５０年には、社会の構造に関するいまの考え方は時代遅れで、奇妙で、衝撃的にさえ感じられるだろうし、その前提に立っておかなければいけない、ということだけだ。

そうだとすると、つぎの世代の社会を形づくる考え方はどこからやってくるのだろう。

経済の成功が一つの目安になる。アメリカは第二次世界大戦後に世界のリーダーの座にのぼりつめたが、ヨーロッパは復興が遅れた。アメリカの膨大な中間層のライフスタイルは世界中で羨望の的となり、相対的に貧しかったヨーロッパはとくにアメリカの豊かさに強い憧れを抱いた。そうして、消費主義、個人主義、さらにはある種のフェミニズムといった、アメリカ社会のさまざまな特徴が世界中に広まった。少なくともそうするだけの余裕があるところではそうだった。しかし、アメリカ化したのはファッションやポピュラー音楽や日々のライフスタイルだけではない。職場、買い物、学校などで自然発生的に生まれるルールも、アメリカの規範に強く影響された。マクドナルドは世界中でアメリカ流の食べ方を教えた。それは目に見える部分だ。目に見えにくいところでは、店のオーナーにフランチャイズモデルを通じてアメリカ流の経営を教えた。

　その優位はいまもつづいている。文化のレベルでは、世界中の若者の生活を支配しているのはアメリカ流のソーシャルメディアだ。金融のレベルでは、ドルはいまも〝王〟である。世界の専門職たちは、アメリカ社会は行き過ぎだと鼻で笑っているようだが、それでも自分の子どもはＭＩＴやスタンフォードの大学院に行かせたがる。

　前に見たように、世界のＧＤＰに占めるアメリカの割合はこの先ほぼまちがいなく下がる。そうだとすると、ほかの国の考え方が世の中を動かすようになると考えるべきだろう。だが、それはどこの国になるのだろうか。

　そこが問題である。アメリカにかわる選択肢は思い浮かばない。中国の統治システムは一部の新興国には魅力があるだろうが、先進国に広くとりいれられるとは考えにくい。日本の「ジャストインタイム」方式が１９８０年代以降に西側の自動車メーカーに革命を起こしたように、中国のシステムの一部が世界中に広がるかもしれない。中国で事業を展開したり投資したりしようと考えている会社は、当然、中国国内の基準にしたがうだろう。しかし、それが一般的なモデルになることはない。

ヨーロッパは規制のグローバルリーダーになるという野心をもっており、規制やルールづくりで世界の先頭を走っているのはまちがいない。ところが数字はかんばしくない。ＥＵが世界生産に占める割合は２０５０年には約12％になる見通しである。ヨーロッパの基準を世界標準にするだけの力はない。ここではＥＵは２０５０年にまだ存在しているとも想定しているが、この後で述べるように、存在している可能性は高いものの、断言はできない。北ヨーロッパの大半の国には全国民を対象とした包括的な福祉システムがあるなど、ヨーロッパ社会には世界がうらやむような点がいくつもある。そのため、ヨーロッパのシステムを構成する要素がほかの国でとりいれられることもあるだろう。この点では、ヨーロッパはアメリカの政策にこれまで以上に影響を与えるようになるかもしれない。中国は人口バランスが高齢化していて、ヨーロッパがどのようにして高齢者をケアしようとしているのかに関心を向けるだろう。しかし、ヨーロッパ経済の相対的な地位は下がっており、影響力はかぎられてくる。

インドはいずれかならず国際統治になんらかの貢献をするようになる。この先、世界で最も人口が多い国、世界3位の経済大国、そしておそらくすべての大国のなかで最も急速に成長している国として、インドの影響力は高まるだろう。ほかの国、とくにアフリカの国々は、インドのやり方を真似ようとするはずだ。だが、中国と同様に、とりいれたいところだけをとりいれることになりそうだ。したがって、インドのビジネス慣行や制度の一部の側面は広まるが、それがなにになるかは、いまの時点ではわからない。ただ、インドの慣行や社会のトレンドがグローバルモデルとなって、先進国にとりいれられるとは考えにくい。ハリウッドはボリウッドに影響を与えつづけるだろうが、その逆はないだろう。

　こうしたことを考え合わせると、統治の一連の原則は、引き続きアメリカの慣行が基準になるものの、そこにほかの要素も組み込まれるようになると思われる。公式の法律のレベルでも、非公式の社会のレベルでも、地域や国によるちがいは残る。共通の国際原則ができるのは、それが必要なところだけだ。それはいまもまったく同じである。航空機の安全性については共通のルールをつくらなければいけないが、食品の安全性については、それを輸出する場合を除けば必要ない。

　国際標準からの乖離は、いま以上に大きくなる。たとえば、普遍的な人権の概念はもっと流動的に変化するようになるだろう。インドにスウェーデンと同じような人権の原則を強いて採用させる必要はない。人口規模の差を考えれば、その逆ではないか。西側が世界全体の統治ルールを定めるべきだという考え方そのものが、だんだん時代錯誤に感じられるようになるだろう。それでなくても、西側の考え方は変わっていく。

　世界は中間層が支配するようになることを思い出してほしい。人口の3分の2は中間層か富裕層になる。[13] その大部分は新興世界が占める。みな教育水準が高く、意見をはっきり言う。彼らの考え方は重要な意味をもつようになる。なにより興味深いのは、西側の多くの人が、新興国の一部の道徳的態度のほうが優れていると考えるようになる可能性があることだろう。

　そうだとしたら、社会のあるべき姿に関するいまの考え方はどう変わっていくのか。もちろんそれは推測するしかないが、きっと役に立つ。マーク・トウェインが残したとされる言葉にこのようなものがある。「歴史は繰り返さないが、よく韻を踏む」（ただし、後半の部分がほんとうにトウェインのものであるかはっきりしていない）。この言葉にならえば、〝韻〟を探すべきだろう。つまり、比較的最近に起きた社会的態度や政府に対する態度の変化と似た変化が起きないか、考えてみるのである。まったく同じことは起こらないだろう。振り子のように行ったり来たりするわけではない。しかし、歴史には手がかりがいくつかある。

政府に対する考え方と２０５０年の統治

西側の考え方については、「韻」を探すうえでとくに興味深い時期が二つある。一つはヴィクトリア時代初期、もう一つは第一次世界大戦直前の１９００年代だ。

ヴィクトリア時代初期には、産業革命が起きて中間層の経済力が大きく高まり、中間層の態度の重要性が増していた。これはさまざまな形で現れた。それまでは有力者の影響力で決まっていた公務員が候補者の能力で任用されるようになり、士官の地位を金で買えなくなり、秩序立った税体系がつくられた。それに比べると１９００年代は重苦しい。急速に進展していたグローバル化が戦禍で止まり、20世紀前半に社会と経済は混乱に陥った。

このように、歴史の韻はよいものにも悪いものにもなりうる。

よい韻は、21世紀の残りの期間に、新興世界の中間層が、19世紀のイギリス、ヨーロッパ、アメリカの中間層と同じような影響力をもつようになることだろう。そうだとしたら、新興世界で統治の水準が漸進的に上がっていくと考えるべきだ。課税・歳出、企業の慣行、法律、公共サービスなど、あらゆるレベルでそうなる。ただし、いまの西側の慣行がそのまま取りいれられるとはかぎらない。いまの西側の慣行には明らかな欠陥があり、新しい中間層はもっとよい慣行を探すはずだ。新興世界は自分たちよりもうまくやれないだろうと考えるのは、先進世界の人びとの思い上がりでしかない。新興世界が先進世界よりもうまくやったら、人類にとってはすばらしいことだ。いずれにしても、１００年後の人びとが21世紀を振り返って、この世紀は全体として進歩の時代だと言うようになってほしいと願っているし、そうなってもまったく不思議ではない。

　悪い韻は、20世紀前半がそうだったように、つぎの50年も混沌をきわめることだろう。20世紀前半とはうれしくない類似点がある。国同士の競争は、経済と科学の発展のエンジンになりうる。１９００年前後がそうだった。自動車の開発とその後の大量生産をめぐる競争がそうだし、空気よりも重い飛行機械の開発競争もそうだ。しかし、リーダーたちは過剰な自信を抱くようになったうえ、世界経済は莫大な富をため込み、短期の戦争ならヨーロッパは最小限の混乱で乗り切れるとされるようになった。

　不穏なことに、いまの状況は当時に似ている。アメリカ、中国、インド、ロシア、ヨーロッパには、傲慢で好戦的な政治家がたくさんいる。好戦的でなければたいてい無礼だ。なによりも厄介なのは、政治家がなにをしようと世界経済は前進しつづけるという前提がすみずみにまで行き渡っていることである。だからといって特定のリーダーや政策を攻撃しようというわけではない。そうではなく、いまの世界経済のありようには１９００年前後を思わせる危うさがあると指摘したいだけである。

　つぎの30年に世界がどのように統治されるかは、こうした二つの力のバランスがどうなるかに大きく左右される。これが統治に対する世界の態度について考えるときの枠組みになるのではないか。

だが、その枠組みのなかで拮抗することになる力はたくさんある。それについて少し考えてみたい。まずは宗教である。

宗教は社会的態度を形づくる巨大な力であり、この先もそれは変わらない。経済の専門家が世界の宗教の潮流を予測してもしかたがない。ここで言いたいのは、宗教のちがいが文化の衝突をもたらすどころか、結束をもたらす力になりうる、ということだ。宗教はちがっても道徳律を共有する人びとがともに暮らす道が開かれるかもしれない。詐欺や盗みを奨励している宗教などないのだから。サミュエル・ハンティントンは１９９３年のエッセイ「文明の衝突」[14]で、これからは文明と文明が競い合う時代になると説いた。そのビジョンは悩ましいものではあるが、この問題を考えるうえで役に立つ。現に、ある支配的な宗教と別の宗教との境界でいくつもの衝突が起きており、この状況がつづくことに疑いはない。それでも、いまの緊張状態は一時的なものかもしれない。過去30年間に緊張が高まってきたからといって、これからも高まりつづけると決まったわけではない。そうなる可能性はたしかにある。しかし、宗教が結束をもたらす力になるとまではいかないにしても、分断を生まずに、生き方に対する考え方の対立を和らげる緩衝材になる可能性も、同じくらいある。

そうなることを願うばかりだ。２５０ページの図に示すように、２０５０年にはキリスト教徒が依然として最も多いが、イスラム教徒との差は縮まっている見通しである。

ピュー研究所[15]の推計では、キリスト教徒が世界人口に占める割合は31・４％で、２０１５年と同じだが、イスラム教徒は23・２％から29・７％に増えている。キリスト教徒の10人に４人はアフリカで暮らす。インドはヒンドゥー教徒が多数を占めるものの、絶対数では世界でいちばんイスラム教徒が多い国になる。緊張が高まる余地、ひいては衝突が起こる余地は明らかに大きい。感情を抜

宗教は拡大するのか

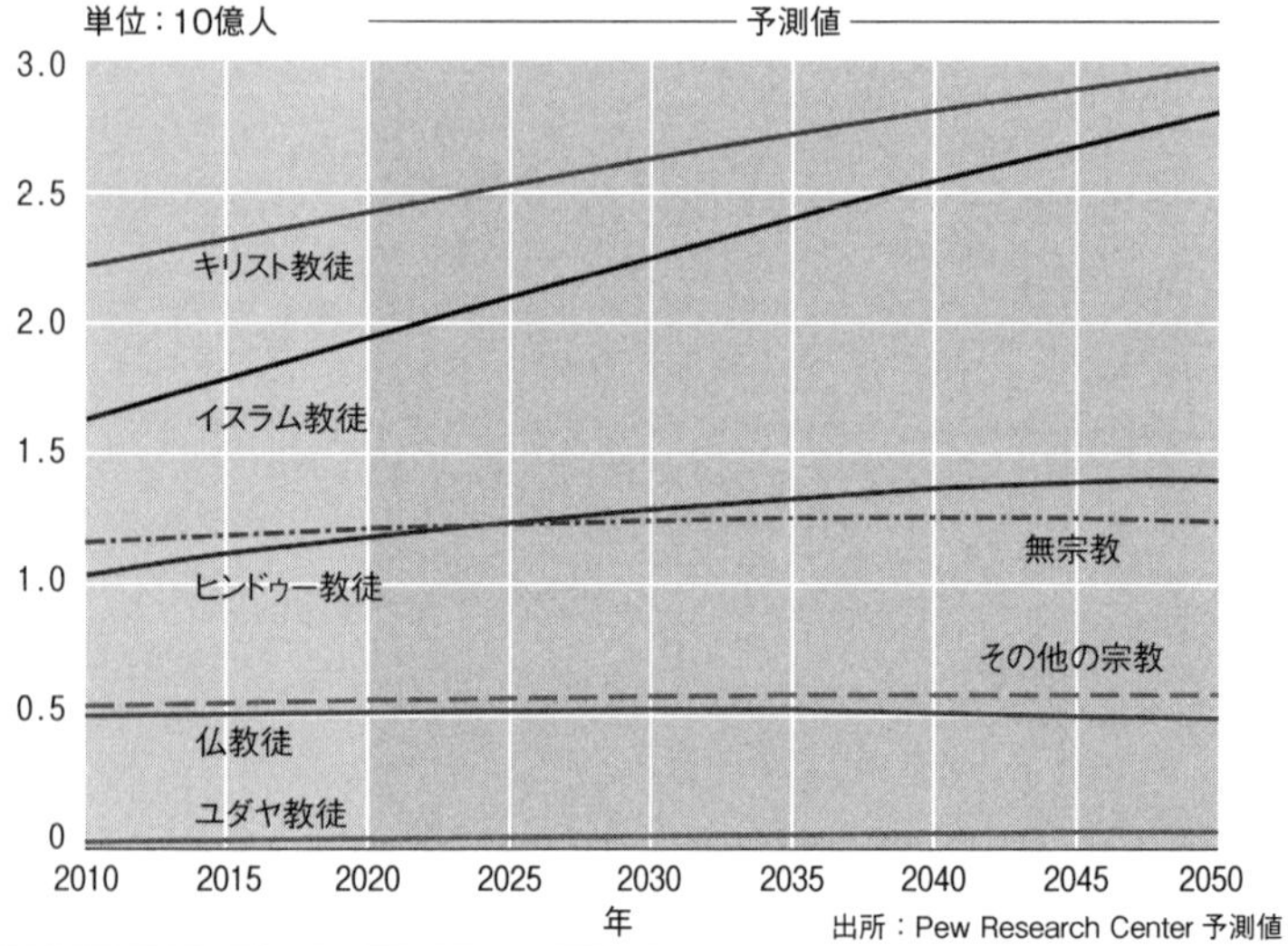

出所：Pew Research Center 予測値

きにして理性で考えれば、異なる宗教をもつ人たちでもともに暮らしていけるはずである。その理性がまさることを願うしかない。

　異なる信仰をもつ人びと、あるいは信仰をもたない人びとをつなぎあわせる接着剤に理性がなれるのであれば、異なる政治のイデオロギーをつなぎあわせる役割を理性が果たすかもしれない。フランシス・フクヤマは著書『歴史の終わり』のなかで、西側のリベラリズム以外の選択肢はないと説いたが、その背景にある考え方はソ連型共産主義の崩壊に影響されすぎていた。実際には、政治体制の選択肢はほかにもたくさんある。なかでも一党支配と市場経済を組み合わせた中国の混合システムはとくにうまくいっているのではないか。政治システムが一つだけでなければいけないことはないし、混合型市場経済の形も一つではない。

共通する倫理観が一つである必要すらない。わたしたちがお互いにうまくやっていければそれでいい。

その希望の先にあるのは、つぎの30年に世界が話し合いで解決策を探り、相応の調和が保たれる未来だ。ウクライナでの戦争以外にも、紛争が起きるのは残念ながら避けられないものの、その未来はあるとわたしは考える。地球規模で取り組まなければいけない問題はたくさんある。最も重要なのは、地球環境を保全し、人類が衣食住を満たされたうえで、楽しく暮らしつづけられるようにすることだ。幸福を追求するのは浅ましいことではない。しかし、主要国が必要なときに必要な政策に同意すれば効果的に対処できる問題もたくさんある。国連やＩＭＦといった戦後に生まれた国際機関の重要性が下がっても、それならそれでかまわない。主要国同士が適切に協調すれば十分なはずだ。そうした主要国は２０５０年にはどうなっているのだろう。それがつぎの部のテーマになる。

2050年の世界はどうなっているのか

第7章　アメリカ大陸

アメリカ合衆国――偉大なグローバルリーダーでありつづける

アメリカ合衆国は２０５０年も支配的な大国でありつづけるだろう。経済規模こそ中国をわずかに下回るが、それ以外では世界をリードする。世界でいちばん豊かな大国であり、おそらくは世界最速で成長している。「知」のグローバルリーダーとして先頭を走りつづけ、ドルは世界で最も重要な通貨でありつづける。なによりも重要なのは、20～30年間にわたってつづいた国内外の緊張がゆるんでいることだろう。変わらないものなどなく、世界が直面することになる課題はとても大きい。そしてそれに立ち向かうには、アメリカがリーダーシップを発揮しなければいけない。しかし長期の見通しは、緊張をはらむ２０２０年代はじめに多くのアメリカ人が感じているよりも明るい。

どうしてそう言い切れるのだろう。なにか予測できない惨事が起きて、この明るい見通しが崩れる可能性はもちろんあるが、先行きを楽観する確かな理由が三つある。第一に、アメリカは世界の才能を引き寄せる磁石でありつづけるだろう。世界中にいる有能で、エネルギッシュで、起業家精神あふれる人たちが、いまもアメリカで生きる道を選択している。移民問題が国内に緊張をもたらしてはいるが、この吸引力が衰えるとは考えにくい。ほかにどこに行くというのか。第二に、アメリカが抱える社会、政治、経済の問題は解決できる。いまから２０５０年までに、機会の平等を促進する、社会のセーフティネットを拡充する、国民の健康を向上させる、環境を守るなど、アメリカが直面するすべての課題に資源が投じられていると考えていいだろう。そして第三に、アメリカの覇権に挑む中国は、人口が高齢化し収縮していき、活力の大部分を失う。中国がどうなるかについては、この部の後のほうで探っていく。そこで、才能を引き寄せる磁石であることがつぎの30年にアメリカをどう変えていくのかを見ていこう。

　アメリカの人口が増えつづけるのはまちがいない。２０５０年には約4億人がアメリカで暮らす見通しである。それを少し下回る予測もあるし、人口の流入が増えたり、出生率が少し上向いたりすれば、予想を上回るかもしれない。直近の国連の推計[1]では約3億８０００万人となっているが、２００８年の時点では、ピュー研究所[2]が4億３８００万人と推計していた。どちらになっても、人種の多様化はさらに進んでいる。ピュー研究所の予測だと、人口の半分弱は非ヒスパニック系白人で、３分の１弱がヒスパニック系アメリカ人になる。アフリカ系アメリカ人は13%前後と変わらず、アジア系アメリカ人は10%近くまで上昇している。そのためどこかの段階で、おそらく２０４０年代には、白人が少数派になっているだろう。アメリカはずっと移民の国だったが、多数派の白人が少数派になるその瞬間に、真の多民族国家になる。

だが、そのずっと前の時点で、増加するヒスパニック系とアジア系にアフリカ系を合わせると、労働力の半分以上を占めるようになっている。それが経済を大きく牽引する原動力になり、つぎの世代もアメリカは世界における例外だと考えるようになるだろう。

そう信じていいのか。もちろん、こうなると決まったわけではない。これはそう考えるのが妥当だろうという結果でしかない。そうなるには、いくつかのことがうまくいく必要がある。そのうち最も重要なのは、アメリカが移民を受け入れつづけること、そして、移民が経済的、社会的に成功する明確な道を示しつづけることである。社会の構造に埋め込まれ、この先に取り組まなければいけない問題がいくつかある。非正規の移民の法的地位をどうするかという、政治的に敏感な問題もある。さらに、エリート人材だけでなく、低スキルの労働者も可能なかぎり呼び込むべきかという戦略的な問題がある。しかし、スキルとはなにを意味するのか。いずれにしても、エネルギッシュで頭が切れる人は、正規の教育を十分に受けていなくても、生まれ持った起業家精神があれば、すばらしい事業をおこせる。そして文化の面でも疑問がたくさんある。たとえば、移民にアメリカの文化的な価値観にどこまでしたがうように求めるべきなのか。これは一筋縄ではいかない問題である。そうした価値観は変化しつづけるのだからなおさらだ。

移民の受け入れを支持する人は、移民が拒否されている理由を理解しなければいけない。世界中のどの国も、市民として受け入れられる人と受け入れられない人を決めている。アメリカは移民を積極的に受け入れる時期と移民を厳しく取り締まる時期を交互に繰り返してきている。その結果、外国生まれの市民の割合は、1850年には9・7％だったが、1870年代から1910年までは15％近くに上がり、その後、1970年には4・7％まで落ち込んだが、2017年は13・6％まで戻っている。ピュー研究所の予測では、2060年には19％まで上昇する可能性がある。そうなってもおかしくないが、いまの情勢や移住が増減を繰り返してきたことを考えると、おそらくそれはない。もっと穏やかな水準で落ち着き、15％前後で安定する可能性のほうが高い。

ここでなによりも重要なのは、アメリカはこれからも移民を引き寄せる磁石でありつづける、ということだ。それはまちがいない。しかもアメリカには優秀な移民が集まる。いまはメキシコが最大の移民の供給源だが、人口流入の重心は中国やインドにシフトしていくだろう。理屈としては、中国人やインド人の移住先にはアメリカ以外にも幅広い選択肢がある。自分のスキルが必要とされていると感じれば、世界中どこにでも行くことができる。しかし実際には、文化と言語を理由に、英語が第一言語であるか、少なくとも広く話されている国が往々にして選ばれる。イギリスに行く人は途絶えないだろう。すでに多くのインド人や中国人がイギリスに定住しているか、移住するために不動産を買っている。カナダとオーストラリアも選ばれつづける。だが、この3ヵ国にアイルランドとニュージーランドを合わせても人口は約1億4000万人であるのに対し、アメリカは3億3100万人だ。アメリカが移民を厳しく制限しないかぎり、最大の移民受け入れ国になるだろう。

そうだとすると、アングロ圏の事実上のリーダーとしてのアメリカの役割がよりはっきりとする。イギリスはヨーロッパから離れつつある。カナダはすでにアメリカと強く結びついている。オーストラリアとニュージーランドは、同じ時間帯の大国である中国との関係が悪化している。言語と文化の結びつきは、物理的な近さよりも重要になってくるだろう。アングロ圏がこの先どうなっていくのかは、最後の章で素描する。ここでの要点は、アメリカは野心をもった移民を引き寄せる磁石でありつづける、ということだ。

言うまでもなく、それは課題にもなる。大規模な移住は混乱を生む。アメリカがグローバルリーダーとしての地位を維持するには、熟練移民が必要になる。社会の調和を保ち、ひいては高めるにはどうすればいいのか。そしてそれは可能なのか。

現時点では、それは至難の業に見える。「壁を築く」と「扉を開く」のあいだには共通する土台が一つもない。「ドリーマー」（親に連れられてアメリカに非正規に入国した子どもや若者）への対応でも合意ができていない。現実を考えれば、状況は悪くなっても、よくはならないだろう。２０２０年代は社会と経済で対立が激しくなる時代になりそうだ（この点についてはこのすぐ後で述べる）。そして人口流入の水準と形態をめぐる論争がこの対立の一つの要素になる。しかしそれが永遠につづくことはなく、２０３０年代、２０４０年代には、人口流入をどう管理するかについて合意に達しているだろう。才能を引き寄せる磁石でありつづければ問題も生まれるが、才能を受け入れない社会をつくれば、問題はものすごく悪化する。

２０１６年にドナルド・トランプが大統領に選出されて、ポピュリズムとエリート・リベラリズムのあいだの緊張が一気に高まった。この状況は２０２０年代いっぱいつづくだろう。どちらか一方に軍配が上がると考えたくなるが、２０３０年代には両者のあいだでなんらかの合意が形成される可能性のほうがはるかに高い。１９６０年代、１９７０年代はじめの学生運動がまさにそうで、ほかの懸念、とくに失業とインフレに関する懸念が高まるにつれて下火になっていった。アメリカをどう統治するべきかについてはさまざまな考え方があり、いまは埋めがたい溝のように見えるが、中国との新しい冷戦など、ほかの問題で左派と右派が結束するようになれば、乗り越えやすくなるだろう。

この見方が正しければ、アメリカは２０３０年代、２０４０年代を通じて、西ヨーロッパ型福祉国家のアメリカ版モデルを採用する方向に進むことになる。連邦政府、州政府とも、支出総額の対GDP比は２０２０年よりも少し高くなる。高齢者向けサービスを拡充させる財源にするため、税の累進性をわずかに高めるが、ヨーロッパが富裕層にかけているような水準にはならない。２０４０年代には、アメリカは社会・経済の難題にうまく対処し、人びとは自分たちの国は暮らしやすくなっていると感じるようになって、２０２０年代はじめのイデオロギーの攻防はほとんど過去のものに見えるようになる。これまでにあった幾多の攻防がいまでは奇妙なものに見えるのと同じだ。

もちろん、そうなると断言はできないが、２０４０年代のアメリカの人口バランスは、２０２０年とは大きくちがっていることを思い出してほしい。ヒスパニック系とアジア系のマイノリティの価値観が広まり、そのぶん政治家にとってはマイノリティの重みが増す。これは数のゲームだ。有権者の規模と構成が変化している現実を受け入れなければ、選挙には勝てない。アメリカは多民族化が進むが、高齢化も進む。要するに、ヒスパニック系が増加して左傾化しても（ヒスパニック系の多くは一部の問題では右寄りである）、人口全体が高齢化して右に傾くことで打ち消される。そのため、２０４０年代にはアメリカ社会は２０２０年代頭と比べて穏やかになり、分断が小さくなったとしても、少なくとも不思議ではない。

アメリカの生活水準全般、とくに膨大な中間層の生活水準がそれなりに上がれば、そうなる可能性が高まるかもしれない。この点については楽観できる理由がいくつかある。一つには、第５章で述べたように、オンライン革命の恩恵は低く見積もられている。いずれにしても、いまあるテクノロジーがもっと活用されるようになれば、恩恵はすみずみに行き渡る。そして、医療セクターの効率が劇的に上がる。いまのアメリカの医療費の対ＧＤＰ比は18%にのぼるが、世界基準で見ると、効果はかんばしくない。[3] さらに、アメリカは技術の一層の飛躍をリードしつづける。ｉＰｈｏｎｅやソーシャルメディアを開発したときがそうだった。そしてなにより、本書の核となる予測の一つ（アメリカは世界で最も活力のある革新的な社会でありつづける）が正しければ、その恩恵は大半の国民の生活水準が高まるという形で広まる。

したがって、いま起きているアメリカのあるべき姿をめぐる闘いは、どの民族が勝つかという問題にはならず、経済政策で広く合意が得られるだろう。１９５０年代、１９６０年代とまったく同じである。ポピュリスト革命は、エリートと中間層をふたたびつなぐという仕事を果たしている。そのため、ほかのさまざまな問題がアメリカを悩ませることになる。

気候変動の影響がその一つだ。第3章でざっと説明したように、２０５０年には、気候変動の影響がアメリカ全土で顕著になりはじめている。ありていに言うと、アメリカ南部は北部の大部分に比べて、気候変動がだんだん不利にはたらくようになる。これについては不確かなことが多すぎて、影響がどれくらい大きくなるかはわからないが、最も楽観的なシナリオでも、環境の悪化に対処するために大量の資源を投じなければいけなくなる。標高の低い沿岸部の都市の一部が水没するといった最も悲観的なシナリオは、考えることさえ耐えられない。せめてもの慰めになるとしたら、もっと大変な事態になりそうな国もあることだ。

確信をもって言えることが一つある。環境が危機的な状態になる場合には、というよりそうなったときには、アメリカはそれに立ち向かうために必要な資源を総動員するだろう。連邦政府も、個々の州も、全米規模の企業も地元の企業も、民間の慈善団体も、みな立ち上がる。どのようなことが、どのような形で行われるのかはわからない。大きなまちがいもあるだろうし、そのときにはもう手遅れになっているかもしれない（もしかするといまの時点でもう手遅れかもしれない）。しかし、数々の問題に立ち向かうときがそうであるように、完璧を追い求めすぎてはいけない。どこかの段階、おそらくは２０３０年代には、第二次世界大戦後のヨーロッパの復興を支援したマーシャルプランのような環境投資計画ができるだろう。そうなれば、アメリカはこれからも市民たちが生活し、子どもを育てられる場所でありつづけ、孫以降の世代の未来を楽観できるようになるはずだ。

もう一つは国内の格差である。この問題は人種間の格差として語られることが多い。たとえば、アフリカ系アメリカ人の健康状態や所得が白人アメリカ人よりも下なのはなぜか。健康状態や経済的地位に民族集団間で大きな差があるのは、アメリカに不平等が存在するという忌まわしい現実の一つの表れである。それでも、２０５０年にアメリカがどのようになっているかを考えるのであれば、アメリカの抱える社会問題をもっと広い視野でとらえるほうがいいだろう。

問題は格差そのものではない。大きな国は小さな国よりどうしても格差が大きくなる。ヨーロッパの貧しい地域と豊かな地域の格差は、アメリカの格差並みに大きいが、ヨーロッパ諸国の国内の格差はアメリカよりもはるかに小さい。中国とインドの貧富の差は、アメリカよりもずっと大きい。一般に、移民を受け入れた国では格差が広がる。新しくやってきた移民は、少なくとも最初は、受け入れ国の国民よりも稼ぎが少ないのがふつうであり、アメリカにはこれからも移民が集まる。問題はむしろ、不平等がもたらす社会的コストである。そのコストは最も不利な立場にある人たちだけでなく、コミュニティ全体で負わなければならない。犯罪が増える、健康な労働力を確保しにくくなる、高齢者の医療費が膨らむといった、目に見えないコストもある。どんなにお金持ちでも、心ある人なら道路で寝ているホームレスの横を通り過ぎたいとは思わない。つぎの30年にこうした社会的コストは減っていくのか。そうだとしたら、どうやって減らすのか。

実は、この問題は過去一世代ほどのあいだに大きく前進している。どの大都市にも社会問題はあるが、１９８０年代の荒れ放題だった状態から見ると、２０２０年のニューヨークは光り輝く大都会になっている。ニューヨークの医療システムは大きな批判を浴びているが、新型コロナウイルスのパンデミックにはかなりうまく対応した。[4] 肥満対策など、うまくいっていない問題では、ほかの先進国と同じ状況に直面している。しかし、アメリカの異常さを示唆する指標もいくつかある。刑務所の収容者数などはとくにそうだ。

政治的な反応は大きく二つに分かれる。一つは多くの民主党支持者に見られるもので、税金と公的支出を通じて平等を促進する取り組みを拡大するよう、国に求めることだ。これは西ヨーロッパ諸国のモデル寄りである。もう一つは、多くの共和党支持者が好んでいるもので、自分を律するべきだと強く説くことである。戯画化すると、勤勉で秩序正しい生活を送れば、みんなもっと豊かになって格差は小さくなる、というわけだ。

この大きく異なる二つのアプローチのあいだにある緊張は、２０２０年代いっぱい、場合によっては２０３０年代までつづくだろう。おそらくはこの二つをなんらかの形で組み合わせた結果になる。前に述べたように、政府の介入は増える。有権者は国の福祉のセーフティネットを厚くする政策に投票する。また、独占力の乱用とみなされるものを抑える法的措置もとられる。１８９０年代、

1900年代はじめの独占反対運動の再来だ。国のシステムは「持てる者」に有利につくられていないと国民の大多数が確信していれば、結果の不平等は容認される。

　これはむずかしいだろう。能力主義[5]の核心的な問題の一つは、成功している人たちは、自分は高学歴で知性と行動力もあるのだから成功して当然だと、心の奥底で考えていることだ。彼らが成功したのは、本人の才能や努力に加えて、たまたま子どもをトップ大学に通わせられるだけの経済力をもつ親の下に生まれて、高給の専門職としてのキャリアを選べて、はじめて家を買うときにも家族から資金を援助してもらえるなど、家庭や環境に恵まれた運もあるのに、それを認めようとしない。イェール大学ロースクール教授のダニエル・マルコヴィッツは、2019年の著書『能力主義の罠』で、エリート内の熾烈な競争が上位1％とそれ以外の人たちの格差が広がっている原因であるとして、強く批判している[6]。

「『能力』は偽善と化し、偽りの偶像になりさがっている。……憎悪と分断を生むカースト制だ。新たな上流階級だと言ってもいい」

　言い方に問題はあるが、アメリカ社会には亀裂ができており、それが国を揺るがして、個人のウェルビーイングを損なっていることは、ほとんどの人が認めるのではないか。そうだとすると、これからどうなるのだろう。

　課題は三つに分かれる。一つ目と二つ目はこれまでの議論からすでに明らかになっている。一つ目は、不利な立場に置かれている人をどうやって守るかだ。それには政府の介入を増やすことが求められ、効果的に介入できるかどうかが問題になる。二つ目は、中間層がエリートの仲間入りを果たす道を復活させることである。一度閉ざされた道をもう一度開けるには、高騰する高等教育の学費を抑える、高給の仕事につく機会を広げるなど、アメリカ社会のさまざまな側面を一つひとつ変えていく必要がある。どれも簡単にできるものではない。

しかし、三つ目の課題はそれ以上にむずかしい。（後ろ向きな言い方をすれば）不平等を減らすだけでなく、（前向きな言い方をすると）全員のウェルビーイングを高めるように、アメリカの習慣と行動を変えるのである。これを実行するとなると、すぐには答えの出ない疑問がつぎつぎに立ちはだかる。肥満をどうやって減らすのか。国が国民の食生活を改善するべきなのか。そうするべきだとしたら、どうやってするのか。両親が一緒に暮らしてともに子どもを育てるようにうながすべきなのか。健康を損なうようなライフスタイルを選ばないようにさせるにはどうすればいいのか。

こうした疑問のなかには、答えが出しやすいものもある。大半の人がなにかあったときに使えるお金をそれぞれ用意していれば、国全体のウェルビーイングは高まるはずだ。そのため、問題は個人の貯蓄をどうやって増やすかであって、そうしようとするべきかどうかではない。薬物の乱用を支持する人は多くはないが、対策の処方箋には広いスペクトラムがある。その対極にあるのが、いわゆる「サードレール」問題、つまり危険すぎて政治家が手を出せない政策である。父親の不在が問題だとしても、いったいどうすればいいのか。

どの社会にも、個人の自由と集団としての責任のあいだに緊張がある。問題のない社会などない。だが、アメリカは重大な問題を抱えているが、それに立ち向かう資源もある。アメリカが抱える問題の深刻さを、ノーベル賞受賞者であるサー・アンガス・ディートンが克明に分析している。アメリカでは自殺、偶発的な薬物の過剰摂取、アルコール性の肝疾患による死亡率が上昇しており、ディートンはこれを「絶望死」と呼んだ。近著の『絶望死のアメリカ』（アン・ケースとの共著）で、問題は資本主義システムそのものにあるとしている。[7] アメリカ経済の大部分は「富裕層に奉仕させられ、政府はそれを黙認してきた」という。

しかし、アメリカはほんとうに自国の経済システムそのものを根底から変えるのか。そしてそれは問題の核心なのだろうか。

答えははっきりしている。どちらも「ノー」だ。この先、混合市場経済が生み出した格差に対処するよう企業と政府に強く求められるようになるのはまちがいなく、そうした格差を小さくするために、規制や税制が変わっていくだろう。それでも、経済のシステムが抜本的に変わるとは、少なくともつぎの30年については考えにくい。なんと言っても、これはアメリカとヨーロッパでさまざまな形態でうまくいっていて、その後に世界中に輸出されているモデルである。中国は世界最大の経済国になるが、それは中国がアメリカのシステムの要素を大幅にとりいれているからである。したがって、このシステムは継ぎ当てされていき、覆されることはない。

どちらにしても、問題の核心は不平等ではなく、むしろ排除にある。現実問題として、アメリカ経済がもたらすはずの恩恵を受けられていない人があまりにも多い。そこから抜け出す道はふさがれている。その一因は多くの活動に不要な参入制限がかかっていることだが（フロリダで美容師になるのに免許ははたして必要なのか）、学習成果の低さも問題になる。アメリカの教育システムはエリートたちにとってはすばらしくても、一般大衆にとってはそうでもない。

やるべきことはたくさんある。この先、徐々に段階を踏んで、一歩一歩前進していけば、つぎの30年にアメリカが抱える欠陥や非効率な部分は少しずつ減っていくだろう。企業は改革を支持するのは自分たちの利益になると考えるようになり、ある程度成功する。抵抗はある。組合や職能団体はとくに強く抵抗するだろう。そのため、二歩進んで一歩下がるの繰り返しになる。それでも多くのアメリカ市民が抱えるフラストレーションや不満はなくならず、ときおり爆発する。

ここまではだいたい予測がつくが、もう一つ別の道もある。つぎの30年のどこかで、おそらくは２０３０年代から、アメリカがこれまでに何度も経験したような大規模な社会運動が起こるかもしれない。今回は秩序正しい生活を送るようにさせるのが大きな目的になる。

それがどういうものになるかは見通せないし、そもそもそうなるかどうかもわからないが、考えられるものをいくつか素描することはできる。一部はトップダウン方式になる。たとえば政府主導で、理想としては超党派で、処方薬の乱用を抑える対策を進めることがそうだ。また、司法制度が改革され、更生に重点が置かれるようになるかもしれない。テクノロジーを活用して犯罪を予見・防止できるようにすることも考えられる。中国で開発された人を追跡するシステムの別バージョンができる可能性もあり、社会のためになる行動をとるように人びとを後押しするアメとムチの仕組みがそこに組み込まれるかもしれない。

トップダウン型の取り組みがもたらす問題として、プライバシーと管理を天秤にかけるのは避けられない。遠いワシントンにいる政治家にこうするようにと指図されれば、多くの人は腹を立てる。そうだとすると、取り組みがボトムアップ型のときのほうが受け入れられやすくなるし、効果も高まるかもしれない。１９１９年国家禁酒法よりも19世紀の禁酒運動に近いものになるのではないか。

すぐにそうなりそうにはない。過去に人びとの生活の秩序を高めようと試みた例はたくさんある。慈善団体や教会、自助グループ、クラブ、さまざまなボランティア機関などがそうしている。だがいまのところ、国の重心を動かすにはいたっていない。たとえ国全体のウェルビーイングを高める集団としての責任を縮小させても、やりたいことをする個人の自由の拡大を求める空気がまだ強いようだ。しかし、第6章で述べたように、社会で受け入れられる考え方は時間とともに激しく変化する。耳をすますと、社会的態度が大きく変わろうとする胎動がすでに遠くから聞こえてきている[8]。

　そうだとすると、アメリカは２０５０年にはどのような感じになっているのだろう。原稿を書いている２０２１年はじめの時点では、アメリカ国内は不協和音と不安が渦巻き、どのレベルでも多くの人が国の行く末を案じているようだ。どんな社会にも欠陥があり、それを正すのは長い時間がかかるむずかしい仕事だと言ったところで、なかなか受け入れてもらえない。希望に目を輝かせる若者たちはとくにそうだ。そのため、つぎの世代にはアメリカはいまより豊かになり、穏やかになり、自信を高めていると伝えても、あまりにも楽天的で、馬鹿げているとさえ感じるかもしれない。それでも、歴史感覚がある人なら、いまの時代の空気がずっとつづくわけではないとわかっているにちがいない。１９６１年にジョン・F・ケネディ大統領が就任演説で「国があなたのためになにをしてくれるかを問うのではなく、あなたが国のためになにができるかを問うてほしい」と語ってから、ボブ・ディランがすばらしい反戦歌を書き、「時代は変わっている」と警鐘を鳴らすまでに、3年もかかっていない。

　時代がそこまで速く変わることは、もうないだろう。混乱の時代は少なくとも10年、おそらくは20年つづく。国内の分断は埋まらず、中国の台頭がアメリカに影を落とすのは避けられない。両大国の争いが恐ろしい方向に進むおそれもある。アメリカが判断を誤ることは想像にかたくない。ほかの課題も現れる。だが、前に述べたとおり、少なくとも一世代は先行きを楽観できる確かな理由がたくさんある。とくに大きいのはつぎの三つだ。まず、アメリカは世界中の才能を引き寄せる最も強力な磁石でありつづける。つぎに、人種構成が変化して、過去と向き合うようになり、真の多人種社会へと変容していく。さらに、地球上で最も進んだ技術大国として、そして最も革新的な社会として歩みつづける。

　アメリカの物語には、まだ続きがありそうだ。中国経済は２０５０年にはまずまちがいなくアメリカを追い越しているだろう。しかし、その先に目を向けて、つぎの点を考えてほしい。中国の人口はほぼ確実に減少しているが、アメリカの人口は増えている。中国は「中所得国の罠」を回避できず、完全な先進国にはなれないかもしれない。中国はアメリカよりも大きな環境問題に直面するが、アメリカほどうまく対処できないおそれがある。こうしたことを考え合わせると、興味深い可能性が浮かび上がる。つぎの30年にアメリカの経済規模が中国を抜き、今世紀後半のどこかの時点で世界最大の経済国に返り咲いているかもしれない。この点は第12章で考えていく。ここで重要なのは、自己再生するアメリカの能力をみくびってはならない、ということだ。暗い時代にあってなお、その力は輝きを放っている。

カナダ――多様性を享受する国

　アメリカが繁栄すれば、カナダは繁栄する。南の隣国との関係抜きにカナダの将来を語るのはむずかしい。前に述べたように、カナダの人口の約90％はアメリカとの国境から１００マイル（約１６０キロメートル）以内に住んでいる。ここで問題になるのは、カナダの市民権とアメリカの市民権では、どちらのほうが魅力的でとりやすいかだ。カナダの人口がアメリカと歩調を合わせて増えていくには、アメリカ以上に移民を受け入れる必要がある。というのも、どういうわけかカナダの出生率はやや下がっているからだ。カナダは南の騒々しい社会よりもヨーロッパ寄りの文化をもっており、これからも移住先として人気を集めつづけるだろう。

カナダを覆う影は二つある。一つは経済だ。カナダ経済は石油・ガスの輸出に依存しており、どちらもこの先、比重は下がっていくだろう。天然資源は今後も重要でありつづけるし、カナダ経済全体を支えていくだろうが、やがて輸出額は細っていく。幸運にもカナダは製造業とサービス業も非常にしっかりしているものの、アメリカとの緊張から影響を受けやすい。自動車の生産が徐々に減っていけば（おそらくそうなるだろう）、カナダの製造業界の大部分が打撃を受ける。カナダは金融、教育などのサービス産業を育成して、経済の構造を変えなければいけない。その方向に進んでいくだろうが、カナダが繁栄するかどうかは、この構造転換を速やかに実現できるかどうかにかかっている。

もう一つの影は、政治である。分離独立問題は波のように拡大と後退を繰り返しており、ケベックの独立をめざす動きは、ここ一世代は後退している。しかし、１９９５年の国民投票ではカナダは二つの国に分裂する瀬戸際で踏みとどまっていて、独立の可能性は無視できない。あるいは、フランスのナショナリズムが別の形で復活するかもしれない。フランスがケベックを正式なフランスの地域圏にすると提案したらどうだろう。その場合、ケベックは人口でも重要性でも、イル＝ド＝フランス地域圏（旧パリ地域圏）につぐ第二の地域になる。ケベックはおそらくＥＵの一員となり、ユーロを導入する。ただし、ＥＵとユーロが30年後も存続していればの話だが。誤解のないように言うと、これは起こりそうな結果ではない。むしろ起こりそうにない結果だと、わたしは考えている。それでも歴史の引力は長くつづく。その教訓として、どんな可能性も排除してはならない。いまの時点では予測できないようなことがカナダの英語圏で起きて、この提案がケベックにとっても、カナダにとっても魅力的なものになるかもしれない。ここで重要なのは、カナダを一つにまとめている力が弱まり、ケベックで独立の夢が再燃する可能性がある、ということだ。

そして課題がある。カナダにとって進むべき道は、多様性を歓迎しながら、世界のなかでアングロ圏の一員としての立場を受け入れることだ。この大国のつぎの30年は明るいと言っていい。豊かな文化がある。外向き志向である。民主主義がきちんと機能している。国土がなにしろ広い。これからも才能ある人材を引き寄せる磁石でありつづける。世界経済の重心がほんとうにアングロ圏諸国へと大きくシフトしたら、カナダはその波に乗る。アメリカンドリームのソフト版であるカナディアンドリームを世界に提供しつづけ、アメリカとヨーロッパの架け橋になることは、アメリカ、イギリス、ヨーロッパだけでなく、世界全体にとっても有益だろう。

メキシコ――世界の10大経済国へのいばらの道

メキシコのつぎの30年の見通しは明るく、非常に興味深い。中所得国の罠を回避して、世界の10大経済国の仲間入りを果たすと予想されている。しかしそれには、いくつかの政策を飛躍的に前進させなければいけない。

メキシコはアメリカにとって、経済的・戦略的に非常に重要な存在になる可能性を秘めている。アメリカ南部の国境と接する親米国であり、軍事的な脅威となったことは一度もない。アメリカよりも賃金が低く、アメリカにとってはコストが高すぎて生産できない財やサービスを供給できる。アメリカへの移住を希望する人は多く、メキシコから移民を受け入れることをアメリカが選択すれば、そうしなかった場合には輸入するしかなかったであろう財を国内で生産できるようになる。アメリカの財にとっても巨大な市場であり、文化を共有するラテンアメリカ市場への入り口でもある。メキシコへの売り込み方がわかれば、ブラジル、アルゼンチンなど、南の国々との交渉を進めやすくなる。

それでも、メキシコのような国と国境を接していてラッキーだと考える方向にアメリカの世論の大部分が振れるにはいたっていない。逆に、制御できない大量の移民がもたらす脅威が政治の争点になっている。アメリカにいるメキシコからの非正規移民の数を考えれば、それも十分に理解できる。しかし、移民に対してどのような意見をもっていようと、この問題をめぐって両国の関係が悪化しているのは残念だ。そのせいで違法薬物の取引の取り締まりなど、ほかの問題で協力するのがむずかしくなってしまっている。

この状況はつづくだろうが、対立は大きく改善すると期待できる確たる理由がある。すでに述べたとおり、アメリカのヒスパニック系人口は絶対数が増え、総人口に占める割合も高まる。そして、メキシコ経済が成長するにつれて、アメリカとの1人当たりの富の格差が小さくなり、アメリカ製品の市場としての価値も高まる。メキシコが明らかに低い立場に置かれるのは避けられないが、大切なパートナーとして尊重されるようになる。だがそうなるには、もう一つ大きな変化が起こる必要がある。メキシコは数々の点でもっと秩序ある社会にならなければいけない。経済の面でも、財政の面でも、政治の面でもそうである。なによりも重要なのは、暴力の根源に対処する方法を見つけることだ。

だからといって、メキシコはスイスのようにならなければいけないと言っているのではない。2020年には世界の殺人発生率上位10都市のうち五つがメキシコにあり、この状況が変わらなければ、高所得の先進国になるのは望めない、ということだ。この悲劇は人的な側面だけでなく、経済にも深刻な打撃を与える。これではメキシコは中所得国から抜け出せず、国民は必要以上に厳しい制限がかかるなかで国境を越えてアメリカに入ろうとする。

そうだとすると、メキシコが統治の構造を変えて、国の地位を上げられるかどうかが問題になる。それには警察の改革、司法の強化、金融・政治制度の改革など、さまざまな要因が複雑に絡み合う課題を解決していかなければならない。ここで詳細な処方箋を提示することはしない。それはメキシコ自身がすることである。部外者にできるとしたら、メキシコがもっと秩序だった社会になる道を進むように強くうながすことくらいだ。メキシコにそれができるのだろうか。

ふつうに考えれば、メキシコの状況は改善へと向かう。いまよりも豊かになる。格差の拡大に歯止めがかかり、場合によっては小さくなる。犯罪は減る。ただしそれは程度の問題であり、現実には、つぎの30年も二歩進んで一歩下がるの繰り返しになるだろう。しかし、いまよりも穏やかで、落ち着いていて、繁栄する国になる未来は手の届くところにある。その未来をつかみとる可能性は高い。

南アメリカ――果たされない約束、数々の失敗、飛躍する可能性

南アメリカについては、ブラジルがどうなるかがなによりも重要になる。ブラジルは南アメリカの大きな原動力でありつづける。ブラジルに焦点を合わせても、それぞれが異なる伝統と豊かな文化をもつ南アメリカ大陸のほかの国を脇に追いやることにはならない。国の規模を考えると、それが現実的だというだけだ。わたしたちがいま生きている世界をスケッチした第1章で、ラテンアメリカは相対的に豊かだった19世紀末の位置を取り戻せるのか、それとも20世紀後半のように後退しつづけるのかと問いかけた。その答えは、ブラジルの統治がうまくいくかどうかに大きく左右される。ブラジルは南アメリカの面積と人口の半分近くを占める。南アメリカ最大の都市であるサンパウロがあり、売上高が南アメリカで最大の石油化学会社、ペトロブラスがある。1人当たり所得では最も豊かな国ではないが（その栄誉はチリのものだ）、南アメリカ大陸のＧＤＰの半分以上を生み出している。

なにがあろうと、２０５０年にブラジルの経済規模が世界の上位10ヵ国に入っていないとは想像しにくい。おそらく7位か8位になっているだろう。生活水準、健康状態、平均寿命はある程度向上する。しかし、ベネズエラのような惨事にはならないものの、中所得国から抜け出せないおそれがある。そうなれば、スラムはなくならず、格差は大きいままで、さまざまなレベルで腐敗がつづく。ブラジルは少しずつ進歩しているが、歩みは遅い。改革を加速させて、真の先進経済国になり、国民の大半が健全な中間層の生活を送れるようにすることが課題になる。

ここで最も重要なのは、南アメリカはもっとよくなっていてもおかしくないことだ。よくなっている国もある。チリは政治的に不安定な状態がつづいてきたが、経済はしっかりしており、世界銀行が定義する高所得国である。ウルグアイもそうだ。だが、どちらも人口が相対的に少ない。チリの国土は南北に2600マイル（約4200キロメートル）以上もあるのに、人口は2000万人に満たない。ウルグアイは400万人もない。これでは人口が少なすぎて、南アメリカ全体を牽引する力はない。

それが残念なことだとしたら、経済発展の道しるべになっていたはずの二つの国、アルゼンチンとベネズエラが富を食い潰してしまっているのは悲劇である。アルゼンチンは19世紀末には世界屈指の豊かな国だったが、その後に混沌とした中所得国に転落して、デフォルトを繰り返しており、これはすべての国にとって、救いようのない警告となる。アルゼンチンには勤勉で有能な人がたくさんいることを考えると、なおさら気が滅入る。統治は重要だ。何層にもわたる複雑な階級構造をもつ国を繁栄させるのはむずかしい。だが、アルゼンチンには有利な条件がたくさんある。社会に活気がある。教育水準が高い。国民の健康状態がいい。天然資源が豊富である。安全で繁栄する国、ラテンアメリカにおけるオーストラリアのような国であってしかるべきだ。かつてはそうだったが、いまはそうではない。

過去の繁栄を取り戻そうとする数々の試みが失敗に終わっているため、この先も改革は進まず、混迷はつづくと考えるべきだろう。現状でも市民の大半は栄養状態がよく、健康であるという意味では、それでかまわないかもしれない。しかし、危機に陥るたびに資源は流出し、有能な人材は去っていき、国は長くゆっくりと衰退していく。そうはいっても、いくら考えたところで未来のことなどだれにもわからない。環境が整えば、過去の影から抜け出し、数十年間にわたる成長軌道に乗り、洗練された先進経済国という本来あるべき場所へと飛躍する可能性は十分にある。

ベネズエラは衰退の一途をたどってきた。この国は世界屈指の豊かな国であってもおかしくない。かつてはそうだった。１９５０年にはアメリカ、スイス、ニュージーランドについで世界で4番目に豊かな国で、カナダよりも上だった。ベネズエラの富は主に石油によるもので、確認埋蔵量は世界で最も多く、サウジアラビアさえ上回っている。だが、1人当たりＧＤＰは１９６０年代、１９７０年代には伸びつづけたが、それ以降は横ばいか減っている。それどころか、２０２０年にはニコラス・マドゥロ大統領の政権下で経済が崩壊し、ベネズエラの国民、少なくとも国外に逃れた何百万もの人の列に加わらなかった人たちは１９５０年よりも貧しくなっていた。

さいわいにも、経済がこの規模で破綻することはめったにない。ベネズエラの経済状態が半世紀以上にわたって悪化しつづけた理由をたどっていったところで、どうなるものでもない。この問題については広く報じられている。ほとんど指摘されていないことを一つだけあげておこう。ベネズエラが何年かうまく統治されたら、かつてのサクセスストーリーを再現できる可能性がある。世界では脱炭素が進んでいるが、前に述べたように、それには何年もかかる。ベネズエラは、その間に得た収入を軸にして経済を刷新するのだ。簡単ではないだろうが、きっとなしとげられるはずだ。

もっと広く言うと、経済の成功と失敗は紙一重である。これは南アメリカのほかの主要国にも当てはまる。国土面積が南アメリカで3番目に大きいペルーと、人口が3番目に多いコロンビアにはとくにそうだ。ペルーは急速に成長しており、２０５０年を迎えるかなり前の段階で、成功した先進国として定着するだろう。コロンビアもうまくいっている。格差は依然として大きいし、発展のはしごのはるか下のほうにいる。それでも、過去20年間に拓いた道を歩みつづければ、２０５０年には国民の大半が安定した中間層の生活様式を送れるようになっているはずだ。

そうだとすると興味深い可能性が浮かび上がる。ラテンアメリカの約束は果たされたためしがないと手厳しく批判されている。ブラジルとアルゼンチンは、経済が突然飛躍して、潜在力を発揮するようになる可能性は十分にあると前に述べたが、これは南アメリカ大陸全体と、とりわけメキシコにも当てはまる。いずれにしても約束は果たされはじめる。過去１００年の歴史に照らして、冷ややかに見る人もいるだろう。ラテンアメリカ経済全体が長期にわたって成功したとしても、世界経済が変わるわけではない。そうなるほどの規模はない。しかし、ラテンアメリカの人びとの生活はぐっとよくなり、そうなれば中所得国の罠を避けようとしているほかの国々の希望になることはまちがいない。その可能性は五分五分だ。

第8章　ヨーロッパ

ヨーロッパの夢は遠のく

ヨーロッパの重要性は下がっていくだろう。客観的に見て、少なくとも地球上の大多数の人にとっては、最も暮らしやすい場所の一つであることは変わらない。相対的に豊かで、穏やかで、安全である。高スキルの労働者から中・低スキルの労働者まで、あらゆるレベルの移民にとって魅力的なところでありつづけるし、いまのEUよりも居心地のよい国民国家の連合へと手探りで進んでいくだろう。だが、ヨーロッパがどうなるかは、残りの世界にとっていまほど重要ではなくなる。ヨーロッパは人口の絶対数が減り、世界経済に占める割合も小さくなる。大きな野心をもち、この大陸はもっとうまくいくはずだと感じているヨーロッパ人にとって、この後退は受け入れがたいし、ヨーロッパの一部の国の知識産業は最先端を走りつづける。しかし大陸全体としては、過去の功績の博物館に近くなり、未来のアイデアの実験室ではなくなっていく。

ヨーロッパの先行きは暗いと感じているとしたら、それはちがう。きわめて快適な落ち着いた社会であるのは悪い話ではない。日本にその一端を垣間見ることができる。２０５０年のヨーロッパの人口の年齢構成は、２０２０年の日本と同じようなものになり、高齢者を支える圧力に同じようにさらされる。ただし、ヨーロッパには日本とはちがう点が三つある。北と南、大量の移民を受け入れてきた地域と移住を拒んでいる地域、そしてアングロ圏と非アングロ圏とで、文化は大きくちがう。こうしたヨーロッパの特徴は日本には一つも当てはまらない。日本はこれからも同質的な社会でありつづける一方、ヨーロッパは細かく分かれており、この先もっとそうなりそうだ。

ヨーロッパ大陸の各地域がこれからどうなっていくかについては、このすぐ後で見ていく。最初にヨーロッパ全体について一言述べたい。経済面では、21世紀初頭以降、ヨーロッパには遠心力がはたらいている。それまではおおむね収斂していた。南部（スペイン、イタリア、ギリシャ）と北部の差は縮まっていたし、中央・東ヨーロッパのＥＵ加盟国は、西ヨーロッパ全体との格差が小さくなっていた。ところが２０００年以降、東と西の収斂は進んでいるが、北と南の格差は広がっている。イタリアは停滞する一方、ドイツは前進している。

東・中央ヨーロッパの国々が豊かな西ヨーロッパとの格差を縮められた理由は簡単に説明がつく。一つはキャッチアップである。非効率な共産主義システムから脱出し、痛みを伴いながらも、市場経済に移行した。そしてもう一つは、ＥＵに加盟したことだ。豊かな西側諸国の市場に自由にアクセスできるようになると同時に、西側からの対内投資が増えた。

だが、北と南に起きていることは簡単には説明がつかない。南北ヨーロッパについては、北は堅実で、南は楽天的であり、一方はしっかりとお金を貯めて投資するが、もう一方は与えられたお金と機会を浪費すると、戯画化されて語られる。戯画化には一抹の真実があるものだ。スペイン、イタリア、ギリシャに蔓延する腐敗のレベルは、オランダやドイツ、スカンジナビアよりも高いことを認めない人などいないだろう[1]。だからといって、イタリアの1人当たりGDPは2000年にはドイツとほぼ同じだったのに、2020年には30%下回った理由にはならない。それ以外のなにかがおかしくなっているのではないか。

結論を出すには早すぎるが、経済の低迷はユーロ導入後に深刻になっているようだ。通貨同盟は財政政策がばらばらのままはじまった。同盟に加わったすべての国には同じ金利が適用される。しかし、国がちがえば構造もちがうし、必要な金利の水準もちがう。2008年に金融危機が起きるまでは、これはそれほど問題ではなかった。実際、南ヨーロッパ諸国は自国通貨のままだった場合よりも安く借り入れができたため、むしろ恩恵を受けていた。だが、金融危機が発生すると、南の国（およびアイルランド）は厳しい緊縮財政を強いられ、財政赤字を埋め合わせる北からの資金移転もなかった。通貨同盟はヨーロッパ諸国を結束させるどころか、溝を深めることになった。

この考え方はEUでは一部でしか受け入れられておらず、ユーロ圏は解体したほうがいいというイギリス人やアメリカ人の意見は、ブリュッセルやパリやベルリンでは評判があまりよくない（ミラノとローマでのほうが支持されている）。しかし、ヨーロッパ諸国を一つにまとめるためにつくられた仕組みである共通通貨が、ヨーロッパの分断を招いているというパラドクスを理解することは、ヨーロッパ統合構想の行方を理解するのに欠かせない。

１９５６年にローマ条約が結ばれてから２００８年に金融危機が起きるまでの半世紀に、ＥＵとその前身の一連の機関は、全体として見れば大きな成功を収めた。２０５０年以降の半世紀は、全体としては残念な結果に終わるだろう。

２０５０年には、ＥＵと呼ばれるものはほぼ確実に存在しているだろうが、創設者たちが掲げた「深化しつづける連合」をつくるという理念に反して、独立した国家のゆるやかな連合体になっている。その道のりは険しいものになる。２００８年に金融危機が発生するまで、深刻な問題は起きていなかった。ところがその後、二つの大きな逆風にさらされる。

一つは２０１２年に起きた債務危機と崩壊寸前までいたったユーロ危機である。ユーロは救済されたが、重債務国、とりわけギリシャがきわめて厳しい状況に追いやられることになり、ＥＵに加盟する価値はあるのかという声がとくにイタリアで上がりはじめた。イタリアをＥＵにつなぎとめる接着剤は弱くなっている。

もう一つは、ＥＵを去るというイギリスの決断であり、２０２０年に正式に離脱した。これが賢明な選択だったかどうか、あるいはどうしても避けられない選択だったのかどうかについては議論の余地がある。しかし、人口が２番目に多く、経済規模が２番目に大きく、財政への貢献度が２番目に大きい国を失うことは、ＥＵにとって失敗以外のなにものでもないと断言できる。

この先も新たな逆風に直面するだろうが、ユーロ圏の不均衡とイギリスのＥＵ離脱（ブレグジット）という二つの問題はＥＵに暗い影を落としつづける。それでもユーロはなくならない。十分な改革が行われて、今後数年間は存続すると考えられるが、その代償は高くつきそうだ。繁栄する北がこれまでよりもはるかに大きな規模で南に補助をしなければいけなくなる。実際問題として、ユーロはドイツの信用力に支えられているため、弱い国は本来よりも低い金利で借り入れができる。納税者のお金が国境をまたいで直接移転されることはない。タイミングも状況も予測するのはむずかしいものの、どこかの段階で、財政を支援するシステムの導入を検討しなければいけなくなるだろう[2]。それがユーロの岐路になる。

ブレグジットの余波については、イギリスがＥＵの域外で成功すればするほど、理由はどうあれＥＵを離脱する政治的選択をすれば、新しい経済機会が生まれるかもしれないという認識が広まる。言い換えると、イギリスがＥＵを抜けたという事実だけではほかの国がイギリスにつづくようにはならない。イギリスの経済が混乱していることから、その逆になってもおかしくない。だが、ほかの国もＥＵに加盟しているメリットよりデメリットのほうが大きいと感じれば、イギリスと同じ道を選ぶだろう。

だとすると、２０５０年のヨーロッパはどうなっているのか。ここで重要なのは、ＥＵがどのような形になるかという問題と、ヨーロッパ大陸全体になにが起こるかという問題を区別することだ。ヨーロッパが最終形態にたどりつくことはない。ＥＵは、これまでに大きく形を変えながら進み、これからもさらに発展していく政治連合の一つの実験にすぎない。これは悪夢のような20世紀前半の行き過ぎたナショナリズムの反動であり、それは自然でしかるべきことだったが、２０５０年には、ある意味で役割を終えているだろう。

経済の重要性が下がり、人口が高齢化するなかで、この難局を乗り切るのは簡単ではない。東ヨーロッパからは不満の声が上がる。ナショナリズムの火種はくすぶりつづけ、ときおり一気に燃え上がる。そのため、一部の国はＥＵには受け入れられない社会政策を維持するようになり、それが離脱につながるおそれがある。ＥＵのイデオロギーは主に西ヨーロッパのイデオロギーであり、東ヨーロッパの加盟国が抱く違和感は少しずつ積み重なっていくだろう。スカンジナビアからも圧力がかかる。アイスランドとノルウェーはＥＵに加盟しないことを選択し、ＥＵの枠外で繁栄している。そのため、スウェーデン、フィンランド、デンマークがそのルートを選ぶとしたら、この二つの国がモデルになる。また、前に述べたように、南から不満がわきあがってくる可能性もある。イタリアとギリシャはもちろん、場合によってはスペインとポルトガルもそうなるかもしれない。

　それでは、どうなる可能性が最も高いのだろう。ＥＵに最終形態はない。２０５０年にどのような状況になっていようと、２１００年には別の形になっているのはまちがいない。真っ先に思い浮かぶのは、統合を深化させようとする中核国と、準加盟国でいることを選ぶ周辺国の二つに分かれるケースだろう。その一つの例が、ブリュッセルにあるシンクタンク、ブリュッセル欧州世界経済研究所（ブリューゲル）が２０１６年に発表した提言[3]で素描した大陸パートナーシップ構想だった。これはイギリスとＥＵがパートナーシップを結び、ＥＵに完全な形で加盟していなくても、重要な問題で協力できるようにするというものだ。この構想はトルコなどのほかの国にとっても魅力的なのではないか。ウクライナにとってもそうだろう。しかし、ＥＵのほかの正式加盟国も離脱したいと考えるようになるかもしれないとは想定されていなかった。結局、イギリスとＥＵの交渉は難航し、このようなパートナーシップは実現しなかったが、モデルとしては残っている。

　現実には、イギリスとＥＵは２０２０年の時点で考えられているよりも緊密に協力するようになるだろう。この原稿は、イギリスが完全にＥＵ法の下から離脱した２０２１年に書いており、どうしてもブレグジットの混乱に強く影響されてしまう。長い目で見れば、イギリスがＥＵの前身となる機関に加盟したことのほうが変則的な出来事になる。半世紀にも満たない実験であり、うまくいくかと思われたが、そうはならなかった。この先、イギリスとＥＵはお互いがうまく協力できる分野を見いだして、犯罪の撲滅や公衆衛生の向上などに取り組んでいくだろう。ここで非常に重要なのは、その決定をするのはヨーロッパであり、イギリスはそれに対してなんの影響力ももたなくなることだ。

　ＥＵが周辺国と中核国に分かれるというのは可能性の一つである。二つ目の可能性は、定常状態に着地することだ。ＥＵが求心力を高めて、加盟国が満足のいくレベルの連帯に達し、統合の進化はそこで止まる。これについては、ＥＵを深化させるという目標がなければ、この定常状態は実際には持続できないという批判がある。統合を進めたい国もあれば、現状を維持したい国もあるからだ。そのため、中核国と周辺国に分かれる方向に進むようになるかもしれない。しかし慎重に運営していけば、しばらくは、少なくとも２０５０年までは機能するかもしれない。

　三つ目の可能性はビッグバンだ。ＥＵというシステムそのものは終焉し、名前だけの集まりになっていく。考えられるパターンはいくつかある。ユーロが崩壊し、それを引き金に一つあるいは複数の国が公的債務で不履行を起こして、自国通貨に戻るかもしれない。加盟国間で大規模な人口移動が起こり、一部の国が市民権を取得する壁を高くして、ＥＵから事実上独立することも考えられる。あるいは、弱い国で大量の失業が発生して、ブリュッセルを共通の敵とするポピュリスト革命へとつながる可能性もある。イタリアが離脱すれば、そこでゲームオーバーとなる。

　だが、定常状態とビッグバンのあいだのどこかになる未来もある。連合を深化させるという目標から少しずつ離れて、これははるか昔の夢であることを受け入れていくのだ。ＥＵはヨーロッパで二度と戦争が起きないようにするためにつくられた。１９５０年にはその懸念は十分にあり、高尚な理念だった。その後、冷戦とロシアによる東ヨーロッパ支配がはじまり、懸念はくすぶりつづけた。ベルリンの壁崩壊後、バルカン半島で紛争が起きると、不安は再燃した。しかし２０００年には、中央・西ヨーロッパで領土をめぐる争いが起きるという考えそのものがおかしいとされるようになっていた。２０２０年の時点ではまちがいなくそうだった。ロシアによるクリミア半島侵攻が示すように、外部からの深刻な脅威はあったが、域内の脅威はなくなった。だが、ＥＵは域外の脅威から加盟国を守ることができなかった。それができたのは、アメリカの軍事力を後ろ盾とするＮＡＴＯだけだ。ＥＵモデルは加盟国同士が戦争を起こさないようにするという目的は果たしていたが、ヨーロッパ大陸が直面する外部からの脅威に対しては無力だった。この先、なにかほかのものが必要になってくるだろう。

　ウクライナへの攻撃に対抗してヨーロッパの結束は強まるだろうが、「なにかほかのもの」はその逆になる可能性のほうが高いと思われる。なにをなすべきかで高度な合意があるときに集まる、ゆるやかな連合である。考え方が一致しないところでは別の立場をとれるようになり、意見の相違が緊張につながることはない。これまでは可能なかぎり最大限に協調する道を模索し、さまざまな軋轢を生んできたが、この形では、国防、エネルギー安全保障など、共通の目標を達成するために必要な最小限の協調を保っていく。

　ＥＵモデルの熱烈な信奉者にしてみれば、これはなんともぱっとしない、実利主義のビジョンに映るだろう。しかし、国がちがえば、社会のあるべき姿に対する考え方もちがう。２０５０年にはヨーロッパ全体の存在感は２０２０年よりも下がるのは避けられない。さらに、ヨーロッパ全体にわたる方針を決めるためにさまざまな努力が行われているにもかかわらず、移住を含めて、国レベルでしか決められない問題もある。どうしてヨーロッパ大陸全体は部分の総和を下回っているのか、多くの市民が疑問を抱く。だが、ヨーロッパの人びとはお互いを認め合い、それぞれの文化と歴史を尊重しなければいけない。そうだとすると、ヨーロッパはつねに変化する寄せ集めのパッチワークになるが、それでかまわない。

それぞれの国はこの見通しにどう対処していくのか。なかにはほかの国よりもうまく対応していく国もある。

イギリスとアイルランド——いばらの道の先にある揺るぎない未来

ブリテン諸島は10年間、場合によってはそれよりも長く、厳しい状況がつづく。しかし、その先にはいまよりも落ち着いた未来が待っている。２０５０年には、言語と歴史で結びついた国の集団であるアングロ圏の一員として、より自信を深め、外向きになり、繁栄が広がっているだろう。アングロ圏は正式な集まりではなく、文化と言語が物理的な近さ以上に人びとを一つにまとめる重要な接着剤になることを表すものにすぎない。

文化と言語をお互いに共有する国々の集まりができるなんて、絵空事でしかないと思われるかもしれない。イギリスは大英帝国時代の残影を追っている、ブレグジット後のＥＵにかわる選択肢にしようとしていると感じる人もいるだろう。現時点では、アングロ圏諸国は主に機密情報を共有する枠組みの「ファイブアイズ」で協力している。アメリカ、イギリス、カナダ、オーストラリア、ニュージーランドで構成されるこの協定の起源は、１９４１年８月に発表された大西洋憲章に遡る。アメリカが第二次世界大戦に参戦する前のことだ。[4] ファイブアイズは協力関係を拡大する土台としては位置づけられておらず、そのためにつくられたものでもない（ただし２０１９年にファイブアイズの役割の拡大が議論されている）。その意味では、１９５２年に発足し、ＥＵの母体となった欧州石炭鉄鋼共同体とはまったくちがう。ファイブアイズが存続しているのは、それが役に立つからであり、トップダウンの構想ではなく、ボトムアップ型の取り決めであるからだ。

　アングロ圏は、インド、スカンジナビア、シンガポール、アフリカの大部分を含む、非公式な国の集まりへと拡大・進化していくと思われる。この点については最後の章で論じる。ここで言っておきたいのは、イギリスはＥＵの一員として47年にわたる実験をつづけてきたが、それを断念し、いまは世界と新しい関係を築こうと手探りで進んでおり、言語と文化の結びつきが道を開いてくれるだろうということだ。失敗を認めるのはいつだってむずかしい。ＥＵへの参加は失敗だった。ＥＵに参加する必要があったのかどうか、ＥＵから離脱したのはまちがいだったのかどうかは重要ではない。当時の政府と主要な野党が反対したにもかかわらず、民主的な手続きによって離脱が決定されたという事実そのものが、実験が失敗だったことを物語っている。

　その実験が残した傷跡、そしてイギリスの指導者が受けた屈辱の傷が癒えるには時間がかかるだろう。連合王国のなかでＥＵに残ることを選んだ国、とくにスコットランドにとってはいばらの道になる。イギリス全体の一部のセクター、とりわけ大学と大部分のビジネスエリートもそうだ。そして、若い世代は多くが残留に投票し、高齢世代は離脱に投票したことで、すでに高まっている世代間の緊張がさらに高まる。異なる意見をもつ人に対する寛容さが失われているため（これは世界的な現象だ）、反目は深まる。

ケンブリッジ大学政治経済学教授のヘレン・トンプソンの言葉を借りると、イギリスは想定もしていなかった「憲政の危機」に直面している。この表現がおそらくいまの状況を最も正しくとらえている。混乱が落ち着くまでには、少なくとも10年はかかるのではないか。ヨーロッパとの関係は大きな問題ではない。イギリスはヨーロッパから徐々に離れていくだろう。その流れはイギリスのさまざまなところで現れるが、多くのアイルランド人にとってそれ以上に驚きなのは、アイルランド共和国（アイルランド）もヨーロッパとの貿易を減らし、アメリカとイギリスとの貿易を増やしていくことだ。ほんとうの意味での課題は、イギリス内の関係、そしてイギリス本島とアイルランド島との関係になる。

イギリスとアイルランドの経済が成功すればするほど、政治的な関係はよくなる。この点については、かなり楽観できる。イギリスもアイルランドも経済が再編され、イギリスの場合は一気に、アイルランドの場合は少しずつ、構造転換が進む。イギリスの貿易はヨーロッパから離れており、２０２０年代は混乱をきわめるだろうが、やがて新しい貿易のパターンが確立される。輸出に占めるＥＵの割合は２０２０年は40％強だったが、それが２０２０年代末には20％ほどになる。ヨーロッパからの移民は減少するものの、香港を含むほかの英語圏からの移住がこれを埋めて、イギリスの人口は増えつづける。移民は経済の成長を後押しする。２０３０年以降はとくにそうなるため、２０５０年には（イギリスがいまの形を維持していると想定すると）、人口も、経済規模も、ドイツに近づいていく。労働力の増加、世界的に需要がある財・サービスを擁する強みを背景に、イギリスがヨーロッパ最大の経済国になることも考えられる。

そうなるには、いくつかのことがうまくいく必要がある。なかにはEU離脱後のイギリスの世界における立ち位置に関係するものもある。まず、移民に開かれた国でありつづけなければいけないのは言うまでもない。今後の課題として興味深いのは、ブレグジットは移民を呼び込むチャンスになるととらえ、経済成長につなげていくことだ。さらに、外交、安全保障、国防でのアメリカとの緊密な関係を、経済での対等な協力関係へと拡大させなければいけない。また、カナダ、オーストラリア、ニュージーランド、そして重要なポイントとしてインドとの貿易関係も発展させる必要がある。同時に、アメリカとも中国ともうまくやっていかなければいけない。アメリカとは中国との覇権争いで連携し、中国に対しては合法的な商取引を拡大する格好の拠点を提供する。

加えて、国際競争のなかでイギリスが比較優位をもつ分野を支援する方法を見つけなければいけない。金融、医薬品、教育、クリエーティブ産業、ハイエンド製造業などがその例だ。そして最後に、地域間の経済成長の不均衡をなくして、ロンドン都市圏の富と生産性のレベルに近づけなければならない。

どれも口で言うのは簡単だ。はたしてイギリスにできるのか。わたしからは、広く大きな目標を掲げることを提案したい。イギリスは世界のために役に立つ国になることをめざすべきである。言い換えると、世界が直面している緊張や問題にうまく対処できるように手助けをする。イギリスはアングロ圏諸国のナンバー2になれるだろう。アメリカにはおよばないものの、多くの点でアメリカよりも外向きの国になる。その立場から、英語圏諸国が難局を乗り切る手助けができるはずだ。それを成功させるには、イギリスは変わらなければならない。

まず、イギリスに残る「自分たちは世界でも特別な国だ」という傲慢さを捨てなければいけない。

自分たちは小さなアメリカではなく、むしろ大きなスイスだと考えるべきだ。また、医療を含めて、公共サービスの多くは十分ではないことも認めなければいけない。そして、教育の機会を広げ、学習の成果を高めなければいけない。移住がもたらす恩恵を理解して、慣習よりも法律が重んじられる社会になることを受け入れなければいけない。

　そんなことできるわけがないと思うかもしれない。しかし、どの先進国も同じような課題に直面しているし、イギリスはほとんどの国よりも恵まれた条件にある。したがって、２０５０年のイギリスは、２０２０年に考えられていたよりも世界のなかでうまくやっているだろう。大陸ヨーロッパとも、アメリカとも、しっかりとした協力関係ができていて、インドとも有益な関係を築いている。ただし、すべてはつぎの二つのことが前提となる。外向きの姿勢をとりつづけること、そして一つの国としてまとまっていることだ。この二つはセットである。外向きであれば経済は成功し、経済が成功すれば、国は一つにまとまる。

　すべてを考え合わせると、イギリスは２０５０年も連合国家として存続していると思われる。だが、イングランドとウェールズの結びつき、およびスコットランドと北アイルランドの結びつきはゆるくなり、連邦制に近くなるだろう。イングランドとウェールズの関係はそれなりに安定した状態がつづく。イングランド内で各地域の自治権が拡大するのと同じように、ウェールズはイギリス内で自治が拡大する。しかし、スコットランドや北アイルランドとの関係がどうなろうと、イングランドとウェールズは一つの政治体でありつづける。

　それに比べると、スコットランドがどうなるかは見通しにくい。１９９０年代はじめには、２０２０年までにスコットランドが独立している可能性はとても高いと思われた。だがそうはならなかった。２０１４年、「一世代に一度」の国民投票が行われて、賛成44・７％、反対55・３％で、独立が否決されたからだ。スコットランドからの圧力はこの先も波のように寄せては返すの繰り返しになるだろう。２０５０年のかなり前の時点で、もう一度国民投票が行われるのはほぼ確実である。その結果を予言することはできないが、可能性としては、連合が維持されるほうが高い。しかし、国民投票は水ものだ。イギリスのＥＵ離脱だって否決されていたかもしれない。カナダは二つの国に分裂する瀬戸際で踏みとどまったのを思い出してほしい。ケベックでは独立の是非を問う住民投票が１９８０年と１９９５年に行われている。１９８０年のときは賛成40・４４％、反対59・５６％と大差で否決されたが、１９９５年のときは賛成49・４２％、反対50・５８％と僅差だった。一度敗れても、分離独立派はあきらめなかった。スコットランドのナショナリストも、ケベックにならって「挑戦しつづける」にちがいない。

２０５０年までにイギリスはなんらかの形で憲法を改正する必要が出てくるだろう。イギリスは連合王国として存続するが、スコットランドになにかしらの「自治（ホームルール）」が認められるというのが、最も起こりそうな結果になる。19世紀後半から20世紀はじめに北アイルランドにホームルールを提案して、ある程度とりいれられている。そうだとすると、つぎのような疑問がわく。スコットランドは何人の代表をウェストミンスターに送るのか。いまよりも少なくなるのは確実で、ゼロになるかもしれない。課税や支出にどれだけの権限をもつのか。大半の税金（付加価値税は除く）については完全な自主権をもち、国内の支出についても十分な決定権をもつ。スコットランドの国防と外交は連合王国が権限を留保するのか。ほぼ確実に「イエス」だ。アイルランドとイギリスと同じように、ブリテン諸島のあいだで共通旅行区域は維持され、スコットランド人がイングランドに住んで働いたり、イングランド人がスコットランドに住んで働いたりできるのだろうか。まちがいなく「イエス」である。

完全な独立はないのか。もしもそうなったら、国内は真っ二つに割れることになるだろう。独立が僅差で決まればなおさらだ。シェトランド諸島、オークニー諸島などの一部の地域は、チャネル諸島とマン島のような独自の政府をもつ属領としての地位を求めるかもしれない。人口が南に移る動きが起こるのはほぼまちがいない。スコットランドは独立国家として十分にやっていけるだろうが、独立はいばらの道となり、独立後も統一派の勢いは止まらず、情勢は安定しないはずだ。一言でいうと、２０５０年には完全な独立と現在の分権政府の中間形態と言えるものになっているだろう。ただし、歴史が教えているように、どちらの方向でも、もっと極端な結果に振れる可能性も十分にある。

イギリスとアイルランドの関係を予測するのはさらにむずかしい。北アイルランドの人口動態を考えると、アイルランドは統一へと向かうことになりそうだ。北アイルランドでは、２０２０年代のどこかの時点で、少数派のカトリック系住民のコミュニティ（主にアイルランドの再統一を求めるナショナリスト）が多数派のプロテスタント系住民のコミュニティ（主にイギリスとの連合の維持を望むユニオニスト）を人口で上回るからである。統合を求める声が多数になることは想定されており、１９９８年のベルファスト合意に規定されている。[6] しかし、宗教を民族のアイデンティティや政治的意図と同列に位置づけるのはあまりにも機械的である（それに両方のコミュニティにとっても失礼だ）。２０５０年には、統一アイルランドへの支持が多数になるだろうが、そうならない可能性も十分にある。２０２０年の世論調査では、ブレグジットをめぐる緊張があり、ベルファスト合意が脅かされていたにもかかわらず、統一支持は多数にはならなかった。ブレグジット後の関係の変化を考慮に入れて合意を変更しなければいけなくなるだろうが、合意が崩れると考える理由はない。ベルファスト合意にいたる交渉でＥＵが果たした役割はほんのわずかで、アメリカやカナダと比べるとずっと小さかった。イギリスがＥＵを離脱して国境をまたぐ取引の手続きに影響が出ているが、善意をもってすれば問題は解決できる。２０５０年にはこの混乱は思い出になっているだろう。

南北アイルランドの経済面での課題は、つぎの30年を乗り切ることだ。経済の見通しは立てやすい。ヨーロッパとの取引が徐々に減っていき、それ以外の地域、とくに英語圏へとシフトしていく。これはアイルランド共和国のほうがむずかしい。共和国はアメリカ企業にとってのＥＵへの入り口として繁栄しているからだ。巧みな法人税構造をつくってアメリカ企業を誘致しているだけでなく、アイルランドに投資する企業に、教育水準が高くて若い労働力も提供できるうえ、法体系がコモンローである。しかし、ヨーロッパが低成長地域になるのは避けられない。アイルランド製品の二大輸出市場はアメリカとイギリスであり、２０４０年ごろには、共和国の貿易に占めるヨーロッパの割合は4分の1以下になるだろう。そのときアイルランドはどうするのか。

アイルランド内には、主流の意見と少数派の意見がある。主流の意見は、アイルランドはＥＵの忠実な加盟国になるという選択をしており、経済面でも政治面でも、大きな利益をもたらしつづける、というものだ。このモデルはうまくいっている。それをなぜ変えなければいけないのか。

少数派の意見は、ダブリンの官界では評判が悪い。アイルランドは戦略的なミスをしており、ＥＵを離脱して、アングロ圏との関係に重点を置くことがアイルランドの未来にとってはいちばんいい、というものである。その立場の急先鋒が、上級公務員で元駐カナダ大使のレイ・バセットだ[7]。バセットは著書『アイルランドとブレグジット後のＥＵ』で、データを見ればわかるように、アイルランドはヨーロッパとの関係はほとんどないが、アングロ圏との関係は緊密だと訴えている。投資と貿易はアメリカとイギリスが中心であり、それを別にしても、アイルランドの人びとはヨーロッパと英語圏なら英語圏を選ぶ。そのため、国連移住報告によれば、２０１３年に外国に住んでいるアイルランド生まれの人の数は、イギリスが60万人、アメリカが14万４０００人だが、フランスは1万人、スペインは1万７５００人しかいない。

　この原稿はブレグジットの直後に書いており、２０５０年にはアイルランドがＥＵを離脱しているという見通しを示すことはほとんど考えられない。離脱交渉ではアイルランドはヨーロッパと連携し、イギリスの視点に立てば、連合王国に対して敵対的な方針をとっている。だが、経済面ではアイルランドにとってＥＵ残留が不利にはたらくようになっていき、心理状況も変わる可能性が高い。ＥＵがほんとうに中核国と周辺国に分かれるなら、アイルランドは周辺国の一員でいるほうが居心地はいいのはまちがいない。大陸からは離れているが、ヨーロッパ事業の拠点として重要になる。北欧各国がＥＵから完全に離脱すれば、アイルランドはそれにつづくにちがいない。そして、アメリカがＥＵに残った国への圧力を強めて、イギリスがＮＡＦＴＡに加盟すれば、アイルランドはアングロ圏に切り替える以外に選択の余地はなくなるだろう。

　このすべてが崩れる可能性もある。イギリスとアイルランドでは、作家で政治家のコナー・クルーズ・オブライエンのいう「祖先の声」[8]が、アイルランド島内の関係だけではなく、イギリスとアイルランドの関係、さらにイングランドとスコットランドの関係も分断しつづけることになってしまうかもしれない。一部はスコットランド人、一部はイングランド人で、主にアイルランド共和国で育った人間からすれば、それぞれが受け継いできた豊かな遺産を無残にねじ曲げるものとしか思えない。さいわいにも、２０５０年には、祖先の声はいまよりもっと遠くなり、ブリテン島とアイルランド島の人たちは過去の対立ではなく、いまある機会にエネルギーを注ぐようになっている可能性が圧倒的に高い。そのとおりであれば、二つの島は過去２００年間の大部分よりもずっと調和のとれた社会になる。

ドイツとベネルクス三国――小欧州の中核

２０５０年までドイツは堅調だろう。つぎの30年は厳しい時期になるのは避けられないが、経済と政治社会がしっかりしており、難局を乗り切る見通しである。イギリスとほぼ同じ経済規模をもつ大陸ヨーロッパ最大の経済国として、支配的な地位を維持し、豊かな国でありつづける。しかし、三つの大きな課題に直面している。ドイツ社会にとっては、新しい移民をうまく統合することが大きな課題になる。経済の大きな課題は、人口が減少して失われていく製造活動にとってかわる新しい活動をどう育てるかだ。そして外交の大きな課題は、協力し合う国民国家のゆるやかな集団へとＥＵを導き、「深化しつづける連合」というブリュッセルのビジョンから離れることである。こうした三つの点について、少し考えてみたい。

この先、人口が自然減少し、労働力の縮小が加速すると予想されるため、それを移民によってどううまく相殺するかが、ドイツ社会の課題になるだろう。２０５０年には、２０１４年から19年にかけて主に中東から到着した大量の難民が中年以上になっており、そうした難民の子どもが経済成長を支えている。移住はある程度の水準でつづき、新しい移民の出生率は、伝統的なドイツ家族よりもいくらか高いまま推移すると想定すると、２０５０年には移民の背景をもつ人が労働力の4分の1から3分の1ほどを占めるようになりそうだ。にもかかわらず労働力は縮小している。したがって、教育、職業訓練、資本へのアクセスといった要素がきわめて重要になる。だからといって、こうした「新しいドイツ人」のスキルや生産性が「古いドイツ人」よりも低いと決めつけているわけではない。ドイツがヨーロッパ経済の原動力でありつづけるのであれば、新しいドイツ人のスキルや生産性が高くなればいけないと言いたいだけである。

　ドイツでは移住が非常に大きな政治問題になっており、この状況は２０２０年代、２０３０年代もずっとつづくだろう。主にトルコからやってきた「ゲストワーカー」がドイツ経済に貢献しているとはいえ、異なる文化をもつところからやってきて、少なくとも最初はドイツ語を話さない人たちを社会に統合するむずかしさを考えれば、移民をめぐる論争が燃え上がるのも理解できる。そのあおりで経済と社会に与える長期的な影響にはほとんど目が向けられていない。移住が急増した結果として、ドイツは変わる。まず、人口が減少するペースがゆるやかになる。また、経済全体が成長するペースも上がる。うまくいけば1人当たりGDPの伸び率も上がるかもしれない。そしてもちろん、文化にも影響がおよぶ。そうならなかったら逆に驚きだ。２０５０年には、論争は決着している。その前のどこかの段階で、反移民を綱領に掲げる政府が生まれているだろう。そう聞くと、いまの主流派の政治家の大半は頭を抱えるかもしれない。しかしそれは、国がかつての古い自己像とは異なるものになっていることをドイツが受け入れるきっかけになるはずだ。国は変わる。ドイツは１９４０年代後半から、自由民主主義へとこれ以上ないほど見事な転換を果たしている。新しい労働力が新しいグローバル経済に対処する力になり、ドイツはもう一度変わるだろう。

経済の課題については、ドイツはとても恵まれた環境にある。第1章で見たように、ドイツは世界をリードする製造大国であり、自動車工学を筆頭に、化学品、工作機械、医療機器など、ほかの多くの分野にも強い。一つ問題なのは、世界消費のうち工業製品が占める割合が縮小しており、それがこの先もつづく見通しであることだ。また、グローバル化が後退すれば、モノは自国の近くで生産されるようになる。ドイツは工業製品の世界最大の輸出国であり、影響は避けられない。くわえて、近隣の市場である残りのＥＵ各国は成長が減速している。さらに、ドイツでは新しい産業がなかなか育たず、既存の巨大企業からバトンを受け取れないでいる。

ドイツ経済は多くの点で卓越している。その力を高く評価してきた人なら、ドイツ経済はこうした問題を乗り越えられると確信しているだろう。国家財政はほかの大半の先進国よりも強く、市民は貯蓄好きだ。それでもつぎの30年は向かい風を受けることになる。国民の生活水準を維持し高めるには、強靭な産業構造をつくりあげる必要がある。

生活水準を高められなければ、外交の課題はますます重くのしかかるようになる。ドイツはヨーロッパの支払い係である。長くＥＵの予算に対する最大の純貢献国であり、イギリスさえ上回るが、大陸ヨーロッパへの支援はＥＵへの拠出金をはるかに上回る。ユーロのアンカーであり、ユーロ圏諸国の公的債務を事実上、保証している。ＥＵのほかの国の経済は大きく成功しているわけではなく、ドイツはその重荷をまだしばらくは背負いつづける。しかし、２０５０年にＥＵが名前以上の存在として残っていると想定すれば、連合がどのような形態になっていようと、おそらく２０３０

年代には、ＥＵを支える負担にドイツ市民が耐えられなくなるときがやってくるだろう。それまではドイツはお金を出しつづけることになる。

なんらかの出来事、あるいは一連の出来事がその引き金になる。それは急激なインフレかもしれない。欧州中央銀行は、イタリアをデフォルトに追い込むのを恐れて、物価の上昇を抑えるのに十分な利上げをしない可能性がある。その場合には、ドイツはユーロを離脱し、ドイツマルクを復活させるだろう。あるいは、ＥＵ予算への１年当たりの拠出金の負担が増していくおそれもある。ドイツの純拠出額の対ＧＤＰ比は２０２０年にはおよそ０・５％だったが、これが１％まで増えるとすると、ドイツの経済成長率が２％なら受け入れられるかもしれない。だが、成長率が減速すれば、１年間に増えたドイツの富がすべてＥＵを支えるために使われるようになることが十分に考えられる。さらに、新型コロナウイルスの世界的なパンデミックのような外的ショックが襲って、ヨーロッパの財務状況がいちじるしく悪化するかもしれない。そうなればすでに経済が弱くなっている国は破綻に追い込まれる。

外交の課題はほかにもある。とくに大きいのがロシアとの関係だ。しかし、ドイツの主要な任務は、ヨーロッパのアンカーでありつづけることである。ドイツがヨーロッパ最大の強固な経済国であるかぎり、ヨーロッパを意のままに形づくる権限をもちつづける。このすぐ後で見ていくように、フランスもヨーロッパの政治の風景に非常に大きな影響力をもっているものの、ＥＵの命運を決めるのは、ドイツの経済であり、ドイツの財力である。

それはベルギー、オランダ、ルクセンブルクも同じだ。ＥＵがなんらかの形で生き残れば、ベルギー経済はヨーロッパの首都としての役割に支えられるが、フランス語地域とフラマン語地域のあいだで長くつづく対立は残る。オランダ経済はドイツ経済の分家のようなものであり、ドイツ経済がどのような形でも製造業からサービス業への転換に成功すれば、オランダには追い風になる。ドイツがＥＵを強力に支持するかぎり、オランダもそうするが、ＥＵに加盟しつづけるコストの高まりに反発するようになるかもしれない。北ヨーロッパ経済が十分に強ければ、北ヨーロッパで最大の海港と2番目に大きい空港を擁するオランダは大きな恩恵を受ける。ところが、ヨーロッパの経済、とくに輸出はつぎの30年のどこかの段階で行き詰まる可能性が高く、もしもそうなれば、オランダの地位は相対的に低下する。ルクセンブルクはオフショア金融センターとして発展し、世界で最も裕福な国であり、ＥＵの未来はルクセンブルクにとってきわめて重要な意味をもつ。しかし、ルクセンブルクの指導者はとても機敏であり、ヨーロッパ市場の制約が大きくなったとしても、金融サービスの新しい顧客を見つけるだろう。30年後にはルクセンブルクは世界で最も裕福な国ではなくなっているだろうが、まったく問題ない。

フランス――憂鬱な美の国

フランスはずっとフランスでありつづける。２０５０年には、文化の力も、影響力を拡大しようという野心も強いままだが、ヨーロッパにおける役割も、世界における役割も、輝きを失っている。経済面ではグローバルリーダーの地位を維持し、高級品で世界をリードしているだろう。政治の面では、ＥＵを土台にヨーロッパで影響力を行使し、フランス語圏の国々（フランコフォニー[10]）を土台に世界に影響力を行使しようとしつづける。強大な軍事力を維持しつづける。パリは世界屈指の大都市でありつづける。そしてなんと言っても、世界中が憧れるライフスタイルを提供しつづける。
ちょっと話がうますぎるように感じるとしたら、それはそのとおりだからだ。いまあげた強みはどれも正しいが、いくつかの問題も抱えており、乗り越えるのは簡単ではないだろう。まず、21世紀になって製造業の競争力がいちじるしく低下していて、この先、それがもっと経済の足を引っ張るようになる。財政状況も厳しい。フランスの公的部門は巨大で、対ＧＤＰ比は世界の主要国のなかで最も高い。公共サービスは充実しているが、フランスの人口は高齢化しており、国の負担は重くなる。総人口は増えつづけるのに、働く人の数は頭打ちになって、歳入が伸び悩むからだ。ＥＵが一種の「ゆるやかな連邦」へと移行すれば、ドイツとともにヨーロッパ大陸を牽引するリーダーだという自負は揺らぐ。ＥＵが禍根を残す形で崩壊すれば、フランスはとくに大きな打撃を受けるが、ドイツの財政力が防波堤になる。イギリスは２０５０年には世界における立ち位置を考え直して、イギリスの未来はアングロ圏にあるという選択をしているだろう。フランスにとってフランス語圏はそのような選択肢にはならない。文化の面では力になっても、経済の面では規模が小さすぎる。

　フランスはさらなる困難と向き合わなければいけない。ある意味ではドイツが直面した困難に似ている。移民を統合して、より強力な成長の原動力にするのである。この問題に対処するフランスの能力をみくびってはならない。フランスの指導者はかつてそうする決断をしている。だが、それはとてつもなく大きな課題であり、しかも国家の役割を再構築するなかでそうしなければいけなくなる。歴代の政府は大規模な財政・経済改革を進めようとしているものの、押し戻されている。フランスは外から見れば中道色が強いが、フランスの有権者の大部分は骨の髄まで保守的で、簡単には動かない。変化を起こすことは、フランスではむずかしい。

したがって、つぎの30年はいばらの道になる。社会の緊張はすでにあらわになっており、この先さらに悪化するだろう。街路での暴動は増える。どこかの段階でフランスに右派政権が誕生する可能性は非常に高い。国民連合か、その後継政党かもしれないし、新しい政治グループかもしれない。逆説的だが、過去数十年間のリベラル寄りの政府よりも移民コミュニティの統合はうまくいくだろう。しかし、それがだれであれ、この仕事をなしとげなければいけない。フランスの経済学者であるジャン・フーラスティエは１９７９年の著書のなかで、第二次世界大戦が終結してから１９７５年までの30年間を「栄光の30年間」と呼び、これを本のタイトルにした。[11] この時代は政治が大きく混乱した時期にあたる。第四共和政が成立したが崩壊し（10年間に首相が21人就任した）、１９５８年には政治から引退していたド・ゴール将軍が復帰して、第五共和制が生まれた。だが、政治が混迷し、アルジェリアなどの植民地を失ったにもかかわらず、経済は安定し、めざましく進歩した。戦争で荒廃した経済を再建し、残りのヨーロッパに追いついたのだ。つぎの30年は栄光の時期にはならないが、フランスが三つのこと、つまり、ＥＵの衰退と折り合いをつけること、国の規模を小さくすること、移民の待遇をよくすることができれば、つぎの30年もまずまずの進歩をとげるだろう。

イタリア――強いリーダーを求める

イタリアは一つにまとまるのか。そして、イタリアはＥＵから抜けるのか。

この二つはあまりにも大きな疑問で、大勢のイタリア人が頭を悩ませており、イタリア人ではない人間がこうした問題に納得のいく答えを出せるとは思っていない。それは厚かましいというものだ。イタリアは二つの国に分かれるかもしれないと言えば、多くの人はあきれるだろうし、ばかばかしい言いがかりだとさえ思うだろう。しかし、過去50年間の出来事がなにかを教えてくれているとしたら、ある時代の憲法上の取り決めは、それが確立されているように見えても、一瞬のうちに覆されうる、ということだ。ソ連帝国が崩壊した後、チェコスロバキアは平和的にチェコ共和国（英語での呼称は「チェキア」）とスロバキア共和国に分かれた。ユーゴスラビアは残念ながら平和的にとはいかず、一連の紛争により解体され、その傷跡はいまも癒えていない。ＥＵ離脱については、イタリアは重要な創設国の一つであり、そのイタリアが抜ければ、ＥＵが失敗だったことを示すシグナルとしては、イギリスの離脱よりもはるかに大きなものになるだろう。

どちらの問題も盛んに議論されており、原稿を書いている２０２１年の時点では、分離独立もＥＵ離脱もありうるように思えるかもしれない。北部と南部のあいだには大きな緊張があり、過半数がＥＵ離脱に賛成していることを示す世論調査もある。だが、それはあくまでも可能性として考えられるということであって、慎重に見なければいけない。イタリアを一つにまとめる文化の接着剤は簡単にははがれないだろうし、ＥＵはイギリスのときとはちがって、イタリアをなんとしても引き留めようとするだろう。それにＥＵ離脱はイタリアにプラスにはならないと思われる。通貨が切り下げられれば（おそらくユーロは二層構造になる）、経済は恩恵を受けるが、それがＥＵの一部解体につながるかもしれない。しかしそれは、イタリアが経済を理由にＥＵを離脱する決断をした結果というよりも、言ってみれば財政の弱さの産物だろう。

イタリアにとって大きな課題となるのが人口動態である。どうすれば出生率を上げられるか。若者の流出を食い止めるにはどうすればいいか。イタリアは世界でも人口がとくに速く収縮している国だ。計算上では、移住によって人口を増やすのは可能である。イタリアに移住したいと考えている人は北アフリカを中心に何百万人もいることはたしかだが、それでもそうなるとは考えにくい。イタリアの２０２０年の人口は６０００万人であり、この水準を維持するには、少なくとも５００万人の移民が必要になるだろう。場合によってはもっと必要になるかもしれない。それだけの移民が流入すれば、社会・政治の緊張が大きく高まるのは避けられない。

そうだとすると、この先になにが起きるか。イタリアは行政の質を高めなければいけない。強いリーダーを求めるポピュリストの圧力は高まるだろう。望まれているのは、ベニート・ムッソリーニのように「列車を定刻に走らせる」だれかだ。孫娘のアレッサンドラ・ムッソリーニにもひ孫のカイオにも政治経験があり、この2人がイタリアを率いるようになる可能性すらある。だが、つぎの30年に登場する次世代の政治のリーダーがどのような人物になるかを予測するのは不可能だ。ここで言いたいのは、この先になんらかの出来事や一連の出来事が起きて、イタリアが強いポピュリスト・リーダーを選ぶようになるだろう、ということだけである。それはたぶんいまの政治システムのなかで起きる。クーデターはない。そのリーダーが改革を成功させ、イタリアが真に機能する国になるかどうかで、２０５０年にイタリアが国民の満足度が高く、安定した民主主義国であるか、混乱した不安定なものになるかが決まる。

イベリア半島——東だけでなく西にも目を向ける

スペインもポルトガルも、つぎの30年には逆風にさらされることになるだろう。どちらも人口は10％前後減少している。これはイタリア並みのペースだ。しかし今後の見通しは、スペインよりも規模が小さくて貧しいポルトガルのほうが明るそうだ。理由はいくつかある。スペインは観光産業に過度に依存しており、カタルーニャの地位をめぐる緊張があるうえ、第1章で述べたように、ポルトガルはブラジルにとってヨーロッパへの入り口になるという際立った利点がある。スペイン語を話すラテンアメリカは、スペインには同じような恩恵をもたらさない。

また、つぎの30年には、ポルトガルのほうがスペインよりもうまく統治されるようになる可能性もある。スペインには手厳しいコメントのように聞こえるとしたら、そのとおりだからだろう。だが、歴代の政府にとって最大の関心事は、統治の質ではなく、領土の問題だった。領土の問題というとカタルーニャとバスク地方の地位が真っ先に思い浮かぶが、ジブラルタルや、北アフリカにあるスペインの二つの自治都市（セウタ、メリリャ）をめぐる問題もある。スペインがカタルーニャに提供できる統治の質が高くなればなるほど、カタルーニャが分離独立を求める圧力は弱くなる。バスク自治州については、カタルーニャが連邦制のような関係に移行すれば、完全な主権を求める機運が再燃するだろう。ジブラルタルに関しては、国の威信をかけた大きな問題と位置づけるのではなく、自国の貧しい地域の一つにとっての有益な経済パートナーと考えるほうがいいだろう。ジブラルタルの領有権をめぐるイギリスとの争いはしばらくつづきそうだ。アフリカのモロッコにある二つの保護領については、モロッコがセウタとメリリャの支配権を主張しているが、スペインは応じていない。しかし、スペインとの人口差が小さくなって、２０５０年ごろにスペインを追い抜き、ＧＤＰの差も小さくなれば、モロッコの影響力がだんだん大きくなっていくだろう。

　スペインにとって差し迫った課題は、数少ない若者をどう活用するかである。若者の失業問題に対処し、優秀な頭脳が国外に流出するのを止めなければいけない。それは簡単ではなく、２０５０年になるずっと前の時点で、スペインの統治になんらかの形で断裂が生じる可能性がある。１９７８年憲法が進化して改正手続きの要件がゆるめられるようになるかもしれないし、逆に権威主義体制へと振れるかもしれない（その場合も新たなフランコ将軍が求められることはもちろんないだろうが）。どちらの方向に進むにしても、道のりは険しそうだ。

　これとは対照的に、ポルトガルはいまよりも穏やかになるだろう。前に述べたように、ポルトガルはブラジルにとってＥＵへの重要な入り口だが、それ以上に大きいのは、ポルトガルのリーダーが、ヨーロッパのなかで自国の役割を果たすと同時に、ヨーロッパの外に目を向ける必要があると理解していることだ。世界中から資本と人材の両方を引き寄せる磁石としての役割を強化できれば、西ヨーロッパの貧しい国ではなくなり、世界における影響力は高まる。ポルトガルは小さい国であり、人口が減少するスピードを遅くするには、自国民にとっての魅力を高めるために懸命に努力しなければいけない。だが、ポルトガルには興味深い手札があり、それをうまく使えば、つぎの30年はまずまずの成功を収められるだろう。

スカンジナビアとスイス――静かな繁栄

北欧の主要5ヵ国（スウェーデン、デンマーク、フィンランド、ノルウェー、アイスランド）は２０５０年も安全で繁栄している。スイスもそうだ。スイスは物理的には離れているが、世界観がよく似ているため、ここでは北欧諸国にグループ分けしている。この6ヵ国はすべてヨーロッパと取引している。物理的な距離が近いというのはとても重要であり、このうち3ヵ国はＥＵに加盟している。しかし、「深化しつづける連合」というヨーロッパ統合構想の理念を支持したことは一度もない。逆に、6ヵ国ともヨーロッパ統合構想に対抗してつくられた欧州自由貿易連合（ＥＦＴＡ）に参加しており、スイス、ノルウェー、アイスランドはいまも加盟している。

統治の質の高さ、品位、生活の質の高さは羨望を集めつづけるだろう。ＥＵ加盟国は徐々にヨーロッパから離れ、その先にある世界に目を向けるようになる。ノルウェーとアイスランドにとってはとくに問題にはならない。そもそも両国はＥＵに加盟していないからだ。厳しいのはフィンランドとデンマークである。フィンランドはユーロを自国通貨として採用しており、デンマークの経済は大陸ヨーロッパとの結びつきが強い。スイスは個人主義の孤島として独自の道を歩みつづける。ときに頑なに、だがどんなときもしたたかに、断固として行動し、そして最後には成功する。

形はそれぞれちがうが、どの国も徐々にヨーロッパの中核と距離を置くようになる。山に囲まれたスイスがそうするのはどこか不自然に思えるとしてもだ。[12] 各国に共通するテーマは、経済的要請を満たすことになる。6ヵ国の最大の市場はＥＵ域外になるため、ＥＵの基準ではなく、取引先の市場の基準に適応しなければいけなくなる。どのみちそうなっていただろうが、イギリスがＥＵ離脱を決断して、スピードが加速する。ＥＵとの関係が突然悪化することはおそらくない。そうなる理由がないからだ。スカンジナビアとスイスは、ほかのところでなにが起きようと、ヨーロッパの周辺国でありつづける。混乱はある。フィンランドがユーロを放棄して自国通貨に戻ることがその一つだ。大まかに言うと、大陸ヨーロッパとの貿易を減らす方向へと進んでいくだろう。スイスについては、２０１９年の時点ですでに中国が1位、インドが3位の輸出市場になっており、この先も新興世界へのシフトが進むと思われる。

こうしたことが重要な意味をもつかどうかは、判断がむずかしい。北欧諸国とスイスの人口を合わせても３６００万人ほどだ。２０５０年もだいたい同じ水準であり、イギリスやフランス、ドイツの半分である。それでも、世界における重要性は、経済規模の比ではない。北欧諸国とスイスが重要なのは、それぞれがそれぞれに卓越した存在であるからだ。どの国も完璧ではない。人間のコミュニティが完璧になれるわけがない。しかし、繁栄し、秩序立っていて、社会・経済への責任を果たす社会とはどのようなものかを見てみたいなら、ここがよい出発点になる。北欧諸国とスイスは、嵐が吹き荒れる世界のなかで静かな島々でありつづけるだろう。

中央・東ヨーロッパ——ロシアと西側の両にらみ

ヨーロッパの東に弧を描いて広がり、ウィンストン・チャーチルがバルト海から地中海までを横切る「鉄のカーテン」と印象深い言葉で呼んだ国々をひと括りにするのは乱暴なように思えるかもしれない。いろいろな意味でそのとおりである。宗教も、文化も、経済の発展度も、社会のあり方に対する考え方も、それぞれちがう。だが、共通するテーマが一つある。オーストリアとギリシャを除き、すべて経済相互援助会議（コメコン）の加盟国か準加盟国だったことだ。コメコンはソ連が東ヨーロッパに築き上げた帝国である。栄華は長くはつづかず、その後の経済の混乱については第1章で説明している。コメコンは１９９１年に解体されており、そのときからすでに30年たっている。２０５０年にはさらに30年たつ。ところが、その負の遺産は１９９１年以降のどの時期よりも強く現れているように見える。より権威主義的な統治を求める声が多くの国で高まっている。今回は外圧によるものではなく、民主的に支持されているが、それが権威主義的な統治に正統性を与え、勢いが増している。こうしたムードは振り子のように揺れ動くものだが、すべてを考え合わせると、２０５０年までの30年に強まる可能性のほうが高い。

　この先どうなっていくかは、ロシアに大きく左右されるだろう。ロシアは成功しているという見方が広まれば広まるほど、中央・東ヨーロッパはロシア寄りになっていく。ロシアが力で帝国を再興しようとすることはまずなさそうだが、一つ悩ましい問題がある。ＮＡＴＯの真の境界はどこにあるのかだ。ＮＡＴＯはドイツをロシアの攻撃から守るのだろうか。もちろんだ。ポーランドは守るのか。ほぼまちがいなく「イエス」である。エストニア、ラトビア、リトアニアのバルト三国はどうか。礼節をわきまえている人には受け入れられない考え方だが、答えは「ノー」だろう。だからといって、ロシアがウクライナに軍事侵攻したように、バルト三国にも侵攻するかもしれないと言っているのではない（ただし、その可能性を完全に排除することはできない）。それよりも、ロシア語を話す少数派の住民をテコとして使って、バルト三国への影響力を高めようとする可能性のほうが高い。それが成功するときもあるだろう。

　地理は重要だ。ヨーロッパ大陸はロシアと共存しなければならず、ロシアと国境を接するバルト三国は現実を受け入れざるをえなくなるだろう。これは、西ヨーロッパの富とリベラルな思想という魅力と、ロシアの愚かなポピュリスト的イデオロギーとのあいだの綱引きになる。これが一騎打ちであれば、つまり、どちらか一方を選ばなければいけない状況であれば、もちろん西側に軍配が上がる。世界におけるＥＵの相対的な経済力は下がるが、ロシアはそれ以上に下がる。実際、２０５０年までにロシアの経済規模は、ヨーロッパでもありアジアでもあるもう一つの大国、トルコよりも小さくなっているだろう。しかし、これは経済だけの問題ではないし、経済が重要な要因ですらない。社会はどうあるべきかという、思想をめぐる争いだ。ＥＵ市場という磁石に吸い寄せられて、旧コメコン諸国はその軌道に引き入れられているが、煩雑なＥＵの規制を受け入れる、大勢の優秀な若者が豊かな西側に流出するといった、高い代償を払うことになった。

　そのため、２０５０年には、中央・東ヨーロッパはいま以上につぎはぎ状態になるだろう。オーストリア、スロベニアなどは、ヨーロッパの中核に埋め込まれる。ギリシャは正常な状態には戻らず、ユーロの導入後に発生した債務が重くのしかかる。だが、ギリシャの歴史やトルコとの緊張関係を考えると、西側寄りの姿勢をとりつづけるはずだ。その一方で、ロシアと和解し、ＥＵとの協調を断念する国も出てくる。ウクライナはそうすることを余儀なくされるだろう。ルーマニアも、ロシアと手を組むほうが有利だと感じれば、東側に転じる可能性があるが、いまの時点ではまず考えられそうにない。

最も重要なのは、ヴィシェグラード諸国（ポーランド、ハンガリー、チェコ、スロバキア）がどのような決断をするかだ。この四つの国が一つのブロックとして動くことはないだろう。歴史の面でも、文化の面でも、ロシアとの結びつきはそれぞれ大きくちがう。その結びつきは、控え目に言っても、幸福なものではない。しかし、いずれもロシアのヨーロッパ帝国の中核だった国であり、どこまでロシア寄りになることを選ぶかで、地域全体のバランスが決まる。つぎの30年は混沌とするだろうが、２０５０年には、ロシアとヨーロッパの関係は定常状態に落ち着いていると考えるのが現実的ではないか。それにはロシアの重要性と東ヨーロッパにおける影響圏を西側が認めることが必要になってくる。そしてロシアは、自国の重要性が認められ尊重されることに満足し、しかるべき国際行動規範を守らなければいけない。ロシアにそれができるのか。

ロシア――世界最大の国を待ち受けるいばらの道

壮大で、複雑で、豊かで、すばらしいが、悲劇に彩られたロシアの物語は、つぎの30年以降もつづくだろう。ロシアは西側で一般的な民主主義国に近いものになると予測できたらどれだけいいか。秩序ある政府があって、国民が選挙で選択すれば政権をとれるだけの力のある野党があり、独立した裁判所があり、言論の自由などがある。そうして、第1章で指摘した問題、つまり、エネルギーと原材料の輸出に依存しすぎている、公衆衛生や社会の課題に対処する、人口が高齢化し減少する、面積に比べると少ない人口で広大な国土を管理する、といった問題に全力で取り組む。また、ヨーロッパの隣人たちと友好的で協力的な関係を築けるようにもなる。その場合には、改革されたＥＵ

の準加盟国のような形になると思われる。

そうなることを願うばかりだ。環境の脅威が増すにつれて、近隣諸国と協力していく必要は高まっていく。しかし、このとおりになると考える人などいないはずである。ロシアが２０５０年には「ふつうの国」に近づいている可能性はまちがいなくあるが、その道のりはいばらだらけである。事実上の独裁制を、秩序立った平和的な方法で改革するのは、どんなときもむずかしい。ロシアはとくにそうだ。将来のどこかの時点で政変が起き、過去を断ち切るときがくるだろう。独裁政治が挑戦を受け、別の形態の政府がとってかわる。原稿を執筆しているいまの時点では、どうしてもウラジーミル・プーチンの支配と関連づけて考えてしまう。プーチンが引退するか死去すれば、過去は断ち切られる。その可能性はある。だが、プーチンの後継者の下で独裁的な統治がしばらくつづいていき、体制の転換が先送りされる可能性も同じくらいある。あるいは、なんらかの危機や大きな出来事が起きて、プーチン体制が早く終わることも考えられる。ウクライナ侵攻がそのきっかけになるかもしれない。

30年後のロシアの姿を考えると、反体制派を粛清しようとする独裁国ではなく、洗練されてはいないものの、反体制派の意見も受け入れる民主主義国として機能している可能性が最も高い。しかし、そうなるまでにどのような過程をたどるかは、予測がつかない。

予測がつきやすいのは、２０５０年にはロシアは国境を警備し守るのがむずかしくなっていることだ。人口と比べて国土が大きすぎるようになる。労働年齢人口と比べるととくにそうだし、若者が国を出ていくことを選べば、問題はさらに深刻になる。ロシアの人口がどれだけ速く減っていくか、確かなことは言えないが、２１００年には1億人を割り込むとする予測があり、それが現実味を帯びている。だが、そのずっと前の時点で人口が増えていく世界の空白地帯となり、ロシアは例外の国とされるようになるだろう。

そうだとしたら、ロシアはどうなるのか。旧ソ連諸国の一部、とりわけカザフスタンなどのカスピ海周辺の国との関係が強みになる。こうした国々には天然資源があるが、それ以上に重要なのは、第1章で述べたように、若い移民の供給源になっていることだ。西側の評論家はこうした国の不当な統治にばかり目を向けて、若者たちがもつ活力や知性、良識を見過ごしがちだ。実際、西側の国はおしなべてロシアの次世代の市民がもっているすばらしい資源を低く見ているようにわたしは感じている。しかし、埋めなければいけない土地はあまりにも多い。

２６００マイル（約４２００キロメートル）にわたってロシアと国境を接する中国とモンゴルは、土地を必要としている。それがこれからも緊張の火種になるのは避けられない。先に述べた理由から、ヨーロッパとの国境は緊張が高まるだろうが、ここについては人口の流入ではなく、人口の流出が問題になる。出生数を増やすために大規模な奨励策をとることはまちがいないとはいえ、対策がそれなりに成功したとしても、劇的な変化を起こすには足りない。流れを変えるには、ロシアが移民にとって魅力的な国になるしかないだろう。アメリカ、カナダ、オーストラリア、イギリスはそうしている。しかしそれは無理な注文だ。

ロシアはいまの国境線をあと30年、場合によってはもっと長く維持しつづける可能性が最も高い。そうしようとするのはまちがいない。だが、21世紀後半にはなんらかの変化が起きるだろう。それは本書の予測の区切りである２０５０年の先の話になるが、その結果どうなるのか想像してみる価値はある。最も極端なケースでは、ロシアがシベリアを失って、純粋なヨーロッパの国に戻る。そんなことはありそうにないと思うなら、現状でロシアの人口の4分の3以上がヨーロッパに住んでいるが、国土面積の4分の3以上がウラル山脈の東、つまりアジアにあることを考えてみてほしい。シベリアを失ったとしても、ロシアはまだヨーロッパの土地の40%を支配する。そのときシベリアはどうなるのか。シベリアは新しい主権国家となり、膨大な天然資源を開発するために、世界中から（しかし現実問題としては、アフリカ、中国、インド亜大陸から）移民を募るようになる。

もちろん、それ以外の可能性もたくさんある。法律・慣習も、政治システムも異なる二つのロシアの国による連邦ができるかもしれない。ロシアの領土を中国に売却することも考えられる。１８６７年にアラスカが売却されたときのように、アメリカに売られることもありうる。その一方で、考えるだけでもおぞましい結果もある。領土問題をめぐる緊張が戦争に発展してもおかしくないからだ。80年以上先にロシアがどうなっているか推測したところでどうなるものでもないが、２０５０年にはロシアという国を運営するのはいま以上にむずかしくなっているとは確実に言えるだろう。世界15位の経済規模で、世界最大の国土面積を永遠に管理しつづけることはできない。なにかをどこかで手放さなければいけなくなる。

トルコ——大きな機会と不安定な統治

今度は、ヨーロッパとアジアにまたがるもう一つの大国、トルコについて少し考えてみたい。ロシアと同じように、洗練されていない民主主義国であり、強いリーダーが権威主義体制を築き、不安定な政治運営を強いられている。ロシアと同じように、ヨーロッパの一部の国、とくに隣国のギリシャとぎくしゃくとした関係にある。しかし、ロシアの人口の大半はヨーロッパにあるが、トルコの人口の大半はアジアにあり、物理的な環境が大きくちがっているだけでなく、[13]世界におけるトルコの重要性は高まっているが、ロシアは下がっているという、きわめて重要な相違点もある。２０５０年には、トルコの経済規模は世界10位前後になり、ロシアを大きく上回る見通しであるうえ、人口が相対的に若いため、労働人口もロシアより多くなる。トルコがそうすることを選択すれば、軍事力も強化できる。

　２０００年代はじめの時点では、トルコは２０２０年になるずっと前にＥＵに正式加盟しているものと広く予想されていた。トルコがＥＵへの加盟を申請したのは１９８７年に遡る。スペインとポルトガルが加盟申請してからわずか1年後であり、当時、ハンガリー、ポーランドなどのワルシャワ条約機構の加盟国はまだソ連の衛星国だった。現時点では、ＥＵになにが起ころうと、トルコが加盟する可能性はまずなさそうだ。政治的多様性を確保するというＥＵの基準を満たすのがむずかしそうであるのが一因だが、それ以上に大きいのは、トルコにとってＥＵに加盟する意味がなくなっているように思われることだ。経済的なメリットがあるとしてもごくわずかで、政治的なデメリットのほうが多い。そのため、トルコがヨーロッパからさらに離れることはあっても、近づくことはないだろう。

　その一方で、ロシアとの関係は緊密になり、ときにヨーロッパを重視し、ときにほかの地域の利益を重視する周辺国の一つになる。たとえば、トルコもロシアも、中東の安定を強く望んでいる。トルコは強権的なポピュリスト政権と協調路線のリベラル政権とのあいだを振り子のように行き来するだろうが、政権の政治色がどうであっても、ナショナリズムの道を行くのはまちがいない。

ヨーロッパのまとめ

２０５０年には、ヨーロッパ大陸の経済の重要性は、それまでの２５０年間のどの段階よりも小さくなるだろう。世界ＧＤＰに占める割合は、島国のイギリスとアイルランドを含めたとしても、15％を割り込む。１８００年代はじめ以降で最も小さい割合だ。それでも、大きな富を生み出しつづける。文化的活動の宝庫でありつづけ、一部のテクノロジーをリードしつづける。ヨーロッパ大陸の大半の人にそれなりに満足できる生活様式を提供しつづける。しかし、世界を形づくる役割はほとんど果たせない。その理由は政治ではない。ＥＵが存続するかどうかも、後継組織がどのような形になるかも関係ない。問題は人口動態と経済だ。ヨーロッパの人口は高齢化して収縮し、影響力を失っていく。

そう聞くと、多くのヨーロッパ人は不安にかられるだろう。ブリュッセルの官僚や加盟各国の親ＥＵ派の政治家はそんな物語は示さない。世界経済は成長しつづけるがヨーロッパは沈むなんて、言えるわけがない。野心があって教育水準の高い大勢の若者が別のところで働くことにしたら、ヨーロッパの未来はさらに暗くなる。いまイタリア南部で起きている頭脳の大量流出が大陸全体に広がれば、ヨーロッパ大陸の凋落が加速するおそれがある。

それでも、ヨーロッパの存在感がいくらか薄れることを多くの人が受け入れると、雲が切れはじめる。前に述べたように、ヨーロッパ大陸は数々の幅広い分野で卓越した存在である。洗練された生活様式を提供できる。平和と安全を提供できる。世界をよりよくするためにいくらかでも貢献できる。ヨーロッパ人が特権意識を捨て、相対的な衰退に適応し、つぎの30年には大きな意思決定はヨーロッパ以外のところで下されることを受け入れるかぎりは、ヨーロッパ大陸は安定し、進歩しつづける。だとすると、大きな意思決定はどこでされるのか。多くはアジアで行われるだろう。ではつぎに、そのアジアの物語を見ていこう。

第9章　アジア

アジアの世紀

アジアは地球の未来にとってとても重要であり、世界でいちばん広い大陸を一つの章で扱うのはバランスが悪いのではないかと思われるかもしれない。しかし、南極以外の大陸にあるさまざまな国や地域を大きく六つに分けて「六大州」と呼ぶのが一般的であり、本書でもこの概念を枠組みとしてとりいれている。「アジアの世紀」という表現を使ったのも、同じ考え方からだ。世界をヨーロッパが支配していた19世紀、アメリカが支配していた20世紀に対して、21世紀はアジアが重要な役割を果たすようになる。だが、この表現は非常に重要な三つの点を無視している。

第一に、序章で指摘したとおり、産業革命がはじまるまで、アジア文明の経済は、残りの世界の経済よりはるかに大きかった。経済に関しては、それまでずっと「アジアの世紀」だった。19世紀と20世紀が例外的な状況だったのだ。いまは本来あるべき姿へと戻っているところであり、その流れはこの先ずっとつづく。人間の経済活動の中心がアジア大陸になるからだ。それはまさにアジアの世紀ではあるが、たとえば10世紀はもっとそうだったし、23世紀はまちがいなくもっとそうなる。

第二に、この地域はあらゆる面で多種多様であり、「アジア」とひと括りにするのはかなり無理がある。30年後のアジアの姿について語ろうとすると、北極のツンドラから赤道直下の熱帯林まで、大きく異なる地域が進む道をいっしょくたにすることになってしまう。アジアにはさまざまな地域があり、文化もそれぞれちがうので、直面している課題はまったくちがうし、この先にぶつかる問題もまったくちがってくる。協力関係が深まれば深まるほど、それぞれの取り組みはうまくいきやすくなる。したがって、緊張をうまく管理していくことがなによりも大切である。

そうなれば、アジア諸国に対する西側の干渉は減る。これが三つ目の点だ。もちろんアメリカのリーダーシップはこれからもとても重要である。軍事面はもちろん、経済面でも、文化の面でもそうだ。ヨーロッパもある程度は重みをもつ。しかし、ヨーロッパが支配した19世紀の遺産はほとんど消え失せ、アメリカの影響力には陰りが見えはじめている。西側のテクノロジーや思想はアジアの人びとに影響を与えつづけるだろうが、過去２００年間に見られたような力はない。よい意味でも悪い意味でも（たぶんよい意味で）、アジアの人びとは自分たちの未来を自分たちで選びとるようになる。西側はそれを品位と敬意をもって受け入れなければならない。

中華圏——世界におけるあるべき地位を取り戻す

　ここはやはり中国からはじめなければいけない。２０５０年には中国がまちがいなく世界最大の経済国になっているだろう。まさにその理由から、中国は自信を深め、穏やかになり、世界にとって共存しやすい国に姿を変えている。中国が伝統的な領土とする地域の盟主になる。世界の覇権を争うアメリカとは、適切な協力関係を築いている。中国にとって払われてしかるべき敬意を広く受けるようになり、「百年国恥」[1]（１８３９年から１９４９年までほかの列強に服従させられた国辱の歴史をさす）を晴らす。一言でいえば、中国は世界であるべき場所にふたたび戻っている。

　これはあくまでも、こうなるはずだということである。中国が世界最大の経済国になるのはほぼ決まっている。だが、その過程ではいくつも失敗するだろうし、いくつも課題を乗り越えなければいけない。舵取りがおおむねうまくいったとしても、２０５０年には衰退へと向かっており、アメリカが復活し、インドが自信を深めるなか、中国の重要性は相対的に下がる。舵取りがうまくいかなければ、衰退は早まる。２０３０年代か２０４０年代になんらかの転機が訪れ、中国は方向転換するだろう。

　それについてはこのすぐ後で見ていく。まずは課題である。大きな課題は三つある。環境、技術のリーダーシップ、そして国内の安定だ。

　これまでの40年間、中国は食欲旺盛な10代の若者だった。驚くべきスピードで成長し、世界中から資源をかき集め、国土の大部分をコンクリートで覆い、その過程で国内の環境にダメージを与えてきた。成長が落ち着けば食欲はおさまるし、豊かになれば、環境を守るために投じる資源を増やせるようになる。この流れはすでにはじまっている。しかし、環境が受けたダメージを回復させるには30年はかかる。中国の指導部はそれをよくわかっており、２０６０年までに炭素中立（カーボンニュートラル）の実現をめざすとしている。[2]だが、中国は経済が急激に成長して環境に負荷をかけてきただけでなく、気候変動の脅威がとりわけ大きい。２０５０年には、中国は水が足りなくなり、耕地が足りなくなり、エネルギー資源が足りなくなるだろう。

　取り組みがうまくいく問題もある。大気と水の汚染はかなり改善されるだろう。中国のメガシティは成長が止まる。人口の圧力は過去のものになる。人口が国外に流出する動きは止まり、場合によっては流入に転じているかもしれない。二人っ子政策は三人っ子政策になったが、中国の人口は急速に減少して、２０７０年代には10億人を割り込んでいる可能性もある。[3]しかし、こうした問題を解決するには資源を投入する必要がある。工場は閉鎖しなければいけない。不要なアパートは壊さなければいけない。使われなくなったオフィスビルは解体しなければいけない。それに資源が吸い上げられて、ほかの投資に振り向けられなくなるが、高齢の市民は問題への対処を求めるだろう。

　それ以上に懸念されるのは、なんらかの甚大な環境災害が発生することだ。地球規模の災害が起きて、中国がほかのどの国よりも深刻な影響を受けるかもしれないし、中国国内でなにかが起きるかもしれない。新型コロナウイルス感染症のパンデミックで、ウイルスや細菌に国境はないのだと世界は思い知らされたが、中国は歴史的に多くの感染症の発生源だったと思い起こすことにもなった。黒死病は中国で発生している。[4]中国当局は自国の環境は脅威にさらされていると強く認識しており、危機感をもって対応にあたると思われるが、当局が対処できなくなるおそれもある。環境問題に順位などつけられないし、つけたところでなんの意味もない。ここで重要なのは、中国は、インド亜大陸のほか、サハラ以南アフリカの大部分とともに、環境が脆弱なところだと理解することである。つぎの30年に脆弱さは増しても、減ることはない。

技術面での課題はシンプルだ。中国は西側に追いついていけるのか、それとも取り残されるのか。ロシアは１９５０年代、１９６０年代にアメリカに匹敵する技術力をつけたかのように見えたが、優れたコンピューターを開発できなかったのが一因で、技術覇権は幻に終わった。日本は１９７０年代、１９８０年代に工業生産の数多くの分野を支配したが、その後、家電製品でアメリカと韓国に大きく水をあけられたこともあって、１９９０年代以降は勢いを失った。

中国の現時点での見通しは明るい。製造業と建設の能力は全般的に高いうえ、バッテリー開発など、いくつかのテクノロジーでアメリカにならぶか、先を行っているように思われる。だが、ロシアと日本の経験が物語るように、中国が技術の覇権を長く維持するのは厳しい。中国とロシア・日本には、ある重要な共通点がある。外国の人材を呼び込むのがむずかしく、自国民に頼るしかないことだ。中国の場合、自国民労働者のプールは非常に大きい。毎年、何百万人もの若者が国内の学校や大学を卒業しており、労働力としての質や教育水準、意欲の高さを軽く見てはいけない。ロシアや日本とちがって、中国は海外に大勢の留学生を送り込んでもいて、人材のプールは広く、中国の大学は世界中の大学と提携している。新しい空港やスポーツスタジアムをつくりたければ、世界的な建築家を雇うこともできる。報酬をはずめば、だれでもやってきて、仕事をしてくれる。それでも、建築家にかぎらず、大勢の優秀な人たちが世界中から集まって中国でずっと働こうとしないかぎり、不利な立場は変わらない。

そのためには、人材や新しい最先端のテクノロジーを開発する能力ももちろん大事だが、それだけでは足りない。著名人にお金を払って仕事をしてもらえばすむ話でもない。そこから人脈が広がり、文化が結びつき、社会が開かれて、ほかの市場を直感的に理解できるようになることも大事だ。すべてに長けている国などない。中国でさえそうだし、アメリカでさえそうだ。繁栄する中国の国内産業がこれからも発展しつづけるのはまちがいないが、アメリカが率いる残りの世界から切り離されていくリスクがある。申し分のない商品やサービスはつくれても、世界が買いたいと思えるようなものはつくれない。そうなれば中国は行き詰まる。生産の絶対量は非常に大きく、中国は世界最大の経済国になる。しかし、質の点では二流にとどまる。そのため、中国本土のとても裕福な地域でも、香港が達成しているような生活水準には届かず、シンガポールにはさらにおよばないだろう。

中国が確保するべき避難経路はだれの目にも明らかだ。野心のある非中国系の人びとを引き寄せるシンガポールのような生活様式を提供できるようにならなければいけない。ビジネス機会があって、文化的な活動ができて、公共の安全が守られていて、住むところを選べるだけの成功を手に入れた人たちが暮らしやすい環境や態度を広める。まさにアメリカ独立宣言がうたう「生命、自由および幸福追求」である。香港は中国本土の大都市にとってモデルになっていたかもしれないが、このすぐ後で見るように、そうなりそうにない。中国が社会も政治も安定し、国内の緊張がとけてはじめて、中国の指導者は開かれた社会をつくり、真のグローバルリーダーをめざせるようになるが、いまの時点では見通せない。

中国社会は安定を維持できるのだろうか。これは判断がむずかしい。文化大革命の渦中にあった

1970年代には、中国が30年後には市場経済に転換して繁栄しているのはもちろん、60年後には世界最大の経済国の座を狙ってアメリカに挑戦しているなど、想像もできなかったはずだ。

中国社会が安定を維持しないかもしれない理由はいくらでも見つかる。真っ先にあげるべきなのは、中国の指導者がなんらかの戦略的な失敗をすることだ。行き過ぎた拡張主義が破綻するかもしれない。いま中国ではナショナリズムが過剰になっており、外交で孤立して、「経済は巨大だが、真の友はいない」状況に陥るおそれがある。可能性としては低いが、中国が軍事的暴挙に出て、それが失敗に終わり、指導者が失脚することもありうる。台湾を中国本土の政治システムに再統合しようとして衝突すれば、惨事を招きかねない。増大する中間層が政治体制に反旗を翻す可能性もある。人口の半分以上を教育水準の高い中間層が占めるようになれば、現在の体制への不満や怒りが膨れ上がるのは容易に想像がつく。

経済の停滞も、社会を不安定にする要因になるかもしれない。人口が高齢化して、中所得国の罠にはまれば、中国の若者がよりよい機会を求めて西側に渡ろうとしてもおかしくない。大規模な頭脳の流出が進むと、経済が打撃を受けるだけでなく、政治の失敗を象徴するものともなる。

あるいは、なんらかの金融危機が起きて、銀行が不良債権を処理しきれなくなり、当局が対応をまちがえることもあるかもしれない。中国は巨額の債務を抱えており、大半を返済できない状況にある。急速に成長できているあいだは、言ってみれば、経済成長で債務を完済できる。しかし、経済が停滞し、債務を返済できなくなったら、なにかしらの形で債務を再構築しなければいけない。債務の再構築といえば聞こえはいいが、貸したお金が全額返ってこなくなるということでしかない。中国はたとえば日本よりも危険な状況にあるのか。答えはおそらく「ノー」だ。中国はまちがいなく日本の失敗から学ぼうとする。要点を一言でいえば、中国の金融システムはそもそも堅牢ではなく、不安定にならないように注意深く管理する必要が出てくる。

国内の緊張も明らかに高まっている。都市と農村、若者と高齢者、少数民族と多数派の漢族、香港と中国本土、広東語と普通話（マンダリン）などのあいだの対立がそうだ。こうした問題をここで深く論じても役に立たないし、遠く離れたところからリスクを判断するつもりもない。ここで頭に入れておいてほしいのは、中国当局にとって国内の不安定さはこの先も懸念事項でありつづける、ということだ。つぎの30年のどこかで、複数の深刻な課題が生じて、中国共産党の指導力が試されるだろう。共産党が権力を維持するかしないかで言えば、維持する可能性のほうがまちがいなく高いが、そう断言することはだれもできない。２０２０年の中国は、１９７０年ごろのソ連ではない。その後20年ほどで倒されることになる、はりぼての支配体制とはちがう。歴史という接着剤ははるかに強い。ソ連は20世紀の構想であり、地球上で最も長くつづいている文明ではない。しかし、つぎの30年に中国は一気に方向転換するだろう。その転機がいずれやってくる。中国の未来はその危機にどう対処するかで決まり、それが世界の未来を決めることにもなるだろう。

一つシナリオを示そう。中国経済は２０２０年代、２０３０年代と着実に成長するが、21世紀に入ってからの20年間のような破竹の勢いはない。その後、２０３０年代か２０４０年代になんらかのショックが起きて、景気が急激に悪化する。最もありそうなのが前に述べた金融危機だが、ほかの可能性も考えられる。経済はなかなか回復せず、一進一退の状況がつづく。そうして中国経済にとって、２０４０年代は「失われた10年」になる。アメリカ経済はまだ世界2位ではあるものの、中国との差を詰めはじめ、21世紀後半のどこかで追い抜く[5]。中国の指導者は金融の安定を取り戻し、成長を回復させようとするが、なかなかうまくいかない。人口は減り、労働力の規模はそれ以上のペースで縮小しているため、相対的な停滞を受け入れて、それに適応するしかない。最初は不安になる。イギリスと日本がそうだったように、相対的な衰退を受け入れるのはつらい。それでも２０５０年には、国力のピークがすぎようとしている現実を受け入れはじめている。国土の安全は守られ、なんらかの形で台湾と安定した関係が築かれている。国民を貧困から脱却させて中間層に引き上げた功績は称えられ、強引な海洋進出からは手を引く。中国は国をうまく運営することに心を砕き、世界の覇権はめざさない。

中国は西側のいう開かれた民主的な社会になるのだろうか。実際のところ、中国はほんとうの意味でそうならなければいけない。中国がこの先繁栄し、経済が成長するかは、そのような社会になるかどうかにかかっているからだ。経済の発展が頭打ちになれば、その先に進めなくなる。そのため、２０３０年代に経済が停滞すると、統治体制は別の形に移行するだろう。そのときにはアメリカや西ヨーロッパの政治モデルをコピーするのではなく、中国独自の民主的な統治体制がつくられる。

これはどちらかといえば楽観的なシナリオであり、いま考えられる最善のケースだ。もっと厳しいシナリオもすぐに描ける。アメリカと中国が緊張関係をうまく管理できず、米中間で新たな冷戦がはじまる。中国がインド亜大陸で武力紛争に突入する。台湾との関係が悪化する。南シナ海での海洋進出も紛争を引き起こす。より民主的な統治体制にうまく移行できず、ふたたび政変が起きる。考えるだけでもおぞましい結果をもたらす火種はほかにもある。しかし、楽観的なシナリオと悲観的なシナリオを天秤にかけるとすれば、悲観的なシナリオは回避され、中国とその国民は本来あるべき地位を取り戻す可能性のほうが高い。

香港と台湾――悩ましい未来

インド亜大陸のほかの大国に話を進める前に、香港と台湾について少し述べよう。前に論じたように、香港の統治をめぐる「一国二制度」の取り決めは、中国にとって台湾との関係のモデルになっていたかもしれないが、状況は変わっている。「50年不変」とした制度が期限の２０４７年まで維持されると考えるのは現実的ではなかったのだろうが、結果として25年近くつづいており、それはすばらしいことである。だが、香港がこの先、急速に中国の政治体制に吸収されるのはもうはっきりしている。それまでの地位のいくつかの側面は維持されるだろうが、２０５０年には中国のほかの大都市とほとんど区別できなくなっているのはほぼまちがいない。それでも歴史の引力は長くつづく。中国では社会と政治に対する態度が変化しており、香港が１００年足らずで小さな漁村から世界有数の金融センターへと発展する原動力となった強みを取り戻してもおかしくない。また、香港になんらかの特別な役割――中国全体にとってプラスになるものを残すようにするほうが、本土の指導部にとっては都合がよくなる可能性もある。その一方で、香港をいまなお繁栄する大都市に育て上げた人たちが、そのスキルをほかのところで活かそうと決めれば、才能としなやかな強さを備えた人材を世界は歓迎するだろう。香港の遺産は２０５０年にも健在であり、世界中のほかの都市でもいかんなく発揮される。

台湾はちがう。香港の未来の輪郭は思い描きやすいが、台湾がどうなるかについてはほとんど確信がもてない。経済に関しては、アジアにおける経済大国でありつづけるだろう。人口動態の関係で、つぎの30年は過去70年間のような活力はなくなるが、経済は着実に前進しつづける。台湾の未来を決めるのは経済ではなく、政治になる。中国は「台湾は中国の領土である」と主張しているが、実際には独立した国として運営されており、この関係は非常にうまくいっている。しかし、安定はしていない。香港情勢が悪化して、中国と台湾の関係はさらに不安定になっている。移住を考えている香港人にとって、台湾は第一候補になっているからだ。[6] 台湾は事実上独立しているが、国家として正式には認められていないというこの関係はうまくいっており、理性で考えれば、この先もつづくはずである。だが、中国の経済力が上がっているため、台湾と取引しないように他国に圧力をかけるようになるおそれがある。これには前例がある。アメリカもやはりこの武器を使って、第三国に対しイランと取引させないようにしている。

台湾の独立を脅かすには、軍事行動よりも経済への圧力のほうが効果的だろう。中国が台湾に侵攻すれば、人的損失が発生するだけでなく（敗北する可能性ももちろんある）、アメリカは確実に中国を世界経済から排除しようとするだろう。残りの国々はどちら側につくか、選択を迫られる。重要な国のうち、アメリカ、ヨーロッパをはじめとする先進世界よりも中国を選ぶところはほとんどないはずだ。中国は大敗を喫する。台湾からの撤退を余儀なくされ、世界覇権の野心はついえる。

中国と台湾がつぎの30年に両国の関係をどう管理していくかを予測するのは政治科学者の仕事であり、侵攻がどのような結果をもたらすかを予測するのは軍事の専門家の仕事である。経済の専門家の視点からは、現状維持以外の選択肢は考えにくい。このぎくしゃくした膠着状態が70年以上もつづいてきたのだから、ふつうに考えれば、あと30年つづけられるはずである。ほかの国々はそうなることを望むしかない。

インドとインド亜大陸――エキサイティングだが、道は険しい

世界にとって、インドは中国と同じくらい重要である。序章で述べたように、ローマ帝国時代にはインドの経済規模は世界最大だった。1500年には中国とほぼ同じで、1820年もまだ中国につぐ2位だった。したがって、2050年にインドが中国、アメリカにつぐ世界3位の経済国になれば、インドにとっては、なによりもインド亜大陸にとっては、本来あるべき正しい状態に戻ったとみなされるはずである。2100年には、世界GDPに占めるインドのシェアはさらに上がっているだろう。

インドのナショナリストは、これに快哉を叫ぶのではないか。インド経済が中国、アメリカにつぐナンバー3になるだけでなく、EUも追い越すかもしれないのだから。インドをよく知っていて、インドが好きで、独立国家としてのインドの歩みをつぶさに見てきた人にとっては、それは非常に大きな進歩であることはまちがいなく、称賛されるべきである。しかし、警告もしておいたほうがいいだろう。なぜなら、2050年への道のりは障害と危険だらけになるからだ。インドはいくつもの障害を乗り越えなければならないし、さまざまな危険を警戒しておかなければならない。この旅はよいものになるだろうが、最悪の旅にならないとは言い切れない。

インドを待ち受ける障害は四つある。

第一に、インドは国のインフラを改善しなければならない。その必要性は広く認識されており、

中国と比較するとくに遅れが目立つ。課題の規模はものすごく大きい。道路、水・衛生、住宅、通勤鉄道網、病院、学校、電気通信網、医療、電力供給など、例をあげればきりがない。過去30年間にインドは大きく前進している。インドを中国と比べる人たちは、インドがどれだけのことをなしとげたかわかっていない。インフラ投資はつづいており、２０５０年には、インドのインフラの状況はあらゆる点でいまよりずっとよくなっているだろう。問題は、インドの人たちの仕事の競争力と家庭生活の満足度を最大限に引き出せているかどうかだ。多くの人にとっては十分ではないだろう。デリー、ムンバイ、ベンガルール（旧バンガロール）などの非常に豊かな都市は、暮らすにも働くにももっと便利で快適な場所になる。地方の大部分は取り残される。進歩は不均等だ。そうだとすると、インフラが不十分なせいで、繁栄が国中に広がり、国全体の健康とウェルビーイングの水準が高まることがどの程度妨げられているのかが問題になる。その答えは、インド亜大陸の環境問題がどれくらい深刻で、それにどう対応するかで決まる。つぎはこの課題を見ていこう。

インドが直面する環境問題の大部分は、国がどうにかできる範囲を超えてしまっている。インド亜大陸は気候変動の影響をとくに受けやすいからだ。海面の水位が上がって、沿岸部のコミュニティが消滅の危機にある。つぎの30年に対策はとられるはずだが、２０５０年には、ムンバイ、コルカタなどの都市の大部分が危険な状況になる。それ以上に深刻になっていると思われるのが、気温の上昇である。海面水位の上昇よりも差し迫った問題になっているのはまちがいない。気温上昇の影響は沿岸部にとどまらず、亜大陸全体におよぶ。食料生産はとくに影響を受けやすく、しかもインドだけで16億人を食べさせなければいけない。甚大な飢饉が起きると予言したところでなんの役にも立たない。それよりも、気候変動の危険を最小限にするように計画を練って対策を進めるように呼びかけるほうがいい。インドだけでできることはかぎられている。しかし、インドは世界で最も人口が多い国になるため、二酸化炭素の排出が増えるペースを抑えようとする取り組みに特別の関心を寄せて、対策を主導するようになるだろう。

　同時に、国がコントロールできる範囲内にあることにも取り組まなければならない。土地の使い方や農業のやり方はもちろんだが、水の消費はとくに重要になる。どれも簡単ではないため、この先、環境の圧力が直接の原因となって、経済と社会の混乱は一時的に大きくなると想定しておくべきだろう。それは中央政府の失敗とみなされ、地域・地方政府に解決策が求められるようになる。インドは手探りで進んでいくだろうが、人間の福祉はいちじるしく損なわれる。

　三つ目の障害は教育だ。中間層の生活様式は、高スキルの労働力がなければ成り立たない。少なくとも今世紀前半は、インドの労働力が不足することはないだろうが、毎年大量の若者が労働力に加わるため、そのぶん仕事も増えなければいけない。それには労働力の教育水準を高める必要がある。求められているのは高スキルの労働力だからだ。インドの膨大な中間層の若者は、グローバル市場で世界中の若者と競争している。競争力を高めなければ、先のない仕事につくしかない。インドの高等教育は非常に質が高いものの、基礎的な能力が身についていない人があまりにも多い。これはとてつもなく大きな課題だ。

　そして最後に、これは教育と関連してくるが、インドが調和のとれた未来を実現するには、格差の問題に取り組まなければいけなくなる。状況は少しずつ前進しているにもかかわらず、それが十分に評価されているとは思えない。[7]インド社会は、困ったときには家族で助け合うことで支えられている。貧しい家族はとくにそうだ。セーフティネットは家族であって、国ではない。この先、国全体の富は増え、２０５０年には国の半分以上が中間層になる。それはもちろん大歓迎なのだが、新たに快適な暮らしを手に入れた家族と、取り残された家族のあいだの格差はさらに広がる。中央政府はそれにうまく対応できないだろう。できるわけがない。トップダウンの社会福祉政策では、たとえ財源が確保できたとしても、人口が16億人を超える国全体を支えるのは不可能である。そのため、州・地方政府が介入するか、少なくとも介入するように政治的な圧力がかかる。第1章で触れたように、州のあいだの富の格差はとても大きく、富と不平等の水準に差があると国は分断へと向かいやすくなる。インドは国としての形を維持するだろうが、不平等の解消が進むかどうかが、国を一つにまとめる接着剤がどれだけ弱くなるか、あるいはどれだけ強くなるかを決める要因の一つになる。

懸念される要因については、はっきりと目に見えているものが三つあり、それ以外にも、まだ目には見えない潜在的なものがある。

一つ目と二つ目の要因は綱引きをしており、どちらが勝ちそうかはわからない。一つは分断、もう一つはナショナリズムだ。なんらかの惨事がないかぎり、インドは一つの国でありつづけるだろう。しかし、それぞれの利害が異なるため、もっとゆるやかな州の連邦になっていきそうだ。そこにいたるまでの過程はうまく乗り切らなければならず、誤算が生じる余地は大きい。この流れに対抗して、ヒンドゥーナショナリズムが高まる。これは上から押しつけられた単一のアイデンティティだ。いまナショナリズムは猛威を振るっており、２０２０年代の大部分、さらにその先もつづくだろう。だが、どこかの段階で風向きが変わり、リージョナリズムがナショナリズムを押しのけるかもしれない。この争いがどう決着するかはまったくわからないが、それが激しい内部紛争へと発展する危険は否定できない。考えるだけでも恐ろしい可能性だ。

　三つ目の懸念要因は、対外紛争がエスカレートして戦争に突入することである。戦争を予言したところでなんの意味もない。わたしたちにできるのは、インドと、インドと隣接する二つの大国である中国とパキスタンとのあいだの緊張を観察することだけだ。両国との関係は、過去70年ほどにわたって緊張と緩和を繰り返してきた。現状では、それがこの先もつづく可能性のほうが高い。あからさまな対立にはいたらないまでも、三つの核保有大国がそれぞれに政治的立場を主張して、小さな衝突が起きるが、核兵器の使用はもちろん、大量の通常兵器を投入するようなことは決してない。さいわいにも、これは結局のところごく小さな領土紛争であり、それをめぐって核戦争になるのは不合理きわまりないばかりか、まず考えられない。

　ところが、考えられないようなこと、考えるだけでもおぞましいことは起こりうる。それは20世紀の歴史が物語っている。大惨事になる可能性がどれだけあるかは判断できる。しかし、たとえわたしが起こりそうにないと考えていても、こういうことが起きてしまう可能性はまちがいなくある。インドと中国がライバルになるのは避けられない。ある意味では、そうなってしかるべきだ。何世紀ものあいだ、インドと中国はまぎれもなく世界の二大経済国だった。二大文明でもあったと言っていい。つぎの30年には、世界最大の経済国と世界3位の経済国として、その関係がある程度復活する。インドと中国は何世紀にもわたって重要な貿易相手国として一定の協力関係を築いてきた。それが今世紀を通じてつづくかどうかは、両国のリーダーの判断にかかっており、世界にとっても、両国にとっても、重要になる。

インドの隣国――パキスタン、バングラデシュ、スリランカ

インドが亜大陸の面積の大部分を占めているため、パキスタンとバングラデシュの存在は忘れられがちである。この二つの国は、もしも歴史がちがう方向に進んでいたら、いまはインドの一部になっていたかもしれない。インドとパキスタンの経済協力がもっと進めば、亜大陸に大きな利益がもたらされる可能性があるのだが、両国は過去70年にわたって一触即発の緊張状態にあるうえ、バングラデシュが分離独立したこともあって、なかなかうまくいかない。政治のノイズが激しくて、経済のよいシグナルがかき消されてしまっている。遠い将来のどこかの時点で、パキスタンとバングラデシュがインドとなんらかの連邦を形成するようになるだろうが、2050年までにそうなることはない。現時点では、激しい対立が今後もつづき、協力は最小限になり、インドとパキスタンについては、武力紛争が勃発する可能性のほうが高い。

ただし、三つの国のあいだで一定の協力関係が維持されれば（これは大きな「ただし」だ）、パキスタンも、バングラデシュも、より繁栄する未来に向かって大きく前進すると期待できる。両国の経済規模は世界30位前後と、かなり大きなものになる。パキスタンの人口は約2億7500万人に、バングラデシュの人口は2億人ほどになる。どちらももう少しで中所得国入りを果たす位置につける。国全体の1人当たりGDPは先進世界の基準からしたら低いままで、インドを少し下回り、スリランカのはるか下の水準だが、国民はいまよりずっと豊かになる。そして、繁栄が拡大する未来への道も開けている。

パキスタンについては、統治の問題の一つが課題になる。エリート層ではなく、すべての国民の富とウェルビーイングをなによりも大切にする社会になれるのか。バングラデシュにとってもその課題は重要だが、優先順位としては、国が直面する深刻な環境問題のほうが上だろう。国土の4分の1弱は海抜7フィート（約2メートル）に満たない。もちろんつぎの30年に海面が7フィート上昇することはないが、洪水が増えて、国民の大部分がそれに対処しなければいけなくなる可能性はとても高い。環境問題はインド亜大陸全体の最優先課題になっていくが、そのなかでもブラマプトラ川、ガンジス川、メグナ川の三大河川がベンガル湾にそそぐ三角州は被害が深刻になる。

インド亜大陸全体では、スリランカ経済の順調な発展ぶりが際立っている。少数民族のタミル人との激しく、残虐な行為が繰り返された内戦に目が奪われて、この島国の経済が着実に前進していることは忘れられてしまっている。この内紛はほんとうに恐ろしいものであり、それについてここでコメントする立場にはない。わたしが言いたいことは別のところにある。インドを基準にすると、スリランカはとても大きなサクセスストーリーだということだ。1人当たりの富は亜大陸のほとんどの国を上回っている。しかし、東アジアの基準で見るなら、発展は遅れている。

そうだとすると、亜大陸全体に関してもっと広い疑問がわく。南アジア経済は中国本土のような離陸を果たすのか。１９５０年代を出発点として考えてみよう。１９５０年の時点では、インドの1人当たりＧＤＰは中国を少し上回っていた。この点で中国がインドを追い越したのは１９７０年代後半になってからだが、これまでに見たように、それ以降、中国経済は急速に成長している。そう考えると、ある大きな展望が浮かび上がってくる。それは興味をかきたて、心がわきたつ見通しだ。インドと近隣諸国は「つぎの中国」になるかもしれない。

その可能性はまちがいなくある。亜大陸は膨大な人的資源がうまく活用されていないなど、鄧小平が政権についた１９７８年の中国との共通点がたくさんある。いまインドの足かせになっていることはすべて、当時の中国でも目立っていた。先に述べたように、インドはつぎの30年に着実なペースで成長する見通しである。しかし、中国が見せたように全速力で成長しつづけるのだろうか。もしもそうなれば、２０５０年の世界におけるインドの役割は大きく変わる。世界3位の経済国であることは変わりないが、中国とアメリカから大きく離された3位ではなく、すぐ後ろにまで迫る。今世紀の終わりにはインド連邦が１０００年前の場所に戻る可能性も出てくる。そう、世界最大の経済国だ。

そんなことがありうるのか。もちろんだ。あってもおかしくないのか。おかしくはないが、それにはインドの政治生活になんらかの大転換が起きなければいけない。中国では鄧小平が改革に乗り出した。それと同じように、世界で最も人口が多い国は世界最大の経済国でもあるべきだと考える集団がインドにも現れなければいけない。ほかの国の経験を参考にしながら、その目標を達成する道を開く必要もある。ナショナリズムをよい方向に導いて、富の創造につなげなければいけない。そうして生み出された富は広く行き渡っていることも示さなければいけない。前にあげたような地域間の緊張には慎重に対処しなければいけない。宗教の壁をとりはらわなければいけない。そして、亜大陸がごくゆるやかにでも連邦になるとしたら、そうすることは有益だとパキスタンとバングラデシュの支配エリート層が考えるようにならなければいけない。どれも実行可能である。問題は、それが実行されるかどうかだ。

実行されそうなのか。合理的に考えれば、答えは「ノー」になるはずだ。今世紀の終わりまでに大インドを世界最大の経済国へと導くような変化が、インドだけではなく、パキスタンとバングラデシュでもつぎつぎに起こるとは考えにくい。成功させなければいけないことが多すぎるし、失敗はほとんど許されない。したがって、インドがほんとうに将来のどこかの段階で世界最大の経済国になることは、可能性としては考えられるが、つぎの１００年に起こることではなさそうだ。それでも、有史以来の大半の期間を通じて世界の経済大国であったインドは、２０５０年にはその座に返り咲いているのはほぼ確実であり、それ以降も繁栄しつづけるだろう。

日本——高齢化社会のパイオニア

日本は高齢化する先進世界の先頭を走っている。序章で見たように、すでに地球上で最も高齢な社会となっている。高齢化はさらに進み、２０５０年には人口が1億人前後まで減る。豊かな国でありつづけるが、労働力は総人口以上に速いペースで減少するため、高齢者がより高齢な人の面倒をみる国になる。小さな町は放棄され、田畑は森に戻り、工場は高齢者のコミュニティに置き換わる。日本はいま以上に清潔になり、いま以上に穏やかになる。理論上では、大規模な移住があれば人口の減少を遅くできる。だが実際には、そうはならないだろう。ほかの国々が混乱すればするほど、日本人は国境を閉じるのは正しい選択だったという確信を強くする。日本の社会には、お互いに困ったときは助け合い、助けられた人は労力でお返しをするという精神が根付いている。日本社会を一つにまとめる接着剤となってきたこうした社会契約は残る。

要するに、日本は日本でありつづける。日本を際立たせる特徴はさらに顕著になる。日本はより日本的になり、いまよりも特殊になり、世界から見れば異質になっていき、社会のありように関する世界の考え方からさらに切り離されていき、いまの社会のありかたは日本人にとって正しいものだという思いを深める。高齢化する国民は高齢者のニーズを満たす日本をつくりたいと思うようになる。それは外の世界に目を向けず、内向きになるということだ。実際、過去30年間にだんだんそうなってきている。[8]

これは問題なのだろうか。世界が日本になにを望み、なにを期待するかで、答えは変わってくる。繰り返すが、経済規模は相対的に小さくなっているにもかかわらず、日本は世界4位のまぎれもない経済大国でありつづける。西側連合とでも呼ぶべきものの一員でありつづけ、アメリカとの同盟関係は揺るがない。高い能力をもつ製造大国でありつづける。世界中に物理的資産や金融資産を保有しつづける。日本の文化はほかの国々に強い影響を与えつづける。そして、同じように高齢化に直面するほかの社会の手本でありつづける。

どれもとてもすばらしいことだ。しかし、日本をよく知っていて、そんな日本が好きな人は目を背けたくなるが、それでも直視しなければいけない現実がある。

一つは経済の構造だ。日本は真のテクノロジー・リーダーの座を維持できるのか。いまの高い技術力は、一世代前に培われたスキルの上に成り立っている。ありていに言ってしまうと、日本はソフトウェアよりもハードウェアに強く、輸出可能なサービスよりも輸出可能な財の生産を得意とする。家電で日本が世界のリーダーだった時代は終わっている。自動車メーカーの技術力はいまも世界をリードしているが、その自動車セクターの重要性は、少なくとも相対ベースでは小さくなっていく。日本の大学は、レベル自体は高いものの、そこに学びに行く外国人はほとんどいない。日本は２０５０年も世界の大国でありつづけ、国民は文化生活を送っているが、経済のほとんどの分野で世界の最先端から遠ざかっている。

二つ目の懸念は、国の財政状況である。日本はすでに公的債務の対ＧＤＰ比が世界の主要国のなかで最も高く、これからも上昇しつづける。この状況は持続不可能だ。つぎの30年のどこかで、債務を再構築しなければいけなくなるだろう。それがいつになるか、どのような形態のデフォルトになるか（これはデフォルトと呼ばれることになるだろう）はだれにもわからない。なにかしらの国外の動き、おそらくは世界的な金利の上昇が引き金になるかもしれないし、国内の政治情勢が原因になるかもしれない。だが、労働力が急速に縮小するなかで、対ＧＤＰ比で世界最大の公的債務残高は維持できない。この状況が持続不可能なことは、数字を見れば明らかだ。日本社会は強靭だが、混乱と痛みを伴わずに公的債務問題を解消できるとは思えない。

三つ目の懸念は地政学だ。日本は内向きになりすぎて、力を増す中国に対抗する勢力にはなれない。自国の領土は防衛するが（この問題についてはここでは論じない）、中国の領土拡大を止める盾には加わらない。盾はおそらく必要ない。中国は、自国の固有の領土であるとする地域を占拠すれば、そこで踏みとどまる。いずれにしても、中国の領土拡張の野望はやがてついえるというのが本書の大きなテーマの一つである。しかし、東南アジアの近隣諸国のあいだの緊張を日本が傍観するようになるとしたら、不安を感じずにはいられない。

一言でいうと、日本は２０５０年も結束力のある安定した社会でありつづけるが、世界にあまり関心をもたなくなる。日本の優先課題は、国民を支えることと、深刻な財政問題を管理することになる。国を閉じようとはしないが（そもそもできるわけがない）、相対的に犯罪が少ない環境や清潔さ、秩序を大事にする。周囲の国々が混沌とすればするほど、日本人は自分たちのやりかたのほうがいいのだと自信を深める。島国には、世界に目を向けて、支配するとまではいかなくても、少なくとも影響力を行使しようとする道も選べるし、世界への扉を可能な範囲で閉ざそうとすることもできる。１９５０年代から90年代までの40年ほどは、日本は前者の道を選んだ。トヨタ自動車や三菱系などの大企業は世界中で商業的成功を収め、その遺産はこの先も残る。だが、今世紀に入ってから、日本は後者の道を選んでいる。日本は２０５０年までその道をひた走っていくだろう。

東南アジア――危ういサクセスストーリー

東南アジアの繁栄は、過去70年間で屈指のサクセスストーリーである。この先も繁栄はつづくだろうが、さまざまな点で不安定な地域でもある。東南アジアの社会と経済はめざましく発展しているものの、根本の部分で抱える脆弱さがあらわになって、歩みが止まるおそれがある。

「東南アジア」という地域名称は、あらゆる点で非常に多様な地域をひと括りにできる便利な言葉だ。もちろん、経済の状況は国によって大きくちがう。しかし、北朝鮮・韓国から台湾を通り、タイ、カンボジア、ベトナム、マレー半島まで広がる弧に、フィリピンと広大なインドネシアを加えた国々を俯瞰するなら、この地域は世界で最も成功している。第1章で述べたように、東南アジアのスター国家であるシンガポールは、世界有数の豊かな国だ。２０２０年の世界銀行人間開発指数でもトップになった。韓国は苦い内戦を経験し、１９５０年代はじめの1人当たりＧＤＰはリベリアやガーナよりも低かった。それがいまではイタリアとほぼ同じである。開発の遅れた国、とくにミャンマーでさえ、キャッチアップの兆しが現れている。

そうだとすると、この成功は２０５０年までつづくのだろうか。ある程度はつづくか、少なくとも環境が壊滅的な打撃を受けたり、政治が崩壊したりする事態は避けられる。だが、警告もしておいたほうがいいだろう。この地域は、ベトナム戦争終結後にかぎれば、おおむね安定している。しかし同時に、問題もはらんでいる。

東南アジアが直面している問題には、世界全体にわたるものが一つと、国レベルのものがいくつかある。

世界全体の問題は、グローバル化の未来だ。少なくとも２０１０年代なかばまで世界経済のグローバル化が急速に進み、東南アジアは貿易の拡大から非常に大きな恩恵を受けている。その筆頭がシンガポールであり、２０１１年に上海に抜かれるまで、世界最大の港だった。ほかの国はグローバル市場で成功している。たとえば韓国のサムスンは、２０２０年に中国のファーウェイに抜かれるまで、世界最大の携帯電話メーカーだった。まったく別の市場でも、タイは人気の旅行先トップ10に入っており、イギリスよりも上にランクしている。人口が世界4位、購買力平価ベースのGDPが世界7位のインドネシアは、経済規模が大きく、多様化が進んでいるため、国民の生活水準は上がり、大半が中間層に属している。ベトナムは戦争から立ち直り、今世紀になって世界で最も急速に成長している国の一つになっている。輸出主導で成長をとげ、２００２年には70％を超えていた貧困率が２０１９年[10]には6％を割り込んだ。世界銀行はこれをめざましい進歩だとしており、まさにそのとおりである。

しかし、華々しいサクセスストーリーの裏で、急成長の代償として環境が大きなダメージを受けている。経済の成功には負の側面もある。端的に言うと、東南アジアはグローバル貿易の拡大から最大の恩恵を受けてきたのだから、世界が国際貿易の障壁を高めるようになれば、最大の犠牲者になるおそれもある。新型コロナウイルス危機でそのリスクが浮き彫りになったが、このときは中国が比較的急速に回復したため、崩壊は避けられた。

この先、世界がアメリカ主導と中国主導の二大貿易圏に分かれ、多国間主義が崩れるようなら、東南アジアは不可能な選択を迫られる。だが、それよりもサプライチェーンが徐々に縮小していくほうが可能性としては高い。いま東アジアでつくられている商品は、それが売られる市場の近くでつくられるようになっていく。東アジアの実質賃金が上昇するのは、それ自体は大きく歓迎されるが、コスト優位は低下する。東南アジアが進むべき道はサービス輸出の拡大だろうが、サービスの比較優位は、おそらく財の比較優位ほど大きくはない。最後にもう一つ、大きな疑問がある。タイやマレーシアのような国が、中国よりも安くできることはなにか。簡単には答えは出ないが、たぶんあまり多くはないだろう。

国としての課題はたくさんある。ここでは、朝鮮半島、インドネシア、フィリピン、タイ、マレーシア、ベトナムの六つの国・地域をざっと見ていき（どうしてもそうなってしまう）、最後に東南アジア全体について考えていく。

一部の国では、政治が重要な問題になる。朝鮮半島を例にあげよう。韓国は世界でもまれに見る経済発展をとげているが、北朝鮮は国民も経済もきわめて深刻な状況にある。合理的に考えれば、南北朝鮮が２０５０年までに統一する可能性は非常に高い。しかし、政治は理性で動くわけではない。１９９０年代はじめ、ベルリンの壁が崩壊して東西ドイツが統一した後の時点では、南北朝鮮の分断も２０２０年には解消されているだろうと思われた。ところがそうなっていない。まったく逆だ。北朝鮮はますます予測不可能な国になり、世界からますます孤立している。現状では、つぎの30年のどこかで統一は実現すると考えられるが、韓国と北朝鮮の溝は年を追うごとに深まっている。それでも、２０５０年までのいずれかの時点で北朝鮮の支配層が南との和解は国益にかなうと考えるようになるときがくるだろう。なんらかの外的な要因が統一の引き金になるかもしれない。

　したがって、南北統一が実現する可能性はあるが、誤算が生じて朝鮮半島で武力紛争が起こる可能性も同じくらいある。それは考えるだけで恐ろしいことであり、どのような場合に紛争に発展するか予測したところで、なんの役にも立たない。ここで指摘しておくべきなのは、これは世界で最も危険な状況の一つであり、１９５３年に非武装地帯を設定して以降、武力紛争を避けられているからといって、それがつづくとはかぎらない、ということだ。平和協定は結ばれていない。国際法上はまだ戦争状態にある。

　誤解がないように言っておくと、いまの時点では現状が維持される可能性のほうが高い。しかし、それは最も起こりそうな結果だというだけで、情勢は不安定であることに変わりはない。

　インドネシアの将来は世界にとって非常に重要になるが、問題は多い。一つは環境である。インドネシアは気候変動のリスクがきわめて高い国の一つだ。1万７０００以上の島々からなる世界最大の群島国家である。熱帯雨林の一部は消失する危機にあり、首都圏は海面が上昇して一部放棄せざるをえなくなるだろう。もう一つは政治で、ここ半世紀は混乱がつづいている。さらに宗教の問題もある。イスラム教徒が世界でいちばん多いが、キリスト教徒も少数派ながらかなりの数がいる。そして最後に、１９４５年に独立して以降、いくつかの地域で分離独立運動が起きている。

　では、インドネシアは２０５０年にどうなっているのだろう。インドネシアは混沌とした大国になる。つぎつぎに押し寄せる危機の波をなんとか乗り越えていく。国民の大多数の生活の質は上がるが、北の近隣諸国、とくにマレーシアには届かない。環境の悪化にはある程度対処するものの、あくまでもある程度までだ。そしてインドネシアは一つの国でありつづける。これはまちがいない。だが、発展から取り残されている集団や地域は、ほとんど進歩しない。３億３０００万人の国民は、自分たちの未来ははたしていまよりもよくなるのかと疑うようになる。

　フィリピンの状況も興味深い。フィリピンはインドネシアが直面しているような問題を抱えている。どうすれば国をもっとよくできるのか。フィリピンは独立以来、統治がうまくいっていない。それに環境の懸念がある。島同士の対立もあるし、そこで暮らす民族集団同士の緊張もある。２０５０年には、人口が1億５０００万人と、地域で2番目に多くなる。しかし、生活水準はマレーシアやタイなどには届いていない。なぜか。それは謎であり、悩ましい問題である。フィリピンは十分に発展するだろうが、これまでの実績より、そして今後予想されるより、本来はもっとうまくやれるはずである。立地がいいし、アメリカと緊密なつながりがあり、人口動態もプラスにはたらく。それなのに、どういうわけかそうした強みを十分に活かせておらず、この状況はこの先もつづくだろう。

　タイやマレーシア、ベトナムの成功ぶりと比べると、謎はいっそう深まる。タイとマレーシアは東南アジアの経済発展の道しるべになっている。ベトナムはあの苦難を乗り越えてめざましく復興している。まだまだ発展途上の段階にあるが、ベトナムが示しているように、この地域にははしごのようなものがあって、そのはしごをほとんどの国がのぼっている。この三つの国の経済はそれぞれちがうアプローチをとっているが、どこも同じような道をたどっているのだ。

そうだとすると、２０５０年には、タイとマレーシアは繁栄し、先進国になっていると予想される。生活水準も、健康・福祉の水準も、２０２０年の韓国並みになっているだろう。それにベトナムが少し遅れてつづき、ラオスとカンボジアもベトナムを少し遅れて追っている。ミャンマーは落ち着きを取り戻し、人権に注意が払われるようになっているといいのだが、確信はもてない。これは世界経済に統合されるため、そして経済・社会が発展していくための前提条件である。だが、情勢は不透明で、先が見通せない。

しかし、東南アジア全体では、過去50年間の大半に見せたような高い成長率を記録するのはむずかしくなっていくだろう。これまでは先進国に追いつくという目標、つまりキャッチアップが経済成長の原動力だった。それがいまでは、大方の国がほぼ追いついている。驚異的な発展をとげて先進国入りを果たしているのはシンガポールだけであり、東南アジアの時間帯にシンガポールは二ついらない。しかも、東南アジアの人口は高齢化している。純粋な成長よりも安心と安全を求めるようになる。この先、南シナ海を支配しようとする中国とどう向き合っていくか、むずかしい政治選択を迫られるだろう。[11] 相容れない二つの貿易圏に世界が割れたら、アメリカと中国のどちらにつくべきか。中国にとって南に繁栄している地域があるのは都合がいいのか。

最後の質問に対する答えは、中国が国益だけを追求しつづけるのであれば、確実に「イエス」である。しかし、国際貿易の緊張が高まるのは東南アジアにとっては危険であり、貿易戦争になれば大きな打撃を受ける。国の成功がグローバル化に拠っていればいるほど、それが止まったときのリスクは大きい。いまから２０５０年までは厳しい時代になるのは避けられず、そうなると東南アジアはとりわけ逆風にさらされることになる。しかし、東南アジアは世界でもとくに回復力のある地域だ。つぎの30年は、その回復力が求められるだろう。

第10章　アフリカ・中東

世界最速の経済成長がつづく

アフリカは非常に大きな課題を抱えているが、世界にとって非常に大きな希望でもある。2050年には、世界人口の4分の1にあたる約25億人がアフリカで暮らす。最も貧しい大陸であることは変わらないが、生活水準も、人間の福祉も、急速に改善している。いちばん若い大陸でもあり、活気と熱気がみなぎる。しかし、アフリカは数々の問題に直面しており、それに立ち向かうことが強く求められるようになるため、つぎの30年は厳しいいばらの道となる。西側が抱くアフリカのイメージはマイナスのものがあまりにも多い。その一端は序章で触れたネガティビティ・バイアスにある。援助機関は悲惨な現実に光を当てる。アフリカがうまくやっていたら、彼らの仕事がなくなってしまうので、うまくいっていることより、うまくいっていないことを強調する。だが、アフリカ大陸から逃れようと地中海を渡る移民は後を絶たず、アフリカの大部分がうまくいっていないのは明らかだ。少なくとも、アフリカの人びとの多くは、満足のいく生活を送る機会を得られていない。アフリカの未来を覗こうとするなら、それを頭に入れておかなければいけない。

いまの窮状を見て、これからも絶望的な状態がつづくと主張するのは安易だろう。いまの状況が悲惨だとしたら、人口が2倍近くになり、さらに世界の気温が2℃上がったら、どれだけ事態は悪化するのか。しかし、嘆いているだけではなにもはじまらないし、むしろ失礼にあたる。アフリカの人たちの回復力とエネルギーを無視するものだ。そこは彼らの大陸である。なにが課題であるかは彼らがいちばんわかっているし、それと向き合わなければいけないのは彼らだ。

そうだとすると、アフリカはどう発展していくのか。アフリカは一般にサハラ以南アフリカと北アフリカに区分されるので、まずこの二つの地域を見ていき、その後で、アフリカと重要な共通点がある（人口が急増している）地域である中東を見ていくのがいちばんいいだろう。

サハラ以南アフリカ――雇用を生み出す

大きな課題は四つある。急増する若者に仕事を見つけること、気候変動がもたらすさまざまな脅威に対処すること、弱い統治を改善すること、そして宗教間の緊張を抑えることだ。

なによりも求められるのは仕事である。ナイジェリアの年齢の中央値は18・1歳だ。[1] ナイジェリアはアフリカで人口がいちばん多く、２０５０年には4億人になると予測されている。アフリカ全体の年齢の中央値は20歳に満たない。そのときアフリカの人たちはどんな仕事をしているのか。この問いには経済学者の古典的な回答がある。「市場が決める」。ナイジェリアの場合、第1章で述べたように、起業熱が非常に高い。人口がものすごい勢いで増えているという事実そのものが、やらなければいけない仕事を増やすことにつながる。膨れ上がる人口に食べるものと着るものを与えなければいけない。家も建てなければいけない。教育と医療に対する需要も増えつづける。そのすべてが仕事を生む。

だが、国内市場にサービスを供給するだけでは足りない。どの国も、いわゆる「換金作物」をつくらなければならない。アフリカに必要なのは、世界に競争力のある価格で輸出できる財・サービスだ。いまの時点では主に一次産品がそうである。ナイジェリアであれば石油・ガス、南アフリカとタンザニアなら鉱物と金、コンゴだと食用作物といったぐあいだ。世界人口はまだ増えつづけるため、原材料の需要は拡大しつづけるし、食料生産をできるだけ増やさなければいけない。ところが、サハラ以南アフリカでこうした分野での競争優位が失われるおそれがある。中国はこれからもアフリカ大陸の資源を買いあさろうとするだろうが、中国の人口が減れば、需要も減る。いまは食べ盛りの若者も、年をとればあまり食べなくなる。

だとしたら、急増するアフリカの人たちはどう対応するのだろう。起業家精神が尽きることはない。これが答えである。そのため、携帯電話のときのようにテクノロジーを革新的に活用して、アフリカ経済をより付加価値の高い財・サービスの市場へと押し上げる方法を見つけるだろう。それはフロンティア型の成長ではなく、キャッチアップ型の成長になり、国や地域全体で大勢の人が不完全雇用の状態に置かれることになる。しかし、生活水準はいまの2〜3倍になるものと十分に予想できる。それは平均であって、どの平均もそうであるように、慎重に見なければいけない。残念だが、極度の貧困状態に陥っている地域はあり、全体として、アフリカの人びとの大部分はたとえばインド亜大陸の人びとの大部分ほど豊かにならない。それでも、いま生きている子どもの大半が、自分たちの親よりもよい教育を受け、よい食事をとって健康に育ち、雇用される機会が広がるようになる可能性はとても高い。つぎの三つの課題に対処すれば、アフリカは前進しても、後退することはないだろう。

一つ目は気候変動だ。サハラ以南アフリカは総じて気候変動の影響を受けやすく、とくに脆弱な地域もある。とても長い目で見ると、アフリカの未来は、世界全体が気候変動にどれだけ効果的に取り組むか（あるいは取り組まないか）で決まるが、つぎの30年については、アフリカ諸国は適応しなければいけない。ある意味で、これはものすごく不公平だ。地域や国としての政策は十分とは言えないし、人口が急増しているのはたしかだとはいえ、アフリカは温室効果ガスの排出にも、生息地の破壊にも、ほとんどと言っていいほど加担していない。それなのにほかの大半の地域よりも大きな影響を被ることになる。それは最も暑い大陸だからでもあり、これから起こりうる気候の変動を軽減するための財源がないからでもある。

したがって、アフリカは自分たちにはほとんど責任がないのに、複雑に入り組んだ問題を背負わされることになる。植民地主義の負の遺産は少しずつ消えているが、世界が環境に与える影響は深刻になっていく。その結果、なにが起きるのか。

アフリカをひと括りにして扱うのは無理がある。たとえばエチオピアが直面している課題は、赤道ギニアが直面している課題とはまったくちがう。それでも、環境問題へのアフリカ大陸の対応に通底する二つの大きなテーマを引き出すことはできる。気候変動がアフリカに大きな影響を与えていることに西側は罪悪感をもつようになる。それが一つ目のテーマの出発点である。そうした意識から、西側は気候変動による損害を補填するか、損害の進行を遅らせる取り組みを打ち出すようになる。そして、アフリカに暮らす人びとは、アフリカの環境やその問題とどう共生していくかについては、地球の反対側にいる人よりも自分たちのほうがよくわかっていると考えるようになる。これが二つ目のテーマである。

そのため、世界の大部分がアフリカ政府に求めることと、アフリカの人びとが選ぶことが対立する。それでも、気候変動の影響を減らすのに役立つテクノロジーをだれでも使えるようになるのはいいことだ。解決策がある場合には、アフリカがそれを利用できるようになる。

それが二つ目の課題につながっていく。大陸全体で統治の質を高めなければいけない。ほかの国の統治のありかたを十把一絡げに批判するのは傲慢に映るかもしれないが、わずかな例外を除いて、統治が弱いという問題は避けて通れない。この状況は変わるだろう。すでに変わりはじめている。経済が成長し、アフリカ大陸の存在感が高まると、サハラ以南アフリカ諸国と世界のあいだのパワーバランスは変化する。西側の援助機関と中国の投資家から支援を受けている国というアフリカ諸国のイメージは徐々に消えていく。

それは楽観的にすぎるのだろうか。そうかもしれない。統治の質を計測するのはまずもってむずかしい。どのデータを選択するか、国ごとの重み付けをどうするかで、結果は変わってしまう。それを踏まえたうえで、大まかな代理指標となるデータを一つだけ例にあげよう。平均寿命である。[2]平均寿命はサハラ以南アフリカの大部分で１９８０年代後半まで着実に延びていた。その後、エイズの蔓延や紛争もあって、2000年代はじめまで下がった。しかしそれ以降はまた着実に延びている。あまりにも多くの命があまりにも早く失われてきたが、アフリカ全体で見ると平均寿命は回復に向かっている。世界銀行の予測によれば、この先も平均寿命は延びつづけ、先進国との格差は小さくなる見通しである。もしもそうなれば、統治全般の水準も改善していることになる。

宗教間の緊張はどうだろう。これについては前向きになるのはむずかしい。この原稿を書いている時点では、北アフリカのイスラム教徒と急成長するキリスト教コミュニティが衝突し、数々の残虐な暴力行為が繰り返されている。サハラ砂漠の南の縁に沿って、大西洋から紅海まで東西に延びる広大な帯状の地域であるサヘルは、世界の二大宗教が対峙する最前線の一つだ。アフリカの東海岸にもたくさんのイスラム教コミュニティがあり、タンザニアは人口のおよそ4分の1がイスラム教徒である。だが、両者が平和的な共存へと向かう鍵はサヘルが握ることになる。宗教的・社会的な緊張が高まれば、ナイジェリアがよりゆるやかな連邦になる可能性があり、分裂もありうる。

世界最大の宗教と2番目に大きい宗教とのあいだの関係については、第6章で述べた。アフリカは宗教間の緊張がある地域の一つだが、これはアフリカにかぎったものではなく、世界がこの先しばらくは向き合っていかなければいけない課題である。ここで指摘しておくべきなのは、アフリカでは信条のちがう人たちがとても長いあいだ共生してきており、アフリカの人びとは世界のほかのどこよりもうまくやっていく可能性がとても高いことだ。緊張はやがてゆるむ。一世代のうちにそうなるのではないか。これまでに見てきたように、過去何世紀ものあいだ宗教熱は高まったり冷めたりを繰り返している。いまよりも調和のとれた時代が訪れるまでに、傷跡が大きくなりすぎず、失われる命が少しでも減るように祈らずにはいられない。

２０５０年にはサハラ以南アフリカは穏やかで繁栄する地域になるかもしれないと主張しても、信じてはもらえないだろう。人口が急増すれば相対的な貧困が爆発的に増えることは予想がつく。また、気候変動と紛争がもたらす最悪の混乱から逃れようと、地中海を渡る難民がいまよりも大幅に増えることも予想がつく。しかし、それよりはるかに希望のもてるシナリオがある。それはつぎのようなものだ。

ナイジェリアと南アフリカが栄え、最も人口が多い国と最も経済規模が大きい国として、サハラ以南アフリカを牽引する。２０５０年には両国の経済規模はほぼ同じになる。ナイジェリアの人口は約4億人とアフリカで突出して多く、インドと中国につぐ世界3位になる。南アフリカの人口は７５００万人前後だが、１人当たりＧＤＰではナイジェリアを上回り、国民の大多数は中間層の生活を送るようになる。どちらも経済は着実に進歩し、アフリカの西部と南部を支える。

成功は成功を生む。貿易だけを考えるなら、ある国が成功すると、周辺の国々に恩恵がいく。ただし、現地の交通・通信が機能していれば、という条件がつく。残念ながらそうではないことが多い。ガーナの首都、アクラは、ナイジェリア最大の商業都市であるラゴスと３００マイル（約４８０キロメートル）も離れていない。それでも、アクラからラゴスに行くには、うまくいっても車で12時間かかる。たとえトーゴとベナンの国境で止められなかったとしてもだ。それが貿易の大きな障害になっている。コフィー・アナン元国連事務総長は、地域間の交通・通信がアフリカの成長の鍵になると語っており、まったくそのとおりである。交通・通信環境が改善することはまちがいないが、それが十分に速く進まないこともまちがいない。しかし、２０５０年にはぐっとよくなっているだろう。

これは貿易にかぎらず、統治への態度にも言える。ナイジェリアで特筆すべき点の一つは、オープンな政治論争が盛んに行われていることだ。国民は行政を効率化するよう強く求める。その圧力は少しずつ効いていき、目的が果たされたら、ナイジェリアは西アフリカの国々にとって希望の道しるべになる。

これは楽観的なシナリオではあるが、南アフリカについても、同じような未来を描ける。南アフリカが多くの問題を抱えているのは否定できない。ほとんどはアパルトヘイト時代の負の遺産だが、それ以降の不公平な統治によって悪化したものもかなりある。それでも、第1章で説明したように、南アフリカはアフリカ経済の強力な原動力である。それはこの先も変わらないだろう。アパルトヘイトの負の遺産は消えつつあるため、南アフリカは人種の融和が進み、格差が小さくなり、治安がよくなる可能性のほうが高い。

このシナリオが半分だけ正しくても、その効果は大陸全体に波及する。どこかで政治や経済の新しい考え方が大きな変化を生み出すと、そこから一気に広がっていく。わたしたちはそれを何度も目にしている。たいていは政治が火をつける。１９９０年代末にソビエト帝国から東ヨーロッパが一気に離脱したときがそうだし、いまも混乱はつづいているものの、２０１０年代はじめのいわゆる「アラブの春」もその例だ。しかし、経済が火付け役になるときもある。その最たる例と言えるのが、日本の成長に触発された「四頭の虎」（韓国、台湾、香港、シンガポール）につづき、より小さな東アジアの虎たち（インドネシア、マレーシア、フィリピン、タイ、ベトナム）が互いに競い合い、高め合いながら発展したケースである。

つぎの30年のどこかの段階で、アフリカ経済が離陸してもおかしくない。それは組織立ったものでも計画されたものでもないだろうし、大陸規模ではなく地域単位になる。もちろん、離陸しない可能性もある。そのときは手探りで進んでいくことになるだろう。しかし、つぎの点を考えてほしい。

一つの可能性として、南アフリカの成長が北に広がり、モザンビークやザンビアを経由して、ジンバブエ、タンザニア、ケニアへと波及していくかもしれない。東アフリカはつぎの30年はとてもうまくいくのではないか。経済が上向く素地はすでに整っているからだ。有能な中間層が生まれ、とくにケニアで教育レベルが上がり、ジンバブエではロバート・ムガベ独裁政権の負の遺産がなくなりつつある。

もう一つ、ナイジェリアとガーナの経済状況がよくなるとともに、旧フランス領西アフリカが飛躍的に成長する可能性もある。偉大な文明の地、エチオピアは、富が増えて、経済が農業からバリューチェーンの上流に移行し、落ち着きを取り戻すだろう。こちらは確信をもちづらいものの、コンゴ民主共和国の天然資源が公平に分配されるようになって、中央アフリカの生活水準が押し上げられる可能性もある。第1章で指摘したとおり、この国は天然資源が非常に豊富である。たとえば、バッテリーに使われる主要な鉱物の一つであるコバルトは世界生産量の約6割をコンゴ共和国が占める。この先、鉱山の労働環境は改善するだろうし、そうする必要がある。コバルトを使う会社への圧力が高まりつづけるからだ。そうした圧力でアフリカ大陸全体の福祉の水準が大きく変わることは十分に望めるのだろうか。答えはまちがいなく「イエス」だ。だが、まったく影響を与えないと考えるのはあまりにシニカルであり、問題は、どれくらい変わるかということになる。アフリカの富はこれまでは多くが流出していたが、これからは大陸にとどまる富の割合が大きくなっていくだろう。

サハラ以南アフリカについては、つぎの30年の見通しに確信をもてないどころか、不安を覚えるような地域がある。小さくて貧しい内陸国で、周囲を同じように貧しい国に囲まれているところは、国民が最低限の文化生活を送れない状況がつづくだろう。歴史か立地の問題で民族同士が対立している国も、状況は変わらない。成長はするが、不平等な分配がつづく。テクノロジーは力になり、実際に携帯電話の新しい活用方法がアフリカで編み出されているが、それもある程度までだ。世界全体で見れば、人類の4分の1が暮らすアフリカは、先進諸国はもちろん、インドや中国よりも貧しいままである。そうだとしても、２０５０年にはサハラ以南アフリカの生活水準や人生における機会が２０２０年よりも改善している可能性があり、そこを見落とさないことが重要になる。別の言い方をすると、いま生まれる子どもたちは自分の親よりもよい人生を送れるチャンスが広がる。実にすばらしい。

北アフリカと中東――アラブ世界

北アフリカと中東が抱える問題は、アフリカの残りの地域とはちがっている。北アフリカと中東はアラブ世界の文化的アイデンティティを広く共有しているので、これを一つの地域と考えるのは理にかなう。統治体制はそれぞれまったくちがい、独裁から、程度の差はあるが立憲君主制、さらには多種多様な民主主義までさまざまだ。また、多様な民族集団や宗教集団があり、数千年の歴史の大半を通じて、調和のなかで暮らしてきた。いまでは西欧文明と考えられているものも、ここではじまっている。ほかの文化がこの地域の未来にどのような重要な役割を果たすかを理解することはとても大切だが、アラブ世界を一つにまとめる接着剤は、大多数の人が話すアラビア語であり、大多数の人がもつイスラム教の信仰である。

20世紀後半と21世紀はじめのアラブ世界は、寛容さを失っている。二度の湾岸戦争があり、シリア内戦があり、リビアの動乱があり、レバノンの政情不安があり、パレスチナ人の窮状はつづいている。この地域全体が抱えている脆弱さがあらわになっているのだ。そのため、つぎの30年について考えるときになによりも重要なのは、アラブ世界は過去60年間のような混沌に戻るのか、それとも過去数百年のような平和な時代に落ち着くのかである。

答えがあるはずもないが、手がかりはあり、つぎの30年はどのようになりそうかはだいたいわかる。もちろん、最も重要なのは政治情勢であって、これは中東の専門家の領域になる。問題は、アラブ世界の情勢は専門家にすら予測不可能であることだ。

個人的な話をしよう。２００５年の年明けを妻と数人のアラビア語を話すアメリカ人の友人と一緒にリビアで迎えたとき、この国は西側への扉が開きはじめているという空気に包まれていて、わたしたちのようにたまたまそこにいた観光客も歓迎された。それは夢のような瞬間で、そこに立ち会えたのはほんとうに幸運だった。その少し前、トニー・ブレアはリビアをふたたび西側諸国の仲間として迎え入れ、２００4年3月にリビアを訪問してカダフィ大佐と会談していた。[3] 次男のセイフ・アル＝イスラム・カダフィはロンドン・スクール・オブ・エコノミクス（ＬＳＥ）の博士課程に留学することになっていた。ブリティッシュ・エアウェイズはトリポリに飛んでいた。カダフィが死去したらだれが後を継ぐのかと心配されていた。そのわずか6年後、カダフィが失脚し、潜んでいた排水溝から引きずり出され、命乞いをした後に射殺されるとは、想像もできなかった。ＬＳＥでセイフ・アル＝イスラムを歓待していた学者の大半を含め、専門家の予測は完全にまちがっていた。[4]

　トニー・ブレアやＬＳＥや、政治分析そのものに当てこすりを言っているわけではない。経済学者だってひどくまちがう。２００８年11月、イギリスのエリザベス女王（当時）が、なんの運命のいたずらかＬＳＥを訪れたとき、金融危機についてこう質問した。「どうしてこんな大きな危機が起きることをだれもわからなかったのですか」

　このリビアの物語が示すように、政治の劇的な変化を予測するのはそもそもむずかしく、この地域の政情はとくに不安定である。ある程度確信をもって言えるのは、経済的要因が政治に影響を与えるということだけだ。大きい要因は二つある。若者が急増していること、そして脱石油・ガス依存が進んでいることだ。その影響は国によってちがう。エジプトだと、どうやって１億６０００万人がよい生活を送れるようにするかが課題になってくる。サウジアラビアと湾岸の首長国なら、どのようにして石油・ガスへの依存度を下げて、ドバイが切り拓いた道を進み、一次産品の生産をつづけながら無関税の貿易・サービスの拠点になれるかが問題になる。

　北アフリカはヨーロッパと距離が近いため、人口動態の課題にもう一つの側面が加わる。南ヨーロッパでも若者の失業が問題になっているが、社会福祉制度の下で一定の保護があるし、北に移住するという選択肢がある。地中海南岸地域にいる大部分の人には、どちらも当てはまらない。過去２０００年間の大半を通じて、地中海全域が一つの経済圏だった。いまはもうそうではない。これでは若者が怒るのも当然だ。

そうした怒りに対応する方法は二つあり、つぎの30年にはどちらも進むだろう。一つは、ヨーロッパが北アフリカからの移民を阻止する取り組みを強化することだ。移住が増えるのは避けられないが、ヨーロッパの政情を考えると、政府には移民の受け入れを拒否する以外の選択肢はない。もう一つは、地中海経済の再構築である。ヨーロッパは北アフリカ諸国から買うものを増やして、北アフリカの割安な生産コストとエネルギーコストを活用する。ローマ帝国の最盛期のように、エジプトがふたたびイタリアの穀倉地帯になるというのは、さすがに空想がすぎるだろう。それでも、財とサービスの貿易が活発になる未来は想像できる。北アフリカにはヨーロッパにないものが二つあるからだ。それは豊富な若い労働力であり、急速に成長する経済だ。

そうだとすると、それぞれのよいところと悪いところの綱引きになる。結果は国によってちがってくる。モロッコ、アルジェリア、チュニジアは十分によい結果になりそうだが、リビアの見通しは厳しいと言わざるをえない。しかし、過去30年間の出来事が物語るように、一般化するのは危険であり、予想外の出来事はあると考えておかなければいけない。想像もつかないような惨事が起きる可能性を排除してはならないし、逆に驚くほど成功するケースもあるだろう。リビアがそうなってもおかしくなく、国民にはそれだけの力がある。

エジプトがどうなるかは、東西に広がるこの地域全体にとって非常に重要になる。エジプトはとても大きく、とても活気があり、とても長い歴史を誇り、野心に満ちている。２０５０年には、約1億６０００万人がナイル川流域と河口のデルタ地帯にひしめき合って暮らしている。カイロの人口は３５００万人になるかもしれない。エジプトの先行きは期待が大きいが、それと同じくらい不安も大きい。期待が大きいのは、エジプトには提供できるものがたくさんあるからだ。非常に大きくて教育水準の高い中間層があり、寛容の精神が根付いており、エネルギッシュで、混沌と魅力に満ちている。人口はアラブ諸国のなかで群を抜いて多く、アラブ世界のアンカーである。これはこの先も変わらないだろう。しかし不安もある。不安定な政情がその一因だが、おそらくそれ以上に重要なのが、経済の弱さである。エジプト経済は一つの川の流れにまさにすべてを頼っていること、農産物の輸出がこの先も当面、重要な柱になることを考えれば、気候変動は非常に大きな脅威になる。[5]エジプトの情勢に敏感な人は平穏を祈っているはずだが、つぎの30年はそうはいかないだろう。

エジプトにとって、エネルギー価格は大きな問題ではない。エジプトは石油の生産量がどちらかといえば少なく、埋蔵量が豊富で余力が大きい。北アフリカの大部分、とくにアルジェリアにとっては、石油化学の未来は、燃料としても、原料としても、きわめて重要である。そして中東にとっては、エネルギーは未来を決定づける鍵となる。では、今度はその中東に目を向けよう。

中東——安定を願い求める

中東は地球上でもとくに不安定な地域の一つだ。戦争で命を落とした何百万もの人、故郷を追われて難民キャンプで暮らす何百万もの人にとって、半世紀以上にわたる争いの歴史は耐えがたいものである。悲しいが、今世紀末までは不安定な状況は変わりそうになく、その先も混乱はつづくと思われる。２０５０年にはいまよりも落ち着き、穏やかになっている可能性を切り捨ててはならない。実際、そうなる可能性は十分にある。しかしまた、中東はみずからを、そして世界を破滅にひきずり込みかねない場所の一つであるのもたしかだ。そうだとすれば、わたしたちになにか言えることはあるのだろうか。

重要な問題は三つある。イスラエルと周辺諸国の関係、イランの動き、そして中東地域と世界における石油・ガスの重要性だ。一つ目と二つ目は、経済の問題というより地政学の問題になる。リビアを例にあげるまでもなく、中東の情勢は予測不可能であり、こういう問題があると指摘することしかできない。それでも、この三つの点について少し考える価値はある。

イスラエルについては、目を引く点が二つある。一つは中東で最も進んだ経済国であること、そしてもう一つは、地域経済であまり大きな役割を果たしていないことだ。経済の構造も能力も十分に発展しており、西ヨーロッパ、北アメリカ、日本などに肩をならべる水準にある。しかし、中東地域には統合されていない。イスラエルの経済がつながっているのはヨーロッパと北アメリカであって、中東ではない。理由は明らかだ。イスラエルはアラブ地域にあるユダヤ人国家であり、ヨルダン川西岸・ガザ地区をめぐる対立、そして周辺諸国との関係と、いくつも問題を抱えている。

ここでは政治の問題は脇に置く。これは部外者が意見するところではない。そのかわり、イスラエル国籍のピアニスト・指揮者であるダニエル・バレンボイムが、2006年にエルサレムで録音されたリース・レクチャーで語った力強い言葉を引用したい[6]。

> そうだとすると、イスラエルが定住の地を得たいのであれば、中東の一員にならなければいけないし、そこにすでに存在する文化を認めなければいけない。そして、これまでずっと砂漠の未開の地であるかのように思い込もうとしてきたが、それもやめなければいけない。イスラ

エルの未来にとって必要なのは、イスラエル人がアラブの文化に耳をすませることだ。それはイスラエルがヨーロッパのルーツを否定するということではなく、中東の伝統と共生して、ヨーロッパの伝統を高め、豊かにするということである。そうしないかぎりイスラエル国は永遠に異物のままになり、この地にとどまる未来は見えてこない。異物が存在できるのは、社会でも、音楽でも、人体でも、ほんのかぎられた時間だけだからだ。

バレンボイムはあくまでも文化について語っていたのだが、政治と経済にも同じように当てはまるだろう。政治への警告は、考えるだけでも背筋が寒くなる。だが、経済へのメッセージには希望がある。イスラエルが中東経済ではるかに大きな役割を果たすようになるかどうかという、実に興味深い問いを投げかけるものだからだ。それはイスラエルが地域に移植されたものではなく、経済の核になるということである。そうなれば、イスラエルは中東全体に大変革をもたらすかもしれない。中東地域が先進世界の市場、とくにアメリカ市場に参入しやすくなるかもしれない。イスラエルの技術力を活かして、エネルギー資源に乏しい国々は輸入燃料への依存を減らし、エネルギー資源が豊かな国は石油・ガス輸出への依存を減らせるようになるかもしれない。内戦で荒廃した周辺諸国の復興を後押しし、そしてもちろん、ヨルダン川西岸地区とガザ地区の人びとの富を押し上げる力になるかもしれない。教育と管理能力の水準を広く高められるかもしれない。

このどれか一つでも実現するのだろうか。対立と混乱がつづく現状を考えれば、そのような劇的な変化が生まれるほうがおかしいと思うかもしれない。しかし、経済協力は政治に関係なく進められる。中東の経済統合が進めば全員の利益になるだろうし、互恵的な関係が広がる可能性もある。

国益にかなうなら、アラブ系ではないもう一つの中東の大国であるイランが周辺諸国とよりよい関係を築くようになるだろう。そうなれば世界との関係もおのずと改善する。もちろん、これまでの現実はまったく逆だった。イラクとの血なまぐさい戦争、西側からの孤立、アラブ湾岸周辺諸国との対立、アメリカによる経済制裁など、悲惨な出来事や結果はあげればきりがない。イランに息づく文明の奥深さ、知性・教養のある人びとを思うと、なおさら残念でならない。わたしは2016年にイランを訪れているが、若者たちにあれだけ歓迎されたらだれでもイランのことが好きになるし、あの広大な国の文化に魅了されない人なんていない。

だが、イランが今後、どのような方向に進むかを見通すのはむずかしい。一方の極端では、反革命が起こって、1979年にパフラヴィー王朝を倒すにいたった流れが反転する可能性がある。現行の神政政治はほかのなんらかの統治形態にとってかわられる。しかし、革命はまず例外なく破壊を伴う。平和や秩序を保ったまま進むとは考えにくく、そんなことはだれも望んでいない。そしてもう一方の極端では、イランは西側の文化を敵視し、アメリカと中東でのアメリカの同盟諸国を非難しつづける。その結果、いろいろな対立が起きて、そのどれかが新たな地域戦争へとつながっていくかもしれない。最悪の結末は恐ろしいとしか言いようがない。

したがって、その中間のどこかになることを願うしかない。さいわいにもそうなる可能性が最も高い。国際社会への挑発をやめる。イランの政府指導者が各国に対する被害妄想を捨てる。外国の考え方や社会思想に対してはるかに寛容になる。国外にいる何百万ものイラン人との関係を重視するようになる。統治をほんの少し変えるだけで、イランは本来あるべき特別な場所に戻れるはずであり、そのためにできることはたくさんある。

三つ目の要因は、石油とガスの役割である。中東には、石油やガスがほとんど、あるいはまったくないところがある一方、石油化学製品が輸出収益の90％以上を占める国もある。第3章で見たように、つぎの30年以降も、石油化学製品はきわめて重要なエネルギー源と化学原料でありつづける。重要であることに変わりはないが、生産水準は頭打ちになり、減少に転じるだろう。実質価格も頭打ちになり、その後、下がることになりそうだ。

そうなってもほとんど状況が変わらない国もある。そうして中東マネーは細りはじめる。人口が少ない湾岸諸国は、国民がこの先何世代も快適に暮らせるだけの莫大な富を築いている。それよりも人口の多い国は、石油・ガス収入をほかの産業、とりわけサービス産業に投資しなければいけなくなる。ここで鍵になるのは、サウジアラビアがこの過渡期をどう乗り越えるかだ。なるほど、サウジアラビアにはつぎの世代も経済成長をつづけられるだけの潤沢な天然資源があるが、ほんとうに大きなドバイになれるのか。それはおそらくむずかしく、別の収益源を育てられなければ、いま当たり前のように享受している生活水準は維持できなくなる。イラクもお金を必要としている。イラクは長く混乱がつづき、政情はいまも不安定なままだ。国民にとってより安定した未来へと進む道を見つけること、そしてイランと周辺諸国との摩擦に巻き込まれないこと、さらに近年の恐ろしい出来事が過去の記憶になることを願うばかりである。わたしたちにはそうすることしかできない。

そうだとすると、中東の一部の地域にとっては、原油価格の下落は天の恵みになるかもしれない。中東地域全体では富の水準は相対的に下がるが、格差は小さくなる。勇敢なるヨルダンの課題は、穏やかな国でありつづけることだ。シリア、そしてとくにレバノンは、内戦で荒廃する前のような一定の繁栄をどう取り戻すかが課題になってくる。統治が改善し、ヨルダンのようにおおむね安定するようになれば、シリアもレバノンも大きく変わる可能性がある。レバノンは内戦が１９７５年にはじまるまでは楽園のようだった。フランスとアラブの文化が融合し、イスラム教とキリスト教の両方のコミュニティの利益を尊重する、バランスのとれた体制がとられていた。歴史は元に戻せないが、歴史から学ぶことはだれにでもできる。

　そして最後に、この地域は不安定だが、膨大な人的資源があり、ダニエル・バレンボイムが指摘したとおり、イスラエルが受け継いできたヨーロッパの伝統を豊かに高める文化がある。さらに言うなら、豊かにできるのは、なにもイスラエルの伝統だけではない。世界の伝統も豊かに高めることができる。いまは中東に普遍的な価値観を求めるには無理があり、なかでも少数派のキリスト教コミュニティはひどい扱いを受けている。そうなった責任を追及しても、それでどうなるものでもない。もう起きてしまっているのだから。つぎの30年には、何世紀にもわたって築き上げられた寛容の伝統が少しずつ戻ることがある程度望めるかもしれない。いまのヨルダンがそうである。ヨルダンは何百万人もの難民を受け入れ、水不足などの課題にも寛容の精神で対処している。だからといって、中東には大きなヨルダンが必要だなどと言うつもりはない。中東に必要なのは、そこに埋め込まれた文化の伝統が尊重され支持されることであり、地域に埋め込まれた緊張を制御し、抑えることである。

　率直に言うと、中東はつぎの30年に情勢がいちじるしく悪化するおそれがある地域の一つである。だれもが不安を感じているはずだ。しかし、不安にばかり目を奪われて、うまくいく可能性も同じくらいあることを見失ってはならない。中東はあまりにも長く向かい風にさらされてきたが、それがやわらげば追い風が吹きはじめるはずだ。いまこの時点では希望をもつのはむずかしいものの、風向きが変わるときはいずれくる。

第11章　オーストラリア、ニュージーランド、太平洋

幸運な国は一つではなく、二つになる

オーストラリア、ニュージーランド、南太平洋の島々を含む州を意味する「オセアニア」という言葉は使われなくなっている。いまはオーストラリア、あるいはオーストララシアと呼ばれることが多い。この先、わたしたちの地球の未来で太平洋が果たす役割がぐっと大きくなると思われるので、これは残念だ。太平洋は地球表面の3分の1近くを占め、地球のすべての陸地を足したものよりも広く、世界の海水総量の半分を占める。ところが、太平洋についてわかっていることはほんとうに少ない。つぎの30年にはもっと多くのことが明らかになるはずだ。[1] これについてはこのすぐ後で述べる。最初に、南西の端にある二つの英語圏の国、オーストラリアとニュージーランドについ

て考えてみよう。

オーストラリアは幸運な国である。ほとんどの点で、幸運な国でありつづけるだろう。さまざまな理由でつぎの30年は追い風を受けるようになるからだ。国土が広い。世界の多くの人がうらやむ文化がある。東アジアの時間帯にある。東アジアはいま、アフリカについで2番目に速く成長している地域だ。そしてアングロ圏の一角である。それ以外にも、第1章であげたような数々の強みがある。だが、非常に大きな問題が一つある。世界で最も乾燥した大陸であり、気候変動の脅威にさらされている。その意味では先進世界で最も脆弱な国だと言っていい。

オーストラリアは移民を引き寄せる磁石でありつづけ、アングロケルトのルーツからさらに少しずつ離れていくことになる。人口は４０００万人に向かい、若くて活気のある国でありつづける。鉱業や農業が経済に占める比重は下がっていき、教育、情報、娯楽へのシフトがさらに進む。一言でいえば、大きなサクセスストーリーでありつづける。世界中の有能な人材が暮らし、働き、遊ぶところとして選ぶようになる場所の一つとなる。

しかし、光があるところには影がある。オーストラリアはこの先、気候が温暖化し、おそらくはいま以上に乾燥化が進む環境に対処するすべを身につけなければいけなくなる。[2]それは希少な水資源をもっと注意深く管理していくとか、住宅やオフィスにもっと強力なエアコンをつけるとかいう問題ではなくなる。そういったことが重要であるのはたしかだ。だが、気候変動とどう共生していくかだけでなく、気候変動をどう逆転させるかを根本から考え直すことも、オーストラリアにとっては同じくらい大切になってくる。もちろん、人口４０００万人の国がなにをしたところで、気候変動に対する世界の取り組みが大きく変わるわけではない。オーストラリアにできるのは、ベストプラクティスを見つけて、それを活用することだ。オーストラリアはいまから30年後もなんの問題もなく暮らせているだろう。だが、国のリーダーはそのはるか先を見据えなければいけない。２１００年以降も緑豊かで快適な国でありつづけるために、オーストラリアにはなにができるのか。

問いを投げかけるのは簡単だが、具体的な答えを示すことはできない。オーストラリアがコスト効率のいちばん高い環境慣行を見つけて、それをとりいれるべきであるのはまちがいない。独立した社会をどう説得してそうさせるように誘導するかはまた別の話になるが、科学の知見と国民の理解の両方を深めることがなによりも必要になる。どうやってテクノロジーをコスト効率よく活用するか。国民が行動を変えたくないときに、民主主義国家がどこまで国民の行動を変えさせられるのか。しかし、オーストラリアの取り組みを先進社会が気候変動と闘っていくための一つの試験台として考えることもできる。日本が人口の高齢化に対処するための試験台になりつつあり、スカンジナビアが社会政策の試験台になりつつあるのと同じようなものだ。オーストラリアはこれからたくさん学ばなければいけないが、たくさん教えられるようにもなる。

オーストラリアが決断しなければならないことはもう一つある。どれくらい速く成長するべきかだ。この成長とは、人口である。地理的に隔絶されていて、もともと移民にとって魅力的な国は、地上に国境がある国よりも移住を管理しやすい。もしも移民が来たくないというなら、まったく別の話になる。オーストラリアの成長のスピードが速ければ速いほど、変化は大きくなる。そうした変化はよいものかもしれないし、悪いものかもしれないが、その両方になる可能性のほうが高い。自分の国がどの方向に進むかを決められるのは、オーストラリア人だけである。それでもオーストラリアはどうするかを選ぶことができる。世界のほとんどの国には許されないぜいたくだ。

ニュージーランドにも選択肢はあるが、オーストラリアに比べると狭い。ニュージーランドの経済は成長する。荒れ狂う世界にあって安全な場所でありつづける。新型コロナウイルス危機がまさにそうだった。[3] 社会・経済政策のパイオニアとして、英語圏の国々に影響を与えつづける。通信技術はコストがさらに下がり、能力はさらに上がるため、物理的に隔絶していることは問題にならなくなる。オーストラリアとちがい、ニュージーランドについては気候変動の直接の影響は中立となりそうだ。

世界が荒れれば荒れるほど、ニュージーランドの見通しは明るくなる。だが、パンデミックのような極端な状況は別として、外界と遮断できる国などない。そのため、ウェルビーイングがそれなりに高く、興味深く魅力的なコミュニティ以上のものになることが課題になってくるが、ニュージーランドはどうしても西側の大きな「兄弟国」の影に隠れてしまう。これからも影響力が上の相手とずっと競い合う。しかし、優秀な人材を海外から呼び込み、その人材を引き留め、受け入れる国にならなければいけないし、そのためには、ライフスタイル以上のものを提供することが求められるだろう。コロナ危機のときは超富裕層の避難先になったが、もっと多くのものを与えられるようにならなければいけない。

つぎの30年になにが起きようと、オーストラリアとニュージーランドは問題ないだろう。本書の大きな考え方の一つである「アングロ圏の時代がくる」という予測が正しければ、オーストラリアとニュージーランドがなにをしようと、その流れに乗る。エリートチーム集団で構成されるプレミアリーグにあっては、どちらも格下のメンバーになるが、とてもおもしろいカードを手にしている。おそらく世界のどの二ヵ国の組み合わせよりも興味深いカードだ。この二つの国はそれをうまく使うのか。たぶんそうだろう。したがって、幸運な国は一つではなく、二つになる。

……そして太平洋――世界最大の海

　この本は主に人について、国について、そして世界の大陸になにが起きるかについて書かれている。わたしたちは陸の生き物なので、どうしてもそうなる。わたしたちの未来は、地球の7割を占める海ではなく、人間が暮らせる残り3割の部分をどう保全し管理するかで決まる。だが、人類としての未来は海のなかで起きることとも密接に結びついているのを無視するわけにはいかない。世界の海水の半分以上が太平洋にある。そこでこの予測の最後に、海洋全般、とくに太平洋について、十分とは言えないまでも少し考えてみたい。

　太平洋についてわかっていることはほとんどない。オーストラリア、ニュージーランド、ニューギニアを除くと、２万５０００の島々にほんの数百万人しか暮らしていない。小さな島々になにかをしたところで世界を大きく変える力はないが、太平洋の海上や海中でわたしたちがなにをするかで、世界は大きく変わる。人類は海にやさしかったわけではない。太平洋にはとくにそうである。南極大陸をおそらく例外として、太平洋は地球上で最も人間がいない場所なのに、世界で最も汚染された場所の一つも、太平洋上にある。ハワイとカリフォルニアのあいだに大量のプラスチックごみが漂う海域があり、その大きさはテキサス州に匹敵する。合法、非合法を問わず、乱獲が行われている。海の酸性化も進んでいる。問題はほかにもまだまだある。

　だが、海には地球を助ける能力もある。人間の活動が大気中に放出する炭素の少なくとも４分の

1、場合によってはそれ以上を海が吸収している。[4] 海についての理解が進めば、気候変動対策の突破口になるかもしれない。太平洋はわたしたちが加担してきた問題を解決できるわけではないものの、太平洋について深く知れば知るほど、解決策が見つかる可能性が広がる。

　これは深刻な懸念ではあるが、気候変動だけの問題ではなく、もっと広い意味がある。海と海のなかで暮らす生物のことを知れば知るほど、目先の利益だけを追わず、未来の世代のために地球を守るという、より幅広い責任とのバランスを重視するようになっていく。太平洋には、地球でいちばん深い場所であるマリアナ海溝がある。マリアナ海溝は環太平洋火山帯にあり、複数のプレートが接する境界に位置する。火山が環のように太平洋をぐるりと取り囲んでいるため、環太平洋火山帯は「リング・オブ・ファイア（火の輪）」とも呼ばれ、世界の火山活動の70％、地震の90％が、環太平洋周辺で起きている。観測史上最大となる１８１５年のインドネシアのタンボラ山の大噴火、観測史上最大となる１９６０年のチリのバルディビア地震もそのなかに含まれる。

　太平洋周辺の活動については、少なくともかなりのことがわかっている。それに比べると、海のなかでなにが起きているのかついて、わかっていることははるかに少ない。海洋調査が行われているのは世界の海の20％に満たず、太平洋にいたってはもっと少ない。

　海への理解はすでに大きく進みつつある。２０１７年には海底の６％しか調査されていなかった。その後、日本財団主導で「大洋水深総図」を作成するプロジェクトが立ち上げられた。[5] ２０３０年の完成をめざしている。これは海底地形図をつくろうとするものだが、それ以外の知識もそこから流れ出てくるはずだ。太平洋に関してどんなことが明らかになるかについては推測するしかないとはいえ、環太平洋火山帯が世界経済に文字どおりの激震をもたらす可能性があることは指摘しておくべきだろう。ニュージーランド第二の都市、クライストチャーチで２０１１年に地震が発生した後、人口が以前の水準に戻るまでに6年かかった。それと同じかそれ以上の規模の地震がアメリカ第二の都市であるロサンゼルス、あるいは世界最大の都市である東京を襲ったら、甚大な被害が出る。後者については、それを垣間見る出来事があった。同じ２０１１年に日本で地震と津波が発生したときには、福島原子力発電所の連鎖的な大事故を招く結果となった。ナポリを望むヴェスヴィオ火山をおそらく例外として、地震・火山活動が人類にもたらす最大の脅威は、太平洋を囲む〝火の輪〟にある。

　このように、太平洋海盆は、大きな希望でもあり、大きな危険でもある。太平洋への理解が進み、敬意が払われるようになれば、この地球上で暮らす人類とほかの種にさらなる恵みがもたらされる可能性が高まる。こうした危険に対処し、破滅を回避できる可能性もだ。そして２０５０年には、わたしたちの理解はもっともっと進んでいるだろう。

本書の大きな考え方

第12章　この先の世界を形づくる大きなテーマ
——不安、希望、判断

確かなことと不確かなことのバランスをとる

この最後の章をはじめるにあたって、まず、ここまでわたしとともに旅をつづけてきてくれた読者のみなさんに感謝を伝えたい。つぎの30年に世界はどうなっていくか、その未来図を描くために、エビデンスを読み込んで、いまわたしにできる最大限の努力をした。なにかとても大きなことを見落としているのではないかという不安はもちろんある。30年近く前に『２０２０年　地球規模経済の時代』を書いたとき、ここ数年間に世界に大きな影響を与えた出来事のうち、イギリスのＥＵ離脱、アメリカの政治の破綻、感染症のパンデミックの三つを予測していたのは、いくらかでも慰めになる。しかしつぎの世代には、わたしが思ってもいなかったようなことが起こるだろう。本書であげた五つの力が、わたしが考えていた以上に重要だったり、逆に重要ではなかったりするときもあるはずだ。いずれにしても、エビデンスが積み上がれば、予想を修正していかなければならない。わたしはこの本を「たたき台」だと思っている。自分の意見と照らし合わせて、ここは同じ、ここはちがうと吟味していき、さらに考えを深められる。だがそれ以上に、世界で起きている出来事がどのような意味をもつかを理解する助けになることを願っている。そう、これはわたしたちがともにつくりあげる未来への旅なのである。

もちろん、この先に起きる出来事の確実性の度合いはそれぞれまったくちがう。状況から考えて十分確実だと言えることもある。たとえば、世界の人口が１００億人前後になるのはほぼまちがいない。反対にまったくわからないこともある。その最たる例になりそうなのが、世界が気候変動にうまく対処しているかどうかだ（悪い意味での最たる例にならなければいいのだが）。それでもわたしがこの本を書いたのは、ある特定の結果になる確率がどれくらいあるか、だいたいのところを示すためである。なにか進展があるか、わたしたちの理解が進めば、確率は当然変わる。この本が物事の流れを広い視野で見られるようにする枠組みとなって、ほんとうに重要なことと、ただのノイズを見きわめられるようになるとうれしい。

序章で説明しているのでわかってもらえていると思うが、この本の重要な目的の一つは、世にはびこる悲観論がもたらすネガティビティ・バイアスをとりはらうことである。世界が直面する危険と困難を現実に即して考えると同時に、人類と地球の福祉がおおむね向上していることも明らかにしようと試みた。このすぐ後で、わたしが最も重要だと思う10の項目をあげていく。その10項目がつぎの30年に世界がどうなるかを左右する。全体としては前向きなものであり、はっきりそう言えるものもあれば、考えられる可能性のなかで望ましい結果へと導くには強い信念が求められるものもある。だからといって、ネガティブな情報を伝えないのは誠意に欠けるし、説得力もないだろう。そこで、わたしがとくに不安に思っていることを最初に示しておこう。

10の不安

1　アメリカの政治体制が崩れる

アメリカは三つの大きな課題に直面している。まず、富が平等に行き渡り、公平な機会が与えられるようにしなければいけない。そして、世界最大の経済国から中国につぐ世界2位の経済国に移行しなければいけない。さらに世界ではじめてほんとうの意味での多人種社会になることを受け入れ、むしろ歓迎しなければいけない。

こうした問題はずっとくすぶっていたが、ドナルド・トランプが大統領に就任すると、不満が一気に爆発した。トランプは幅広い層から支持されたが、共通するテーマがあるとしたら、リベラル・エリートには機会が与えられているのに自分たちにはないと、支持者の多くが感じていたことだ。１９９０年代はじめに『２０２０年　地球規模経済の時代』を書いていたときには、エリート支配に対する反乱が政治システムの外側で起きて、民主主義そのものが揺らいでもおかしくないと危惧していた。しかし結果として、憲法は守られた。それでも、将来のアメリカ政権がエリートの力を抑えられなければ、エリート支配に挑戦する動きがまた起こるだろう。そしておそらく、ドナルド・トランプ以上に強力な人物がそれを率いる。アメリカの民主主義は危機を乗り切ると、わたしは確信している。ドナルド・トランプが平和裏に大統領に就任し、混沌のなかで退任し、ジョー・バイデンが新たな大統領に選出されたのをこの目で見て、確信は深まっている。だが、わたしの判断はまちがっているかもしれない。機会は完全に平等でなければいけないし、それぞれの立場は完全に尊重されなければいけないが、どちらも十分には進まないだろう。

二つ目の課題は、アメリカはもう世界一の経済大国ではないのだと認めることである。これはアメリカ人にとってとてもむずかしいだろう。イギリスがそうしたときよりもむずかしい。イギリス人は自分たちの国が富と権力を失っていくのをヒトラーとの激しい戦いで疲弊したせいにできた。アメリカ市民には、そのようなナラティブがない。本書で示したように、中国の人口が高齢化して、21世紀末にはアメリカが中国を抜き返して世界最大の経済国の座を取り戻すことが、21世紀なかばの時点で明らかになっているだろう。しかし、そうなるまでには数十年間にわたって相対的な地位は低下していき、その時期を国としての自信を失わずに乗り切らなければいけない。

真の多人種社会への移行は全員にとって厳しいものになる。それを実現するには、自分の善良さをアピールするだけの美徳シグナリングではない、強い決意が求められる。本書で論じたとおり、アメリカは世界中から才能を引き寄せる強力な磁石でありつづけ、それが世界で存在感と威信を保つ鍵になる。人種の多様性がもっと広がり、アフリカ系アメリカ市民の貢献に敬意を払うことこそが、アメリカの強さの源になる。だが、アメリカはその変化を深いレベルで受け入れなければならない。そうしてはじめて、すべての人が尊重される社会になる。この原稿は人種差別に抗議するブラック・ライブズ・マター運動が広がるなかで書いており、そのような社会を築くのはとてつもない挑戦であるようにも思える。それでも、そうしなければいけない。アメリカはそれをなしとげるとわたしは信じているが、うまくいかなくなる可能性もある。

こうした三つの課題の背後には、一つの大きな不安が横たわる。世界を大きく左右する意思決定はほかのどこかで下されるようになる。本書で示したように、わたしたちはよりバランスのとれた世界へと向かっており、新興国がいまよりずっと重要な役割を果たすようになる。それは歓迎すべきことだし、そうなるのは避けられず、正しい方向でもある。しかし、世界にはまだアンカーが必要になる。謙虚さと自信を備えたアメリカは、その役割を果たせる。それができるのはアメリカ以外にない。グローバルリーダーはなによりも世界の手本にならなければいけない。アメリカは21世紀いっぱい、世界最大の軍事国でありつづけるが、どんな国であるかと同じくらい、なにをするかが重要になり、アメリカはハードパワーを裏づけとしたソフトパワーを発揮しつづける。もしもアメリカが自信を失ったら、世界はいまよりはるかに危険な場所になるだろう。

2　中国、インド、アメリカの関係が悪化する

アメリカと中国のあいだの緊張が高まるのは避けられないだろう。中国がアメリカを抜いて世界最大の経済国になる瞬間の前後はとくにそうなる。本書の予測が正しければ、中国は人口が高齢化するにつれて、国内の情勢が落ち着いていき、対外政策での攻撃的な姿勢も見直される。だが、そこにいたるまでの難局をうまく乗り越えなければならず、２０３０年代か２０４０年代になんらかの形で政治体制が転換され、大きな混乱が生まれるだろう。インドの台頭も受け入れなければならない。インドは21世紀後半を通じて躍進しつづける見通しだ。発火点は言うまでもない。中国によ

る台湾の軍事的併合、インドとの国境紛争、南シナ海情勢などである。この移行を穏当に秩序立った形で管理することは、アメリカと中国の両方にとって、ひいては世界全体にとって、非常に大きな利益になるため、米中が衝突する事態はさすがに考えにくい。それでも誤算は生じるし、破滅へとつづくシナリオはすぐに思い浮かぶ。

たとえば、新型コロナウイルスがほんとうに武漢の研究所から流出したもので、中国当局が起源を故意に隠蔽したことが明らかになれば、アメリカの中国に対する信頼は消し飛ぶ。あるいは、中国が台湾を支配下に置こうとして、多数の死者が出る事態になったら、アメリカはたとえそれが直接には国益に結びつかないとしても、武力で対抗するかもしれない。中国がアメリカではなくインドと対立し、それがその後、アメリカ軍も関与する争いへと波及することも考えられる。わたしが心配なのは、中国は心の底ではアメリカを軽蔑していて、アメリカは心の底では中国を理解も尊重もしていないことだ。[1] いずれにしても、両国間の緊張は２０２０年代を通じて高まるのは避けられず、世界全体にとっては非常に危険な時期になるだろう。

3　ロシアが強く出過ぎる

ロシアがなんらかの暴走を起こし、自国と周辺国にダメージを与える可能性がある。もうそうなっているかもしれない。ロシアによるウクライナ侵攻をそうとらえることもできる。ロシアは国土が世界でいちばん大きい。現在のロシア指導者の行動を予測するのはむずかしく、世界が対処するのは困難であり、おそらく考えられている以上に危険である。本書では、ロシアの人口は高齢化して収縮するため、世界における役割は小さくなっていくと予測している。それでも、世界の面積の

11%が、近隣諸国に積極的に侵攻する政権に支配されているのは、世界全体にとって危険なことだ。ロシアの戦車がポーランドを蹂躙する危険性は、ウクライナ侵攻ほど大きくはない。ロシアの侵攻に対して西側が、そしてとりわけウクライナ市民が結束して強い対応をとっており、ロシアと世界の関係はこの先10年間、場合によっては10年以上、大きく変わる。原稿を書いている２０２２年３月の時点では、新しい鉄のカーテンがヨーロッパにすでにおりているかどうかは判断できないが、体制が変わるまでは西側はロシアの封じ込めをつづけて、成果をあげるだろう。

世界にとってそれよりさらに大きな危険は、ロシアがなにか別のミスを犯して、甚大な影響が地球規模で広がることだ。なんらかの環境実験が失敗するかもしれない。チェルノブイリよりもはるかに深刻な事故が起きたらどうなるか、考えてみてほしい。

ここで思い出してほしいことが二つある。一つは、ロシア市民は尊敬に値すること、そしてもう一つは、現政権は永遠につづくわけではないことだ。ロシアはどこかの段階で国際的な行動規範の下で統治される国に戻る。ところが、この移行が平和的に、あるいは秩序立って進むかはわからない。核保有国の混乱は、世界全体にとって恐怖以外のなにものでもない。その危険は一時的なものだろうが、恐ろしい危険であることに変わりはない。

4　サハラ以南アフリカが貧困から抜け出せない

アフリカと中東に関する章で示したように、今後についてはどちらかといえば楽観しているが、それはまちがっているかもしれない。アフリカ大陸は、内紛、人口の増加、環境悪化の影響を受けつづける。だが全体としては、サハラ以南アフリカ諸国の統治は改善し、分断に慎重に対処し、国民の福祉は向上する可能性のほうが高い。なにしろアフリカは世界でも屈指の起業家精神にあふれる大陸だ。それが主流の予測である。しかし、たとえそれが総論としては正しくても、失敗するケースは出てくる。環境の悪化は人口の増加がもたらす圧力に追い打ちをかける。なによりも懸念されるのは、世界で最も若い地域が、世界で最も不安定でもある地域になることだ。そこに中東の政治情勢も絡んでくるが、それは少なくとも既知の要因である。世界は何年もそのなかでやってきている。だが、アフリカの人口が世界人口の4分の1を超えて増えつづけ、若者の多くが失業しているという状況は、いままで経験したことがない。

そうだとすると、どうなるのか。世界はアフリカを支援する道義的な義務があると同時に、そうすることはそれぞれの国にとっても大きな利益になる。アフリカ大陸が不安定になれば、人類にとって大きな脅威になる。しかし、緊急援助を除くと、世界にいったいなにができるのだろう。過去の多くの介入が事態を改善させるどころか、むしろ悪化させているという事実を、部外者はよく考えなければいけない。問題は山積みだが、それでもわたしは、アフリカの人びとの力に賭けたいと思う。ただし道はとても険しい。

5　宗教紛争が勃発する

宗教については、この本では広く論じていない。だからといって、信仰の大切さを軽く見ているわけではないし、いまわたしたちが生きている世界を形づくるうえで、宗教が何世紀にもわたって影響をおよぼしてきたことを重要視していないわけでもない。これは経済学のバックグラウンドをもつ人間が大いに貢献できる領域ではないというだけである。それでも、世界三大宗教の信者のあいだにあるむずかしい関係は素通りできない。世界にはキリスト教徒が25億人、イスラム教徒が18億人、ヒンドゥー教徒が11億人いる。それぞれ異なる宗教が多数派を占める地域の境界には、どうしても発火点ができる。インドとパキスタンがそうだし、サハラ砂漠の南端もそうだ。移民、とくにヨーロッパへの移民が新たな緊張を生み出しているほか、イスラエルと周辺諸国の関係は世界でもとくに大きな論争を呼んでいる。

　歴史を振り返れば、そうした緊張は強弱を繰り返しており、この先も協調と共存の時期と紛争の時期が交互に訪れることになりそうだ。残念ながら、いまは緊張が高まって、寛容ではなくなり、あからさまな紛争に発展するリスクが大きくなる時期にあるようだ。控え目に言っても気が重くなる。最悪の場合、緊張が暴挙を招き、人類の悲劇が引き起こされかねない。理性で考えれば、それぞれ異なる信条をもつ人たちはお互いの立場を尊重し、共通善のためにはたらくべきである。しかし現実には、そうなっていないケースがあまりにも多い。

　せめてもの慰めがあるとしたら、いまは不寛容が高まっているが、寛容と不寛容は周期的に入れ替わり、もうすぐサイクルが逆転するかもしれないことである。わたしが見るところ、そうなる可能性のほうが高い。ただし、それよりも厳しい見方をすれば、いまはまだ不寛容が高まるサイクルのごく初期の段階にあって、振り子はこの先何年もずっと戻らないこともありうる。どちらになるかはだれにもわからないが、後者の見方が正しければ、宗教紛争はわたしたち全員に暗い影を落としつづける。

6　環境の悪化と気候変動を元に戻せなくなる

環境の悪化に取り組む世界の能力についても前向きにとらえているが、この結論がまちがっている可能性もある。本書では、地球を救うテクノロジーの開発競争が進み、人類が環境に与えているダメージを遅らせて、最終的には元に戻す方法について理解が深まると予測している。この楽観的な見通しは、二つの点を見誤っているかもしれない。

一つは、テクノロジーだけでは環境の悪化を止められないケースである。なるほどテクノロジーはダメージを遅らせるのに役立つだろうし、前向きに適応する助けにもなるだろう。しかし、それでは急速に進む気候変動のスピードに追いつけず、変化を元に戻せなくなってしまい、地球上の一部の地域が人間にとって暮らしにくい場所になるおそれがある。そうなったら、何億もの人が人間の住めなくなった土地を離れて、ほかのところで生活を再建しなければいけなくなり、過去に例のない大規模な移住が起こるかもしれない。つぎの30年はありそうにないが、21世紀後半だとどうだろう。

もう一つは、わたしたちがなにか大きなものを見落としているケースである。気候変動はあるレベルを超えると変化が一気に進むとされており、世界がその危険な転換点《ティッピングポイント》に達しないようにわたしたちは対策をとることができる。そうだとしても、膨大な研究がなされているのだから地球のことはよくわかっている、わたしたちの想像を超えるなにかが起きてショックを受けるようなことはないと想定するのは傲慢ではないか。地球の気候がその転換点を超えないように対策はとられるだろうが、それでも十分に警戒するべきだ。

7　新型コロナウイルスの影響が尾を引き、そこに別の新たな脅威が襲いくる

新型コロナウイルス感染症のパンデミックでは、相互に結びついたグローバル経済がいかにもろいか、人類の健康がどれだけ大きな脅威にさらされているかを思い知ることになった。今回のパンデミックそのものは予見できた。前に述べたように、『２０２０年　地球規模経済の時代』では、「殺人ウイルス」の危険性を警告していた。ただし、１９８０年代、１９９０年代はじめに爆発的に広がっていたエイズの文脈でだった。新型コロナとの関連性が高い二つの感染症、ＳＡＲＳ（重症急性呼吸器症候群）とＭＥＲＳ（中東呼吸器症候群）はまだ確認されていなかった。そのときは、パンデミックが世界経済にこれほどのダメージを与えるとはほとんど想像もできなかった。しかし、いまはそうではない。

世界はエイズの封じ込めに成功したが、根絶はできていない。この先、新型コロナは封じ込められ、同じようなほかのウイルスが現れたときにはどう対抗するかについて、多くを学ぶだろう。それでも、いまは予測もできないような別の脅威がわたしたちの健康とウェルビーイングに襲いかかるはずである。わたしたちがいまもっている武器は、言うまでもなく、目の前にある戦争に勝つためにつくられたものだ。つぎなる戦争にもそれを適応させて使えるようになることを願うしかない。しかし、たとえそうできたとしても、わたしたち全員が長期にわたってダメージを受ける。今回の闘いからは前向きな教訓が得られていることはすでに述べた。世界中の資源を総動員してワクチンが開発されている。だが、政府の限界が露呈したため、少なくとも西側では政府への信頼が揺らぐおそれがある。他国全般、とくに中国に対する疑念も強まるだろう。世界はグローバル化の恩恵を受けつづけ、弊害を克服すると予想しているが、その願いはかなわないかもしれない。国際協調を

阻む障害が高くなる可能性がある。

救いのあるシナリオは、世界が今回の危機から正しい教訓を学ぶことだ。たとえば、新型コロナをコントロールしようとする取り組みから、別の疾病をコントロールするのに役立つ別の医学的な発見が生み出されるかもしれない。コロナワクチンを開発したチームはすでに、学んだことを別の分野に生かそうとしている。既存の抗生物質が効かない耐性菌が増えている、新薬を開発するスピードが遅くなっているなど、ほかの大きな闘いにも挑まなければいけない。研究者たちはいま、そのために必要な資源を手に入れているにちがいない。しかしそれ以上に、世界は公衆衛生政策について多くを学んだ。一般衛生管理は改善され、すべての人が恩恵を受ける。世界の大半のところで寿命は延びつづける。

気が滅入るようなシナリオは、世界がこうした教訓を学ばず、将来の世代にとって、21世紀初頭が国際協調の黄金期に見えるようになることであり、わたしが不安に思っているのがこのシナリオである。

8　中東がさらに不安定になる

中東はこれから先もずっと発火点になる。中東は、人類の文明がはじまったところであり、はじめて都市が生まれたところであり、農業がはじまったところであり、世界の三つの宗教が生まれたところである。だが、この地域はいまも、そしてこれからも不安定である。もっと調和のとれた未来へと向かう道を素描するのは簡単だ。ヨルダン川西岸地区とパレスチナ自治区ガザ地区の公正で永続的な未来、西側とイランの関係改善、サウジアラビアと湾岸諸国の賢明な統治、エジプトの経済的繁栄の拡大など、あげればきりがない。残念ながら、緊張がある地域を示して、惨事を予想するのも、それと同じくらい簡単である。言うまでもなく、核による破滅の危機をそのリストのトップにあげなければいけない。しかしそれを別にしても、近年の歴史は痛ましいの一言に尽きる。２０１０年に民衆の蜂起ではじまったいわゆる「アラブの春」は苦い結末となり、流血を伴う一連の紛争を招いた。混乱は２０２０年代いっぱい、場合によってはそれ以降もなんらかの形でつづくだろう。

　これからも中東の緊張はつづくが、それ以上に、どこかの段階で万華鏡のように多彩な文化がより穏やかに共存する状態に戻る可能性のほうが高い。そうだとしても、中東は繁栄を築き、ともに分かち合わなければいけない。若者に雇用を生み出すには、ほかに方法はない。若者たちが怒りと疎外感を抱くかぎり、中東に安寧はやってこない。

9　情報革命は恩恵をもたらさず、弊害を生み出すかもしれない

　情報を減らせと言うジャーナリストなどいない。教育水準が上がり、幅広い知識にアクセスできる世界のほうが、そうでない世界よりもいいに決まっている。だが、いまは非常に広範囲の情報を入手できるうえ、ソーシャルメディアが台頭したこともあって、人びとが読んだり見たりするものの信頼性は下がっているように見える。人は自分と同じような意見ばかり集めるだけではない。信じたいニュースだけを選ぶので、自分の意見が強化されていく。なによりも気がかりなこととして、教育レベルが高い人ほど、自分の意見を裏づけるエビデンスを探し出すのがうまく、都合の悪いエビデンスは無視してしまうようなのだ。[2] こうした傾向は「確証バイアス」と呼ばれ、新しいもので

はまったくない。しかし、テクノロジーがそれに拍車をかけているように思われる。情報が増えたぶん、偽の情報も増えている。真実が検索結果のトップにくるようにできる解決策があるのかどうかも、ファクト（事実）とオピニオン（意見）をふるいにかける、さらにはオルタナティブファクト（もう一つの事実）ともふるいにかけることはできないのかどうかも、だれにもわからない。真実と偽情報の未来について質問したピュー研究所の２０１７年の調査[3]で、意見が真っ二つに分かれたのも驚きはない。２０２０年のアメリカ大統領選挙をめぐる対立が物語るように、人は自分が信じたくないことは、たとえそれが事実であったとしても、信じようとはしない。どんな証拠を見せてもそうなのだ。

　理屈としては、情報が増えれば増えるほど、ソーターとブースターという二つのスキルをもっている人の価値は高まる。ソーターとは、大量の情報を取捨選択できて、ノイズのなかからシグナルをとりだせて、なにが正しく重要でなにがそうではないかを見きわめる手助けができる人である。ブースターとは、シグナルを強化できて、そのメッセージが建設的なものでも、破壊的なものでも、多くの人の注意を引きつける人だ。実際には、ソーターは信用されていないことが多い。それはジャーナリストの評価が低いことからもわかる。読者からの圧力がかかって、批判せずに迎合してしまったりもする。そして最も効果的なブースターは、ゴミ同然の情報をばらまく者たちだ。その結果がいまの混乱と不信である。

　この見方は悲観的にすぎるかもしれない。人びとが膨大な情報の扱いに慣れ、ソーシャルメディアの危険さをわかるようになって、幅広い知識にアクセスできることがプラスにはたらくようになっていくことを願っている。カルト集団や陰謀論はなくならないだろうが、知識が行き渡り、人間の見識が深まれば、世界の理解は進みつづける。

10　民主主義への脅威

情報が腐敗する可能性があるのだとしたら、ある疑問がわく。それが最後の懸念だ。つぎの30年に民主主義の原則そのものが崩れてしまうのだろうか。なんらかの形態の民主主義の下で暮らしている人の割合は、有史以来、最も高くなっている。その意味では、民主主義を信じている人は祝杯をあげてもいい。独裁者も選挙に立候補する。投票が不正に操作されて勝つことが決まっているとしてもだ。しかし、民主主義は脅かされている。

　その脅威をバラク・オバマが見事に言い表している。２０２０年のアトランティック誌のインタビュー[4]でオバマはこう語った。「なにが正しくて、なにがまちがっているかを見きわめる能力をもたなければ、当然ながら、意見の自由市場は機能しない。そうであるなら、この国の民主主義も、当然、機能しない」

　これに対する反論として、すぐに思い浮かぶものがある。ウィンストン・チャーチルの有名な言葉がそれだ。「これまでも多くの統治形態が試されてきたし、過ちと悲哀に満ちたこの世界でこれからも試されていくだろう。民主主義は完全で全能だとうそぶく者などいない。実際のところ、民主主義は最悪の統治形態であるとされている。ただしそれは、これまでに試みられてきた民主主義以外のすべての政治形態を除けばの話だが[5]」

　だが、民主主義以外の政治体制はすべて劣ると言っても、中国のほうが西側よりもうまくいっているように見える現状を考えると、少なくとも一部の人は納得しないだろう。民主主義にとってより深刻な脅威は、有権者が真実と嘘を見分けられないことではないかもしれない。というのも、ほとんどの人は政治家の言うことをすべて疑ってかかるようになっているからだ。それよりも、多くの民主主義国が提供する統治の質に対する信頼と、西側の市場経済システムそのものに対する信頼の両方が広く失われていることのほうが深刻である。

21世紀になって二つの大きな危機が発生し、なにかがおかしくなっているのではないかという漠然とした不安が広がっている。２００８／09年に金融危機が発生して景気後退に陥り、金融システムに対する信頼が崩れた。その後に起きた新型コロナウイルス危機では、イギリス、ヨーロッパ、アメリカの対応が迷走し、政府の統治能力に疑問符がついた。これに対し、中国は金融危機でもコロナ危機でも、うまくやっているように見える。２００９年に景気刺激策として大規模な投資計画を打ち出して、景気の後退を回避した。２０２０年にも、主要国で唯一、プラスの経済成長を達成している。新型コロナウイルスの感染拡大が中国ではじまったのを考えると、これは驚くべきことだ。それでも、西側は長い目で見ればどちらの危機もうまく乗り越えていると言える確かな理由があり、韓国、台湾をはじめとして、東アジアの一部の民主主義国は、中国本土と同じくらい効果的に対応した。しかし、民主主義は最もましな統治形態であると信じている人は、統治能力を高める必要があることを認めなければならない。

10の大きな（主に前向きな）考え方

この本に書かれていることは、読む人によって受け止め方がちがうだろう。重要だと思う考え方がちがえば、ここに示されたエビデンスから引き出す結論もちがう。そこで、みなさんが自分の考えを吟味する指針として（この本は自分の意見と照らし合わせて考えを深めていくための「たたき台」であることを思い出してほしい）、つぎの世代の世界を形づくる要因でわたしが最も重要だと思う10の大きな考え方を示す。そのなかでいちばん大きなものからはじめていこう。

1　中間層の世界

２０５０年には、世界の人口の約3分の2は中間層か富裕層になる。これは人類の歴史ではじめてのことだ。人類の大多数が適切な医療や教育を受けられて、移動ができて、良質な食事ができて、大半の人がある程度満足できる多様な労働機会がある時代など、これまで一度もない。通信革命が起きて、この新しい大中間層はこれまでの世代にはなかったものを手に入れている。それは世界中の知識にいつでも簡単にアクセスできることだ。

わたしたちは世界を豊かな国と貧しい国に分けて考えるのに慣れている。いわゆる先進国であり、いわゆる新興国である。この表現は便利だ。国の生活水準をＧＤＰで計測するのが便利なのと同じである。つぎの30年も、高度先進国、中間所得国、貧困国は存在しつづけるだろう。だが、バランスは変化している。豊かな国と中間所得国、そして富裕層と中間所得層の人が増えて、貧しい国・人は減る。

ところが、世界のほとんどの人が中間層になり、だいたい似たような所得水準になるのはまずまちがいないが、価値観がどこまで共有されるようになるかは、まったくわからない。いずれにしても、中間層の価値観そのものは時間とともに変わる。みんな似たような家に住み、似たようなオフィスや工場で仕事をするが、余暇の時間の過ごし方はまるでちがったりする。消費行動の優先順位もちがう。そのため、所得が同じくらいの日本人と中国人は、所得に対する貯蓄の割合がアメリカ人やイギリス人よりも大きい。家族に対する態度もそれぞれだ。若者は結婚してから子どもをもつべきか、子どもができたら結婚すればいいのか、あるいは未婚のままでかまわないのか。

　社会規範や法律の枠組みがそれぞれちがう国同士でも、幸せに共存できるという意味では、こうしたちがいの多くは重要ではない。東西ヨーロッパは社会的態度がかなり異なっており、それがＥＵ域内で緊張を生み出してきた。アメリカ国内では、州のあいだで大きな緊張がある。しかし、どちらもなんとかうまくつきあっている。たしかにイギリスはＥＵを去ったが、それは中間層のイギリス人が中間層のドイツ人やフランス人と社会的態度がちがっていたからではない。問題はアイデンティティと主権であり、価値観ではなかった。

　この先に目を向けると、大きな疑問が二つ浮かび上がる。新しい中間層が古い中間層の態度を変えるようになるのかどうか。そしてそうした変化は広まっていくのか、広まっていくとしたら、どう変化するのか。

　最初の疑問については、数字の変化が重要になる。どの定義をとるかで変わってくるが、大まかに言うと、現在は先進国で暮らす中間層のほうが新興国で暮らす中間層よりも多い。しかし２０５０年には、そのバランスは変わっているだろう。新しい中間層と古い中間層の比率は２対１か３対１になっている。そして、これもとても大まかに言うと、アイデアはいまは西側から東側に流れている。西ヨーロッパとアメリカのライフスタイルは、中国とインドで模倣されている。

　ベンガルールや上海の郊外にある新しい高級住宅地に行くと、まるでカリフォルニアの高級住宅地にいるかのような錯覚に陥る。子どもたちはみんな同じ服を着て、ゲートで囲まれたコミュニティの安全な通りで、同じ道具を使って遊んでいる。家のなかには同じような家電がならぶ。新しい中間層の家は先進国の中間層の家よりも少し小さいかもしれないが、少なくとも遠目には、どちらのライフスタイルもほとんど同じに見える。

　目に見えるところはこれからもずっとそうだろう。だが、目に見えないところはすでに分岐している。一つ例をあげよう。中国では読み書き・計算を重視した規律ある学校教育が求められているが、西側の多くの学校は、自己表現と創造性を大切にしている。単純化しすぎているのを承知で言うと、中国が追っているのは日本式であって、アメリカ式ではない。この先、中国式の教育を受けた子どもが（もちろんバリエーションはたくさんあるが）アメリカ人やヨーロッパ人よりも出世するようになれば、世界の教育が変わるはずだ。学校教育はローカルだが、才能の市場はグローバルである。

　ヨーロッパとアメリカでアジアの影響力は大きくなると考えられる例はほかにもたくさんある。「拡大家族」という考え方がその一つだ。拡大家族の下では、多世代が一緒に暮らし、家族で支え合うが、責任はもちろん集団として負うことになる。西側の一部の社会に見られる極端な個人主義とちがって、年金などの公的な福祉サービスに頼らず、自己責任で対処することが重視される。ヨーロッパ大陸諸国の人口が高齢化して、西ヨーロッパの福祉国家モデルでは十分に対応できなくなる可能性は高く、もしもそうなれば、いまの日本のように、高齢の親を支える責任は家族がもつようになるだろう。

　このように、西側は東側から学ぶことがあると気づくようになるだろう。金融資産では、つぎの

30年も典型的なアメリカの中間層の家族が典型的な中国の中間層の家族を上回ると思われる。しかし、総購買力は中国とインドの家族のほうが高くなるだけでなく、資源を賢く使うかもしれない。それが明らかになれば、西側は変わる。

　社会全般の変化についてはどうだろう。これは判断がむずかしい。考え方や価値観は、時間とともに振り子のように揺れ動くものだ。したがって、新しい中間層世界はいまの世界とは感じがちがうものになるのはまちがいない。社会行動の範囲はとても広い。男女間の関係もそうだし、所得と富の格差、人種、宗教もかかわってくる。いまは当たり前のものと受け入れられていることがつぎの世代には受け入れられなくなったり、その逆になったりする。こうした変化を目の当たりにすれば、ほかの社会は驚くし、ショックを受けることさえある。それはこれからも変わらない。いったいどんな変化が起きるのか。わたしの見立てでは、権威主義的な社会へと進む動きが生まれる。集団としてのアイデンティティと責任が、個人としてのアイデンティティと権利よりも重視されるようになる、ということだ。新型コロナ危機で多くのアジア諸国が西側諸国よりも効果的に対応できたのは、少なくとも、より大きな社会善のために個人の自由が制約されることを国民が受け入れたからである。

　新しい中間層世界を定義することになりそうなものはほかにもある。人口が高齢化して富が増えると、争いはなくなるのだろうか。人類の未来にとって、これはものすごく重要だ。表面的には、世界の中間層が繁栄すれば、攻撃的なナショナリズムを抑えられるはずである。世界が高齢化したら、攻撃的ではなくなるはずだ。少なくとも競争が減り、前向きな目標に力を注げるようになる。祖父母にとって最も重要な投資先は、孫たちの未来にほかならない。孫たちの世界を壊したくはない。

　そうであるなら、中間層が増えれば、政治は安定するはずである。だが、20世紀の歴史はそれとは逆のものであり、安心できそうにない。１９１４年にヨーロッパを支配していたのは急増する豊かな中間層だったが、政治のリーダーたちはヨーロッパを破滅に陥れた。中国とインドのナショナリズムの台頭を無視することはできないし、アメリカと中国の覇権争いは激しさを増し、戦争の鼓動が遠くで鳴り響いている。１９１４年に第一次世界大戦がはじまると、一世紀近くにわたるグローバル化が止まった。

　いまの状況が第一次世界大戦当時と似ているからといって、それを過大視するべきではないだろう。二つの世界大戦の記憶がまだ共有されており、それが抑止力になるのを考えれば、とくにそうだと言える。それでも、つぎの20年に国際緊張が高まることは避けられず、それをなんとか乗り切らなければならない。20年後には、高齢になった中間層が大きな力をもつようになり、安心と安全を求めるようになって、世界が直面するほかのさまざまな課題にエネルギーを向けるようになっている。攻撃的なナショナリズムも、宗教的不寛容を含むあらゆる種類の不寛容も、しだいに消えていく。だが、一つ確実に言えることがある。中間層の世界は人類の歴史のなかで存在したことがない。産業革命が起きて経済が大きく変わり、この前進がはじまったが、いま起きていることはそれと同じくらい大きなインパクトを人類にもたらすだろう。

2　アメリカはいまよりも穏やかになり、居心地がよくなり、自信を深める

　この原稿は、混乱をきわめたドナルド・トランプ前政権の余波がつづき、人種と経済をめぐる深

刻な緊張がアメリカ全土であらわになるなかで書いており、アメリカがいまよりも穏やかになって、居心地がよくなると言われても、そんなわけがないと思うかもしれない。中国の経済規模が２０３０年ごろにアメリカを追い抜く見通しなのに、アメリカが自信を深めるなんておかしいと感じる人もいるのではないか。しかし、本書でアメリカの先行きは明るいと予測するのは、ほぼ確実なことと、起こりそうなことと、それに比べると議論の余地は大きいが妥当だと思われることの三つが根拠になっている。それらを考え合わせると、２０５０年にはアメリカはいまよりも幸福感が高まるとともに、大国としての自負も深まっているだろう。

　ほぼ確実なのは、アメリカの人口が増えつづけることだ。そのためアメリカは先進世界でいちばん若い国でありつづける。人口が増えればＧＤＰは増える（ただし、１人当たりＧＤＰが増えるとはかぎらない）。若者が多いと経済の活力は増す。中国の経済規模がアメリカを超すときには、中国の人口はほぼ確実に減っているが、アメリカの人口は増えつづける。[6]

　起こりそうなのは、アメリカが才能を引き寄せる磁石でありつづけることだ。エネルギッシュで才能あふれる人材を引き寄せられる国は、人材が国外に流出して人的資本を失う国よりも繁栄するというのが、本書の大きなテーマの一つである。アメリカには低スキルの移民が自然と集まりつづけるが、それはアメリカで働けば母国で働くよりも稼げる（そのぶん家族に送金できる）からだ。トップレベルのスキルをもつ人材については、アメリカが非常に強力な磁石でありつづけると言い切るのはむずかしい。ただし、そうした人材がほかのどこに行くのかと問われると、答えはすぐには浮かばない。ヨーロッパ経済がアメリカと比べてどれくらい成功するかにもよるが、ヨーロッパを離れたいと思う人は減るだろう。しかし、才能ある人材の最大の供給源は、中国とインドになる。

規制が許せばヨーロッパに行く人もいるだろうし、イギリスを選ぶ人もいるだろう。イギリスで学んでいた人はとくにそうだ。だが、ほとんどの人はまちがいなくアメリカを選ぶ。その見方が正しければ、アメリカは活力に満ちた国でありつづける。

アメリカの先行きは明るいと予測する三つ目の理由は、ほとんど直感的な判断だが、根拠がある。その判断とは、アメリカは政治、人種、経済をめぐって高まっている緊張に対処し、取り組みを成功させる、というものだ。

まずは政治である。序章で述べたように、アメリカの政治生活はおそらく2010年代になんらかの形で破綻するであろうことは、1990年代はじめの時点で予測できた。実際、オバマ、トランプ、バイデンの各政権のあいだで衝突が起きて、アメリカの政治は機能しなくなった。それが政治システムの外で起き、国そのものが制御不能になるおそれもあったが、政治システムはなんとかもちこたえている。合衆国建国の父が築き上げた民主主義は、意図したとおりに機能しており、国をカオス状態から救い出した。だからといって、大きな混乱に陥っているアメリカの政治の現状を擁護しているのではない。部外者がそうするべきではないだろう。それでも、友好的なイギリス人がこう言うことは許されるのではないか。アメリカは自国の政治の分断に、ほかのどの民主主義の形態でもこうはいかなかっただろうというほど緊張をコントロールしながら、過去に何度も分裂状態に陥ったときのように激しい衝突を引き起こさずに、うまく対処している。民主主義は猛獣であり、それはこれからも変わらないが、過去の経験がなにかの参考になるのであれば、アメリカの政治の対立は比較的害の少ない塹壕戦に落ち着き、人びとの良識は高まり、真実が尊重されるようになるだろう。

つぎが人種である。前に触れたとおり、アメリカの人口構成はさらに多様化し、非ヒスパニック系白人はマイノリティになって、多様性が深く受け入れられるようになる。そうだとしても、人種間の緊張はなくなると言おうとしているわけではないし、大勢のマイノリティが人種を理由にきわめて不当に不利な扱いを受けていることを否定しているわけでもない。人種間の緊張はなくならないだろうし、マイノリティは不利な扱いを受けている。そうではなく、多様性は普遍的なものだと理解されたら、それが受け入れられて大切にされるようになると期待しているのである。アメリカにかぎらず、変化は世界中で起きていることを思い出してほしい。中国人は世界最大の経済国で暮らすようになる。インド人は世界で最も人口が多い国で暮らすようになる。アフリカ人は世界で最も急速に成長している大陸で暮らすようになる。世界は均衡へと向かい、産業革命がいち早く起きてヨーロッパ人とアメリカ人が手に入れた優位は徐々に失われていく。その世界では、アメリカもおのずとよりバランスのとれた国になっていくだろう。

　人種は、世界中どこでも重要で悩ましい問題でありつづける。アメリカだけの問題ではないし、アメリカがとくにひどいというわけですらないだろう。しかし、どの社会も分断を抱えてきた。富や階級、年齢、機会、能力に差があるかぎり、根深い不公平はなくならない。良識ある人びとが果たすべき役割は、そうした分断を少しずつ埋めて、より調和と協調に満ちた社会へと導いていくことだ。アメリカは少なくとも社会の不均衡を是正しようとしており、つぎの世代には着実な進歩をとげられるようになるはずである。

　経済はどうだろう。経済の緊張が抑えられ、前向きな目標に力を注げるようになると、そうした進歩をとげるのははるかに簡単になる。どの国にも経済格差はあるため、これは絶対水準ではなく、程度の問題になる。アメリカの経済格差は先進国のなかでも上位にあり、どの基準で見ても、格差は広がっている。とくに厳しい状況にあるのが中間層だ。その結果、1950年代、60年代にはアメリカの中間層の所得水準は世界トップだったが、いまでは生活水準は横ばいか低下している。医療手当と休日手当を調整すると、労働者の給与水準がもはや世界でいちばん高くないのは明らかだ。住まいの広さではまだ西ヨーロッパの中間層よりも上かもしれないが、治安に対する不安はアメリカのほうが大きい。そう考えると、アメリカの中間層が非常に大きなフラストレーションを抱えているのも理解できる。

このフラストレーションをなくせなければ、アメリカが安定することはない。政治家は、保守かリベラルかに関係なく、この問題に立ち向かわなければいけない。これまでのところ成果はほとんどあがっておらず、数々の指標はまったく改善していない。ありがたいことに、中間層を激減させてきた経済の力が逆転する可能性がある。そう考える理由の一つは、世界で取引される財を生産する産業の賃金が押し下げられたのは、中国が国際舞台に登場したためだからだ。いまでは中国の賃金は上昇しており、コスト優位が失われている。もう一つは人口動態である。人口が高齢化すると、アメリカの労働力の伸びはゆるやかになり、すぐに供給できる労働力が細ると、賃金は押し上げられる。テクノロジーもそうである。まだ確証はないが、新型コロナウイルス危機の思わぬ効果の一つとして、サービス産業の労働生産性が上がっているように見える。世界はテクノロジーをうまく使えるようになっている。だとしたら実質賃金は上がっていくはずだ。そして最後が税金である。累進課税を強化しようというムードが広がっているように感じられ、これが実現すれば中間所得層にはプラスにはたらく。

こうしたことをすべて考え合わせると、つぎの30年はアメリカが相対的に成功していた時期とされるようになる可能性は、少なくともそれなりにある。２０４０年代いっぱいは決して楽なものではなく、国内外で緊張が高まり、自信は揺らぐ。しかし21世紀なかばには、２０２０年代の頭に考えられていたよりも安定した国になり、世界から称賛を集めているだろう。

3　アングロ圏の台頭

英語圏に関する本書のテーマの一つは、英語を話す国々は、好むと好まざるとにかかわらず、つぎの30年に重要性が増すであろう非公式な集団を構成している、というものだ。イギリス人がアングロ圏という言葉を使うと、大英帝国の時代に引き戻されたように感じるかもしれない。アメリカ植民地の独立が従兄弟どうしの争いとされていた時代である。これはウィンストン・チャーチルが著書『英語圏の人びとの歴史』（*A History of the English-Speaking Peoples*）で描いたイメージだが、いまではよく言えばノスタルジック、悪く言えば思い上がりに映りそうだ。なるほどイギリス連邦はいまも存在するし、これからも存続するだろうが、アングロ圏という概念は意味をなすのだろうか。

つぎのことを考えてほしい。２０５０年には、アメリカ大陸でいちばん人口が多い国は、英語を話すアメリカになる。アフリカ大陸ではナイジェリアになる。ナイジェリアの公用語は英語だ。アジアではインドになる。インドではヒンディー語の使用が奨励されているが、英語が統一言語として使われている。オーストラリアはオセアニアで最も人口の多い国だ。ではヨーロッパはどうだろう。そのときにイギリスがどのような政治形態をとっていようと、そしてアイルランドとの関係がどうなっていようと、ブリテン島とアイルランド島を合わせた人口はドイツを超えているだろう。さらにその少し先の２０７０年には、イギリスがヨーロッパでいちばん人口が多い国になっているかもしれない。[7]

　この広義の英語圏がＧＤＰに占める割合を見ると、世界経済の４割ほどになる。しかもこの割合は大きくなっていく。アメリカの成長率は大陸ヨーロッパを上回るし、インドの成長率が中国を上回るのはほぼまちがいない。

　ここで重要なのは、さまざまな理由から、英語圏の重要性は人口でも経済規模でも相対的に高まっていくことだ。この点はまだ広く認識されていない。それは一つには、英語がたまたま第一言語か第二言語だという人の大半は、自分たちが共通の遺産を共有しているとは考えていないからである。そう考えている人がいるとしても、歴史の偶然としてであり、さらに言えば、ときに怒りとともに記憶されている歴史の側面としてだ。インドがヒンディー語を公用語にする運動を進めていたり、香港が普通話の使用を奨励したりしているだけではない。アイルランドは一世紀にわたって、アイルランド・ゲール語を復活させて、12世紀以降のノルマン人の侵攻で衰退した遺産を回復させようと取り組んでいる。スコットランドもスコットランド・ゲール語でほとんど同じことをしている。

　アメリカには、言語が自国のアイデンティティを決めることに否定的な面もあるのはまちがいない。ジョージ・ワシントンは辞任の挨拶で、アメリカにとって「国外の世界のどの部分とも恒久的な同盟を結ぶことを避けるのが真の政策である」[8]と訴えたのはよく知られている。アイルランド共和国は、イギリスとの文化的な結びつきや家族の絆よりも、ヨーロッパとのかかわりを強調している。オーストラリアとニュージーランドは貿易相手をヨーロッパや北アメリカより、アジアに求めている。カナダは経済の面ではアメリカの分家である。これらの国々は「ファイブアイズ」（アイルランドは除く）として安全保障に関して協力しているかもしれないが、それは狭い目的のためにつくられた、実務的な問題に対処するためのグループである。

広義のアングロ圏、新興諸国、そして新イギリス連邦とも呼ばれる国々については、政治や経済が大きく異なるため、個別の問題でお互いの利益を実現するだけでなく、もっと広い目的の下で一つにまとまるべきだとするのはあまりにも非現実的だ。政治の面では、それぞれが別の陣営と連携している。たとえば、パキスタンは中国との結びつきが強いし、インドはアメリカとの関係を深めている。もしもインドがアメリカと緊密な関係を築き、１９４７年の独立以降、ほぼ一貫して掲げてきた「非同盟」から転換するとしても、それは中国からの脅威が理由であって、アメリカ人が英語を話しているからではないだろう。それでも、言語が同じだとさまざまなメリットがあり、連携したいとはとくに思っていないときでさえ、国同士を結びつける。

イギリス連邦はこの先も存続するだろう。それは各国がイギリス連邦の一員であることを貴重なアイデンティティだと思っているからだ。イギリス連邦に新たに加盟する国はいまもある。直近では２００９年にルワンダが加わり、２０２０年の時点で数ヵ国が加盟を申請中である。連邦を脱退し、その後、再加盟あるいは再加盟を申請していないのは、アイルランド共和国だけだ。しかし、イギリス連邦をごくゆるいクラブのような存在以上のものと考えないほうがいいだろう。規則も義務もほとんどなく、歴史のつながりによって結ばれてはいるが、お互いに利益があるから一つにまとまっているという面が大きい。ここで重要なのは、イギリス連邦とアメリカの相互利益は高まる可能性が高い、ということだ。

したがって、アングロ圏は大英帝国への回帰とはとらえずに、言語で結ばれているだけでなく、多くの利益も共有している国の集まりと見るべきだ。ジョージ・ワシントンがアメリカに望んだように、アングロ圏諸国は恒久的な同盟はまちがいなく避けるだろうが、協力関係は拡大させていくだろう。アングロ圏はＥＵとは対極にある。ＥＵは深化しつづける連合をつくるという野心をもっている。アングロ圏が国家の連合やそれに似たものになることはない。なにかあるとアメリカがリーダー役をやむなく引き受け、互いに折り合いをつけながらやっていく国の集まりにとどまる。野心がないのは強みであって、弱みではない。アングロ圏が世界の未来にとって重要になるのは、それを構成する国々が一つのまとまりとして重要になってくるからであって、とうの昔に死んだどこかの政治家がこうあるべきだと壮大な構想を掲げたからではない。

4　中国——世界最大の経済国は攻撃から協調へと転じる

アメリカがどうなるかは、世界覇権を争う最大のライバルである中国がどうなるかにも左右される。本書の大きな予測は、おそらくは２０３０年代に中国の政治体制になんらかの変化が起きる、というものだ。積極的な拡大主義路線を転換し、高齢化する市民が穏やかでより安心できる生活を送れるようにすることに軸足を移していく。そうなるには、人口動態と政治がよい方向に作用し合って、このシフトが起こる環境が整うことが前提になる。

中国で高齢化が進んでいるのはまぎれもない事実であり、２０５０年には人口はかなり速いスピードで減少している。いまの日本がそうであるように、中国経済は減速する。ほんとうに問題なのは、高齢化が社会の考え方や願いとどう作用し合うのかだ。高齢化した中国は、活気のある相対的に若いいまの中国とは様変わりする。老いた中国の考え方や価値観が徐々にとってかわり、はるかに大きな力をもつようになる。そうだとすると、中国の政治が進む道は二つある。一つは、いまの体制がなにかしらの形で破綻して、民主主義寄りのシステムに移行する。そしてもう一つは、政治体制を変えることなく、価値観の変化に徐々に適応していき、積極的な拡大主義を転換して、生活様式を持続可能な形で向上させる取り組みに力を入れるようになる。どちらの道を進むか予測するのは不可能だろうが、中国のあり方は変わる。

　西側からすると、これをイデオロギーで考えたくなる。中国はなんらかの形の民主主義に移行するのか、それともカリスマ的な指導者の下で専制政治をつづけるのか。それよりも、もっと現実に即して考えるほうがいい。中国は国家の利益をどう定義するのか。世界との協調を重視し、国際的な行動規範を広く受け入れるのか。あるいは、国際社会がどう考えようと、中国の国益（というより指導者の意志）を押し通すのか。

　このように考えると、国際規範を受け入れた一党支配の共産主義政府は、アメリカと西側にとっては、国際社会の意見をはねつけ、国際規範を受け入れない民主主義政府よりもずっと対処しやすいだろう。

　中国の政治体制がどちらに向かうのかはだれにもわからないが、中国が中長期的に世界とどのような関係を築こうとするのか、だいたいの方向性はわかる。歴史も少しは役に立つ。中国はこれまで、国が内向きになって、すべてを国境のなかで完結させ、国境の外でなにが起きているのかほとんど関心をもたなかった時期が長くつづいてきたからだ。その意味では、いまは例外である。中国

中国の一帯一路構想の経済回廊

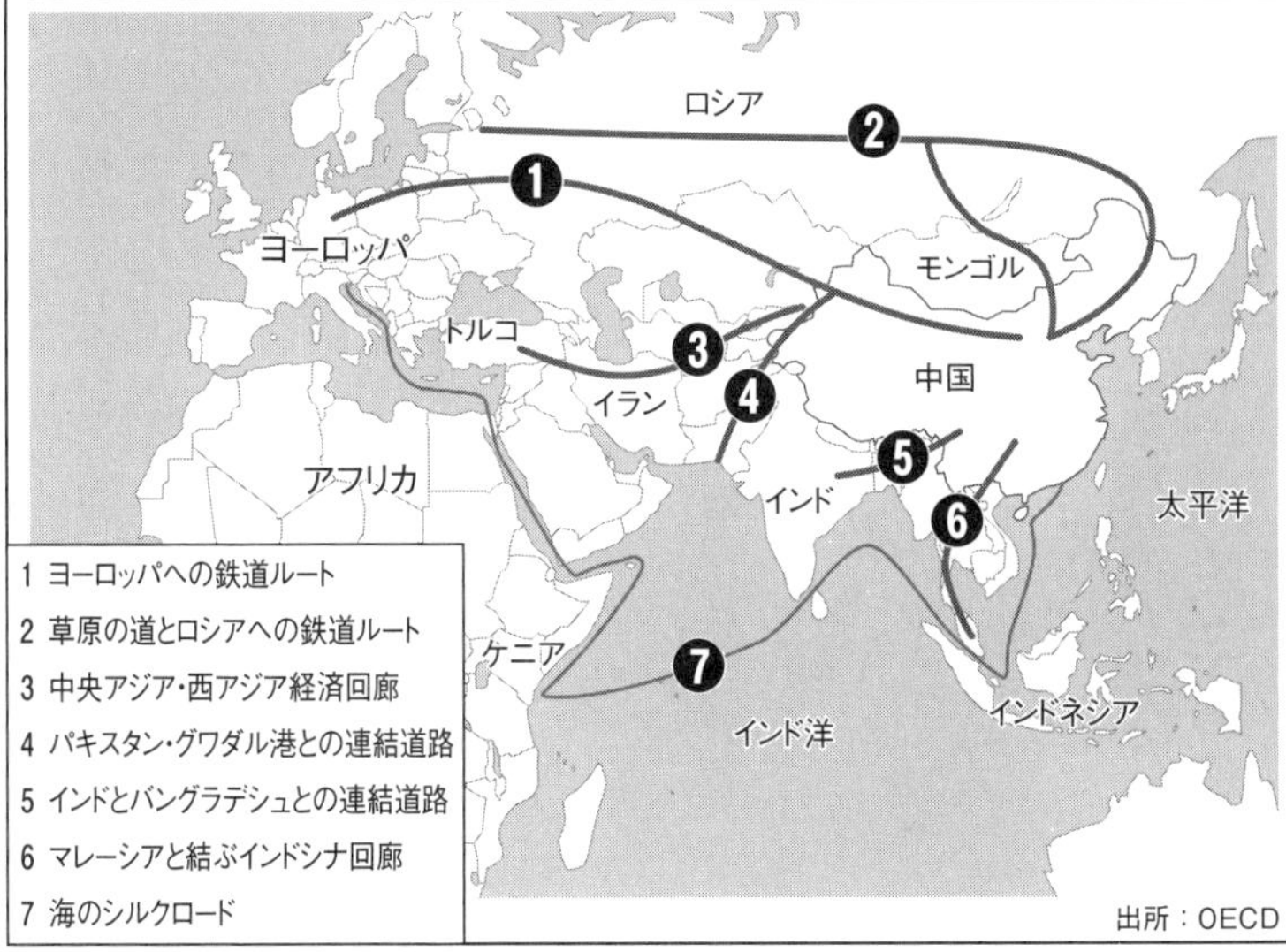

出所：OECD

が提唱する一帯一路構想は、世界中で貿易を促進するためのインフラを構築する計画であり、伝統的な領土の境界を大きく越えて中国の影響力を確立する狙いがある。

これは「百年国恥」への復讐と言っていいかもしれない。しかし、もし未来の中国が自国の影響圏に後退するとしたら、それは過去の中国に戻るということである。それは過去半世紀に日本がたどった道でもある。

どこかの段階で、中国の世界覇権の野望はついえるだろう。それまでは中国は手強い相手になる。これはアメリカがまさにいま直面している問題だが、実際にはすべての国にとっての問題である。中国が世界最大の経済大国として尊敬と敬意をもって扱われるようになれば、中国は拡大路線を修正し、脅威は後退すると、わたしは考えている。そうなれば、中国にとって目障りな国に対する敵対的な発言や商業戦略はなりをひそめる。たしかにいまの時点では変化の兆候はないが、中国が拡張主義を明確に転換させるのを期待するにはまだ早い。この見方が正しければ、つぎの20〜30年はむずかしい時期になるものの、21世紀後半にはすべての国にとってよい方向に進む。

ただし、この先は一触即発の状態がつづく。発火点はいくつもある。中国が台湾を取り戻すまで緊張はつづくし、それが平和裏に解決されることはおそらくない。ロシアとの関係が崩れるおそれもある。南シナ海では明らかに緊張が高まっている。インドの台頭とインドとパキスタンの摩擦が、中国とのあからさまな紛争に発展するケースも考えられ、そうなれば紛争は制御不能になりかねない。世界がこうした危機をうまく乗り切り、21世紀後半は穏やかな協調の時代になることを願うばかりだ。

5　ＥＵは中核国と周辺国に分かれる

「ＥＵは解体され、ゆるやかな連邦になる」とイギリス人が書いたら、「イギリス人がそれを言うのか？」と突っ込まれるだろう。

いずれにしても、ＥＵとその前身である１９５７年のローマ条約から脱退したのは、イギリスがはじめてではない。もう一つの脱退国であるグリーンランドは、海外国・領土（ＯＣＴ）として準加盟国扱いになっており、グリーンランド市民はＥＵに移動し、そこで生活する権利をもちつづけている。[9] イギリスのＥＵ離脱は次元がちがう。ＥＵ加盟国のあいだにはさまざまな不協和音があるが、数年のうちに新たに離脱する国が出てくるという有力な情報はまだない。大きなちがいは、国の規模は別として、ＥＵからの離脱を求める動きがある大半の国は純受益国だが、イギリスはＥＵ

への純拠出額が2番目に大きかったことだ。

それでも、イギリスの経験になにか意味があるとしたら、少数の不満分子が20年足らずのうちに国を動かす主流の勢力になりうると示したことだ。ＥＵはこの先、加盟国が得られる純便益は、負担しなければいけない費用より大きいと説き伏せなければいけなくなる。本書では、ヨーロッパは世界経済における存在感が小さくなり、便益と費用のバランスは変わると予測している。ＥＵの加盟国は、世界最大の経済圏の一員ではなくなり、世界経済に占めるシェアは12％になる見通しで、相対的な地位が年々下がっていく同盟の一員になる。ヨーロッパの中核国（ドイツ、ベネルクス三国、フランス、そしておそらくイタリア）にとっては、お互いの市場に簡単にアクセスできるという便益は費用を上回るだろう。一方の周辺国、とりわけ比較的最近加盟した国の場合は、加盟がだんだん重荷に感じられるようになる。財政移転が巨額であるかぎりは、忠誠心を買いつづけられるだろうが、すると今度は純拠出国が大きな負担にうんざりするようになる。これは安定した関係とは言えない。

本書で論じたように、この先、なんらかの出来事が起きて、ＥＵは「深化しつづける連合」をつくるという目標から離れていくだろう。そうして、地上国境を接してはいても、歴史の偶然でまったくちがう文化をもつ国々が集まる、より実利主義的な連合体へと移っていく。ＥＵと呼ばれるものは生き残るだろうが、そのためには、ＥＵは参加する国々に緊密なつながりを求めるのではなく、もっとゆるやかなまとまりとしてやっていくことに焦点を合わせる必要がある。

ユーロは生き残るのか。ＥＵ域内では、ユーロがなくなるとはとても考えられないとされている。ユーロが生き残るとしても、ドイツを中心とする小さな通貨圏になるというのが、本書の予測である。弱い加盟国が長くユーロを維持すればするほど、その国の経済は厳しくなっていく。その結果、中核圏と周辺圏の二つに分かれ、周辺圏の為替レートが切り下げられる可能性が最も高い。詳細や時期はわからないが、なにかしらの通貨危機が起きて、ＥＵが拠って立つ基盤そのものが試されることは十分に考えられる。その危機が、ＥＵをどのようなゆるやかな連合にするか、決断のときになるだろう。

ヨーロッパ人から見れば、そのときにＥＵのリーダーがどうするかが、ヨーロッパ大陸の歴史にとって大きな意味をもつことになる。イギリス、ロシア、トルコが周辺国になる環境が生まれるかもしれないが、いまの時点ではそうなる見込みはまずない。イギリスはほかの選択肢を探るだろうし、ロシアはＥＵに揺さぶりをかけようとするだろうし、トルコはアジアに目を向けているだろう。あるいは、ＥＵは加盟国の数を減らし、ローマ条約の原調印国くらいの規模に縮小するかもしれない。だが、外部から見れば、ヨーロッパがどう決めるかはそれほど重要ではない。ヨーロッパはそれよりもはるかに大きな世界のなかの穏やかな場所になる。人類の未来を形づくる力を生み出す決定は、ほかのところで下されている。その一つになるのがインドだ。

6　インドとインド亜大陸――明るい未来は手の届くところにある

インドは世界で最も人口が多い国になると同時に、世界3位の経済大国になる。この地位がもたらしてしかるべき権威を、インドはどう使うのだろう。

本書では、なにが起きようと、インドは世界の大国の一つとしてあるべき場所に戻ると予測している。だが、多くの課題にも直面している。教育の裾野を広げるとともに、質を高める必要がある。

環境の圧力が深刻になるのは避けられない。そしてインドは、亜大陸の残りの国とうまくやっていかなければならない。とくにパキスタンがそうだが、バングラデシュもそうである。さらに、とげとげしい関係にある中国と友好的なパートナーになる道も模索しなければいけない。

つぎの30年はとても危険な時期になるだろう。インドは、宗教色のない国家の起業家精神に富む集団としてイスラム教徒を受け入れてきたが、いまでは多数派ヒンドゥー教徒のアイデンティティを重視するようになっている。経済と教育の改革はいくらか進んでいるが、格差は広がっている。インフラはよくなっているものの、歩みは遅い。環境の課題への取り組みはまだ十分ではない。このように問題はたくさんある。しかしそのすべてに、中国、そしてその同盟国であるパキスタンとの関係が影を落としている。

この3ヵ国のあいだで戦争は起きない、少なくとも小競り合いがどんどんエスカレートしていく事態は抑えられると想定するほかない。核武装した三つの大国が戦争に突入すれば、世界全体が大惨事に見舞われるのは言うまでもない。考えるだけでもおぞましいので、考えないことにしよう。そのかわりによいことについて考えていきたい。

インドは政治の姿勢を転換し、パキスタンとバングラデシュとともに、グローバルリーダーとしての亜大陸の役割を牽引していかなければいけない。それにはパキスタンとバングラデシュも政治の姿勢を変える必要がある。友好国になる必要も、政治的同盟国になる必要もないし、そうなることはないだろう。だが、経済協力を緊密にするのを正当化する強力な理由があり、将来のどこかの段階で、友好国や政治的同盟国になるかもしれない。２０５０年までにそうなりそうにはない。政治や環境になんらかの危機が生じて、亜大陸の人びとがもっと緊密に協力し合うようになるのは3

ヵ国すべての国益になると、それぞれの国のリーダーが考えるようにならないかぎり、状況は変わらないだろう。

とても長い目で見ると、そうなることは大いに考えられるが、それがいつになるのかはわからない。歴史になにか手がかりがあるとすれば、大英帝国やムガル帝国を飛び越えて、グプタ朝以前の古代にまで遡らなければいけない。それについてコメントするのは、インド史学者の仕事になる。インド亜大陸は経済協力地域へと進んでいくかもしれない。これはヨーロッパ共同市場の原型となったものだが、政治同盟はめざさない。あるいは、特定の分野で貿易を促進するにとどまるかもしれない。しかしある意味では、細部は問題ではない。どのみち亜大陸諸国の政治的関係に最終形態はない。はっきりと言えるのは、インド亜大陸の人びとの声は大きくなり、重要性が増し、世界の未来を形づくる力をもつようになる、ということだ。これは21世紀後半の重要なテーマの一つになる。

7　世界におけるアフリカの重要性が高まる

道のりは険しいだろうが、アフリカは多くの部外者の評論家が予想している以上に成功し、世界経済における役割が大きくなる。これが本書の判断だ。金融市場の用語でいう「上振れ」である。ただし、アフリカ全体がそうなるわけではない。それを期待するのは現実的ではないだろう。宗教間の緊張はアフリカでもつづく。一部の国はつぎつぎに経済危機に見舞われるが、それは統治に問題があるからでもあり、環境の圧力が高まるからでもある。ほぼすべての国で人口は急増し、本書で論じたように、この大量の若者たちに仕事を見つけることが、アフリカ大陸の最優先課題になる。

このような広大で多様な大陸をひと括りにするのは無理がある。それでも、明るいシナリオ（直面する問題の多くに取り組み、ある程度成果をあげる）が実現する可能性は、暗いシナリオ（甚大な自然災害や人為災害が起こり、それに対処できない）が実現する可能性と同じくらいあると認識することが大切だと、わたしは考えている。しかしそれ以上に重要な点として、先進国の多くの人たちがアフリカに対して抱いているマイナスのイメージを捨てて、アフリカの強みを理解し、アフリカの価値観は西側の価値観とはちがうものだと受け入れるほうが現実に即していると言っておきたい。

言い換えるとこういうことだ。ナイジェリアが大きなスウェーデンになることはない。ナイジェリアが一つの国でありつづければ、つぎの30年にいまよりも大きくなり、活力はさらに高まり、多少なりとも国としてまとまるようになる。起業家たちが国を引っ張る巨大なエンジンになるのはまちがいなく、アフリカの道しるべになるだろう。アフリカから生まれるサクセスストーリーに、世界はきっと驚くはずだ。生活水準がめざましく高まり、機会が大きく広がっているアフリカがそこにあるのだから。成功と失敗は紙一重である。しかしなんと言っても、アフリカには若い人材という資源ができる。高齢化する世界ではしだいに希少になっていく資源だ。アフリカ大陸の大半の国が若者を十分に教育できれば、たくさんの問題が解決する。それができなければ完全に行き詰まる。だが、２０５０年のアフリカは、いまとまったく変わらず騒々しく荒々しいものの、10代の若者のエネルギーをよい方向に利用するのもかなりうまくなっている可能性が圧倒的に高い。そうなることを願おう。

8　グローバル化は、モノの移動からアイデアと資金の移動へと方向転換する

新型コロナウイルス感染症のパンデミックがはじまる前の時点で、第二次世界大戦が終結してからつづいてきたグローバル化の形態が行き詰まっているのはだれの目にも明らかになっていた。業務のオフショア化、複雑なサプライチェーン管理の揺り戻しが一気にきたため、物理的な貿易の世界ＧＤＰに対する比率は２００８年前後に頭打ちになっていた。しかし、目に見えない貿易、つまりサービス貿易は急増しつづけた。こうした流れはコロナ対応で強まっているように見える。製造業では供給が分断するリスクが強く意識されるようになり、可能なものは現地で調達するようになったが、少なくともサービス貿易の一つの重要な部分である国境をまたぐ資金の流れは急拡大した。

前回、グローバル化が急激に進んだのは、ヴィクトリア時代とエドワード時代のことで、このグローバル化の時代は第一次世界大戦によって終わりを迎えた。その大惨事はわたしたち全員に大きな影を落としている。オンライン小売りの巨人、アリババの創業者であるジャック・マーは言う。「グローバル化はよいことだ……貿易が止まると、戦争がはじまる」。中国が世界経済に組み入れられて、中国全体、とくにアリババは大きな恩恵を受けてきているため、マーならそう言うだろうと思うかもしれない。その関係は、少なくとも一部は逆だと言う人もいるだろう。戦争がはじまると、貿易が止まるのだと。[10] だが、貿易が停止するのは、地政学上のリスクが高まっていることを暗に示す危険な変化だという考えはまったく正しい。大きな経済の動きがすべて止まれば、つぎの30年にナショナリズムが台頭するのはまず避けられないだろうし、少なくともグローバル化は確実に後退する。実際、この流れはすでにはじまっている。２０２０年、ジャック・マーは金融規制を公然と批判して当局と衝突し、マー自身の未来は不透明になっている。[11]

多くの人は、グローバル化の後退は大事件であり、１９３０年代の保護主義に逆戻りすることになると考えるだろう。しかし、そうなるとはかぎらない。それよりも貿易の性質が変わる可能性のほうが高い。原材料はこれからも世界中に輸送される（ただし石炭、石油、ガス離れが進んで、燃料貿易は頭打ちになり、減少に転じる）。農産物貿易もつづく。食品生産で競争優位にある地域はかならずあるからだ。だが、工業製品の貿易は減少する。デザインとマーケティングで稼ぐようになって、製造は国内で行うようになる。

　このように、グローバル化の形は変わり、モノと人の移動から国境を越えるお金とノウハウの移動へとシフトしていく。これは論争を呼ばないし、目に見えにくい。生産がオフショアに移されたから仕事がなくなったとは言われなくなる。そのかわりにモノは国内でつくられるようになる。高い技能をもつ人材をめぐる国際競争は激しいままだが、そうした人材はリモートで働くので、人が移動する必要は減る。

　この新しいグローバル化の一端が見てとれたのが、新型コロナ危機と闘うためにとられた緊急対応策である。自宅で仕事ができるのであれば、その自宅が雇用主やクライアントと同じ国にある必要はない。このオフショア化の新しいバージョンにはさまざまな面で限界があり、やがて壁にぶつかる。しかし、つぎの世代には通信革命が生み出した可能性を最大限に活かす方法が見つけだされているだろう。対面でやりとりする必要がある仕事もあれば、その必要がない仕事もある。そうして、グローバル化は行き過ぎることも、社会を大きく破壊することもなくなり、もっと受け入れられやすくなる。

　貿易の緊張はこの先もなくならず、主要な経済国、とくにアメリカと中国のあいだの熾烈な争いがつづくのはまちがいない。保護主義は消えない。それでも、１９３０年代のように有害な貿易制限がとられることはないだろう。中間層が支配する世界は反対するはずだ。そうなったら生活水準とウェルビーイング全般が下がるリスクがいちばん高いのが、この集団だからだ。そして10の大きな考え方の一つ目のテーマに戻ると、このときには世界の中間層が主導権を握っている。

9　テクノロジーが社会課題を解決する

過去30年に緊張が高まった主な原因の一つは、国同士の格差は小さくなったのに、国のなかでの格差は大きくなっていることである。先進世界と新興世界の差が縮まっている背景は、簡単に説明がつく。キャッチアップだ。中国は西側で開発されたテクノロジーをとりいれている。大半の先進国のなかで格差が広がっている理由は説明するのがむずかしいが、一つには、テクノロジーの恩恵が生活水準全般に浸透するまでに時間がかかる点があげられる。通信革命の恩恵が過小に評価されているのを考慮したとしても、大半の先進国の生活水準はひいき目に見ても伸び悩んでおり、サービスの生産性を製造業並みに急速に高めることが最大の課題になっている。

新型コロナウイルスのパンデミックに対処するために新しいビジネス慣行がとりいれられていることもあって、状況が変わるのはほぼ確実だろう。この緊急事態に、世界中の企業がサービスを生産・提供する新しく、より効率的な方法を編み出すことを迫られている。これはヘンリー・フォードの動く組み立てラインと同じくらい重要な意味をもつ。ビッグデータとＡＩを組み合わせることで、すでに質も効率も大きく向上しつつあったが、新しい慣行が広まるには時間がかかるものだ。通常の競争環境の下で数年かかっていた開発期間が、いまでは数ヵ月に圧縮されている。ゆっくりと着実に起こっていたであろうものがものすごいスピードで起きているのだ。

テクノロジーの進歩を予測しようとするときに問題になるのが、過去にそうした予測が外れていることだ。飛躍的に発展するテクノロジーもあれば、行き詰まるテクノロジーもある。ｉＰｈｏｎｅとｉＰａｄがそうだったように、手に入れてはじめて、それが欲しかったとわかるときもある。コロナ禍になるまではこんなにＺｏｏｍが必要だったなんてわからなかった。いまは想像もつかない商品やサービスが、30年後には当たり前のものになっているだろう。それでも、ここで一歩下がり、人びとがテクノロジーに求める理想について考えてみると、未来を予測する手がかりが見つかる。たとえば、よりよい医療をより安く受けたいとだれもが願っている。人口が高齢化するにつれて、その需要は大きくなる。そのため、医学、診断、治療が大幅に進歩して、医療費が削減されるとともに、人びとが長く健康に生きられるようになるのは想像がつく。

それは当たり前のことだが、ものすごく重要だ。テクノロジーについて考えるときは、なにができるのかにばかり意識がいってしまって、テクノロジーになにを求めるのか、それが必要なのかはあまり考えない。２０５０年には人類は火星に行けるようになっているかもしれないが、それは大半の人の生活にはまったく関係がない。わたしたちの生活を変えるのは、地球規模の現実的な問題を解決するのに役立つテクノロジーだ。そうした問題のなかでもとくに重要なものが、サービス産業の生産性と環境の悪化の二つである。前者については先に述べた。そして後者は、ここで示そうとしている10の大きな考え方の最後の項目になる。

10 人類と地球のより調和のとれた関係

わたしたちにはほかに行くところがない。そのため、わたしたち自身にとって、そして地球を共有するほかのすべての種にとって、この星が快適に暮らすことのできる家でありつづけるようにしなければならない。これは気候変動だけの話ではないし、人間の活動が地球の温暖化をどれくらい速めているかということだけでもない。問題は、人間の活動が過去数千年間にどれほど広い範囲にわたって影響を与えてきたか、そしてその影響は産業革命以降にどれだけ強まっているかである。

ここ半世紀のあいだに経済発展が広まった。それはとても多くの点で歓迎されることなのだが、わたしたちが地球にかける負荷は増している。大半の先進国はその負担を減らすために経済のあり方を変えるように迫られている。低炭素のエネルギー源へのシフトがその一つだが、ほかにもたくさんあり、作物の生産量を増やすこと、淡水の使用量を抑えること、森林を保全し拡大することなどが求められている。持続可能性と生活水準の向上を両立させる取り組みをどう進めるかは、つぎの30年はもちろん、それ以降も最も重要な課題になるだろう。

ここではトレードオフは避けられない。第3章でざっと説明したように、この先に技術のブレイクスルーが生まれて、地球と人類の両方にとってはるかに低いコストでトレードオフができるようになるだろう。気候変動に関しては、世界が総力戦で挑む決断をする瞬間がどこかで訪れるはずだ。２０２０年に新型コロナウイルスの効果的なワクチンを開発する競争が起きたが、これは政府と多国籍企業と学術研究機関が力を合わせて緊急事態に対処したすばらしい例だ。この対応は中央で計画されたものではない。意思決定する権限はどこにもなかった。そうではなく、競争するところは競争し、協調するところは協調した結果である。そうして異例のスピードでワクチンが投入されることになった。

これをわたしたちが地球に与えてきたダメージを抑える人類の取り組みのリハーサルだと考えてみよう。２０２０年代頭の時点では、その意志は見当たらない。西ヨーロッパと北アメリカのエリートのあいだでは問題の大きさは認識されているが、対応はばらばらで、偽善的であり、満足のいくものではない。しかしそれも変わるだろう。とくに大きいのは、グローバル資本主義の下で官民に方針転換をするように求める投資家の圧力が強くなることだ。身も蓋もない言い方をすれば、グリーン成長を追求して儲かるなら、市場資本主義はそうする方法を見つけだす。そして、有権者が規制を強化するように求めれば、政府はそうする。

変化がいつ、どのように起きるかはわからない。わたし個人は、なにか甚大な出来事が起きるか、カリスマ的なリーダーが現れて、それを引き金に変化が突然はじまる気がしている。電気自動車を例にあげよう。電気自動車へのシフトは驚異的なスピードで進んでいる。だがその変化が起きたのは、カリフォルニアで働く一匹狼の南アフリカ人が、自動車産業を一変させることになる車をつくったからだった。電気自動車へのシフトはどのみち起きていただろうが、イーロン・マスクがテスラをつくっていなかったら、20年遅れていただろう。

反対に、変化を求める圧力が少しずつ高まっていくことも考えられるし、なんらかの技術革新が生まれて経済が劇的に変化する可能性も高い。経済の構造が変われば、道は大きく開ける。しかし、地球を救うテクノロジーの開発競争がどうやって進むかを知る必要はないし、そもそもわかるわけがない。必要なのは、つぎの30年にわたしたちにできることはあると信じて、慎重に、現実に即して考えることだけだ。

気候変動に関しては、前に述べたように、未来への保険という面もある。不確実性があまりにも大きく、どれくらいタイムラグがあるかもわからないため、エビデンスが積み上がってから動くのではなく、積み上がる前に行動しなければいけない。だが、環境によい慣行が広まるかどうかは、つまるところ道徳の問題でもある。わたしたちは地球の管理人であり、その資源を大切に守る責任を果たさなければいけない。お高くとまっているように聞こえるなら、つぎの点を考えてほしい。社会が高齢化して、富が増え、生活水準が上がると、日々の暮らしに汲々とすることが減り、長い目で見て自分の子どもや孫の利益になることを考えられるようになる。人口の増加がそうであるように、経済が成長すると資源への負荷は高まる。しかし、すでに価値観は変わりはじめており、その流れは広く深くなっていくだろう。価値観が変化し、テクノロジーが進歩すれば、人類が地球に残すフットプリントを抑えられるようになるだろうし、実際に抑えなければならない。

2050年の世界のその先に

いまから一世代後、世界はいったいどのようになっているのだろう。ここまでわたしの不安と希望を説明してきた。ここからはそうした不安や希望について、いまわたしにできる最善の判断を示していきたい。一連の判断はエビデンスにもとづいているが、歴史感覚やわたし個人の直感も反映されている。

人類は困難な時期を乗り切り、本書に書かれていることがすべて意味を失ってしまうような、なんらかの大惨事にいたることはまずないと確信している。アメリカと中国という二つの経済大国は覇権をかけて激しく争っており、しばらくは対立がつづきそうだ。インドは世界3位の経済国になる見通しであり、インドの台頭が緊張をもたらしている。残念ながら、中東などの発火点も一触即発の状況がつづくだろう。ロシアは扱いにくいパートナーのままで、ＥＵに揺さぶりをかけてくる。アフリカが繁栄への道を進むのであれば、内紛を抑えなければいけない。しかし、こうした緊張が世界大戦へと発展するか、１９４５年に第二次世界大戦が終結してから１９８９年のベルリンの壁が崩壊するまでの状態のような新たな冷戦に突入するのだろうか。わたしの答えは「ノー」だ。世界の主要国は不満を抱えながらも共存し、武力紛争は生じない。こう考えるいちばんの理由は、20世紀前半の惨事が集団記憶としてまだ残っていることだ。あの経験はいまのところは戦争の歯止めになっている。世界のリーダーたちは同じ轍を踏むほど愚かになることも、傲慢になることもないだろう。

また、新興国への大きなパワーシフトも進み、先進国はそれを受け入れるだろう。それ以外に選択肢はない。だが、これは受け入れればすむという問題ではない。ヨーロッパと北アメリカの人びとは、中国とインドというアジアの二大国の楽観的な考え方を尊重するようになるだろう。西側社会の一部の特徴、とくに集団としての調和よりも個人の権利を過度に重んじる傾向は、人を幸せにしないと気づくようになるとも期待している。西側には東側に教えることがまだたくさんある。技術革新を生み出す環境がそうだし、ときに執行権を抑制する法体系もそうだ。しかし、大方のイギリス人、ヨーロッパ人、アメリカ人にはなかなか認められないかもしれないが、学ぶべきこともたくさんある。

テクノロジーは進歩しつづけるだろう。進歩の大半は漸進的なものになるが、これまでの知識を塗り替える大きな革新が起きて、わたしたちのいまの物の見方や考え方が一変する可能性もある。チャールズ・ダーウィンは『進化論』で人間の進化の過程について述べているが、それに似たことが起きるのだろうか[12]。あるいは、抗生物質レベルの重要な発見が生まれたり、原子爆弾に匹敵する恐ろしい発明が生み落とされたりするのだろうか。どちらが起こってもおかしくないし、そうなる可能性はむしろ高い。起こりそうになさそうなのは、新しい物理法則が発見されて、わたしたちの拠って立つものが覆されることだ。もっとも、これは経済の専門家の領分ではないだろう。わたしがここで言いたいのは、過去30年にｉＰｈｏｎｅとソーシャルメディアが世の中を大きく変えたように、つぎの30年にもわたしたちの日常を一変させる技術の進歩があるだろう、ということだけだ。そうした進歩の大半は、世界のどこかの実験室や研究部門でなんらかのプロトタイプとして存在している。そのなかのほんのひと握りのテクノロジーが実験室を飛び出して、わたしたちの生活のどこかの側面を変えていく。ただし、世界が一変することはない。２０５０年には、人びとはまだ同じ家に住み、ほとんど同じものを食べ、だいたい同じ服を着て、いまあるものに改良を加えたテクノロジーを使って移動し、大半の人はいまと同じような仕事をしている。変わるのは、世界の生活水準が総じて上がり、いわゆる「中間層の暮らし」を送る人が大きく増えるようになることである。

　その先にあるのは明るい未来だ。大半の人が中間層の暮らしを送るようになると、中間層の考え方や願望が世界を動かすようになる。そこではまだ中間層に届いていない人が文化生活を送れるようにすることが課題になってくる。貧しい人が自分たちは取り残され、繁栄を共有できていないと感じれば、反発を招き、進歩そのものが脅かされる。これはさまざまな地域での富の格差の問題だが、年齢差の問題でもある。そのため、アフリカは最も貧しい大陸でありつづける。それはアフリカの歴史による部分もあるが、人口構成が最も若い大陸だからでもある。富を築くには時間がかかる。若い人はどうしても高齢者よりも貧しくなる。しかし、高齢化した豊かな世界の周囲に壁をつくって、若い人や貧しい人を入れないようにしてはならない。明るい未来を手に入れたいなら、富が広く行き渡るようにしなければいけない。

そして最後に、つぎの30年はきわめて重要な時期になる。わたしたち一人ひとりにとってももちろん重要だ。これはわたしたちが暮らしている世界であり、だれも生まれてくる時代を選べない。しかし、序章で紹介したバラク・オバマの言葉どおり、客観的に見て、いまは生まれてくるのにいちばんいいときだが、同時に人類にとって特別に重要なときでもある。環境に関して、テクノロジーに関して、そして国際社会が調和のとれたものになるか調和に欠けるものになるかに関して、人類は重大なミスをするおそれがある。それはまた、物事を正しい方向にもっていき、21世紀後半をより穏やかで落ち着いたものにするための土台をつくれるときでもある。わたしたちはできるかぎりのことをしなければいけない。もちろん、ちょっとした諍《いさか》いはある（まあ、それくらいはいいだろう）。それでも、わたしたちは共通の鎖で結ばれていることを忘れてはならない。この時代に生きているわたしたちはとても運がいい。大きな問題はたくさんあるが、これまでのどの時代よりも繁栄した平和な世界がここにある。

歴史に終わりはない。この本で２０５０年を予測の区切りにしているのは、一世代先という、イメージしやすい未来のスナップショットを提示するためだ。２０５０年には、わたしたちの子どもがいまのわたしたちの年齢になっている。21世紀後半にさしかかり、そのころには地球上にいる人間の数が減りはじめる。そうしてわたしたち自身に対する見方も、地球との関係も変わっていく。

しかし、わたしたちは変わらない。社会のあるべき姿に対する考え方は少し変わるだろうが、わたしたちの願い、強い思い、不安、そして欠点は、ほとんど変わらない。そうであるなら、わたしたちがするべきことはいまと同じだ。自分たちのできるかぎりのことをやりつづけて、いまあるものを大切にする。そして、少しでもよくできることがあればそうする。わたしたちの子どもと孫を待ち受けているのは、そんな険しくもわくわくする旅である。

謝辞

この本にはほんとうに多くの人たちがかかわっており、世界経済の未来に対する考え方を形づくってくれたすべての人の名前をあげることはできない。ここで感謝の意を表せるのは一部の方々にとどまるが、さまざまな貢献を記す前に、わたしの考え方がどのようにできていったのかを説明しておきたい。

まず、わたしのバックグラウンドと教育についてお話ししたい。世界経済がどう動いていくのかを理解したいと思うようになったのは、アイルランドで育ったことと関係がある。わたしの父、ドナルド・マクレイは、第二次世界大戦でイギリス空軍に従軍した後、小さな繊維会社を興した。わたしはダブリンの衣料品製造会社を父とまわり、ビジネスの世界を肌で感じることができた。戦後の荒廃から復興途上にあるなかでデュッセルドルフ近郊の納入業者を訪ねたときは、ドイツの中小企業「ミッテルシュタンド」の回復力を目の当たりにした。１９５０年代から60年代はじめ、アイルランドの衣料品輸出はまだ少なく、ドイツは戦争によって破壊された経済を再建しているところだった。どちらも状況は厳しかった。しかし、ドイツの製品は質がとても高く、衣料品製造の分野ではきっとドイツがイギリスにとってかわると思うようになった。また、アイルランド経済はいまよりもっとよくなり、輸出が成功の鍵になるとも感じた。

アイルランドで育ってよかったことがもう一つある。小さな国にいると、いやでも物事をグローバルに考えるようになる。国内経済のノイズが小さくて、世界から発信されるシグナルをとらえられる。ＥＵに加盟する前は、非常に多くの人が仕事を探しにイギリスに渡っており、アイルランドの目はイギリスに向きがちだったが、アメリカにも、ヨーロッパにも向けられていた。これはアメリカのハイテク巨人たちの投資もあってアイルランド経済が大きく変わり、ＥＵからの補助金に助けられてインフラが大きく改善するずっと前のことだが、すでに文化の面では、アイルランドは大西洋岸の国でもあり、大陸ヨーロッパの国でもあると感じるようになっていた。ジョン・Ｆ・ケネディが１９６３年にアイルランドを訪問して、国中が熱気に包まれたことを覚えている。そしてイギリスとちがって、道路はフランス車とドイツ車であふれていたこともだ。

アイルランドのダブリン大学トリニティ・カレッジで経済学を教わったのも幸運だった。このカレッジは講義の内容が幅広く、政治学、経済史から統計学、計量経済学まで多岐にわたっていたというのもある。だが、教授陣が現実の経済政策に直接かかわっていたことも大きい。所得政策とインフレに関するラウデン・ライアン教授の講義は忘れられない。アイルランドは全国レベルで団体交渉が行われる仕組みになっており、賃金コストが原因でインフレが進んでいたため、政府は交渉で賃上げを抑えようとしていた。それに対し、わたしたち学生は、長い目で見れば所得政策は失敗する、実際の賃金は労働の需要と供給で決まると異を唱えていた。教授は腕時計を見て、あと１時間したら来年の賃金水準の設定で政府に助言しにいくと言った。賃上げ率を０・５％ポイント抑えられれば、数千人分の雇用が増える。それは試みる価値があることではないのか。

わたしたちは押し黙るしかなかった。学生にとって、この授業は政治と経済がどう相互作用するのかを学ぶ場となった。いま中国に目を向けると、政府の政策と民間企業と働く人びとの関係で同じようなことが問題になっている。それは半世紀以上前のアイルランドでわたしたちが目にしたものだ。

また、ジャーナリズムの世界に身を置き、インディペンデント紙をはじめ、ガーディアン紙、最近ではメール・オン・サンデー紙で長年にわたってともに働いてきた数多くの同僚に出会えたことにも感謝したい。ジャーナリズムは「歴史の最初の草稿」である——これはワシントン・ポスト紙の共同経営者を務めたフィリップ・グラハムの言葉だ。ほんとうにそのとおりだと思う。あなたが関心をもっている分野（わたしの場合は世界経済だ）でなにが起きているのかを伝える記事を長年にわたって書いていたら、判断を誤るときもある。そうしてあなたが生み出しているのは、まさに〝草稿〟なのだと気づく。それでも、なにがほんとうに重要で、なにが単なるノイズであるかは感じとる。同僚も、ライバルのジャーナリストたちも、さまざまな考えに導いてくれる。そして印刷されたものを見て、あなたの考えのどこが正しくて、どこが正しくなかったかを確かめられる。『２０２０年　地球規模経済の時代』を書いたことはもちろん役に立っているが、ほかのジャーナリストたちとの相互作用に負うところはとても大きかった。それは本を書いたときにわかっていたものの、後からそうだと気づいたところもある。わたしにはまだまだ学ぶことがたくさんあるが、ジャーナリズムの基本、とくに疑いの目をもって判断する大切さ、そしてなによりも重要なのは読者であることを教えてくれた３人には、特別の感謝を捧げたい。バンカー誌でともに仕事をしたウィリアム・クラークとリチャード・フライ、そしてデイリー・メール紙の経済部長でユーロマネー誌を創刊したサー・パトリック・サージェントに、心からお礼申し上げる。

ガーディアン紙では、わたしを雇ってくれた編集長のアラステア・ヘザーリントン、代表取締役社長、その後会長を務めたサー・ピーター・ギビングスと働けたのは幸運だった。２人は１９６６年にタイムズ紙に買収されそうになったガーディアン紙を救っていた。独立系ジャーナリズムが拠って立つ基盤がいかにもろいかは、２人から教わった。非常に優秀なジャーナリスト・チームと仕事ができて幸せだったし、財務状況が徐々に健全になっていくのを見るのは楽しかった。

インディペンデント紙では、真っ先に創刊者のアンドレアス・ウィッタム・スミス、スティーヴン・グローヴァー、マシュー・シモンズに感謝を伝えたい。３人は記者に大きな自由を与える新聞をつくってくれた。そこで何年もともに働いた人たちにも助けられた。とりわけアンドリュー・マー、サイモン・ケルナー、アモル・ラジャンをはじめとする編集者たちの確かなサポートはありがたかった。また、１９９８年から２００９年までグループを率いたサー・アンソニー・オライリーにも感謝しなければならない。世界経済の未来を予測しようというわたしの挑戦に強い関心を寄せてくれた。そして最後に、デイリー・メール紙とメール・オン・サンデー紙の同僚には、それぞれの新聞が抱える膨大な読者に向けた記事の書き方を教えてもらった。

もう一つ、ジャーナリストでほんとうによかったと思うことがある。それは世界中のさまざまな職業や地位にある大勢の人と会って話が聞けることだ。『２０２０年　地球規模経済の時代』が成功したおかげで、わたしは四半世紀の大半をかけて世界各地をめぐり、世界経済の未来について語ってきた。それはものすごく大きな経験だった。イスタンブールのボスポラス海峡を眺めながらのディナーや、モナコでのアメリカ企業のクライアントとの朝食や、ファンドマネジャーの集団とオーストラリアの都市をめぐるツアーからは、与えるぶんだけ、いやそれ以上のことを学べる。何気ない一言から判断が導かれるときもある。ある中所得国の最大の企業グループのトップが「トンネルの先に光が見えない」と語ったことを覚えている。その国は潜在力がとても大きいにもかかわらず、それからずっと非常に不安定な状況がつづいている。もちろん、この本は扱う範囲がとても広いので、ここで示す判断の多くは間接的なものになる。わたしが詳細な知識をもっていないところでは、この人の判断なら信頼できると思える人物の意見に頼っている。ジャーナリズムの技術は力になる。それ以上に、会話や著述を通じて、世界経済の理解を形づくってくれた何百という人たちには感謝しかない。しかし、多くの人から影響を受けているが、とくに最後の章で示す大きな考え方は、拮抗する力がちょうど釣り合うところを見つけだすために、わたしにいまできる最大限の努力を尽くしてたどりついたものである。本書に誤りがあるとすれば、その責任はすべてわたしにある。

　本書の経済予測の核となったのは、序章で述べたように、故アンガス・マディソンのビジョンであり、ほんとうに大きな視点を与えてくれた。残念ながらマディソンに会うことはかなわなかったが、彼の研究を紹介してくれたＯＥＣＤのエコノミストたちにも感謝しなければいけない。これも序章で強調しているが、新興経済国の重要性に関する認識を一変させたのは、ＢＲＩＣｓレポートを作成したゴールドマン・サックス・チームの先駆的な分析である。そのチームを率いたジム・オニールの功績は大きい。本書ではその後に発表されたＨＳＢＣの予測も用いており、ＨＳＢＣの上級経済顧問であるスティーヴン・キング、そして現在はＪ・Ｐ・モルガン・アセット・マネジメントにいるカレン・ウォードに感謝する。それから、政府と国際機関の何千人もの統計職員にも敬意を表さなければいけない。わたしたち全員を支えているデータを集め、選別し、評価する、それもほぼ例外なく政治的な解釈を加えずにそうしている名もなきヒーローたちだ。

なかには評価しやすかった地域もある。わたしは第二次世界大戦中にイングランドで生まれたが、アイリッシュ海の反対側で育った。だから、イギリスとアイルランドの未来を客観的に見つめることができる。大陸ヨーロッパには、仕事でも休暇でも、よく訪れている。そしてなによりも幸運だったのは、アメリカをよく知るようになったことだ。１９６０年代にシカゴの北の郊外でひと夏をすごしてから、何度もアメリカに行く機会があり、また全米各地にいる大勢の従兄弟たちに会っている。ワシントンＤＣやニューヨークでインタビューを重ねるより、モンタナで家族と何日かおしゃべりするほうが、アメリカのことを正しく理解できるとずっと感じている。アメリカ人の孫ができて、アメリカの未来はわたしにとってよりいっそう重要なものになっている。

逆に、評価するのがむずかしいところもある。本書で書いた場所はほとんどすべて訪れているが、ほかの人に意見を求めたときもあり、快く応じてくださった方々にお礼を言いたい。みなさんから得たさまざまな知見を正しく反映できているといいのだが。ラテンアメリカ、サハラ以南アフリカ、中東については慎重ながらも楽観しており、わたしの予測が的中するように願っている。こうした地域について何年も意見を交わしてきた大勢の方々に感謝を伝えたい。

わたしの世界観が形づくられたのは、最初に中国経済が、つぎにインド経済が離陸するのを目の当たりにしたことが大きい。中国については、わたしの義理の父であるサー・アレック・ケーンクロスの影響で強い関心をもつようになった。義父は１９８０年代に何度か中国を訪れていて、鄧小平にも会っており、1985年に長江の巴山号船上で開かれた有名な会合にアドバイザーの一人として参加している。中国は経済を慎重に自由化するべきであると、義父は強く訴えた。その後にロシアがとった「ビッグバン」型アプローチとはまったく対照的だ。西側のアドバイザーが果たした役割は、ジュリアン・ジェウィルスの著書『意外なパートナー――中国の改革者、西側の経済学者、中国のグローバル化[1]』(*Unlikely Partners*)に記されている。

後年になって、わたしは当時中国建設銀行の総裁を務めていた郭樹清の助力も得て、妻のフランセス・ケーンクロスとともに中国を訪問し、いくつか都市を回った。郭はサー・アレックがオックスフォード大学で学んでいたときに会っており、いまは中国銀行保険監督管理委員会の主席を務めている。この本にはかかわっていないし、郭と会話したのは習近平が中華人民共和国の最高指導者になる前だったが、中国の指導部が中長期的にめざしているもの、それに対する警戒と自信を感じとれた。また、香港でキャリアを築いている数名の友人、とりわけ物言う投資家で元インベストメントバンカーのデヴィッド・ウェブからも、中国に対してそれとは別の視点を与えてもらった。デヴィッドはいま、企業と財政の統治の向上に取り組むウェブサイトを運営している。

わたしがインドのことを知って、多少なりとも理解できるようになったのは、インドにいる家族ぐるみの友人たちのおかげである。サティ・アルール、ミスー・アルール夫妻には特別の感謝を伝えたい。2人とはもう50年来の付き合いになる。サティは世界銀行のコンサルタントをはじめ、幅広い仕事をしており、ミスーはムンバイで脳性麻痺をもつ人に教育とスキル開発の機会を提供する慈善団体のアダプトを立ち上げた。アルール一家からはインドの経済・社会のさまざまな側面を教えてもらっている。モハン・ボピア、ニナ・ボピア夫妻にも助けられた。ベンガルールの建築家である2人がいたから、ベンガルールのハイテクブームの勢いを肌で感じることができた。

日本の著名なエコノミストで、長年の友である中前忠にも力になってもらった。日本の経済はもちろん、社会についても貴重な洞察を示してくれた。彼と共著書を出版するなど、いくつかのプロジェクトをともにして、日本と日本の考え方に対する理解がぐっと深まったように思う。

本書には大勢の人が直接携わってくれている。だれよりもまず、ブルームズベリーの編集者であるマイケル・フィッシュウィックに感謝を捧げたい。『2020年　地球規模経済の時代』につづいて本書を企画し、最後までわたしを励まし、サポートしてくれた。また一緒に仕事ができてうれしく思う。この本は4人が編集している。娘のアレックス・ディムズデイルはこのプロジェクトに企画の段階から加わっている。この本を出すべきだと背中を押してくれ、本の方向性やトーンに意見をもらい、原稿を磨き上げてくれた。すばらしい文章になったのは、アレックスの力によるところが大きい。つぎにその原稿をメール・オン・サンデー紙の同僚であるエイドリアン・ベイカーがチェックし、最終章の構造上の欠陥を見つけて修正してくれた。ありがとう。ほんとうに助かった。それをリチャード・コリンズがさらにブラッシュアップしてくれただけでなく、どうすればわたしの言いたいことがいちばんよく伝わるか、相談にも乗ってもらった。そして最後に、キャサリン・ベストがきっちり校正してくれた。恥ずかしいミスを見つけてくれたり、読みやすくするために細かな修正をしたりしてくれたばかりか、ある重要な一文も提案してもらった。その提案は謹んで採用させてもらった。また、何年もともに仕事をしてきたマイケル・ロスコウはすばらしい図表を作成してくれたし、デヴィッド・アトキンソンは索引をつくってくれた。みんなに深く感謝する。一緒に仕事ができて楽しかった。

ブルームズベリーのスタッフにはほんとうにお世話になった。マイケル・フィッシュウィックとともに、アマンダ・ウォーターズ、キーロン・コノリーにお礼を言いたい。ローレン・ホワイブラウ、エリザベス・デニソンは制作作業をまさに流れるように効率よく進めてくれた。グレッグ・ハイニマンは美しいカバーをデザインしてくれた。ソフィー・デヴィッドソンには著者近影を撮ってもらった。ステファニー・パーセル率いるチームはほんとうにプロフェッショナルな集団だ。パブリシティとマーケティングではアナ・マサルディ、ゲニスタ・テイト＝アレクサンダーが手腕を発揮してくれた。

　しかしなにより、家族にいちばん大きな感謝を捧げる。娘のアレックスがこの本をつくるのにとても大切な役割を果たしてくれたことはすでに述べた。アレックスのアメリカ人の夫で、環境アナリストのテイラー・ディムズデイルも、資源と環境に関する章を練り直すうえで重要な貢献をしてくれた。もう1人の娘であるイジーと夫のジャミー・エイトケンヘッドには、地政学と経済学の領域で広く相談に乗ってもらった。そして最後に、半世紀以上をともにすごした妻であり、パートナーであり、親友であるフランセス・ケーンクロスからは、だれよりも大きな力をもらった。みんなの考察も、アイデアも、判断も、すべてこの本に落とし込まれている。それだけでなく、ほんとうにさまざまな面で支えてくれたことに、心から感謝している。

２０２２年３月　ロンドンにて

ヘイミシュ・マクレイ

＊記載のＵＲＬは原著刊行時点のものである。

原注

序章

1　ジュネーブ近郊にある欧州原子核研究機構（ＣＥＲＮ）のサイトで、ＣＥＲＮの研究者の1人であり、現在はサーの称号をもつティム・バーナーズ＝リーがＷＷＷを発明した経緯がとてもわかりやすくまとめられている。https://home.cern/science/computing/birth-web/short-history-web. 初期のブラウザ開発の歴史に関する記述はたくさんあるが、とくに秀逸なのがウィキペディアの項目（https://en.wikipedia.org/wiki/History_of_the_web_browser）である。

2　アンガス・マディソンが２０１０年に亡くなった後、オランダのフローニンゲン大学の元同僚たちが研究を引き継ぎ、「マディソン・プロジェクト」としてデータの更新と修正が進められている。https://www.rug.nl/ggdc/historicaldevelopment/maddison/releases/maddison-project-database-2018?lang=en. ＯＥＣＤから刊行された著書 *The World Economy: A Millennial Perspective*（邦訳：アンガス・マディソン『経済統計で見る世界経済２０００年史』政治経済研究所訳、柏書房、２００４年）は数多くの言語に翻訳されている。https://www.oecd.org/dev/developmentcentrestudiestheworldeconomyamillennialperspective.htm.

3　ロバート・ソローは１９８７年にノーベル賞を受賞したときに自分の略歴をまとめている（https://www.nobelprize.org/prizes/economic-sciences/1987/solow/biographical/）。ソローの研究の評価は以下にある。*MIT Technology Review*, December 2019: https://www.technologyreview.com/2019/12/27/131259/the-productive-career-of-robert-solow/. イギリスの経済学学習グループ「tutor2u」のサイトで、ソロー成長モデルがやさしく解説されている。https://www.tutor2u.net/economics/reference/economic-growth-neo-classical-growth-the-solow-model. また、Harvard Web Publishing のサイトに研究者向けの明快なプレゼンテーションがある。https://scholar.harvard.edu/files/nbairoliya/files/lec10.pdf.

4　ジム・オニールの「*Building Better Global Economic BRICs*」はゴールドマン・サックスのアーカイブで読むことができる。https://www.goldmansachs.com/insights/archive/building-better.html.

5　Dominic Wilson and Roopa Purushothaman, with Jim O'Neill, Paulo Leme, Sandra Lawson, Warren Pearson, and Goldman Sachs colleagues, *Dreaming with the BRICs*. これもゴールドマン・サックスのアーカイブで読むこと

ができる。https://www.goldmansachs.com/insights/archive/brics-dream.html#:~:text=Over%20the%20next%2050%20years,The%20results%20are%20startling.

6 ＨＳＢＣ経済チームが最初に行った予測のタイトルは「*The World in 2050*」で、上位30ヵ国のみカバーしていた。この予測は２０１１年に発表された。翌年、予測の対象が上位１００ヵ国に拡大され、「*From the Top 30 to the Top 100*」のタイトルで発表された。２０１１年のレポートは以下で読むことができる。https://warwick.ac.uk/fac/soc/pais/research/researchcentres/csgr/green/foresight/economy/2011_hsbc_the_world_in_2050_-_quantifying_the_shift_in_the_global_economy.pdf. また、２０１２年のレポートは以下で読むことができる。https://books.google.co.uk/books/about/The_World_in_2050.html?id=sGONnQAACAAJ&redir_esc=y. ２０１８年、ＨＳＢＣチームは上位30ヵ国を対象に入力要素の一部を修正してモデルを再実行したが、結論は前の2回とおおむね同じだった。https://enterprise.press/wp-content/uploads/2018/10/HSBC-The-World-in-2030-Report.pdf.

7 Robert J. Gordon, *The Rise and Fall of American Growth: The U.S. Standard of Living Since the Civil War* (Princeton University Press, 2017)（邦訳：ロバート・Ｊ・ゴードン『アメリカ経済――成長の終焉』高遠裕子・山岡由美訳、日経ＢＰ、２０１８年）, https://press.princeton.edu/books/paperback/9780691175805/the-rise-and-fall-of-american-growth.

8 ウォールストリート・ジャーナル紙はハル・ヴァリアンを「グーグルノミクスのアダム・スミス」と呼んだ。この測定問題に対する自分の考えをさまざまなところで説いている。アメリカン・エンタープライズ公共政策研究所のインタビューは以下で読むことができる。https://www.aei.org/economics/googlenomics-a-long-read-qa-with-chief-economist-hal-varian/. 写真の議論は、２０１６年9月のブルッキングス研究所へのプレゼンテーションにもとづく。*A microeconomist looks at productivity: A view from the Valley*, https://www.brookings.edu/wp-content/uploads/2016/08/varian.pdf.

9 ブルッキングス研究所が２０１４年に同類交配説を簡潔にまとめている。Richard V. Reeves and Joanna Venator, *Opposites Don't Attract — Assortative Mating and Social Mobility*: https://www.brookings.edu/blog/social-mobility-memos/2014/02/10/opposites-dont-attract-assortative-mating-and-social-mobility/. ２０１９年にオンラインマガジン「*Quillette*」で発表された研究（Branko Milanovic, *Rich Like Me: How Assortative Mating is Driving Income Inequality*）で順次データが検証され、この流れはさらに強まっていると結論づけられている。https://quillette.com/2019/10/18/rich-like-me-how-assortative-mating-is-driving-income-inequality/.

10　フランシス・フクヤマのエッセイ「The End of History?」（歴史は終わったのか）はナショナル・インタレスト誌１９８９年夏号に掲載された。書籍の *The End of History and the Last Man* (The Free Press, 1992)（邦訳：フランシス・フクヤマ『歴史の終わり』渡部昇一訳、三笠書房、１９９２年）はタイトルが長くなり、疑問符がなくなっている。

11　自動車生産は２０１７年を境に減少に転じ、２０２０年は２０００万台弱となった。https://www.oica.net/category/production-statistics/2020-statistics/.

12　中国は２０１３年に一帯一路構想を打ち出し、国際交通・通信インフラの整備を国を挙げて進めているほか、世界各地で港湾や鉄道網、空港、エネルギー開発プロジェクトに投資している。ＯＥＣＤの２０１８年の調査では、世界の連結性が高まる利益は大きいとされたが、中国の支援を受ける国は、中国の投資から最大の価値を引き出せるようにする必要があると指摘された。https://www.oecd.org/finance/Chinas-Belt-and-Road-Initiative-in-the-global-trade-investment-and-finance-landscape.pdf. その後、多くのプロジェクトで、中国の支援を受けた国が十分な利益を得られていないことが明らかになってきている。

13　イギリスは１８４１年に香港に侵攻しており、香港は１８４２年に南京条約により割譲された。北京条約では九龍半島の一部もイギリスに割譲することが定められた。19世紀のイギリスの中国に対する不当な扱いについては大量の資料があるが、実際にイギリスの統治下に置かれた期間が短く、その後中国に返還されたことから、ＢＢＣの説明がほかのどの資料よりも公平かつ公正である。https://www.bbc.co.uk/newsround/52907269.

14　スティーブン・ピンカーのウェブサイト（https://stevenpinker.com/publications/better-angels-our-nature）で、人類の未来に関する考察をはじめとする自身の研究が紹介されている。（書籍の邦訳は『暴力の人類史』幾島幸子・塩原通緒訳、青土社、２０１５年）

15　ハンス・ロスリングのＴＥＤトークはオンラインで公開されている。https://www.ted.com/speakers/hans_rosling. ロスリングの熱烈なファンであるビル・ゲイツは「『ファクトフルネス』が最高の教養書である」理由を見事に説明している。https://www.gatesnotes.com/books/factfulness.（書籍の邦訳は『ＦＡＣＴＦＵＬＮＥＳＳ（ファクトフルネス）――10の思い込みを乗り越え、データを基に世界を正しく見る習慣』上杉周作・関美和訳、日経ＢＰ、２０１９年）

16　バラク・オバマがラオスで学生たちに向けて行ったスピーチのリンクを以下に示す。https://www.youtube.com/watch?v=nK7AbxTGDSU.

第1章

1 原油生産量1位のアメリカと2位サウジアラビア、3位ロシアの差は２０２０年まで拡大しつづけ、２０２０年の時点で世界生産量の20%を占めた。アメリカ政府機関の米国エネルギー情報局が生産量に関する詳細なデータを公表している。https://www.eia.gov/tools/faqs/faq.php?id=709&t=6.

2 世界大学ランキングは２００３年に上海交通大学が発表したのが最初である。http://www.shanghairanking.com/ARWU2020.html. ほかの有力なランキングには、イギリスの機関が発表しているＱＳ（https://www.topuniversities.com/qs-world-university-rankings）、タイムズ・ハイヤー・エデュケーション（https://www.timeshighereducation.com/world-university-rankings）がある。モスクワの機関が発表しているラウンド大学ランキング（https://roundranking.com/ranking/world-university-rankings.html#world-2021）の結果は、ＵＳニューズ・アンド・ワールド・レポートのランキング（https://www.usnews.com/education/best-global-universities/rankings）とおおむね同じである。実際の順位は、評価の手法だけでなく、評価機関の国籍にも左右されると思われるが、各ランキングの結果には相違点よりも共通点のほうがはるかに多い。

3 アメリカの商業における支配的地位を測定するには、全上場企業の時価総額をほかの主要経済国と比較することが一つの方法になる。ドイツのデータ調査グループ、スタティスタが２０２１年はじめに計算したところ、アメリカ企業が世界の時価総額の56%を占めた。これはアメリカの巨大ハイテク企業の評価額によるところが大きい。https://www.statista.com/statistics/710680/global-stock-markets-by-country/.

4 ２０１０年の映画『ソーシャル・ネットワーク』では、フェイスブック誕生の裏側とハーバード大学の特権意識や上昇志向が描かれる。あくまでも実話をもとにしたフィクションなので、細かい設定などはかなり脚色されており、話は割り引いて楽しく見たほうがいい。https://www.youtube.com/watch?v=lB95KLmpLR.

5 学習到達度調査（ＰＩＳＡ）はＯＥＣＤが２０００年に開始したもので、「15歳の生徒を対象に、読解力、数学知識、科学知識、現実の世界で直面する課題に対応するスキルを測定する」。https://www.oecd.org/pisa/.

6 カナダはアメリカとちがって、２００８年の金融危機を回避しただけでなく、19世紀、１９０７年、１９３０年の危機も避けられており、その理由を全米経済研究所が解説している。カナダの銀行システムは中央集権型で、強力な監督機関があるため、救済の対象となった銀行は一つもなかった。https://www.nber.org/digest/dec11/why-canada-didnt-have-banking-crisis-2008.

7 謎なのは、自国民によって世界最高の国ランキングで1位に選ばれている国が、いつ分裂してもおかしくない国でもあることだ。この問題は、Harold D. Clark and Allan Kornberg, *Choosing Canada? The 1995 Quebec Sovereignty Referendum* (Cambridge University Press, ２０１３年にオンラインで出版) でくわしく説明されている。

8 https://www.wsj.com/articles/400-murders-a-day-the-crisis-of-latin-america-1537455390

9 エコノミスト誌２０１４年2月15日号の巻頭特集記事で、アルゼンチンがどこでまちがったのか、その背景が解説されている。'The tragedy of Argentina: A century of decline': https://www.economist.com/briefing/2014/02/17/a-century-of-decline.

10 ヨーロッパの経済格差はユーロが導入されて以降、すでに顕著になっていたが、新型コロナウイルス危機の影響でさらに大きくなるのはほぼまちがいない。Dirk Ehnts and Michael Paetz, 'COVID-19 and its consequences for the Euro Area', *Eurasian Economic Review* (2021): https://link.springer.com/article/10.1007/s40822-020-00159-w を参照。

11 http://www.shanghairanking.com/ARWU2020.html, https://www.topuniversities.com/qs-world-university-rankings, https://www.timeshighereducation.com/world-university-rankings, https://roundranking.com/ranking/world-university-rankings.html#world-2021 および https://www.usnews.com/education/best-global-universities/rankings を参照。

12 当時イングランド銀行のチーフエコノミストだったアンドリュー・ホールデンが、２０１８年の社会科学アカデミーの年次講演でイギリスの生産性問題について解説している。*The UK's Productivity Problem: Hub No Spokes*: https://www.bankofengland.co.uk/-/media/boe/files/speech/2018/the-uks-productivity-problem-hub-no-spokes-speech-by-andy-haldane.

13 スタートアップの状況は、資金調達額で見るか、人口当たり設立数で見るかで変わってくる。大まかに言うと、２０１５~19年にイギリスのスタートアップが調達した資金は、ドイツとフランスを合わせた額を上回った。https://www.seedtable.com/european-tech-statistics.

14 ２０２０年に国民所得に占めるサービス産業の割合がヨーロッパのなかで唯一イギリスより高かったのが、ルクセンブルクである。ルクセンブルクは金融セクターがとても大きい。ドイツではサービス産業が国民所得に占める割合は70%だった。https://data.oecd.org/natincome/value-added-byactivity.htm.

15 インナーロンドンとそれ以外の地域の格差はとくに大きい。https://vividmaps.com/the-top-ten-richest-and-

poorest-areas/.

16 イギリス国家統計局が健康寿命に関する直近のデータを定期的に公表している。https://www.ons.gov.uk/peoplepopulationandcommunity/healthandsocialcare/healthandlifeexpectancies/bulletins/healthstatelifeexpectanciesuk/2017to2019.

17 同前。

18 Haldane, *The UK's Productivity Problem*.

19 PISA study: https://www.oecd.org/pisa/.

20 この研究は全米経済研究所が発表したもので、以下で読むことができる。https://gabriel-zucman.eu/files/TWZ2018.pdf. ２０２１年にジョー・バイデン大統領は、国際的な税制の抜け穴を巧みに利用している企業からの税収の損失につながる慣行に対抗して、各国の法人税に最低税率を設ける国際ルールを導入すべきだと提案した。

21 これは２０２０年の数字である。２０２１年には、アメリカと中国の順位が逆転し、中国がドイツの最大の輸出市場になるのはほぼ確実と見られる。２０２０年には中国は2位、フランスは3位だった。以下、オランダ、イギリスとつづく。したがって、ドイツの輸出市場の上位5ヵ国のうち3ヵ国はＥＵの域外だった。https://tradingeconomics.com/germany/exports-by-country.

22 World's Top Exports の輸出ランキングが参考になる。http://www.worldstopexports.com/car-exports-country.

23 World's Top Exports: http://www.worldstopexports.com/drugs-medicine-exports-country/.

24 World Bank: https://data.worldbank.org/indicator/NV.IND.MANF.ZS.

25 オランダとメキシコは世界のトマト輸出額で1位と2位を争っており、２０１８年にはオランダが、19年にはメキシコが世界一のトマト輸出国になった。https://www.worldstopexports.com/tomatoes-exports-country/.

26 高級ブランドのランキングをめぐっては論争がある。ポルシェは高級ブランドなのか、それとも自動車メーカーなのか。しかし、ファッションとアクセサリーに焦点を合わせるなら、高級ブランド世界最大手のルイ・ヴィトンを擁するフランスがグローバルリーダーであることはまちがいない。https://www.businessupturn.com/companies/here-are-the-top-10-luxury-brands-of-the-year-2020/.

27 カラーリマスターされたパリ万博のクリップがユーチューブでいくつか公開されており、動く歩道などに当時のパリがもつ現代性が表れている。https://www.youtube.com/watch?v=a-c28UwMAnc.

28 出版元はプリンストン大学出版局（邦訳：ロバート・D・パットナム『哲学する民主主義――伝統と改革の市民

的構造』河田潤一訳、NTT出版、2001年)。https://press.princeton.edu/books/paperback/9780691037387/making-democracy-work.

29　ギリシャは2008年から16年のあいだにGDPの4分の1を失った。ギリシャ中央銀行のヤニス・ストゥルナラス総裁は、2018年に欧州会計検査院でこの景気後退がギリシャ経済に与えた影響について公平で詳細な説明をしている。https://www.bis.org/review/r190816e.htm.

30　出生率が上がっていることを示すエビデンスはあるが、手放しで喜べる状態ではない。出生率は2000年代はじめから少し上向いているものの、依然として人口置換水準を大きく下回っている。公式予測は以下で確認できる。http://www.ine.es/prensa/np994.pdf.

31　スタティスタがソブリン・ウェルス・ファンドの規模に関するデータを定期的に公表している。2021年もノルウェーがトップだった。https://www.statista.com/statistics/276617/sovereign-wealth-funds-worldwide-based-on-assets-under-management/.

32　世界幸福度報告が156ヵ国の幸福度を分析している。学術系ニュースサイト「*The Conversation*」が以下でデンマークがトップである理由を解説している。http://theconversation.com/why-denmark-dominates-the-world-happiness-report-rankings-year-after-year-93542.

33　ロシアでは若者の数が減っており、教育に大きな影響がおよんでいるが、政府は学生の海外留学を奨励すると同時に、外国人留学生を誘致する取り組みを進めており、外国で学んだ学生には帰国をうながすインセンティブを提供している。https://wenr.wes.org/2017/06/education-in-the-russian-federation.

34　鄧小平の功績に関する分析はあまりにも多くて、絞るのがむずかしい。秀逸な研究に、2017年のロンドン・スクール・オブ・エコノミクスの特別報告書（*From Deng to Xi*: https://www.lse.ac.uk/ideas/Assets/Documents/reports/LSE-IDEAS-From-Deng-to-Xi.pdf）と、ニュースサイト「*Quartz*」が2018年に配信した*The charts that show how Deng Xiaoping unleashed China's pent-up capitalist energy in 1978* (https://qz.com/1498654/the-astonishing-impact-of-chinas-1978-reforms-in-charts/ がある。

35　2021年1月のソーシャルネットワークのユーザー数ランキングは、フェイスブック、ユーチューブを筆頭に、1位から5位までをアメリカ企業が占めたが、6位から10位はすべて中国企業だった。https://www.statista.com/statistics/272014/global-social-networks-ranked-by-number-of-users/.

36　1997年に「一国二制度」の合意の下に中国に返還されたときは、香港は中国のGDPの20％近くを占めた。

その後、本土の成長率が香港を大きく上回ったため、２０２０年には3％未満になった。https://www.ejinsight.com/eji/article/id/1580225/20170609-hk-versus-china-gdp-a-sobering-reality.

37 新型コロナウイルス危機が発生する前は、ＨＳＢＣを含め、インドは２０２０年代後半には日本を追い越しているとする予測が多かった。しかし、危機の影響でその時期は2～3年ずれ込むと見られ、バンク・オブ・アメリカは早くても２０３１年になるとしている。https://www.cnbc.com/2021/03/24/india-to-overtake-japan-as-third-largest-economy-in-2031-bofa-securities.html.

38 スリランカの成長ぶりが目を引くが、バングラデシュもパキスタンに追いついている。２０１９年に1人当たりＧＤＰでパキスタンにならんだ。このなかで失望感がいちばん大きいのがパキスタンである。１９９８年には中国よりも豊かだったが、２０１９年の1人当たりＧＤＰは中国の3分の1に届かなかった。https://data.worldbank.org/indicator/NY.GDP.PCAP.PP.CD?locations=IN-PK-BD-LK-CN.

39 犯罪の計上方法は国によってちがうが、日本の犯罪率が世界でいちばん低いことは明らかだ。https://worldpopulationreview.com/country-rankings/murder-rate-by-country. 犯罪全般で見ると、スイス、ニュージーランド、ノルウェーも犯罪率がとても低く、一部の統計では日本よりも低い。https://www.encyclopedia.com/articles/countries-with-the-lowest-crime-rate-in-the-world/.

40 韓国では出生率の低さが深刻な問題になっており、２０１９年も出生率の低下に歯止めがかからなかった。https://data.worldbank.org/indicator/SP.DYN.TFRT.IN?locations=KR. ２０２０年の出生率もパンデミックの影響でさらに下がった。

41 マッキンゼー・グローバル・インスティテュートは、秀逸な研究「*South East Asia at the crossroads: Three paths to prosperity*」で、東南アジアは２０３０年まで世界でもとくに活気のある地域の一つでありつづけるとしている。https://www.mckinsey.com/~/media/McKinsey/Featured%20Insights/Asia%20Pacific/Three%20paths%20to%20sustained%20economic%20growth%20in%20Southeast%20Asia/MGI%20SE%20Asia_Executive%20summary_November%202014.ashx.

42 ブリタニカ百科事典の世界の国の項目で、各国の経済状況と課題が簡潔にまとめられている。https://www.britannica.com/place/Nigeria/Economy.

43 ガーナはアフリカで民主主義が成功している国の一つでもあり、公正な選挙と秩序ある権力の移転が実現している。https://www.nytimes.com/2018/03/10/world/africa/ghana-worlds-fastest-growing-economy.html.

44　わたしがこの成長の壁に気づいたのは、オックスフォードでコフィー・アナンとランチをしたときの個人的な会話からだ。コフィーの話では、アフリカのある国から別の国に行くには、ロンドンかパリを経由していくのがいちばんだという。

45　世界銀行のデータ。https://www.worldbank.org/en/country/ethiopia/overview.

46　アフリカの進歩と課題の両方を評価するには、グローバルビジネスサイト「*Quartz Africa*」がとても参考になる。https://www.oecd.org/pisa/, https://qz.com/africa/1109739/ethiopia-is-one-of-the-fastest-growing-economies-in-the-world/.

47　オックスフォード大学出版局ハンドブックも参考になる。https://global.oup.com/academic/product/the-oxford-handbook-of-the-ethiopian-economy-9780198814986?cc=gb&lang=en&.

48　世界銀行のデータ。https://data.worldbank.org/indicator/SL.UEM.TOTL.ZS?locations=ZA.

49　中国の一帯一路構想は、港湾、道路、鉄道を整備して、中国とヨーロッパを海路（一帯）と陸路（一路）で結ぶというものであり、この構想は大きな論争を呼んでいる。関連プロジェクトが失敗して、当該国が巨額の債務を抱えたり、輸送インフラの一部の支配権を失ったりするケースも出ている。しかし、中国の投資は非常に大きな目に見える成果をあげている。https://www.the-american-interest.com/2019/04/04/misdiagnosing-the-chinese-infrastructure-push/.

50　以下を参照。http://www.shanghairanking.com/ARWU2020.html, https://www.topuniversities.com/qs-world-university-rankings, https://www.timeshighereducation.com/world-university-rankings, https://roundranking.com/ranking/world-university-rankings.html#world-2021 および https://www.usnews.com/education/best-global-universities/rankings.

51　アダム・スミスがこの言葉に込めた真意をめぐってはさまざまな論評がある。スミスとジョン・シンクレアのやりとりはつぎのとおりである。サー・ジョン「このままいけば、わが国は滅んでしまうにちがいありません」。スミスの返信「安心しなさい、若き友よ。国には破滅の種がたくさんあるものです」。この言葉はまちがって解釈されていることが多く、その点について以下で深く考察されている。http://adamsmithslostlegacy.blogspot.com/2008/08/is-this-correct-use-of-quotation.html.

第2章

1 世界人口推計２０１９年改訂版は、国連による26回目の公式人口推計・予測である。https://population.un.org/wpp/. 世界人口のトレンドを最も詳細に調査したものであり、長い実績があることを考えれば、人口動態が世界経済をどう形づくっていくかを考える土台としては最も優れている。興味深い分析にはもう一つ、２０２０年にランセット誌で発表されたものがあり、各国の経済規模が与える影響も検証されている。本書は基本的に国連のデータにもとづいているが、ランセット誌の研究が国連とは異なる結果を示しているときはその旨を記している。https://www.thelancet.com/article/S0140-6736(20)30677-2/fulltext.

2 ２０１８年の日本の全住宅に占める空き家の割合は13・６％だった。https://www.bbc.com/worklife/article/20191023-what-will-japan-do-with-all-of-its-empty-ghost-homes.

3 国立社会保障・人口問題研究所（ＩＰＳＳ）は１９９６年に設置された厚生労働省に属する国立の研究機関である。https://www.g20-insights.org/think_tanks/national-institute-for-population-and-social-security-research/.

4 以下のブルッキングス研究所の報告書を参照。Giovanna di Maio, *Italy and Immigration: Europe's Achilles heel*. https://www.brookings.edu/blog/order-from-chaos/2019/01/14/italy-and-immigration-europes-achilles-heel/.

5 執筆者らはつぎのように記している。「そのときにはわれわれはもうこの世に存在せず、（悲しいが）『だから言ったのに』と言うことは叶わない。それでもわれわれは真実を明らかにする内部告発者としての使命を果たしていく」。https://www.robert-schuman.eu/en/european-issues/0462-europe-2050-demographic-suicide.

6 ブルッキングス研究所は、国勢調査の結果をまとめた報告書のなかで、２０４５年には「白人がマイノリティ」になるだろうとしている。https://www.brookings.edu/blog/the-avenue/2018/03/14/the-us-will-become-minority-white-in-2045-census-projects/.

7 ピュー研究所が国際経済・社会のデータに関して公正・公平な優れた分析を行っている。https://www.pewresearch.org/fact-tank/2019/05/22/u-s-fertility-rate-explained/.

8 プーチン大統領は移民の誘致を最優先の課題にあげている。https://www.rferl.org/a/migrants-welcome-is-russia-trying-to-solve-its-demographic-crisis-by-attracting-foreigners-/30677952.html.

9 ロシアでは人口移動のトレンドが反転しているかどうかについて大きな論争がある。https://www.rbth.com/lifestyle/329990-has-russia-migration-crisis.

10 中国とインドの関係（およびそれ以外の主要なブロック）の長期トレンドを見るには、アンガス・マディソン歴史統計が役に立つ。ＧＤＰと人口の両方の推計値があるので、１人当たりＧＤＰもわかる。https://www.rug.nl/ggdc/historicaldevelopment/maddison/?lang=en.

11　２０１９年、新型コロナウイルスのパンデミックが発生する直前に、インドの失業率は１９７０年代以降で最高となった。https://www.bbc.co.uk/news/world-asia-india-47068223.

12　*2019 Revision of World Population Prospects*: https://population.un.org/wpp/ および https://www.thelancet.com/article/S0140-6736(20)30677-2/fulltext を参照。

13　フーヴァー研究所が発表した以下の調査報告書を参照。Jack A. Goldstone, 2019, *Africa 2050: Demographic Truth and Consequences*: https://www.hoover.org/research/africa-2050-demographic-truth-and-consequences.

14　「人口動態は運命である」という言葉の起源をサンディエゴ州立大学のジョン・ウィークス教授が調べており、最初に使われたのは、Richard Scammon and Ben Wattenberg, *The Real Majority* (New York: Coward-McCann, 1970) だと思われる。https://weekspopulation.blogspot.com/2013/11/the-origins-of-demography-is-destiny.html.

15　この調査報告書ではＥＣは２０６０年までのヨーロッパの人口動態の課題に対して、どちらかというと楽観的な立場をとっている。発表されたのは２０１９年だが、ＥＵ加盟国を28ヵ国として計算しており、イギリスがまだＥＵに加盟しているような内容になっている。https://publications.jrc.ec.europa.eu/repository/handle/JRC116398.

16　ワシントンＤＣにあるシンクタンクで、「移民受け入れには賛成するが、移民の水準は減らすべき」との立場をとる移民研究センターが、アメリカの聖域都市・郡・州の累計を報告している。https://cis.org/Map-Sanctuary-Cities-Counties-and-States.

17　アイルランドで１９５０年代以降に起こった人口トレンドと経済状況の大きな変化については、数多くの研究がされている。イギリス経済サイト「*Economics Observatory*」の２０２１年の記事に、クイーンズ大学ベルファストとユニバーシティ・カレッジ・ダブリンの研究者による学術的議論が簡潔にまとめられている。https://www.economicsobservatory.com/irelands-economy-since-independence-what-lessons-from-the-past-100-years.

18　ニューヨーク・タイムズ紙の記事にデータと見通しが示されている。https://www.nytimes.com/interactive/2019/01/17/world/asia/china-population-crisis.html.

19　ワールド・バイ・マップが国の富と人口に関する詳細な情報を公開している。２０２０年の年齢の中央値は、モナコの55・4歳、日本の48・6歳から、ウガンダの15・7歳、ニジェールの14・8歳まで幅がある。２０２０年の世界全体の中央年齢の推計値は31歳だった。https://www.citypopulation.de/en/world/bymap/medianage/.

第３章

1 「スターン報告」はケンブリッジ大学出版局が刊行した。https://www.cambridge.org/us/academic/subjects/earth-and-environmental-science/climatology-and-climate-change/economics-climate-change-stern-review?format=PB.

2 気候変動に関する国連枠組条約のサイトにパリ協定に関する説明がある。https://unfccc.int/process-and-meetings/the-paris-agreement/the-paris-agreement.

3 ２００６年、コフィー・アナンの呼びかけで「責任投資原則」が策定され、16ヵ国の主要な投資機関のトップが署名した。https://www.un.org/press/en/2006/sg2111.doc.htm.

4 テスラの物語については膨大な説明がなされている。ニュースサイト「*Business Insider*」の２０１４年の記事に、草創期にたどった波乱の道のりが簡潔に説明されている。そのなかで言及されているように、イーロン・マスクはテスラの創業者ではない。マーク・ターペニングとマーティン・エバーハードが２００３年に設立し、イーロン・マスクは２００４年に加わった。https://www.businessinsider.com/the-complete-tesla-story-2014-7?r=US&IR=T#tesla-motors-was-founded-in-2003-by-five-silicon-valley-entrepreneurs-1. テスラは２０１０年に株式を公開している。

5 世界資源研究所によれば、世界の人口の４分の１が水不足によるストレスが極端に高いレベルにある。https://www.wri.org/blog/2019/08/17-countries-home-one-quarter-world-population-face-extremely-high-water-stress.

6 アラル海は１９６０年代に縮小しはじめ、２０１４年には東側が過去６００年ではじめて干上がった。https://www.nationalgeographic.com/science/article/141001-aral-sea-shrinking-drought-water-environment. それ以降、北部の水位が上がりはじめており、再生に向けた努力がつづいている。https://www.usaid.gov/central-asia-regional/success-stories/jun-2021-regional-efforts-restore-aral-sea-ecosystem.

7 １９７０年以降の飢饉による死者は有史以来最も少なくなっている。https://ourworldindata.org/why-do-far-fewer-people-die-in-famines-today.

8 Amartya Sen, *Poverty and Famines: An Essay on Entitlement and Deprivation*, 1983（邦訳：アマルティア・セン『貧困と飢饉』黒崎卓・山崎幸治訳、岩波書店、２０１７年）は以下で入手できる。Oxford Scholarship

Online, November 2003: https://www.oxfordscholarship.com/view/10.1093/0198284632.001.0001/acprof-9780198284635.

9 大部分がバイオ燃料向けであるパーム油生産は、東南アジアで環境破壊の主な原因の一つになっており、南アメリカでも環境破壊が進んでいる。https://www.transportenvironment.org/what-we-do/biofuels/why-palm-oil-biodiesel-bad.

10 イギリス政府は１９７０年から、燃料別、セクター別の消費量など、国内のエネルギー使用量・状況に関する詳細な年次報告書を公表している。https://assets.publishing.service.gov.uk/government/uploads/system/uploads/attachment_data/file/928350/2020_Energy_Consumption_in_the_UK_ECUK_.pdf.

11 ＥＵ離脱決定以降、イギリスの食料自給率は上がっている。２０１７年は50％で、残りは輸入に頼っていたが、２０１９年には55％に上昇している。https://www.gov.uk/government/statistics/food-statistics-pocketbook/food-statistics-in-your-pocket-global-and-uk-supply.

12 再生可能エネルギーのコストが下がり、化石燃料の使用が法律で制限されているため、ＢＰの最も楽観的なシナリオになる可能性がいちばん高くなっている。https://www.bp.com/content/dam/bp/business-sites/en/global/corporate/pdfs/energy-economics/energy-outlook/bp-energy-outlook-2019.pdf.

13 出所は「憂慮する科学者同盟（ＵＣＳ）」。ＵＣＳはマサチューセッツ工科大学の科学者と学生によって１９６９年に創設された。https://www.ucsusa.org/resources/environmental-impacts-natural-gas.

14 世界原子力協会の統計によると、１９８９年には世界で４２０基の原子炉が稼働していた。２０２０年は４４１基だった。https://www.world-nuclear.org/information-library/current-and-future-generation/nuclear-power-in-the-world-today.aspx.

15 ジャカルタの大部分が２０５０年までに水没するおそれがあるが、首都をカリマンタンに移してもその問題は解決せず、未開発地域に都市化が広がることになる。https://www.bbc.co.uk/news/world-asia-49481090.

16 世界自然保護基金（ＷＷＦ）とロンドン動物学会（ＺＳＬ）の２０１５年の調査で、海にいる魚の数は「危機的状況」にあるとされた。https://www.scientificamerican.com/article/ocean-fish-numbers-cut-in-half-since-1970/.

17 国際研究プロジェクト「海洋生物のセンサス」が２０１１年に地球に生息する生物の総種数をはじめて発表した。https://www.sciencedaily.com/releases/2011/08/110823180459.htm.

18 ＥＵは２００９年指令で「バイオ燃料の推進は、エネルギー供給の安全保障、気候変動の抑制の両方に大きなメリットがある」としている。https://ec.europa.eu/transport/themes/urban/vehicles/road/biofuels_en.

19 ２０１８年、欧州議会は植物油を輸送用燃料に使うことを禁止した。https://www.reuters.com/article/us-eu-climatechange-palmoil/eu-to-phase-out-palm-oil-from-transport-fuel-by-2030-idUSKBN1JA21F.

20 オランウータン財団は、パーム油のプランテーションの拡大によって原生林で暮らすオランウータンの生存が脅かされていると強く非難している。https://orangutan.org/rainforest/the-effects-of-palm-oil/.

21 バッテリー生産では一部の鉱物の調達がボトルネックになっており、コバルトもその一つである。https://ec.europa.eu/jrc/en/news/cobalt-potential-bottleneck-transition-electric-mobility.

22 世界経済フォーラムのグローバル・バッテリー・アライアンスは２０１９年の寄稿文で、鍵となる重要な問題として、希少鉱物の採掘がもたらす環境・人的コスト、寿命となったバッテリーのリサイクルの二つをあげた。https://www.weforum.org/agenda/2019/03/the-dirty-secret-of-electric-vehicles/.

23 ２０１９年にＢＢＣが「電気自動車の未来は、海底に眠る非常に貴重な鉱物を掘削できるかどうかにかかっていると言える」と報じた。https://www.bbc.co.uk/news/science-environment-49759626.

24 １９７５年のニューズウィーク誌に、地球の気候は突然変化して寒冷化に向かい、食料生産が減少するという記事が掲載され、不安が広まった。https://yaleclimateconnections.org/2007/11/common-climate-misconceptions-1970s-global-cooling-concerns-lacked-todays-scientific-rigor-and-relevance/.

25 ＩＰＣＣは２０１８年、世界の気温が産業革命前に比べて１・５℃上昇したときの影響に関する特別報告書を発表した。https://www.ipcc.ch/sr15/about/.

第４章

1 貿易は双方に利益をもたらすとする説の柱となっているのが比較優位の概念である。これはイギリスの経済学者であるデヴィッド・リカードが１８１７年に著書 *On the Principles of Political Economy and Taxation* (John Murray, 1817)（邦訳：リカードウ『経済学および課税の原理』羽鳥卓也・吉澤芳樹訳、岩波書店、１９８７年）のなかで提唱したもので、金融メディアサイト「*Investopedia*」が以下でこの概念をわかりやすく説明している。https://www.investopedia.com/terms/c/comparativeadvantage.asp.

2 リーマン・ブラザーズの破綻に関する書籍はたくさんあり、当局がリーマンを救済していたら金融システムと世界経済へのダメージをもっと小さくできたのではないかとの論争はいまもつづいている。この金融危機の秀逸な分析的研究の一つに、Alan S. Blinder, *After the Music Stopped* (Penguin Random House, 2013) がある。https://www.penguinrandomhouse.com/books/312602/after-the-music-stopped-by-alan-s-blinder/. しかし、なんと言ってもすばらしかったのは、この金融帝国を築いた一族の物語を描き、２０１８年にロンドンで、２０１９年にニューヨークで上演されたステファノ・マッシーニ原作の舞台『リーマン・トリロジー』である。https://www.nationaltheatre.org.uk/shows/the-lehman-trilogy.

3　19世紀に中央銀行が銀行システムに対する最後の貸し手としての役割を受け入れる契機となった出来事が、１８６６年に起きたロンドン最大の割引商会オーバレンド・ガーニーの破綻である。イングランド銀行はガーニーを救済しなかったが、その後、救済に必要だった資金をはるかに上回る流動性をほかの銀行に供給せざるをえなくなった。２０１６年7月、創立１５０年を迎えたイングランド銀行は四半期速報にその危機の分析を掲載した。https://www.bankofengland.co.uk/-/media/boe/files/quarterly-bulletin/2016/the-demise-of-overend-gurney.pdf?la=en&hash=04B001A02BD5ED7B35D4FB3CF1DDC233A1D271BD.

4　雇用をアメリカ国内に戻す流れは２０１０年ごろにはじまり、減りつづけていた製造業の雇用が増加に転じた。インダストリー・ウィーク誌が２０１９年7月にこの変化を分析している。https://www.industryweek.com/the-economy/article/22027880/reshoring-was-at-record-levels-in-2018-is-it-enough.

5　オーストラリア準備銀行が２０１９年3月版広報でサービス貿易へのシフトを検証している。https://www.rba.gov.au/publications/bulletin/2019/mar/the-international-trade-in-services.html.

6　為替管理に対する最も強力な批判は、「為替管理は機能しない」というものだ。イングランド銀行が１９６７年9月の四半期速報で世界の為替管理の歴史を短くまとめている。イギリスは自国の投資家が資金をほかの通貨に移動させるのは防げたが、外国の投資家がそうするのを止める手だてはなかった。ポンドに対する売り圧力が強まり、2ヵ月後の11月18日に切り下げられた。https://www.bankofengland.co.uk/quarterly-bulletin/1967/q3/the-uk-exchange-control-a-short-history.

7　トロントの数字はわずか6%だった。https://www.cmhc-schl.gc.ca/en/media-newsroom/news-releases/2019/new-insights-non-resident-ownership-and-participation-bc-on-ns-housing-markets.

8　２０２１年なかばの時点で、アップルとマイクロソフトの時価総額はどちらも2兆ドルを突破していた。https://www.cnet.com/news/microsoft-joins-apple-in-2-trillion-market-cap-club/.

9　実質金利がマイナスであるのは歴史的に見てもきわめて異例である。20世紀は第一次・第二次世界大戦後に金利がマイナスになり、1970年代の大インフレ期にも一時的にそうなったが、それ以前の700年間に金利がマイナスになったのは、1340年代の黒死病流行の後だけだった。Paul Schmelzing, *Eight centuries of global real interest rates, R-G, and the 'suprasecular' decline, 1311-2018*, Bank of England Staff Working Paper No. 845, 2020: https://www.bankofengland.co.uk/-/media/boe/files/working-paper/2020/eight-centuries-of-global-real-interest-rates-r-g-and-the-suprasecular-decline-1311-2018.

10 Eswar Prasad, *Has the dollar lost ground as the dominant international currency?*, Brookings Institution, September 2019: https://www.brookings.edu/research/has-the-dollar-lost-ground-as-the-dominant-international-currency/.

11 デフォルトを繰り返すアルゼンチンの悲惨な状況をブルームバーグのコラムが伝えている。Ben Bartenstein, Sydney Maki and Marisa Gertz, *'One Country, Nine Defaults: Argentina Is Caught in a Vicious Circle'*, updated May 2020: https://www.bloomberg.com/news/photo-essays/2019-09-11/one-country-eight-defaults-the-argentine-debacles?sref=IVPqAjWt.

12 人類の歴史ではじめて世界の人口の半分が中間層になるという洞察が、ブルッキングス研究所が2018年9月に公開したブログ記事（Homi Kharas and Kristofer Hamel, 'A global tipping point: Half the world's population is now middle class or wealthier'）でとりあげられている。記事はこうはじまる。「世界にとってきわめて重要な意味をもつことが、ほとんど気づかれずに起きている。1万年前に農業を基盤とした文明が始まって以降ではじめて、人類の大多数が貧困を抜け出すか、貧困に陥るおそれがなくなっているのだ」。著者らは2030年の世界を予測している。中間層革命の規模に関する本書の想定は、序章で言及したHSBCによる1人当たりGDPの推計にもとづいている。https://www.brookings.edu/blog/future-development/2018/09/27/a-global-tipping-point-half-the-world-is-now-middle-class-or-wealthier/.

13 新型コロナウイルス感染症のパンデミックは、国や地域によってばらつきはあるものの、世界経済に大きな打撃を与えた。それでも20世紀の戦争がもたらしたダメージと比べれば小さい。IMFの試算では、2020年に世界経済全体が大きく落ち込んだが、21年末には回復している見通しである。*World Economic Outlook*, April 2021: https://www.imf.org/en/Publications/WEO/Issues/2021/03/23/world-economic-outlook-april-2021.

第5章

1　スティーブ・ジョブズが２００７年にｉＰｈｏｎｅを発表したときのビデオクリップはたくさんある。ｉＰｈｏｎｅがなぜ「すべてを変える」のかを簡潔に伝えるプレゼンテーションは何度見てもすばらしい。クリップの一例は、https://www.youtube.com/watch?v=x7qPAY9JqE4.

2　アメリカの高等教育のコストは１９８５年度と２０１７年度のあいだに４９７%上昇し、上昇率は総合インフレ率の２倍を超える。https://www.forbes.com/sites/zengernews/2020/08/31/college-tuition-is-rising-at-twice-the-inflation-rate-while-students-learn-at-home/?sh=38e7c2652f98.

3　人口が５００万人強だった２０００年代はじめの時点で、ヨルダンの水の供給は逼迫していた。２０２０年には人口が１０００万人を超えていた。https://millenniumindicators.un.org/unsd/ENVIRONMENT/envpdf/pap_wasess4a3jordan.pdf.

4　ヨルダンの１人当たりの水の年間利用可能量は平均で１５０立方メートルに満たず、アメリカの60分の１である。https://www.nature.com/articles/549142a.

5　イギリス国家統計局は各月のオンラインの小売売上高（自動車の燃料を除く）とその割合を発表している。２０１９年末のオンライン売上高の割合は19%だったが、パンデミックのピーク時には36%を超え、すべての小売店が営業を再開した２０２１年なかばに26%に下がった。https://www.ons.gov.uk/businessindustryandtrade/retailindustry/timeseries/j4mc/drsi.

6　新型コロナウイルスのパンデミックから得られた数多くの教訓の一つは、オンラインで子どもたちに効果的に教えるのは不可能だということだった。『お気に召すまま』のジェイクスの独白（https://www.poetryfoundation.org/poems/56966/speech-all-the-worlds-a-stage）にあるように、子どもたちはいやいやながら学校に通っているかもしれないが、通常の学校生活を送れなかったことは、その後の人生に長く影響するのではないかと強く懸念されている。

7　１９０２年に創刊された科学技術誌「ポピュラーメカニクス」が長年にわたってテクノロジーの未来予測を行っている。以下で過去のいくつかの予測が検証されている。https://www.popularmechanics.com/flight/g462/future-that-never-was-next-gen-tech-concepts/.

8　イギリス国家統計局は、自営への転換をはじめとするイギリス経済の変化に関する長期のデータをいくつか公表している。例外的だと言えるのは、自営の割合が急増しているいまではなく、自営の割合がかなり低かった１９

４５〜80年だろう。https://www.ons.gov.uk/economy/nationalaccounts/uksectoraccounts/compendium/economicreview/april2019/longtermtrendsinukemployment1861to2018#employees-and-self-employed-workers.

9 ピュー研究所がアメリカと世界の社会経済的な態度を継続的に調べている。アメリカの暮らしの満足度に関する最近の調査の要約は以下にある。Patrick Van Kessel, 'How Americans feel about the satisfactions and stresses of modern life' in February 2020: https://www.pewresearch.org/fact-tank/2020/02/05/how-americans-feel-about-the-satisfactions-and-stresses-of-modern-life/.

10 ＯＥＣＤが２０１５年に詳細な調査をしている。*The Labour Share in G20 Economies*: https://www.oecd.org/g20/topics/employment-and-social-policy/The-Labour-Share-in-G20-Economies.pdf.

11 Charles Goodhart and Manoj Pradhan, *The Great Demographic Reversal: Ageing Societies, Waning Inequality, and an Inflation Revival* (Palgrave Macmillan, 2020)（邦訳：チャールズ・グッドハート、マノジ・プラダン『人口大逆転──高齢化、インフレの再来、不平等の縮小』澁谷浩訳、日本経済新聞出版、２０２２年）.

12 ＧＤＰに占める労働者報酬の割合が低下する流れが変わる可能性はとても高いことが、ＢＩＳの２０１７年のワーキングペーパーで指摘されている。Charles Goodhart and Manoj Pradhan, *Demographics will reverse three multidecade global trends*, BIS Working Papers No. 656. この調査を発展させたものが前掲注11の書籍である。

13 この点は以下の論文がわかりやすい。Chris Smith, Brian McGuire, Ting Huang and Gary Yang, *The History of Artificial Intelligence* (University of Washington, 2006): https://courses.cs.washington.edu/courses/csep590/06au/projects/history-ai.pdf.

14 ムーアフィールズ眼科病院は、２０１７年のＣＷＵＲ世界大学ランキングで、ＵＣＬ眼科研究所とともに眼科研究・教育機関で1位に選ばれた。https://www.moorfields.nhs.uk/content/breakthrough-ai-technology-improve-care-patients.

15 ＡＩの普及がもたらす影響に対する懸念は、２０２０年10月にハーバード大学の公式ニュースサイト「*The Harvard Gazette*」に掲載された記事にまとめられている。Christina Pazzanase, 'Great promise but potential for peril': https://news.harvard.edu/gazette/story/2020/10/ethical-concerns-mount-as-ai-takes-bigger-decision-making-role/.

16 「ＺＥＴＡは華々しくスタートしたが、完全な失敗に終わった」。南フランスで融合炉を開発し、純エネルギーを生産することをめざす国際プロジェクトであるＩＴＥＲのニュースレターが実験の顛末を伝えている。https://

www.iter.org/newsline/-/2905.

17 John Horgan, 'Brilliant Scientists are Open-Minded about Paranormal Stuff, So Why Not You?', *Scientific American*, July 2012: https://blogs.scientificamerican.com/cross-check/brilliant-scientists-are-open-minded-about-paranormal-stuff -so-why-not-you/ を参照。

18 Pew Research Center, October 2015: https://www.pewresearch.org/fact-tank/2015/10/30/18-of-americans-say-theyve-seen-a-ghost/.

第6章

1 ピュー研究所は世界で民主主義がどれくらい支持されているか定期的に調査している。34ヵ国を対象とする２０２０年２月（つまり新型コロナウイルスのパンデミック前）の調査によると、「平均的な市民の支持率は民主主義が依然として最も高いが、民主主義の理想に対する支持はかならずしも強くない。そして多くが民主主義は機能していないと感じている」。https://www.pewresearch.org/global/2020/02/27/democratic-rights-popular-globally-but-commitment-to-them-not-always-strong/.

2 異なる期間の世界経済の状況や先進国と新興国の経済状況を比較するときには、ＩＭＦの「世界経済見通し」が参考になる。https://www.imf.org/en/Publications/WEO/Issues/2021/03/23/world-economic-outlook-april-2021.

3 Hal Varian, https://www.aei.org/economics/googlenomics-a-long-read-qa-with-chief-economist-hal-varian/ および *A microeconomist looks at productivity* を参照。

4 自分を支持しない有権者を侮辱する政治家はほかにもたくさんいる。ＮＰＲ（米国公共ラジオ放送）が、このヒラリー・クリントンの言葉がこれほど強い反発を生んだ政治的な背景を説明している。https://www.npr.org/2016/09/10/493427601/hillary-clintons-basket-of-deplorables-in-full-context-of-this-ugly-campaign.

5 ノルウェーはＥＵに加盟していないにもかかわらず（加盟していないからかもしれないが）、ノーベル平和賞がノルウェー・ノーベル委員会によってＥＵに贈られた。https://www.nobelprize.org/prizes/peace/2012/summary/.

6 ベルリンの壁は実際にその2年後に壊された。レーガン財団が以下にこの演説の動画を保存している。https://www.youtube.com/watch?v=5MDFX-dNtsM.

7 ＯＥＣＤのデータによると、政府への国民の信頼度がとくに高い民主主義国の一つがフィンランドである。https://www.oecd.org/gov/understanding-the-drivers-of-trust-in-government-institutions-in-finland-52600c9e-en.

htm.

8 有権者は不人気な決断をする覚悟がある政治家に投票するとの主張もあり、ヨーロッパ経済に関するＥＣの報告書で論じられている。Marco Buti, Alessandro Turrini, Paul Van den Noord and Pietro Biroli, *Defying the 'Juncker Curse': Can Reformist Governments Be Re-elected?*, European Commission, Rodolfo Debenedetti Foundation, May 2008: https://ec.europa.eu/economy_finance/publications/pages/publication12586_en.pdf.

9 ＷＨＯはコロナへの対応を検証する独立パネルを設置した。最終報告書では、ＷＨＯはパンデミックをもっと早く宣言するべきだったとし、ＷＨＯと各国政府の対応が混ぜ合わさって、「毒性の強いカクテル」ができあがったと指摘された。https://theindependentpanel.org/wp-content/uploads/2021/05/COVID-19-Make-it-the-Last-Pandemic_final.pdf.

10 Ben Bartenstein, Sydney Maki and Marisa Gertz, *One Country, Nine Defaults*, https://www.bloomberg.com/news/photo-essays/2019-09-11/one-country-eight-defaults-the-argentine-debacles?sref=IVPqAjWt を参照。

11 *ESG Reports and Ratings: What They Are, Why They Matter*, The Harvard Law School Forum on Corporate Governance, July 2017: https://corpgov.law.harvard.edu/2017/07/27/esg-reports-and-ratings-what-they-are-why-they-matter/ を参照。

12 イギリスの「ノープラットフォーム」運動のはじまりは１９７０年代に遡る。Dr Evan Smith, 'A Policy Widely Abused: The Origins of the "No Platform" Policy of the National Union of Students', *History & Policy*, 2016を参照。https://www.historyandpolicy.org/opinion-articles/articles/a-policy-widely-abused.

13 Homi Kharas and Kristofer Hamel, *A global tipping point*: https://www.brookings.edu/blog/future-development/2018/09/27/a-global-tipping-point-half-the-world-is-now-middle-class-or-wealthier/ を参照。

14 サミュエル・ハンティントンのエッセイ「文明の衝突」は１９９３年にフォーリン・アフェアーズ誌に掲載され、その後１９９５年に書籍として出版された（邦訳：サミュエル・ハンチントン『文明の衝突』鈴木主悦訳、集英社、２０１７年）。西側への圧力を懸念する時代の空気をとらえたこのエッセイは非常に大きな影響を与えた。２０１３年、フォーリン・アフェアーズ誌はエッセイを再考し、エッセイが書かれた経緯を説明して、どこが正しく、どこがまちがっていたのかを検討した。https://www.foreignaffairs.com/system/files/c0007.pdf.

15 *The Future of World Religions: Population Growth Projections, 2010 – 2050: Why Muslims Are Rising Fastest and the Unaffiliated Are Shrinking as a Share of the World's Population*: https://www.pewforum.

org/2015/04/02/religious-projections-2010-2050/.

第7章

1 新型コロナウイルスのパンデミックが影響して世界の大部分で出生率が下がっていると思われるが、その影響が明らかになるまでは国連の２０１９年予測を使うのがいちばんいいだろう。https://population.un.org/wpp/Publications/Files/WPP2019_Highlights.pdf.

2 ピュー研究所の予測が正しければ、アメリカの労働年齢人口はわずかしか減らず、アメリカの経済規模は国連の推計にもとづく規模よりもかなり大きくなる。https://www.pewresearch.org/hispanic/2008/02/11/us-population-projections-2005-2050/.

3 医療費の対ＧＤＰ比の上昇は２０１０年ごろに頭打ちになっているかもしれない。２０１８年には医療費が政府支出の24％を占めた。Ryan Nunn, Jana Parsons and Jay Shambaugh, *A dozen facts about the economics of the US health-care system*, Brookings, 2020: https://www.brookings.edu/research/a-dozen-facts-about-the-economics-of-the-u-s-health-care-system/.

4 Patrick T. Ryan and Thomas H. Lee, 'Patients Are Giving High Marks to U.S. Health Care Providers During the Crisis', *Harvard Business Review*, May 2020: https://hbr.org/2020/05/patients-are-giving-high-marks-to-u-s-health-care-providers-during-the-crisis を参照。

5 「能力主義」という言葉は、マイケル・ヤング（後のダーティントン男爵ヤング卿）が１９５８年に出版した著書 *The Rise of the Meritocracy 1870–2033*（邦訳：マイケル・ヤング『メリトクラシー』窪田鎮夫・山元卯一郎訳、講談社エディトリアル、２０２１年）ではじめて使われた。ヤングは軽蔑の意を含んだ言葉として使ったが、その後、政治の理想を表すようになり、なかでもトニー・ブレアは「わたしが求めているのは、適者生存ではなく、能力主義だ」と述べている。https://www.independent.co.uk/voices/commentators/i-want-meritocracy-not-survival-fittest-5365602.html.

6 Daniel Markovits, *The Meritocracy Trap: How America's Foundational Myth Feeds Inequality, Dismantles the Middle Class and Devours the Elite*（Penguin Random House, 2020）: https://www.penguinrandomhouse.com/books/548174/the-meritocracy-trap-by-daniel-markovits/.

7 Anne Case and Angus Deaton, *Deaths of Despair and the Future of Capitalism*（Princeton University Press,

2020)（邦訳：アン・ケース、アンガス・ディートン『絶望死のアメリカ——資本主義がめざすべきもの』松本裕訳、みすず書房、２０２１年）。

8　コロナ禍に対するアメリカの対応を契機に、個人の選択よりも集団としての責任を重視する方向に転換するだろう。ワクチン接種率がその重要な指標となる。アメリカのワクチン接種プログラムが相対的に成功したのは、集団的責任が強く意識されたからだ。https://www.cnbc.com/2021/07/30/us-covid-vaccine-rates-delta-variant.html.

9　1位はロスカボスで、人口10万人当たりの殺人発生件数は１１０件以上だった。上位10都市に入ったメキシコのほかの都市は、アカプルコ、ティフアナ、ラパス、シウダービクトリアである。https://www.statista.com/statistics/243797/ranking-of-the-most-dangerous-cities-in-the-world-by-murder-rate-per-capita/.

10　１９６０年代から70年代はじめにかけて、ベネズエラの1人当たりＧＤＰはアメリカの80％前後の水準で推移していた。データの出所はMaddison Historical Statistics Projectであり、Diego Restuccia, *The Case of Venezuela*, Working Paper, Becker Friedman Institute, University of Chicago, 2019: https://bfi.uchicago.edu/wp-content/uploads/The-Case-of-Venezuela_2.pdf で論じられている。

第8章

1　トランスパレンシー・インターナショナルが腐敗認識指数を毎年発表している。２０２０年版では、腐敗レベルが最も低かったのはニュージーランドとデンマークで、これにフィンランド、シンガポール、スイス、スウェーデンがつづいた。調査対象の１７９ヵ国中、スペインは32位、イタリアは52位、ギリシャは59位だった。https://www.transparency.org/en/cpi/2020/index/nzl.

2　２０２０年、ＥＣは、新型コロナ危機の影響により打撃を受けた加盟国の経済再生を支援する７５００億ユーロの復興計画「次世代のＥＵ」の原案を発表した。この計画で債務を共有化するかどうかについては合意に達していないとの指摘もある。これについてはＥＣが否定している。２０２１年なかばの時点でこの計画は進んでいる。https://ec.europa.eu/commission/presscorner/detail/en/AC_21_3028.

3　論文の著者らはつぎのように述べている。「ＥＵとのパートナーシップの既存のモデルのなかにイギリスに適しているものは一つもないだろう。そこで新しい協働の形態である大陸パートナーシップの創設を提案する。これは深い連合であるＥＵに比べてはるかに浅いもので、単純な自由貿易協定に近い」。Jean Pisani-Ferry, Norbert Röttgen, André Sapir, Paul Tucker and Guntram Wolff, *Europe after Brexit: A proposal for a continental partnership*, Bruegel, August 2016: https://www.bruegel.org/2016/08/europe-after-brexit-a-proposal-for-a-continental-partnership/.

4 大西洋憲章は1941年8月14日にウィンストン・チャーチルとフランクリン・D・ルーズベルトにより署名され、イギリスとアメリカとの正式な軍事協力関係が結ばれた。https://www.nato.int/cps/en/natohq/official_texts_16912.htm. 機密情報の共有に関する議論は2月にはじまり、イギリス政府の暗号解読施設があったブレッチリー・パークのトップ、アリステア・デニソンがアメリカの諜報機関幹部4人を迎え入れた。これがファイブアイズ同盟へと発展する会合の第1回となった。https://www.bbc.co.uk/news/uk-56284453. ファイブアイズ同盟は発展しつづけている。2020年にオーストラリアのマリーズ・ペイン外相が明らかにしたところでは、2019年には機密情報共有の枠を超えて、先端技術、香港情勢、サプライチェーン、新型コロナウイルス危機などでの協力が協議された。ニュージーランドはこうしたファイブアイズの役割の拡大に反対した。https://www.reuters.com/world/china/new-zealand-says-uncomfortable-with-expanding-five-eyes-2021-04-19/.

5 *New Statesman*, 29 January 2020: https://www.newstatesman.com/politics/uk/2020/01/over-next-decade-existential-questions-about-monarchy-will-have-be-answered.

6 アイルランド政府がベルファスト合意に伴う改正点をわかりやすく説明している。将来の国民投票に関連する部分は以下のとおりである。「合意以前は、憲法に北アイルランドの領有権を主張する条項があった。国民投票によって承認された新しい規定では、アイルランド島を統一することはアイルランド国家の確固たる意志であるが、そうした変更はアイルランド島の両管轄区域の過半数の住民の合意によってのみ行うことができる」。https://www.citizensinformation.ie/en/government_in_ireland/ireland_and_the_uk/good_friday_agreement.html.

7 Ray Bassett, *Ireland and the EU Post Brexit* (Grangeland Ventures, 2020): https://www.waterstones.com/book/ireland-and-the-eu-post-brexit/ray-bassett/9781838039707.

8 この言葉はオブライエンの論説からきている。*Ancestral Voices: Religion and Nationalism in Ireland* (University of Chicago Press, 1994): https://press.uchicago.edu/ucp/books/book/chicago/A/bo3623618.html.

9 2015年に移民がドイツに押し寄せた際に、当時のアンゲラ・メルケル首相が「われわれならなしとげられる」と語ったのは有名だが、そのときに移民の統合には長い時間がかかると認めている。ハーバード大学ケネディ・スクールが以下でこの事例をケースプログラムとして使っている。https://case.hks.harvard.edu/wir-schaffen-das-angela-merkel-and-germanys-response-to-the-refugee-crisis-in-europe/.

10　フランコフォニーという言葉には二つの意味があり、五大陸でフランス語を話している3億人を意味する言葉を表すときと、フランス語を世界に広め、フランス語話者のあいだでの政治、教育、経済、文化面での協力を促進するための活動を１９７０年から行っている組織を表すときがある。https://www.francophonie.org/francophonie-brief-1763.

11　フランス語話者以外には、政治が混乱した30年間をなぜ「栄光の30年」と呼ぶのかわからないかもしれない。しかし、ドイツとフランスのいわゆる「経済の奇跡」とともに、西ヨーロッパが第二次世界大戦から復興したという安堵感が広がった。Nicholas Crafts and Gianni Toniolo, '*Les Trente Glorieuses*': *From the Marshall Plan to the Oil Crisis* (Oxford University Press, 2012): https://www.oxfordhandbooks.com/view/10.1093/oxfordhb/9780199560981.001.0001/oxfordhb-9780199560981-e-18を参照。

12　将来の関係に関するスイスとEUの交渉は２０２１年５月に打ち切られた。https://www.bruegel.org/2021/05/what-swiss-voters-expect-to-happen-next-after-eu-talks-fail/.

13　東トラキアはトルコのヨーロッパの部分であり、面積は国土の３％だが、人口は全体の14％を占める。https://en.wikipedia.org/wiki/East_Thrace#:~:text=East%20Thrace%20has%20an%20area,2%20for%20Asiatic%20Turkey%2C%20which.

第９章

1　「百年国恥」を晴らすという意志がこれほど強い理由については、以下にくわしい。Matt Shiavenza, 'How Humiliation Drove Modern Chinese History', *The Atlantic*, October 2013: https://www.theatlantic.com/china/archive/2013/10/how-humiliation-drove-modern-chinese-history/280878/.

2　２０２０年９月、習近平国家主席は２０６０年までに炭素の排出量を実質ゼロにする目標を表明した。https://www.bbc.co.uk/news/science-environment-54256826.

3　国連による中国の中位推計人口は、２１００年も10億人を上回っている。この推計は高すぎるだろう。ランセット誌に掲載された２１００年までの世界の人口動態と各国の経済力に関する新たな予測では、中国の人口はどのシナリオでも２０７０年代に10億人を割り込む見通しである。'Fertility, mortality, migration, and population scenarios for 195 countries and territories from 2017 to 2100: a forecasting analysis for the Global Burden of Disease Study', Prof Stein Emil Vollset, DrPH et al., *The Lancet*, July 2020: https://www.thelancet.com/article/

S0140-6736（20）30677-2/fulltext.

4　Christian Nordqvist, 'The Origins of The Black Death Traced Back To China, Gene Sequencing Has Revealed', *Medical News Today*, November 2010: https://www.medicalnewstoday.com/articles/206309#1.

5　ランセット誌の人口予測（前掲注3参照）によれば、アメリカは21世紀末までに中国を追い越し、２１００年に世界最大の経済国の座に返り咲いている。

6　Lev Nachman, Nathan Kar Ming Chan and Chit Wai John Mok, 'Hong Kongers Say Taiwan Is Their First Choice As Exile Looms', *Foreign Policy*, July 2020: https://foreignpolicy.com/2020/07/08/hong-kong-exile-taiwan-first-choice/.

7　１９９０年から２０１０年のあいだに税引き前所得に占める割合は上位１％、上位10％とも急拡大したが、その後は落ち着いているようだ。https://wid.world/country/india/.

8　日本が内向きになっていることを示す一つの指標として、海外留学者数が減りつづけている。２００４年の８万３０００人をピークに減少に転じ、現在は6万人を割り込んでいる。https://thediplomat.com/2021/06/japans-youth-lack-interest-in-studying-abroad-thats-a-problem-for-japanese-businesses/.

9　世界銀行は２０１８年に発表した人的資本プロジェクトを通じて、労働力のスキルレベルを測定し、とくに教育と保健医療の改善による人的資本の向上を支援している。https://www.worldbank.org/en/publication/human-capital.

10　世界銀行の国別研究が対象国の経済的進歩を公平かつ率直に評価している。https://www.worldbank.org/en/country/vietnam/overview.

11　２０１６年、ハーグにある国際仲裁裁判所は、南シナ海での領有権に関する中国の主権には法的根拠がないと裁定した。https://www.nytimes.com/2016/07/13/world/asia/south-china-sea-hague-ruling-philippines.html.

第10章

1　World Population Review. ナイジェリアの南にあるニジェールはもっと若く、２０２０年の年齢の中央値は14・8歳と、世界でいちばん低かった。https://worldpopulationreview.com/country-rankings/median-age.

2　世界銀行のデータによると、１９６０年にはサハラ以南アフリカの平均寿命の中央値は40歳強だった。１９８９年には50歳を超え、その後わずかに下がったが、２００１年以降は回復している。２０１９年は62歳弱だった。

https://data.worldbank.org/indicator/SP.DYN.LE00.IN?locations=ZG.

3 トニー・ブレアとムアマル・カダフィ大佐が象徴的な握手を交わし、西側とリビアの30年にわたる断絶に終止符が打たれた。https://www.theguardian.com/world/2004/mar/25/libya.politics.

4 セイフ・アル＝イスラム・カダフィは２０１０年５月にＬＳＥでラルフ・ミリバンド・レクチャーを行った。このレクチャーシリーズは、ゴードン・ブラウン政権で外相を務めたデイヴィッド・ミリバンド、労働党元党首のエド・ミリバンド兄弟の父の名を冠している。https://www.bbc.co.uk/news/uk-england-london-12659391.

5 いまもエジプト、スーダン、エチオピアが大エチオピア・ルネサンス・ダムをめぐって対立している。これは青ナイルの水を利用して発電するもので、ダムの注水をめぐる紛争は、２０２１年７月に国連安全保障委員会で話し合われた。https://www.bbc.co.uk/news/world-africa-53432948.

6 ＢＢＣのサイトでダニエル・バレンボイムのリース・レクチャーの原稿が公開されている。http://downloads.bbc.co.uk/rmhttp/radio4/transcripts/20060428_reith.pdf.

第11章

1 厳密に言うと、オセアニア州は太平洋の南西端にある陸塊のみをさし、太平洋そのものは含まれない。州は陸地であって、海ではない。しかし、太平洋は世界の未来にとってとても重要であり、これを無視することはできない。https://www.britannica.com/place/Oceania-region-Pacific-Ocean.

2 オーストラリア政府は公式サイトで「天然資源管理分野の計画立案を支援し、気候変動への適応を促進する」情報を提供している。https://www.climatechangeinaustralia.gov.au/en/overview/about-site/.

3 新型コロナウイルス感染症に対するニュージーランドの対応の分析については、以下を参照。Alexis Robert, 'Lessons from New Zealand's COVID-19 Outbreak Response', *The Lancet*, October 2020.

4 Dr Jamie Schutler and Professor Andy Watson, Guest post: 'The oceans are absorbing more carbon than previously thought', *Carbon Brief* , September 2020: https://www.carbonbrief.org/guest-post-the-oceans-are-absorbing-more-carbon-than-previously-thought を参照。

5 大洋水深総図は調査の進展に合わせて更新されている。https://www.gebco.net/.

第12章

1　原稿を執筆している２０２１年の時点では、新型コロナウイルス危機が長期の米中関係にどれくらい影響を与えるかは、とくにウイルスの発生源が明らかになっていないこともあり、まだ判断できない。しかし、影響がプラスになるとは考えられない。問題は、それが多少マイナスになるか、大きくマイナスになるかだ。

2　認知バイアスは高等教育機関、少なくとも問題のある部局でとりわけ顕著なようだ。Sebastian Wraight, C. K. Gunsalus and Nicholas Burbules, 'Understanding and Navigating Cognitive Biases', *Inside Higher Ed*, September 2018: https://www.insidehighered.com/advice/2018/09/26/cognitive-biases-are-work-many-troubled-academic-departments-opinion を参照。

3　Janna Anderson and Lee Rainie, 'The Future of Truth and Misinformation Online', Pew Research Center, October 2017: https://www.pewresearch.org/internet/2017/10/19/the-future-of-truth-and-misinformation-online/.

4　'Why Obama Fears for Our Democracy'. Interview in *The Atlantic*, November 2020: https://www.theatlantic.com/ideas/archive/2020/11/why-obama-fears-for-our-democracy/617087/.

5　チャーチルの言葉は「民主主義は最悪の統治形態である。ただし……」と、末尾の「とされている」の部分が省かれて引用されるときがある。この演説は１９４７年11月に行われた。https://winstonchurchill.org/resources/quotes/the-worst-form-of-government/.

6　中国政府の予想では、人口は２０２９年に減りはじめる見通しである。しかし、もっと早く減少に転じるかもしれない。https://www.reuters.com/article/us-china-population-idUSKCN1OZ08A.

7　ランセット誌による人口予測の中央推計では、２１００年のイギリスの人口は７１４５万人とヨーロッパで最も多くなり、以下、フランス（６７１５万人）、ドイツ（６６４２万人）がつづく。'Fertility, mortality, migration, and population scenarios', Vollset et al. *The Lancet*. https://www.thelancet.com/article/S0140-6736(20)30677-2/fulltext を参照。

8　ジョージ・ワシントンの辞任挨拶は本人がひとりで書いたものではなく、最初の文書はジェームズ・マディソンがつくり、そこにアレクサンダー・ハミルトンが大幅な修正を加え、最後にワシントンが書き上げた。https://www.mountvernon.org/library/digitalhistory/digital-encyclopedia/article/george-washington-s-farewell-address/.

9　グリーンランドの２０２１年の人口は5万７０００人であり、１９８２年のEU脱退による実際的な影響はほとんどなかった。https://www.thenewfederalist.eu/23rd-february-1982-the-day-greenland-left-the-european-union?lang=fr#:~:text=On%2023rd%20February%201982%2C%20Greenland,times%20the%20size%20of%20Germany.

10　ジャック・マーは２０１９年１月のダボス会議で、グローバル化のあり方を見直して、もっと包括的なものにしなければならないと訴えた。https://www.weforum.org/agenda/2019/01/jack-mas-plans-to-reform-globalization-from-the-bottom-up-heres-how/.

11　ジャック・マーが２０２０年末に姿を消した背景については、ＢＢＣの報道が参考になる。https://www.bbc.co.uk/news/technology-56448688.

12　チャールズ・ダーウィンの『進化論』は、プロジェクト・グーテンベルクのウェブサイトで電子書籍として公開されている。https://www.gutenberg.org/files/1228/1228-h/1228-h.htm.

謝辞

1　Julian Gewirtz, *Unlikely Partners: Chinese Reformers, Western Economists, and the Making of Global China* (Cambridge: Harvard University Press, 2017). https://www.hup.harvard.edu/catalog.php?isbn=9780674971134.

【著者】

ヘイミシュ・マクレイ（Hamish McRae）

英インディペンデント紙経済コメンテーター。メール・オン・サンデー紙に経済・金融に関するコラムを執筆。ガーディアン紙、インディペンデント紙の金融面エディターを歴任。英国プレスアワードの年間最優秀ビジネス・ファイナンス・ジャーナリスト賞など多くの賞を受賞。
主な著書に『2020年　地球規模経済の時代』（アスキー）、『キャピタル シティ――挑戦するロンドン国際金融センター』（フランセス・ケーンクロスとの共著、東洋経済新報社）、『目覚めよ！日本――ニューエコノミーへの変革』（中前忠との共著、日本経済新聞出版）など。

【訳者】

遠藤真美（えんどう・まさみ）

翻訳家。主な訳書に、リチャード・セイラー、キャス・サンスティーン『NUDGE 実践行動経済学 完全版』、キャス・サンスティーン、ルチア・ライシュ著、大竹文雄監修『データで見る行動経済学――全世界大規模調査で見えてきた「ナッジの真実」』（以上、日経BP）、エリック・A・ポズナー、E・グレン・ワイル著、安田洋祐監訳『ラディカル・マーケット――脱・私有財産の世紀』、フェリックス・マーティン『21世紀の貨幣論』（以上、東洋経済新報社）など。

2050年の世界――見えない未来の考え方

2023年7月19日　1版1刷
2023年12月4日　8刷

著　者――――ヘイミシュ・マクレイ
訳　者――――遠藤真美

発行者――――國分正哉
発　行――――株式会社日経BP
日本経済新聞出版
発　売――――株式会社日経BPマーケティング
〒105-8308
東京都港区虎ノ門4-3-12

装　幀――――新井大輔（装幀新井）
本文DTP――――キャップス
印刷・製本――――三松堂印刷

ISBN 978-4-296-11841-0